KB045404

**세상의
모든
권리 이야기**

세상의 모든 권리 이야기

윌리엄 F. 슐츠,
수시마 라만 지음
김학영 옮김

인간에서 동물로,
로봇에서 바위로
다양한 존재를 껴안는
새로운 시대의 권리론

시공사

피를 나누지 않았을 뿐, 나의 친애하는 형제 슈테판과 리에게

_빌 슐츠

영감의 원천이자 든든한 후원자, 나의 남편 트로이에게

_수시마

일러두기

- 이 책은《THE COMING GOOD SOCIETY: Why New Realities Demand New Rights》(2020)를 우리
  말로 옮긴 것이다.
- 단행본과 신문, 잡지 등의 정기간행물은 《겹화살괄호》, 영화와 TV 프로그램 등은 〈홑화살괄호〉로
  묶었다.
- 국립국어원의 외래어표기법을 따르되, 일부는 관용적 표기를 따랐다.
- 1달러는 1,200원, 1파운드는 1,500원으로 환산했다.

차례

권리는 고정불변한 것이 아니다. 일관되거나 영원하지도 않다. 시대가 변하면 권리도 변한다. 개선되는 권리도 있고 규범과 상황에 따라 바뀌는 권리도 있다. 인간은 역사에 맞추어 권리를 조율한다. 그래서 역사가 바뀌면 권리도 바뀐다. 실제로 이전에는 누구도 심각하게 고민해 본 적 없는 새로운 권리가 출현하는 경우도 있는데, 대개 혁명이라는 진통을 겪는다. 이 책은 권리가 변한다는 개념을 전제로 하지만 이역시 논란의 여지가 없는 확고한 개념이라고 단정할 수는 없다.

권리의 개념에 논란이 따르는 한 가지 이유는, 이 책에서 모든 종류의 권리를 다룰 테지만 우선 인권人權만 한하여 보더라도 인권을 흔히 말하는 "역사의 쓰레기"쯤으로 생각하는 반대자들 때문이다. 조금 더 쉽게 말하면 반대자들이 반혁명反革命을 도발하길 즐긴다는 뜻이다. 블라디미르 푸틴Vladimir Putin의 사상적 스승으로 알려진 러시아 철학자 알렉산드르 두긴Alexander Dugin은 "인권, 반계급주의, 정치적 올바름political correctness(인종, 성별, 종교, 성적 지향, 장애, 직업 등과 관련해서 소수자에 대한 편견이 섞인 표현을 쓰지 말자는 정치적·사회적 운동─옮긴이) 따위의 불온한 본색을 감추고 있는 야수나 적그리스도 같은 시류를 전복시키기 위해서는 전략적인 동맹을 맺어야 할 필요가 있다"고 기록했다.[1] 권리가 자연법 또는 인간의 고유한 존엄성처럼 확고하고 영속적인 것이라면 두긴과 같은 탐욕가에게 이처럼 쉬운 먹잇감이 될 수 있을까?

인정하고 싶지는 않으나, 권리의 전통적인 해석들이 그것을 깨뜨리고 무너뜨리고 싶어 하는 이 세상 수많은 두긴들의 탐욕을 잠재울 만큼 확고하고 탄탄하지 못한 게 사실이다. 다행히 지금까지는 권리를 모함하려는 두긴들의 시도가 성공한 적은 별로 없다. 인권의 역사를 살펴보면, 사회 변화에 발맞추어 혁명을 통해 탄생한 새로운 인권은 대체로 발전적인 경향을 띤다. 지금까지 인권의 보호망은 부유한 백인 남성뿐 아니라 유색인종과 여성 더 나아가 LGBTQ(레즈비언Lesbian, 게이Gay, 양성애자Bisexual, 트랜스젠더Transgender와 같은 성소수자 그리고 자신의 젠더 정체성에 의문을 품은 사람Questioner을 일컫는 용어—옮긴이)와 장애를 가진 사람들로 꾸준히 확대되었다.[2]

인권을 서구 제국주의의 산물로 치부하는 일이 잦지만, 그럼에도 인권의 보호망 확대는 선진화된 서구 세계만이 아니라 지구촌 곳곳에서 일어나고 있는 현상이다. 가령 탈식민지화 투쟁을 이끈 인도와 아프리카의 지도자들, 1948년 콜롬비아에서 '아메리카 인간 권리와 의무 선언American Declaration of the Rights and Duties of Man'이 발표된 뒤 아메리카 대륙 전반에 인권 체계가 자리 잡는 데에 이바지한 남미 국가들이 그 예라 할 수 있다. 볼리비아, 인도, 브라질을 비롯한 여러 국가에서 인권 단체와 법원 들이 경제적 권리, LGBT 권리와 같은 광범위한 분야에서 이뤄 낸 최근의 성과들도 빼놓을 수 없다.[3]

확신컨대 탄탄하게 뿌리내린 인권 규범도 자주 위협받는다. 오늘날 민주주의, 더 자세하게는 "국민의 의사가 정부 권력의 기반"이라고 밝히는 '세계인권선언Universal Declaration of Human Rights' 제21조는 심각하게 훼손될 위기에 처해 있는 것으로 보인다. 하지만 민주주의에 대해 이중적 태도나 노골적 혐오를 드러내는 지도자들도 대부분 겉으로는 민주주의를 신봉하고 "자유" 선거제도를 지지하며 "국민"의 말에 귀 기울이는 척 가식적으로 행동한다. 캄보디아의 훈센Hun Sen, 러시아의 블라디미르 푸틴, 헝가리의 빅토르 오르반Victor Orban은 본인들이 "자유" 선거를 통해 국민이 선택한 지도자임을 유난히 강조한다. 물론 이러한 취약성에도 불구하고 민주주의는 여전히 지배적인 인권 규범이다. 비록 민주주의 사회에서도 공정한 재판을 받을 권리나 고문당하지 않을 권리 등이 침해되는 게 현실이지만 말이다. 인권 단체들이 명확하게 고문으로 규정한 심문 방식을 승인한 조지 W. 부시도 미국이 고문에 가담했다는 의혹을 극구 부인했다. 어쨌거나 권리는 세월이 흐르면서 양도되거나 퇴보할 수도 있고, 낡고 헐어서 사회적 약자를 보호하지 못할 수도 있다. 이 같은 권리의 퇴보는 전면적인 공격을 통해서 일어나기도 하지만 이 책의 두 번째 전제이기도 한 또 다른 방식, 즉 권리의 설계자가 새로운 개념의 권리를 이해하지 못하거나 권리 혁명을 요구하는 현실의 신호를 포착하지 못했을 때도 일어날 수 있다. 사람뿐 아니라 그 대상이 동물, 로봇 또는 자연일 때도 마찬가지다. 8장에서 다시 언급하겠지만, 법학자 크리스토퍼 스톤Christopher Stone은 "법 역사 전반에 걸쳐 권리는 그 보호망을 상상하기 어려울 만큼 새로운 대상들로 잇달아 확대해 왔다"고 기록했다.[4] 바로 그 권리의 확대를 보다 쉽게 설명해 보자는 것이 이 책을 쓴 목적이다.

미 해병대 하사 제러미 스미스Jeremy Smith와 해군 군의관 벤저민 래스트Benjamin Rast는 2011년 4월 6일 아프가니스탄에서 "아군의 포격"에 목숨을 잃었다. 오해나 실수로 아군의 손에 죽어 간 병사의 사연은 인류 역사의 거의 모든 전쟁 장면마다 등장한다. 스미스와 래스트의 죽음이 이례적인 까닭은 이들이 미국이 보유한 최신의 정교한 무기 가운데 하나인 프레데터Predator 드론의 희생자였기 때문이다. 미군 측의 공식 보고서는 "미사일은 제대로 작동되었고 지휘관이 의도한 정확한 표적을 명중"했으나 "드론 공격의 모든 관련자가 [미국의] 지상 병력이 배치된 정확한 위치에 대한 정보를 갖고 있지 않았다"고 설명한다.[5] 바꿔 말하면 드론은 조준된 대로 표적을 공격했지만, 정작 드론 공격을 받은 피해자는 지휘관이 의도한 표적이 아니었다는 것이다. 자국 병사가 살해된 이유에 대한 변명도 이런 수준이라면, 드론 공격으로 목숨을 잃은 수많은 민간인에 대해서는 어떻게 해명할까? 2013년 버락 오바마Barack Obama 대통령은 "부수적 피해"가 없는 게 "거의 확실한지" 알아본 후에 드론 공격을 승인했다고 주장했다.[6] 하지만 3년 뒤 밝혀진 바에 따르면 오바마 대통령 임기 중 473건의 드론 공격이 승인되었고, 최소 64명에서 최대 116명에 이르는 민간인이 목숨을 잃었다. 물론 많은 목격자들이 사망자 수가 어이없을 만큼 축소되었다고 주장했다.

정확한 사망자 수는 차치하더라도, 어쨌든 드론은 여차하면 전쟁범죄의 책임을 질 수 있는 신원이 확실한 "지휘관"의 발사 명령을 따른다는 미덕이라도 있다. 그런데 미국과 러시아를 비롯한 여러 나라의 군대에서 수년째 개발하고 있는 무기는 하나같이 인간이 전혀 개입하지 않고도 표적을 식별하고 제거할 수 있는 자율형 무기들이다.[7] 흔히 "킬러로봇"으로 통칭되는 이 무기는 1984년 〈터미네이터The Terminator〉가 탄생하기 훨씬 이전부터 숱한 영화에 다양한 변종들로 등장했지만, 피비린내 나는 전장과 으슥한 뒷골목에서 군인이나 경찰을 희생시키지 않고도 로봇이 "악당"을 물리친다는 발상만큼은 더 이상 할리우드의 전유물이 아니다. 더욱이 이 무기들은 중대한 결정에 따르는 모든 책임으로부터 인간을 면제시켜 준다는 특징이 있다. 무기의 기술적 진보는 불가피하겠지만, 킬러로봇은 전쟁범죄나 경찰의 직권남용에 대한 현재의 개념을 무용지물로 만들 수 있다.

생명을 잃는 일이 몸에만 국한되는 것은 아니다. 진정한 자아를 거부당했을 때 우리는 영혼의 생명을 잃을 수 있다. 사내아이의 몸으로 태어난 여자아이인 앨리슨 워싱턴Allison Washington은 트랜스젠더 아동이었다. 대부분의 트랜스젠더가 그렇듯, 앨리슨은 꽤 어릴 때부터 자신의 성별이 신체적 특징들과 어긋난 기분을 느꼈다. 트랜스젠더 아동을 자녀로 둔 여느 부모와 달리, 앨리슨의 어머니는 네 살 때부터 앨리슨을 딸처럼 키웠다. 머리를 기르게 해 주었고, 립스틱을 바르거나 여자아이 옷을 입어도 나무라지 않았다. 소꿉놀이에서 여자 역할을 해도 내버려 두었다. 자라면서 앨리슨은 자신의 젠더gender(성sex이 생물학적 성별을 의미하는 반면에 젠더는 보다 더 포괄적 범주의 사회·문화 및 심리적 성을 의미한다. 생물학적 성별과 구분하기 위해 원문의 젠더를 따로 번역하지 않고 그대로 옮긴다―옮긴이)를 거의 고민하지 않았다. 그런데,

열두 살이 되자 성기와 가슴 모양이 거슬리기 시작했다. 내가 질을

갖게 되는 아주 생생하고 마법 같은 꿈을 꾸기 시작한 것도 그때부터였다. 꿈이 너무 생생해서 깨자마자 가랑이 사이를 더듬어 본 적도 있었다. 그런 꿈을 꾼 날은 유난히 더 상실감을 느꼈다. 집착은 점점 더 커졌고 급기야 매일 밤 잠들기 전에 나만의 의식을 치르기 시작했다. 이를테면 질이 있어야 하는 자리를 손가락으로 꾹 누르고는 꿈이 이루어지기를, 부디 이번만은 꿈이 현실이 되기를, 나를 짓누르는 이 추한 고통에서 벗어나기를 기도했다. 물론 나는 이 문제를 그 누구와도 상의하지 않았다. 다만 내게 뭔가 아주 끔찍한 문제가 있다는 건 알고 있었다.[8]

"남자다운" 취미들을 가져 보고 이성애자인 여성을 만나 결혼하고 아이를 낳기까지 수십 년 동안 남성의 역할을 한다고는 했지만, 그 모든 시간이 몹시 괴롭고 혼란스러웠으며 지울 수 없는 정신적 상처를 남겼다.[9] 질을 꿈꾼 지 20년 만에 마침내 앨리슨은 삶의 방향키를 완전히 돌렸고 그토록 원하던 질을 "얻었다".

불과 얼마 전까지만 해도 성별은 두 가지뿐이고 불변이라는 개념이 거의 정설로 받아들여졌다. 태어나는 순간부터 딸 아니면 아들, 둘 중 하나로 호명되고 그때 정해진 성별대로 사는 게 마땅한 이치였다. 성별은 생물학의 문제였고 거기에 자아의 정체성이 끼어들 여지는 없었다. 자신이 지정받은 성별을 거부할 "권리" 따위는 없는 게 분명해 보였다. 그런데 만일 성별이 둘이 아니고 가변적이라면, 이 새로운 현실에 맞게끔 권리도 조정되어야 하고 딸이면 분홍색 아들이면 파란색이라는 뻔한 공식도 자주색, 연보라색, 청록색 등으로 확장되어야 할 것이다.

　인간으로서 우리 자신의 젠더 정체성을 결정하느라 쩔쩔매는 동안
어쩌면 애완동물과 느닷없는 소송에 휘말릴 수도 있다.[10]
　2014년, 활동가이자 변호사인 스티븐 와이즈Steven Wise와 비인간권
리프로젝트Nonhuman Rights Project, NhRP 소속의 몇몇 사람들이 토미Tommy
를 대신해 소송을 제기했다. 토미는 과거 곡마단을 소유했던 사람에게
붙잡혀 뉴욕 북부에 있는 한 외딴 시골 농장의 좁고 어두운 철장에 갇
혀 있던 성체 침팬지였다. 비인간권리프로젝트는 고차원적 인지 능력
을 지닌 다른 동물과 마찬가지로 침팬지가 "과거와 미래라는 개념을
갖고 있고… [게다가] 자신의 욕구를 충족할 수 없거나 자유로운 이동
에 제한받을 때 고통을 느낀다"고 주장했다.
　동물을 대상으로 한 특정한 학대 행위에 대해서는 이미 오래전부터
법으로 금지하고 있고 동물에 대한 처우도 규제해 왔지만, 와이즈의
소송 전에는 법정에서 동물이 재산 이상의 존재라고 주장한 이도 없었
고, 동물에게 권리를 행사할 법적 자격이 있다고 운운한 사람도 없었
다. 비인간권리프로젝트가 추구하는 바를 이루는 데 성공한다면 권리
의 영역 전체가 일순간에 급격하게 확장될 것이다.

　지금까지 언급한 세 가지 사례는 기술과 젠더 이론 그리고 종種 관계
에 대한 우리의 인식이 발전할 방향을 보여 주는 몇 가지 예시일 뿐이
다. 이러한 인식의 발전을 통해 우리는 세상을 보는 시각을 바꾸고, 인
간뿐 아니라 다른 모든 존재의 권리를 새로운 방식으로 이해하게 될

수도 있다. 이 사례들에서 눈여겨봐야 할 점은 권리는 고정불변하지 않다는 사실이다. 쉽게 말해서 한번 본뜨면 영원히 모양이 변하지 않는 석판이 아니라는 것이다. 권리는 혁명과 진화의 대상이다. 현재 널리 인정받고 있는 권리에 변화가 일어날 수도 있고 완전히 새로운 권리가 도입될 수도 있다. 권리는 환경과 맥락에 맞추어 (물론 퇴보할 수도 있고) 발전한다.

권리는 "좋은 사회", 즉 그 구성원의 존엄성을 보호하고 재능을 북돋우며 대다수 사람들이 살고 싶어 하는 환경을 제공하는 사회의 모습을 단적으로 보여 주는 상징이다. 좋은 사회의 모습을 이미 잘 알고 있다고 생각하는 사람들은 이 상징에 일어나는 변화에 저항한다. 세대가 변하면 좋은 사회의 정의도 어느 정도 변하기 마련인데 이 변화에도 마찬가지로 저항이 따른다.

오늘날 사람들이 생각하는 인권은 100여 년 전과는 말할 것도 없고 50년 전에 생각했던 인권과도 다르다. 우리는 생명권, 고문이나 노예 취급을 받지 않을 권리, 다양한 차별의 피해자가 되지 않을 권리와 같은 기본적인 인권이 지금보다 50년 뒤에는 더욱더 탄탄하고 강력해지길 기대한다. (또 그러기 위해 더 열심히 싸워야 한다고 생각한다.) 어떤 권리들은 해석에 변화가 필요할 수도 있다. 인간의 성 전환 권리라든가 법 인격체로 대우받을 동물의 권리처럼, 대다수 사람들이 이제 겨우 받아들이기 시작한 권리들도 있다. 시간이 지나면 이러한 권리들도 진부하게 보일지 모른다.

어쨌든 권리에 관심을 갖고 있다면, 현재 맞닥뜨린 도전들뿐 아니라 세상이 변하면서 마주하게 될 도전들까지 아우르는 권리의 미래를 진지하게 고민해야 한다. 그 말은 곧 권리가 두 개의 명백한 위험을 마주하고 있다는 뜻이기도 하다. 한 가지 명백한 위험은 인권이 현재 심각하게 훼손될 위기에 처해 있다는 것이다. 또 다른 하나는 권리가 새로운 현실에 적응하지 못할 때 따르는 위험이다. 이런 경우 권리는 저항을 받았을 때와 마찬가지로 사람들의 무관심과 냉담한 태도에 쉽게 무너질 수 있다. 단언컨대 우리는 첫 번째 위험을 주시하고 있고, 또 그렇기 때문에 두 번째 위험을 맞닥뜨릴 가능성을 줄이고자 이 책을 썼다.

앞서 언급했듯 이 책에서는 훨씬 더 광범위한 권리를 다룰 테지만 우선 인권만을 본다면, 인권에 대한 가장 일반적인 전제는 인권이 인간이 태어난 (혹자가 말하기로는 잉태된) 순간부터 우리에게 "결부"되거나 "내재"되어 있다는 것이다. 따라서 인간으로 태어났다는 이유만으로 우리는 인권을 직접 또는 대신 요구할 수 있다. 이 때문에 사람들은 기능적인 면에서 인간이라 할 만한 특징을 거의 보이지 않는, 예를 들어 뇌가 없는 무뇌증無腦症 아기라 할지라도 살해나 학대를 당해서는 안 된다고 믿는다. 아이가 스스로의 운명을 결정할 능력을 갖기도 훨씬 전에 노예로 태어날 수 있다는 생각을 몹시 혐오하는 까닭도 여기에 있다.

인권에 대한 이러한 전제가 선사하는 고귀한 신분과 도덕적 필연성은 상당히 매력적으로 보이지만, 안타깝게도 그 매력에는 약점이 있다. 바로 아래 딜레마 속에 그 이유가 숨어 있다.

알다시피, 수 세기 전에는 신생아가 신체적으로 약간의 기형만 갖고 있어도 죽이는 게 당연한 일로 여겨졌다. 사실을 객관적으로 관찰한 것으로 유명한 아리스토텔레스의 책《정치학Politics》에는 "아이 양육에 있어서, 어떠한 **기형**도 없는 아기만을 살려 둘 것을 법으로 제정해야 한다"고 적혀 있다.[11] 신의 노여움을 가라앉힌다는 명목으로 아기를 제물로 바친 사회도 많았다. 노예제도는 수 세기 동안 세계 곳곳에서 성행했고 영국과 미국이 이를 법으로 금지한 것도 19세기에 이르러서였다.

플라톤도 아리스토텔레스도 저서에서 "권리"라는 말을 언급한 적이 없다. 서양의 역사에서 권리와 비슷한 개념을 언급한 최초의 기록을 꼽는다면 1215년에 공표된 대헌장大憲章 '마그나카르타Magna Carta'일 것이다. 권리라는 개념을 인지하기도 **전에** 부모에게조차 노예나 제물 취급을 받던 아이들이 어느 순간 마법처럼 마음속에 권리를 품게 된 것일까? 아니면 사회가 변함에 따라 권리가 등장하고 그로 인해 권리에 대한 개념이 달라진 것일까? 인간관계 또는 인간과 다른 존재와의 관계가 달라지면서 본래 변함없고 확고했던 권리에 일종의 거래가 일어나기 시작한 것은 아닐까? 그렇다면 권리는 인간과 다른 존재들이 원래 소유했던 것일까 아니면 누군가로부터 양도받은 것일까? 만일 권리가 거래되거나 누군가로부터 양도받을 수 있는 것이라면, 동물이나 로봇 또는 강江과 같은 비인간 존재에게 권리를 양도하지 못할 이유는 무엇일까?

1장에서는 바로 이 철학적 질문을 다룰 텐데, 한 가지 분명한 사실은 권리가 권리로서 인정받지 못하면 철학적 질문은 아무짝에도 쓸모가 없다는 것이다. 지난 수 세기 동안 출생과 동시에 노예가 된 모든 아이가 인권침해의 희생양이었다고 생각하면 인권 운동가들의 마음이 좀

편해질지 모르겠으나, 정작 당시의 노예주들이 그 사실을 인정하지 않았으니 노예살이를 했던 아이들에게는 뒤늦은 가정과 반성이 아무 소용도 없다.

바꾸어 말하면, 권리의 복잡한 성질만이 아니라 최소한 그 권리에 대한 우리의 인식도 고정적이지 않고 시대를 따라 발전한다는 뜻이다. 우리는 살아가는 동안 그 같은 변화를 보여 주는 인상적인 사례를 종종 목격한다. 엘리너 루스벨트Eleanor Rossevelt는 유엔의 미국 주재 대사로 임명된 뒤, 당대의 인권을 정의하는 기본 척도로 인정받는 세계인권선언의 기초를 세웠다. 만약 그 시절 엘리너 루스벨트에게 오늘날 동성 간 결혼 또는 동성 결혼으로 불리는 권리를 승인하겠느냐고 물었다면 어이없는 표정을 지으며 대꾸도 하지 않았을 것이다.

세간에는 시민 평등권의 대변자이자 너그러운 성품의 루스벨트가 동성과 애정 관계에 있었다는 이야기도 떠돌았다.[12] 하지만 어쨌든 세계인권선언이 채택되었던 1948년은 물론이고 그 뒤로도 오랫동안 국가 불문 주류 사회에서 시스젠더cisgender(타고난 생물학적 성과 젠더 정체성이 일치하는 사람—옮긴이) 남성과 시스젠더 여성이 아닌 다른 조합의 짝이 들어설 자리는 사실상 없었다.[13] 당시에 누구라도 세계인권선언을 들먹이며 동성 간 결혼을 정당화하려 들었다면 결혼식장은 웃음바다가 되었을 것이다. 1924년 시카고에서 (남성) 동성애자 권리를 옹호하기 위한 최초의 조직으로 인권 협회Society for Human Rights가 설립되었지만 이 협회의 수명은 일 년을 넘기지 못했다.[14] 초창기 동성애자 권리 옹호 단체들 가운데 가장 유명한 마타신 소사이어티Mattachine Society도 1950년에야 비로소 설립되었다.[15] 물론 당시에도 동성 간 결혼을 주요 의제로 삼은 조직이나 단체는 없었다. 실제로 1958년까지도 미국 대법원은 우편으로 동성애와 관련된 자료를 주고받는 것조차 불법이라고 판결했다.[16]

동성 간 결혼은 세계인권선언이 채택되고 약 50년이 지난 2001년에야 비로소 법적으로 인정받게 되는데, 네덜란드가 그 첫 번째 국가였고 미국은 2004년에 그것도 매사추세츠주에서만 합법으로 인정했다. 미국 대법원이 최종적으로 동성 간 결혼을 합법으로 인정한 것은 오버거펠 대 호지스Obergefell vs Hodges 사건의 판결을 내린 2015년이었다.[17] 여전히 국제인권법에는 젠더 정체성과 상관없이 자신이 선택한 배우자와 결혼할 권리가 명문화되어 있지 않지만, 점점 더 많은 국가들이 그 권리를 인정하는 추세다. 볼리비아, 에콰도르, 피지와 같은 국가들은 젠더 정체성과 성적 지향 양쪽에 동일한 권리를 인정하고 있으며, 적어도 22개 국가가 동성 결혼을 지지하는 판례법이나 제정법을 보유하고 있다.[18]

그렇다면 이 권리가 태초부터 "존재"했는데 21세기에 들어서야 비로소 인간에게 그 모습을 "드러낸" 것일까? 분명한 사실은 현대라 할 수 있는 20세기 말까지도 동성 간 결혼이 진지하게 공론화된 적이 없다는 것과 사회 및 정치의 지배적 규범들이 변하면 새로운 권리를 인식할 가능성이 높아진다는 것이다.

이 책을 쓴 우리 두 사람은 세상이 변함에 따라 지금은 상상조차 할 수 없는 새로운 권리가 등장할 수 있고, 현재 공고한 권리들 중 일부는 재정의될 것이라고 생각한다. 유효성이 입증된 기존 권리의 의미를 조정해야 할 수도 있다는 말에 불안감을 느끼는 것도 어쩌면 당연하다.

수십 년 동안 우리를 보호해 준 기본적인 권리를 지키고 보존하는 것보다 더 중요한 일은 없다. 지금 이 순간에도 인간의 소중한 권리들이 독재정치와 경제적 압제, 백인 우월주의와 여성 혐오로부터 위협받고 있다. 하지만 권리를 소중히 여기는 사람들이 새로운 권리의 등장을 예측하지 못한다면, 권리가 사회의 중요한 구성 요건으로 자리 잡지 못할 뿐 아니라 미래의 권리도 공익보다 사익을 추구하는 사람의 입맛에 맞게 설계될 것이 분명하다.

10년, 20년 혹은 50년 뒤에 권리들이 어떤 모습일지 또 그 권리들을 우리가 어떻게 만들어야 하는지에 답하기 위해서는 먼저 기술, 인간관계, 인간 대 동물 및 지구의 관계에서 일어날 변화들과 앞으로 수십 년 동안 권리를 바라보는 우리의 시각에 큰 영향을 미칠 수 있는 발전들을 살펴보아야 한다. 어떤 새로운 권리가 또는 어떤 조정을 거친 권리가 채택될지 예측할 수는 없지만, **그래서 이 책에서도 예측보다는 질문을 던지는 데 중점을 두고 있지만** 지금 우리가 권리를 이해하는 방식에 영향을 미치게 될 변화에 대해 설명할 수는 있다. 아울러 변화된 환경에 맞게끔 미래의 권리를 설계하는 일이 좋은 사회를 만들기 위한 우선 과제라는 점은 분명히 말할 수 있다.

그러나 가장 먼저 해야 할 일은 일부에서 매우 위태롭다고 여기는 인권의 현재 상태를 점검하는 것이다. 실질적인 위험에 빠진 권리를 새롭게 설계할 때 우리는 무엇을 중점적으로 고민해야 할까?

책을 함께 쓴 빌 슐츠Bill Schulz는 12년 동안 국제 앰네스티 미국 지부를 이끌었다. 임기를 마치기 직전이었던 2006년에 빌은 시러큐스대학교에서 강연 초청을 받았다. 강연에 앞서 대학 총장과 교수진이 마련한 저녁 식사 자리에서 가벼운 대화를 나누던 중 총장이 질문을 던졌다. "우리 스스로에게 한번 물어 봅시다. 과연 인권은 200년 전보다 향상되었을까요, 아니면 더 열악해졌을까요?" 단 한 명을 제외한 교수진 전원이 2006년보다 1806년의 인권 상황이 더 나았다는 데에 동의했다. 인권 덕분에 미국독립전쟁이 가능했고, 그랬기 때문에 사람들의 삶에서 인권이 중요한 자리를 차지하게 되었다고 입을 모았다. 19세기 초의 미국은 지금보다 평범한 사람을 훨씬 더 존중하는 농경 사회였고, 자본과 기업의 탐욕이 아직 정치판을 잠식하기 전이었다. 2006년의 미국은 조지 W. 부시가 승인한 이라크 전쟁의 한복판에 있었다. 그에 반해 19세기 초의 미국은 초강대국도 아니었고, 6대 대통령 존 퀸시 애덤스John Quincy Adams의 말마따나 "쳐부술 악당을 찾아 해외로 나갈" 엄두를 낼 형편도 못 되었다.

결국 참다못해 빌이 입을 열었다. "지금 저만 딴 세상에 살고 있나요? 여러분께서는 미국이 처한 사회적, 지정학적 상황들을 말씀하시지만, 전 세계 인권 상황을 놓고 볼 때 제가 앰네스티에 몸담았던 12년 동안에도 수많은 발전이 있었습니다. 국제형사재판소International Criminal Court와 르완다 내전에 대한 전범재판소가 꾸려졌고, 전 세계적으로 민주주의가 성장했고, 지구상 모든 국가에서 소규모 인권 단체가 급증하고 있습니다. 전시 성폭력이 전쟁범죄로 선포되었고 여성의 권리는 그 어느 때보다 중대하게 여겨지고 있습니다. 영국 법관들은 통치행위 면책 특권이 칠레의 아우구스토 피노체트Augusto Pinochet와 같은 독재자를 기소하는 데 방해가 되어서는 안 된다고 판결했고, 이라크에서 고문을 저지른 미국을 전 세계가 비난합니다. 미국 대법원은 청소년과 지적장 애인의 사형을 위헌이라고 판결했죠. 자, 어떻습니까? 그래도 미국 헌법이 노예제도를 떠받들고 러시아의 대초원에서 농노들이 노역에 시달리던 1806년의 인권이 지금보다 낫다고 생각하십니까?"교수들은 그럼에도 여전히 미심쩍은 표정이었다.[19]

어떤 면에서 인권에 대한 관점은 어느 곳에서 보느냐에 따라 달라진 다. 특권층이었던 미국 헌법 제정자들에게 독립전쟁은 자유가 확장되 는 계기로 보였다. 하지만 계약 노예 눈에도 그렇게 보였을까? 당시 농 경 사회가 오늘날보다 개인의 삶을 더 존중했든 아니든, 유급 시종이 아닌 일반 노예를 비롯해 여성과 빈곤층을 하찮게 여긴 것은 분명하 다. 전 세계를 통틀어 1806년보다 훨씬 더 많은 사람들이 자유를 누리 며 살고 있다는 빌의 말은 전적으로 옳다.

그러나 빌이 2006년에 예로 들었던 인권 중 일부는 약속한 결실을 맺지 못했다. 2018년 국제형사재판소가 유죄 판결을 내린 죄수는 넷 뿐이었다. 같은 해 비영리 조직인 프리덤 하우스Freedom House는 세계 여 러 국가들에서 12년째 자유가 축소되고 있다고 보고했다.[20] 아우구스 토 피노체트는 재임 기간 동안 수만 명의 칠레 국민을 고문하고 처형 한 혐의에도 불구하고 사망하는 바람에 기소되지 못했다. 미국에서 경 찰에 의해 목숨을 잃는 유색인종의 비율이 백인에 비해 월등히 높다는 사실이나 서방의 많은 국가들이 무슬림과 이민자를 박해하고 있다는 사실은 말할 필요도 없다.

일부에서는 현대로 접어들면서 폭력이 전반적으로 감소했다고 주 장한다.[21] 그 주장이 사실이든 아니든, 21세기 초 20년 동안 시리아, 남수단, 미얀마, 예멘을 비롯한 세계 곳곳에서 대량 학살이 일어났다. 민주주의가 후퇴하고 있는 러시아, 경제 대국으로 부상하고 있지만 여전히 인권 상황이 열악하기로 악명 높은 중국, 유럽과 미국에서도 보편적 인권의 중요한 기반이 되는 세계주의와 초국가적 가치에 대한 거부감이 눈에 띄게 증가하고, 이러한 흐름이 인권의 신장을 저해할 뿐 아니라 인권 운동가들을 위축시키고 있다는 점도 외면할 수 없는 사실이다. 런던대학교의 스티븐 홉굿Stephen Hopgood과 같은 비평가들은 "인권의 종말"이 왔다고 주장했고, 시카고대학교 법학과 교수 에릭 포즈너 Eric Posner는 "인권법의 황혼기"라는 우울한 진단을 내렸다.[22]

그러나 이러한 염세주의는 풀뿌리 인권 운동, 즉 민중의 인권 운동을 애써 외면하려는 학계의 관점을 대변할 뿐이다. 공저자인 수시마 라만Sushma Raman은 포드 재단Ford Foundation 인도 지부의 프로그램 책임자로 일하는 동안, 인권과 사회정의를 위해 수준 높은 전략과 광범위한 연구를 수행하는 다양한 단체들과 만났던 일을 기억한다. 인권의 "황혼기" 따위에 무릎을 꿇기는커녕, 그녀가 만난 단체들은 뉴욕이나 제네바 같은 인권의 심장부로 알려진 곳에서 멀리 떨어진 변두리에서도 인권의 여명을 밝히고 있었다. 이 단체들 중 상당수가 인권에 황혼이 왔느니 어쩌니 하는 논쟁을 보란 듯 밟고 일어서 새벽을 앞당기는 데 힘을 쏟고 있었다. 수시마가 창립에 참여했고 아시아 일부 지역 여성의 권리와 리더십 지원에 주력했던 남아시아여성기금South Asia Women's Fund을 아시아 전역의 여성과 트랜스젠더의 권리를 지원하는 아시아여성기금Women's Fund Asia으로 확대 개편한 사례가 대표적이다. 8장에서 논의하겠지만, 수시마가 볼리비아와 인도를 비롯한 여러 국가들과 협력했던 풀뿌리 환경정의 운동들은 강뿐 아니라 자연의 다양한 요소들이 지닌 신성한 본질을 집중적으로 조망한 시도였다.

인권이 험준한 장애물을 마주하고 있다는 사실에는 반론의 여지가 없지만, 그렇다고 인권에 사망 선고를 내린 작자들이 생각하듯 인권의 회복 탄성력은 결코 약하지 않다. 앞으로 등장할 권리에 집중해야 하는 까닭이 바로 여기에 있다. 혹시 권리가 너무 많아질까 또는 "새로운" 권리가 "오래된" 권리에 걸림돌이 될까 걱정해야 할까? 실은 그 반대 상황도 똑같다. 잘 확립된 인권이 위태로울 때는 그 권리가 당대의 문제들에 대응할 만한지 점검하는 것이 무엇보다 중요하다.

이 책에서 살펴볼 많은 쟁점들이 확고한 기존의 권리와 직접적인 관련이 있다. 그리고 그 쟁점들이 바로 가치를 되짚어 봐야 할 "오래된" 권리에 대한 새로운 도전들인 셈이다. 고해상도 위성 카메라가 야구장의 오각형 홈플레이트만큼 작은 부분까지 구석구석 선명하게 촬영할 수 있다는 사실이 개인의 사생활 보호권과 어떤 관련이 있을까? 돈 많은 부자가 크리스퍼CRISPR와 같은 기술을 이용해 태어날 자녀의 DNA에서 질병을 제거하거나 지능을 높이는 게 가능해진다면, 공평하게 보건 의료에 접근할 권리에 어떤 영향을 미칠까? 성별을 이분법적으로 보는 관습에 문제를 제기한다면, 현재 우리가 이해하는 여성의 권리 개념에는 어떤 영향을 미칠까?

무엇보다 권리라는 것이 시시때때로 변하고 발전하고 혁명의 대상이 되는 게 사실이라면, 현재 공식적으로 인정하고 있는 권리들이 도전이나 저항을 맞닥뜨렸을 때 우리에게는 선택지가 없다. 하버드대학교의 동료 교수들에게 이 책의 주제를 처음 소개했을 때, 국제인권법

변호사로 명망 높은 한 동료는 이렇게 말했다. "이건 진짜 권리가 아니지. 반인륜적 범죄나 전쟁범죄처럼 심각한 사건과 관련이 있어야 진짜 권리 아니겠나." 그런데 여성의 권리나 LGBTQ의 권리를 처음 언급한 사람들이 마주한 반응도 이와 똑같았다. "이건 **진짜** 권리가 아니다!"

심지어 전쟁범죄 금지 권리처럼 고귀하고 유서 깊은 권리도 변할 수 있다. 일례로 2016년 국제형사재판소는 기소 가능한 전쟁범죄에, 말리Mali의 묘지와 회교 사원을 시초로 문화유산 파괴 및 파손 행위를 포함하기로 결정했다.[23] 더 나아가 재판소는 반인도적 범죄 행위의 개념을 환경 파괴로까지 확장할 것을 고려하고 있는데, 그렇게 되면 국가가 민간 기업에 토지를 할당하여 강제 퇴거와 문화재 훼손을 야기하곤 하는 이른바 토지 횡령도 범죄에 해당한다.[24] 권리에 대한 인식이 점차 인간을 넘어 동물, 로봇, 자연으로까지 훨씬 더 광범위하게 확대되면, 머지않아 이들의 권리도 확고하고 당연하게 자리 잡을 것이다.

권리의 수를 한정하는 법 따위는 없다. 물론 생명권이나 고문당하지 않을 권리처럼 "핵심 권리" 또는 "훼손 불가능한 권리"로 언급되는 권리들은 그야말로 기본 중의 기본이므로 한 국가가 테러나 자연재해와 같은 공식적인 위기 상황에 처했을 때조차 절대로 유보되지 않는다.[25] 하지만 세계인권선언이 50여 개의 권리와 훨씬 더 많은 후속적인 인권 조약들을 열거하고 있다고 해서 핵심 권리의 가치가 희석되는 것은 아니다. 우리가 치아 건강에 신경 쓴다고 심장을 팽개쳐 두는 게 아닌 것처럼 말이다. 심장이 튼튼하면 치아 없이도 살 수 있지만 장담컨대 치아가 건강하면 삶이 꽤나 즐거워진다.

권리는 제로섬 게임이 아니다. 새로운 권리를 확립한다고 오래된 권리가 무효화되지 않는다. 권리는 솔기 없는 말끔한 한 벌 옷이 아니며, 때로는 두 권리 사이에서 절충안을 찾아야 할 때도 있다. (세계인권선언 제18조에 명시된) 종교의 자유를 행사할 권리와 (역시 제18조에 명시된) 국가가 임의의 종교적 믿음을 강요하는 상황에서도 양심의 자유에 따라 행동할 권리가 그렇다. 이와 같은 문제 때문에 경중을 따질 수 없는 권리들이 얽힌 복잡한 문제들을 해결하는 인권재판소가 존재한다.

어떤 권리에 대해 새로운 해석이 인정받으면 어떤 집단은 세력과 특권의 일부를 양보해야 할 수도 있다. 1965년 린든 존슨Lyndon Johnson 대통령이 아프리카계 미국인의 투표권을 가로막고 있던 장벽을 허물고 선거권법Voting Rights Act에 서명했을 때, 백인이 독점했던 선거 권력이 약화된 것은 사실이지만 그렇다고 백인 유권자의 선거권이 사라진 것은 아니었다. 변화에 저항하는 사람들이 이따금씩 주장하는 것처럼 누군가 새롭게 권리를 획득했다고 내가 가진 기존 권리의 합법성을 잃는 것은 아니다. LGBTQ, 여성, 장애를 가진 사람이나 이민자도 동등하게 존엄성을 인정받을 권리를 갖고, 심지어 그들의 요구에만 특화된 권리도 보장받을 수 있다는 사실이, 이 범주에 속하지 않는 나머지 사람들의 권리를 결코 위태롭게 만들지 않는다.

동물이나 로봇 또는 생태계와 같은 비인간 존재에게 부여한 권리에도 비슷한 논리가 적용된다. 기업들 역시 오랫동안 합법적인 권리 주체로 인정받았는데, 일부에서는 동의하지 않을지도 모르지만 기업이 권리를 갖는다는 사실로 인해 인권의 유효성이나 영향력이 축소되는 것은 아니다. 인간에게는 자신에게 적용 가능한 모든 권리를 요구할 "권리"가 있다. 하지만 이 명제의 진위를 가리려면 먼저 "권리는 정확히 무엇인가?"라는 질문에 답해야 한다.

2016년 9월, 영국의 중앙은행인 잉글랜드 은행Bank of England은 5파운드(약 7,500원)짜리 신권을 발행했는데, 이 지폐에 비누나 양초에도 첨가되는 동물성 지방의 일종인 수지가 도포되었다는 사실에 완전 채식주의자vegan는 물론이고 일반 채식주의자vegetarian도 격분했다. 그들이 걱정한 것은 비단 동물의 권리와 복지만이 아니었다. 곧 밝히겠지만 동물의 권리와 복지 측면에서는 우리 두 저자도 이들의 주장을 강력히 지지한다. 채식주의자들이 격분한 또 다른 이유는 실제로 새 지폐를 씹어 먹는 사람들이 꽤 많다는 것이었다. 2015년에도 잉글랜드 은행은 씹어 먹어서 못 쓰게 된 5,000장 이상의 지폐를 교체했다고 발표한 바 있다. 그런 일이 벌어질 줄 누가 상상이나 했겠는가? 어떤 완전 채식주의자는 "동물성 제품을 보급하는 데 납세를 강요당하는 것은 명백한 권리 침해다"라고 트위터에 글을 올렸다.[26] 그런데 그 말이 맞는 걸까? "권리"가 맞는지 어떻게 알까?

국내법부터 살펴보면 권리인지 아닌지 쉽게 판단할 수 있다. 가령 어떤 국가의 국민이 지폐에 소기름을 도포하는 데에 자신이 납부한 세금이 사용되는 게 권리 침해인지 알고 싶다면, 입법부가 채택하고 최고 법정이 해석한 헌법이나 법규를 살펴보면 된다. 물론 육지로만 둘러싸였음에도 고래 낚시를 불법으로 규정한 네브래스카주의 주법처럼 고개가 갸우뚱거려지는 이상한 법규도 있지만, 어쨌든 임의의 지역이나 한 국가의 사법 권역 안에서는 대개 그곳의 법이 인정하는 권리가 무엇인지 (훌륭한 변호사의 도움을 받아서라도) 판단하는 것이 이치에

맞다.[27]

하지만 국가의 법률을 근거로 모든 인권침해를 판단하기에는 충분치 않다. 왜냐하면 인권은 세계인권선언을 바탕으로 국제적인 수준에 맞추어 확립되었고, 국내법이 국제인권법과 상충하는 국가가 의외로 많기 때문이다. 악명 높은 사례가 바로 미국이 합헌으로 규정한 사형제도인데 이는 국제 인권 기준과는 명백히 모순된다. 그렇다면 이러한 기준들이 요구하는 바를 어떻게 확인할 수 있을까?

이 세상 전체를 위해 법을 만드는 입법부도 없을뿐더러 모든 국제법 적용을 강제할 만큼 강력한 힘을 지닌 재판소도 없기 때문에, 국제적 수준에서 권리인 것과 아닌 것을 판단하기 위해서는 다양한 자료를 검토해야만 한다. 세계인권선언에 더해 가장 우선적으로 검토되는 자료는 국제인권협약으로 불리는 9개의 핵심적인 국제조약이다. 협약을 보완하는 9개의 선택의정서들도 검토해 볼 수 있다.[28] (무력 분쟁과 관련된 권리는 제네바협약Geneva Conventions, 난민과 관련된 권리는 난민협약Refugee Convention이 도움이 된다.) 이 조약들은 이미 충분히 많은 국가가 시행을 염두에 두고 승인하였을 뿐 아니라 유엔 인권최고대표사무소Office of the United Nations High Commissioner for Human Rights 산하에 있는 (각 조약 기구) 위원회의 감독을 받는다.

자, 이제 다시 영국 지폐 이야기로 돌아가 보자. 동물성 기름이 발린 지폐 발행에 세금을 납부하는 것이 권리 침해인지 알고자 한다면, 먼저 영국 국내법과 유럽 인권재판소European Court of Human Rights 판례를 살펴보아야 한다. 그 이유는 유럽평의회Council of Europe의 46개 국가와 더불어 영국은 권리 침해 문제가 발생했을 경우 국내법보다 유럽 인권재판소의 판결이 우선한다는 데에 자발적으로 동의했기 때문이다.[29] 더 나아가 이런 식의 과세가 한 지역이나 국가가 인정하는 권리에 대해서만이 아니라 국제 인권 규범에 위배되는지 확인하고자 한다면, 적어도 이론상으로 국내법이나 지엽적인 권리 해석에 우선하는 18개의 국제 인권 조약을 살펴볼 수도 있다. 우리 두 저자가 확인한 바에 따르면 유럽 인권재판소 판례나 국제인권협약 어디에도 소 부산물이 도포된 지폐 발행을 위해 세금을 부과하는 것이 권리 침해라는 내용은 없었다. 따라서 현재로서는 완전 채식주의자의 주장은 유효하지 않다고 분명히 말할 수 있다.

하지만 언젠가는 그들의 주장이 받아들여질 수도 있다. 앞서 말한 것처럼 인권법과 인권 규범은 고정적이지 않기 때문이다. 2002년 "정신지체mentally retarded"라고 규정한 범죄자에게 사형을 구형한 법원에 대해 "잔인하고 비정상적인 형벌"을 금하는 미국 헌법에 위배된다고 판결한 미국 대법원이 "변화하는 공서양속公序良俗 기준"을 참작했듯이, 세계적 기준이 변화하면 인권의 성립 요건에 대한 이해도 달라질 수 있다. 참고로 미국 대법원의 2002년 판결은 2005년에 청소년 범죄자까지 확대되었다.[30]

미국 대법원은 2002년에는 지적장애인에 대한 사형을 불법으로 규정하고 있는 주와, 2005년에는 청소년으로까지 그 대상을 확대한 주 의회가 몇 곳인지를 확인하여 "변화하는 공서양속 기준"을 측정했는데, 두 경우 모두 이전 수십 년 동안 놀라울 만큼 증가했다.

국제 인권의 경우에는 변화의 원인을 간단하게 특정할 수 없다. 물론 인권 조약이 효력을 발휘하려면 유의미한 수의 국가가 동의하고 승인해야 하지만, 인권 조약에 최종적으로 포함되는 기준들은 고등법원이나 지역 인권재판소의 평결과 같은 사항들을 고려하여 결정된다. 그뿐 아니라 조약 기구 또는 특별보고관 같은 유엔 인권 조직이나 단체의 권고, 인권 단체와 전문가의 관점, 궁극적으로는 권리에 대한 새로운 시각과 해석을 청원하는 풀뿌리 인권 운동도 영향을 미친다.[31] 따라서 가능성은 희박해 보이지만 이론적으로는 언젠가 국제적인 권리 조약이 성사되어 동물 성분 지폐 발행을 반대하는 사람의 납세 거부권을 인정해 줄 날이 올 수도 있다. 만일 그런 날이 온다면, 납세 거부권 여부가 좋은 사회의 판단 기준이 될 것이다. 그런데 반드시 긴요하고 필수적인 것만이 인권일까? 앞서 논의했듯, 국제적으로 합의된 좋은 사회의 구성 요건을 얼마나 갖추었는지는 인권의 범위가 말해 주지만, 현재로서는 세계인권선언과 국제인권협약 덕분에 좋은 사회의 모습을 좀 더 구체적으로 그려 볼 수 있다.

이를테면 좋은 사회는 고문에 가담하지 않고, 적법 절차를 준수하며, 인종을 포함한 모든 형태의 차별을 지양하고, 어린이를 보호한다. 권력자를 견제하는 일련의 제약도 좋은 사회의 특징 중 하나다. 하지만 인권은 단순히 타인에게 하지 말아야 하는 금지 사항 목록이 아니다. 시민권, 참정권뿐 아니라 사회, 경제, 문화 영역에서 누릴 수 있는 권리들은 좋은 사회를 더욱 풍성하고 다채롭게 만들어 준다. 이 권리들을 "적극적 권리"라고 부르기도 한다. 좋은 사회는 그 구성원이 의, 식, 주를 포함하여 경제활동에 참여할 기회 외에도 많은 것을 충분히 누리도록 보장한다. 물론 인간의 모든 욕구를 권리라는 틀 안에 넣어야 하는 것은 아니지만 ("인생의 목적을 이루어서 만족감을 느낄 권리" 같은 건 존재하지도 않거니와) 그와 같은 부가적 욕구들은 노숙, 기아, 학대와 같은 상황으로 고통 받지 않을 때라야 충족될 수 있다. 그런 의미에서 권리는 좋은 사회가 보장하는 최소한의 기본적인 욕구들로 구성된다고 볼 수 있다.

권리는 정부, 국제 금융기관, 기업, 군대 등과 같은 권력기관이나 권력자가 자신들의 결정에 영향을 받는 사람들의 삶에 (혹은 로봇과 생태계까지 포함할 수 있는 삶의 조건에) 대해 갖는 의무와 책임을 상징한다. 바꾸어 말하면 권리는 권력자에 대항하여 약자가 (혹은 누군가 약자를 대신하여) 내세울 수 있는 요구를 상징한다. 이토록 논쟁의 여지가 많은 것이 바로 권리이다! 권리가 국제적으로 승인된 기준을 반영한다는 점에서, 권리를 침해하는 행위 시 국제사회의 비난을 면할 수 없다. 이라크 아부 그라이브Abu Ghraib 교도소와 쿠바 관타나모Guantanamo 수용소에서 고문이 벌어졌다는 사실이 만천하에 알려지면서 국제사회에서 미국의 평판이 얼마나 망가졌는지 생각해 보라. 실제로 수시마는 2018년 관타나모에서 열린 9·11 공판 전 청문회에 참관했는데, 그 소송의 배경에도 미국이 고문 기술을 이용했던 지난 역사가 깔려 있음을 느낄 수 있었다.

그런데 좋은 사회를 정의하는 데 왜 꼭 권리가 필요할까? 지혜로운 공공 정책들로 좋은 사회를 정의할 수는 없을까? 정책과 권리의 차이점은 무엇일까? 사실 이것은 동물이나 로봇, 생태계와 같은 비인간 존재의 권리에서 특히 더 중요하게 다루어야 할 질문이다. 그렇다면 왜 비인간 존재들에게 권리를 부여해야 할까? 법규와 공공 정책들을 통해 보호하는 것으로는 충분치 않다는 말인가?

모든 인권이 실효성 있는 의미를 갖기 위해서는 반드시 공공 정책들로 구현되어야 하지만 그렇다고 모든 공공 정책이 인권의 표현형은 아니다. 가령 "생존권"이 의미를 갖기 위해서는 반드시 법과 정책으로 성문화되어야 하지만 세수稅收의 범위를 재산세, 판매세, 법인세, 양도소득세로 한정하는 문제는 본질적으로 인권의 문제가 아니다. 여러 측면에서 인권은 공공 정책의 출발점이 되어야 할 기본 원칙이라고 볼 수 있다. 인권에서 출발할 때, 정책 논의는 한층 더 진지하고 지속성을 지닌다. 더욱 중요한 것은 인권 기반의 정책들은 동물과 생태계, 심지어 로봇을 포함한 권리 요구자들에게 일반 정책들보다 더 큰 가치와 존엄 그리고 보호망을 제공할 수 있다는 점이다.

동물과 자연에 대한 처우를 동물 또는 식물의 "복지"와 관련된 정책적 문제로 접근하여 해결하는 방법도 있다. 하지만 지난 수십 년 동안의 사례에서 보듯 그러한 접근법은 좋은 사회에서라면 요구자가 당연히 누려야 할 일정 수준의 가치와 존엄을 박탈할 수도 있고, 더 나아가 복지 정책이 불편해지기 시작하면 권리에 기반을 두었을 때보다 철회하기가 훨씬 쉽다.

우리 두 저자는 이 책에서 논의하는 권리들이 확고부동하다고 가정하지 않는다. 이 책에서는 사생활이나 건강과 같이 오래된 인권과 관련된 주제도 다룰 텐데, 이처럼 오래된 권리들도 기술과 규범의 변화에 따라 개정되거나 확장될 필요가 있다. 아직까지 그 어떤 권리 조약이나 국내법에서 언급된 적 없는 권력의 부패, 동물, 로봇, 자연과 관련된 완전히 새로운 권리들에 대해서도 논의할 것이다. 여기서 선별한 주제들은 모두 시의적절하고 중요하지만, 앞으로 수년 내에 실로 다양한 영역에서 권리가 재구성되거나 새로 만들어지는 일이 많을 것이다. 이에 대해서는 결론에서 다시 언급하겠지만 이 책에서 제시하는 목록이 결코 완전한 것은 아니라는 점을 분명히 밝혀 둔다.

우리는 예언자와는 거리가 멀지만, 수시마의 마음을 끈 것은 진짜 점성술이었다! 미래에 대한 예언은 어이없는 오류로 판명 나는 일이 많다. 이를테면 소설가 레이 브래드버리Ray Bradbury는 1950년에 발표한 소설《화성 연대기The Martian Chronicles》에서 늦어도 2000년대 초반까지 인간이 화성을 식민지로 만들 수 있다고 장담했다.《뉴욕타임스》의 칼럼니스트 데이비드 포그David Pogue는 2006년에 이렇게 논평했다. "모두가 내게 애플이 언제 휴대폰을 출시할 수 있겠느냐고 묻는다. 나는 한결같이 '절대로 그런 일은 일어나지 않을 것'이라고 대답한다." 다음 세대를 거치는 동안 어떠한 주제들이 권리의 개념을 새롭게 일깨우게 할지 가늠하는 것은 예언이 아니라 예상이다.

새롭게 공인된 권리나 사람들이 막 받아들이기 시작한 권리를 소개하는 것이 이 책의 주된 목적은 아니다. 이 책은 우리 모두에게, 특히 그 결과물을 안고 살아갈 젊은 세대에게 지금 우리가 이해하는 권리의 개념이 직면한 진짜 도전들을 참신한 시각으로 보자는 일종의 권유이다. 우리가 앞으로 수십 년 동안 완성하고 싶거나 살고 싶은 좋은 사회는 어떤 모습일까? 이 질문에 대한 대답이 권리 혁명의 본질을 규정할 것이고, 바로 그 권리 혁명이 미래의 좋은 사회의 밑그림이 되어 줄 것이다.

도대체 이 모든 것이 왜 중요할까? "미래의 좋은 사회"라는 것도 아직은 먼 이야기일 텐데 말이다. 하지만 어쨌든 권리는 열정적인 변호사나 국제 인권 단체 들의 전유물도 아니거니와 결코 멀고 추상적인 개념이 아니다. 우리가 인정하든 하지 않든, 권리는 우리의 일상생활과 아주 밀접하게 연결되어 있다. 이와 관련해 엘리너 루스벨트가 쓴 유명한 글이 있다.

보편적인 인권의 시작점은 어디인가? 집과 가까운 작은 공간, 어쩌면 너무 가깝고 작은 공간이라서 어떤 지도에서도 보이지 않는 장소일 테다. 하지만 그 장소들, 즉 어떤 이가 사는 동네, 다니는 학교나 대학, 일하는 공장이나 농장 또는 사무실은 그 사람에게 하나의 세계다. 남녀노소 모두가 평등한 정의, 평등한 기회, 평등한 존엄을 누릴 수 있는 곳, 이러한 장소에서 권리가 의미를 갖지 못한다면 다른 어느 곳에서도 의미를 갖기 어렵다. 집과 가까운 바로 그 장소들에서 권리를 지키기 위한 시민의 단합된 행동이 없다면 더 넓은 세상에서 더 진보한 권리를 찾는 노력은 헛수고가 될 것이다.[32]

공권력으로부터 일상적으로 차별과 폭력을 당하고 탄압받는 집단의 구성원이라면 엘리너 루스벨트가 한 말의 의미를 분명히 알 것이다. 식수와 같은 기본적인 필요조차 충족하기 힘든 사회의 구성원도 마찬가지다. 교전 지역에 갇힌 사람들에게 인권은 생사가 걸린 문제다. 하지만 더 안전한 곳에서 특권을 누리는 사람도 예외는 아니다. 각자가 처한 상황이 어떠하든, 삶과 직결된 권리에 관한 뉴스를 듣고도 심드렁할 사람은 거의 없을 것이다.

2016년 노스캐롤라이나주가 현재의 젠더 정체성이 아니라 출생증명서에 기재된 성별에 따라 화장실을 사용해야 한다는 법을 통과시켰을 때 나라 전체가 화장실 논쟁으로 달아올랐다.[33] 재계는 강력하게 반발했고, 수많은 단체들이 노스캐롤라이나주에 대한 보이콧을 선언했다. 오바마 대통령도 연방 기금 지원을 보류하겠다고 으름장을 놓았다. 결국 주 의회는 이 차별적인 법을 철회하기로 했다. 하지만 그 후에도 몇 년 동안 10개 이상의 주에서 그와 비슷한 법을 제정할 것인지 진지하게 검토했다. 이는 비단 트랜스젠더만의 문제가 아니었다. 거의모든 국민이 공중화장실을 사용한다는 점에서 보면, 사실상 어떤 식으로든 모든 이에게 영향을 미칠 수 있는, 건강과 위생이 달려 있는 가장기본적인 인권 문제라 할 수 있었다.

그해 인권 논쟁이 벌어진 장소는 화장실만이 아니었다. 우리 삶의매우 보편적인 또 하나의 장소인 인터넷 역시 우리를 경악케 한 논쟁의 중심으로 떠올랐다. 구글은 프랑스 정부로부터 벌금을 부과받았는데, 이유인즉 유럽 시민 누구라도 인터넷 사이트상에 자신의 이름과관련된 링크를 삭제하도록 검색 엔진에 요청할 수 있다는 "잊힐 권리"조항을 위반한 대가였다.[34] 미국에서는 아직 이러한 유형의 개인 정보보호가 보편화되지 않았지만, 사이버 폭력뿐 아니라 가해자가 피해자의 사적인 사진이나 동영상을 유출하는 이른바 리벤지 포르노 범죄가만연함에 따라, (수정헌법 제1조를 강력히 옹호하는 사람들의 격렬한 반대에도 불구하고) 여성의 권리를 주장하는 사람들의 지지에 힘입어 한층 더강력한 보호법에 대한 요구가 증가하는 추세다.[35]

2016년 11월 대통령 선거가 끝난 뒤 페이스북, 트위터, 유튜브를 비롯한 여러 소셜 미디어들이 "가짜 뉴스" 확산을 조장했다는 비난과 더불어 선거와 관련된 게시물을 삭제하라는 압력을 받았다. 물론 표현과 언론의 자유를 외치는 진영과 자유롭고 공정한 선거에 참여하고 투표할 권리를 외치는 진영 사이의 논쟁은 피할 도리가 없었다.[36] 이 문제는 중국 시장 진출을 위해 페이스북이 개발 중이던 프로그램으로 인해 더욱 복잡해졌는데, 간략히 설명하면 특정 국가들에서 사이트 이용자들의 뉴스 피드에 게시물이 표시되지 않도록 해 주는 프로그램이었다. 다시 말해 인권 옹호자라면 결코 지지하지 않겠지만 중국 정부가 (물론 다른 정부들도 마음만 먹는다면) 정보에 대한 접근을 한층 더 강력하게 통제할 수 있다는 의미이기도 했다.[37] 결국 페이스북뿐 아니라 다른 소셜 미디어들도 허위 게시물을 훨씬 더 강력하게 통제한다는 데에 동의했다. 인터넷 사용자가 전 세계 인구의 40퍼센트인 35억 명이 넘는다는 사실을 감안할 때 이 새로운 정책의 파급력은 실로 방대할 것이다.

최근 유전학에서 이룬 진전도 눈여겨볼 만하다. 《하퍼스 매거진》과의 인터뷰에서 "2012년에 노스다코타주에 백인 마을을 설립하겠노라"고 호언장담한 백인 우월주의자 크레이그 코브Craig Cobb의 발목을 잡은 것은 DNA 검사였다. 유감스럽게도 검사 결과, 그가 사하라사막 이남 아프리카인 유전자를 14퍼센트나 보유하고 있었던 것이다. 그는 "전혀 몰랐던 사실"이고 "알았다면 그런 검사를 받으러 가지도 않았을 것"이라고 말했다.[38] 그런데 정작 여론을 뜨겁게 달군 것은 DNA 결과가 아니라 DNA 정보 소유권이 누구에게 있느냐는 문제였다. 만일 당신이 아니라 친척이나 고용주 또는 정부가 당신의 동의 없이 건강이나 인종 관련 정보를 갖고 있다면 어떨까?[39] 또 국가와 같은 곳에서 모든 사람의 DNA 정보를 추적할 수 있는 통합 DNA 데이터베이스 구축이 가능해진다면, 빅브라더Big Brother(정보의 독점으로 사회를 통제하는 권력 혹은 체계—옮긴이)에게 멍석을 깔아 주고 뒤늦게 후회하게 되는 것은 아닐까? 범죄 현장에서 DNA를 추적하고 샘플을 보관하는 경우라면 전적으로 동의하겠지만, 만일 전 국민의 DNA 정보를 저장한다면 개인 정보 보호권은 어떻게 될까?

지금까지 살펴본 권리에 관한 쟁점들은 이미 논쟁의 도마 위에 올라와 있고 우리 삶에 지대한 영향을 미칠 수 있는 몇 가지 예에 불과하다.

권리에는 종종 만사를 해결해 줄 것 같은, 예를 들어 부족주의tribalism와 국가주의를 끝장내고, 폭력과 가난을 몰아내고, 윤리의 보편적인 가치를 실현하게 해 줄 것 같은 기대가 따른다. 그 어떤 법과 규범도 이모든 기대를 충족할 수 없을 것이다. 하지만 권리는 좋은 사회에 대한 비전을 마음에 품게 해 주고, 현재보다는 이상에 더 가까이 다가가기 위한 방법들을 제시해 준다. 권리가 인류로서 우리가 나아갈 방향을 제시하고 그 여정에서 길잡이가 되어 준다는 사실을 인정한다면, 권리에 대한 진지한 논의의 필요성에 이의를 제기하기 어려울 것이다. 러시아의 작가이자 활동가로 농노제도를 없애는 데에 중요한 역할을 했던 알렉산드르 게르첸Alexander Herzen은 이렇게 말했다. "우리는 역사라는 천 조각을 깁고 있는 운명의 손에 들린 실과 바늘이 아니라는 사실에 자부심을 가져야 합니다…. 우리가 없으면 천 조각을 깁지 못한다는 사실도 알아야 합니다…. 하지만 그게 다가 아닙니다. **우리는 카펫의 무늬도 바꿀 수 있습니다.**"[40]

우리 두 사람은 권리라는 카펫에 새로운 무늬를 기워 넣을 때 필요할 바늘땀들을 설명하고 보여 주기 위해 글을 썼다. 이 책이 모두에게 바늘과 실을 집어 들 용기를 주길 바란다. 우리가 짜고 싶은 카펫, 자부심을 안겨 줄 좋은 사회라는 카펫을 짜느냐 마느냐는 결국 우리에게 달려 있기 때문이다. 생산적이고 적극적인 논의가 없다면 카펫은 완성될 수 없다. 바라건대 이 책이 그 논의에 영감을 주길.

1장

권리는
왜 변하는가?

THE
COMING
GOOD
SOCIETY

고대 그리스인은 고문 기술에 관한 상상력이 꽤 풍부했다. 페릴로스 Perillos는 아테네에서 청동 세공사로 일하던 자였는데, 청동 황소라 불리는 고문 기구를 발명했다. 황소를 본떠 만든 이 청동 황소의 배 속에는 성인 남자 한 명이 들어갈 정도의 빈 공간이 있었다. 또한 내부 음향 장치가 있어서 배 속에 갇힌 자가 지르는 비명이 콧구멍을 통해서 나올 때는 마치 황소의 울음소리처럼 들렸다. 억울하든 아니든 배 속에 갇힌 자의 운명은 청동 황소 배 밑에서 피운 불에 서서히 타 죽는 것으로 끝났다.

청동 황소는 아테네 시민이 아니라 아테네의 적에게 사용했을 것이다. 그리스의 자유 시민이 고문을 당하는 일은, 심지어 범죄와 관련된 자백을 얻을 목적일지라도 사실상 거의 없었다. 아리스토텔레스는 고문에 대해서 "강요당하는 사람은 진실 못지않게 거짓말도 많이 한다"고 말했다.1 자유 시민은 분별력과 **이성**을 갖고 있으므로 진실과 거짓을 구별할 수 있고, 그렇기 때문에 자신의 유익을 위해서라면 얼마든지 거짓말을 할 수 있다. 이를테면 청동 황소 고문을 모면하기 위한 거짓말을 할 수 있다는 뜻이다. 자유 시민에게 고문이 소용없는 이유다.

그리스 철학자들은 대상이 노예일 때는 다르다고 말한다. 노예를 고문하면 범죄의 증거를 얻을 수 있다는 것이다. 노예에게 가해진 고문 자체는 그다지 놀랄 일이 아니다. 노예처럼 힘없는 사람이 지독한 학대를 받는 건 대수롭지 않던 시절이었다. 흥미로운 점은 그리스인들이 노예를 고문해도 된다고 여기는 근거에 있다. 당시 노예는 주인 몸의 일부로 치부되었다. 따라서 노예는 주인이 아는 것을 모두 알되, 주인과 달리 분별력이 없기 때문에 거짓말을 할 수가 없다. 바로 이 본성이 노예는 고문을 당하면 진실을 말할 수밖에 없다는 주장의 근거였다.²

오늘날 우리가 인권침해라 부를 만한 행위의 피해자인지 아닌지는 대상의 본성을 규정하는 개념에 달려 있었다. 이처럼 권리가 본성에 근거한다는 신념은 어떠한 형태로든 현시대의 인권에까지 영향을 미치고 있다.

세계인권선언의 전문은 다음과 같이 시작한다. "인간 집단 모든 구성원에게 **타고난** 존엄성과 평등함, **빼앗길 수 없는** 권리가 있음을 인정하는 것이 자유롭고 정의로우며 평화로운 세상의 토대이다." 이어서 제1조는 "모든 인간은 자유로운 존재로 태어났고 동등한 존엄성과 권리를 지닌다. 인간은 이성과 양심을 **타고난다**"고 선언한다. 굵게 강조한 낱말들은 인권이 인간의 본성과 자연권에 바탕을 두고 있음을 암시한다. 본성상 인간은 모두 존엄성을 지니고 태어났을 뿐 아니라 고대 그리스의 자유 시민처럼 이성을 (양심이라 불리는 것도 분명히 함께) 타고나기 때문에 고유한 존엄성을 지니고, 특정한 권리를 가질 자격이 있다는 것이다.

그런데 이제는 진짜 불편한 질문을 마주할 차례다. 과연 우리는 이 모든 것을 어떻게 아는가?

만일 어떤 이가 "모든 인간이 고유한 존엄성을 지닌다고 생각하지 않는다"거나 "남성은 (또는 백인이나 미국인, 이성애자, 성실한 부자는) 고유한 존엄성을 지니지만 여성은 (또는 유색인이나 외국인, LGBTQ, 게으르고 가난한 사람은) 그렇지 않다"고 주장하면서 위의 전제에 반대한다면 무어라고 반박할 것인가? 만일 또 어떤 이가 "가수 엘비스 프레슬리가 죽지 않았다고 믿거나, 모든 과학적 증거에도 불구하고 기후변화를 부정하는 사람이 이토록 많다는 점으로 미루어, 인간이 '이성을 타고난다'는 말에 동의하기 어렵다"고 말한다면 무슨 말로 그를 설득할 수 있을까? 수천 년 동안 반복된 인간의 극악한 잔혹 행위를 생각하면, 이깟 질문들로 인간이 양심을 타고난다고 믿는 이유에 대한 논의를 꺼내기도 민망하다. 만일 인권이 인간의 본성이라는 개념에 근거한다는 말 말고는 회의론자들에게 들려줄 대답이 없다면, 우리는 권리라는 개념을 어떻게 옹호할 수 있을까? 질문을 바꾸어, 인권을 주장하는 근거는 무엇인가? 1948년 세계인권선언을 구상하던 유엔 위원회가 일군의 학자들에게 기본적인 권리에 포함할 항목들에 관해 자문했을 때 학자들은 모두 손사래를 쳤다. 결국 학자들은 "우리에게 '**왜**'라는 질문을 하지 않는다는 조건"을 걸고서야 권리의 항목들을 결정하는 데 동의했다.[3]

질문에 답하는 가장 편리한 방법은 명백하고 권위 있는 종교에서 그 해답을 찾는 것이다. 일례로 히브리 민족은 "인간이 [신의] 형상, 곧 [신의] 모습대로" 창조되었다고 믿는다.[4] 의미인즉, 인간의 존엄성을 모독하는 것은 신을 모독하는 것이요, 신에게 이성과 양심이 있으니 인간도 그러하다는 것이다. 이 전통을 반영한 기독교와 이슬람교의 경전에서 예수는 가장 궁핍한 사람을 존귀하게 여기고 친절로 대하라고, 그것이 곧 예수 자신을 대하는 것이라고 말한다.5 코란은 "주께서 천사들에게 '내가 흙을 구워 인간을 창조하고 나의 영으로 숨을 불어 넣을 때에 너희가 그에게 엎드려 절하라'고 이르셨다"고 또 한 번 일깨운다.6

　유감스럽지만, 이뿐 아니라 다른 종교 경전들을 인권의 근거로 삼자는 주장에도 동의하기 어렵다. 무엇이 됐든, 전통이나 문화를 초월하여 모든 사람이 동의할 수 있어야 한다는 점에서 인권의 근거는 명백하게 보편적이어야 한다. 각 종교에 속한 종파들은 논외로 치고, 이 세상에는 신도 50만 명 이상의 종교 전통이 적어도 22개나 있다. 이 종교 전통들은 저마다 교리로 삼는 신앙적 의무는 물론이고 신의 요구를 놓고도 서로 반목하는 것으로 악명 높다.7 (열거하자면 끝도 없겠지만 그중 하나를 예로 들면, 2세기에 몬타누스파Montanism로 불리던 기독교의 한 종파는 무를 꾸준히 섭취한 사람만이 천국에 갈 수 있다고 믿었다. 기독교 교회가 이 이단 종파를 떼어 내기까지 무려 400년이나 걸렸다.) 설령 신이 인간에게 존엄성과 이성과 양심을 부여했다는 데에 모든 종교가 동의한다고 해도, 그 모든 종교의 울타리 밖에 있는 사람도 여전히 10억 명이 넘는다.8 종교의 권위 자체를 미심쩍어하는 사람을 종교적 주장이나 교리로 설득하는 것은 안 하느니만 못하다.

　이러한 이유로 우리는 다시 자연법으로 돌아간다. 가령 모든 인간이 어떠한 특질을 본성으로서 공유하고 또 그것을 공유한다는 사실에 모두가 동의한다면, 어쩌면 그 특질을 인권의 근거로 삼을 수 있을 것이다. 이것은 적어도 플라톤 시대 아니 어쩌면 그보다 훨씬 전부터 많은 대중이 답을 찾아 헤매던, 철학자 리처드 로티Richard Rorty가 "존재론적으로 동물과 다른 범주에 [인간을] 들게 하고 [그리고] 사람들이 서로를 친절하게 대해야 하는 근거로 삼을 특별한 요소"라고 말한 그 특질을 찾기 위한 철학적 고민이었다.[9]

자연법 지지자들이 가장 많이 인용하는 인간의 공통 특질은, 그리스인에 관한 논의에서 본 것처럼, 바로 인간의 이성적 능력이다. 엘비스가 아직도 살아 있다고 믿는 사람이 얼마나 많은지 따위는 사실 문제가 되지 않는다. 여기서 중요한 것은 그 결론에 도달하기까지 인간은 서툴게나마 이성을 사용하며, 바로 그렇기 때문에 다른 생물보다 뛰어나고 더 나은 대우를 받을 자격이 있다는 점이다.

하지만 이성이 인간 본성의 유일한 핵심이라고 할 수는 없다. 국제법의 창시자로 자주 거론되는 17세기 네덜란드의 법학자 휘호 흐로티위스Hugo Grotius는 "자신과 같은 유형의 존재와 더불어… 사회적 삶을 누리고 싶은 강한 욕망"이라는 말로 인간 본성의 핵심을 종합적으로 설명했다.[10] 철학자 토머스 홉스Thomas Hobbes는 이를 "자신의 삶을 지키기 위해… 각자 자신의 능력을 사용할… 자유"라는 말로 설명했다.[11] 미국 독립선언문을 작성한 토머스 제퍼슨Thomas Jefferson에게 영향을 준 철학자로 알려진 존 로크John Locke는 인간 본성의 핵심을 자유와 평등이라고 요약했다. 이렇게나 선택지가 많은데 어떻게 하나를 고를까? 일례로 휘호 흐로티위스의 사회성은 홉스가 말하는 "만인의 만인에 대한 투쟁"과는 사뭇 다르게 보이는데 말이다.

인간 본성에 관한 좀 더 최근의 개념들도 살펴보자. 진화생물학자의 주장을 믿는 사람은 혈연 선택이, 즉 자신과 가장 가까운 혈연 집단의 유전자 존속에 유리한 행동에 흔쾌히 동참하려는 의지가 모든 인간의 핵심적인 특징이라고 생각한다.[12] 경제학자 허버트 긴티스Herbert Gintis 는 권위에 반항하는 경향이라고 단적으로 말한다.[13] 정치학자 프랜시 스 후쿠야마Francis Fukuyama의 견해는 또 다르다. 그는 비록 폭력이 "인 간의 본성일지도" 모르지만, "폭력을 통제하고 견제하는 경향"도 인간 의 본성이라고 말한다.[14] 또다시 선택의 문제로 돌아왔다.

그런데 선택은 인간 본성을 "타고난" 권리의 근거로 인용하는 문제 의 첫 단추일 뿐이다. 우선 자연법의 역사를 보면, 종종 자연법 지지자 들의 선택에 숨은 동기가 있거나 대자연에 대한 객관적 관찰보다는 당 시의 편견에 기대어 이론을 정립했다는 사실이 드러난다. 그들이 반드 시 틀렸다고 단정할 수는 없지만, 의심을 거두기에는 확실히 미심적은 부분이 많다.

이를테면 다른 사람을 희생시켜 자신의 생명을 지키려는 것이 자연 스러운 경향이라는 토머스 홉스의 주장이 영국 내전English Civil War 동 안 찰스 1세를 전복시킨 의회파의 불똥이 자신에게까지 튈까 두려워 프랑스로 망명한 왕당파로서의 경험에 덧칠된 것은 우연이 아니었다. "모든 인간은 평등하게 창조되었다"는 "자명한" 자연법의 권위자 토머 스 제퍼슨은 아프리카계 미국인은 "생각보다는 감각에 더 많이 의지" 하기 때문에 시련의 고통도 금세 사라진다고 주장했다.[15] 또 같은 이유 에서 그들은 "일하지 않을 때면… 잠만 자려는 경향"이 있다고도 말했 다. 존 로크는 재산을 소유한 사람은 자유와 평등을 타고난다고 설파 했는데, 그의 주장 안에 재산이 없는 소작인의 자리는 없었다. 노예는 말할 것도 없고 재산을 소유할 수 없던 여성도 그의 자연법 범주에 들지 못했다. 정치사학자 데이비드 바우처David Boucher도 다음과 같이 설명한다.

일반적으로 자연법과 자연권의 역사에서 여성이 완전한 인격체이 었음은 의심의 여지가 없다. 다만 기능과 이성 면에서 완벽한 삶에 필요한 요소가 결여되었거나, 보유한 수준에 차이가 있었다. 여성의 역할은 남성의 역할에 종속되었고 남성은 자연법과 자연권의 적격 자로서 가정에서 여성을 지배했다.[16]

프랜시스 후쿠야마도 자신의 정치적 선호의 근거를 자연법에서 찾으려 했다. 그는 인간이 폭력을 통제하려는 경향을 타고나기 때문에 "독재와 같은 유형의 정치 질서를 부당한 것으로 여겨 배척하려" 한다고 말했다. 그러한 우리의 경향이 바로 "이 세상에 자본주의에 근거한 자유민주주의 정치 체제가 많은 반면에 사회주의 독재 정권은 매우 희소한 이유"라고 덧붙였다.[17] 인간 본성은 보는 이의 시각에 따라 달라지는 것처럼 보인다. 법학자 캐서린 매키넌Catherine MacKinnon은 자연법이 "현상을 묘사하고, 현상이 자연의 결과라고 생각하는 경향을 [기록한 교리를] 믿는 사람만 감화시키는 일종의 세속 종교"라고 설명한다.[18]

그런데 만일 우리가 각자의 편견을 버리고 인간 본성에 대한 일반적인 설명에 동의한다면 권리의 목록을 결정하기가 더 쉬울까?

우리의 본성에 대한 관찰이 그에 상응하는 도덕률로 발전하는 과정을 설명하기란, 철학자들마저도 "자연주의적 오류naturalistic fallacy"라는 용어를 남발할 만큼 여간 어려운 게 아니다. 만일 인간의 진화 프로파

일에 혈연 선택이 내재되어 있다는 데에 모두가 동의한다고 치자. 왜 그 동의가 우리와 거리가 좀 있거나 무관한 사람이 아니라 더 가까운 혈족의 생존을 선택하는 것이 옳다는 의미로 해석되어야 할까? 인류학자 로빈 폭스Robin Fox는 혈연 선택을 도덕적 지침으로 삼는다면, 어떤 이가 나의 자녀를 죽일 경우 살인자의 자녀를 보복 살해하거나 살인자의 유전 계통에 속한 여성을 임신시켜 나의 유전자를 보전하는, 도덕적으로 옹호할 만한 구석이 거의 없는 일도 허용하게 될 수 있다고 주장했다.[19]

하지만 권리의 근거로서 인간 본성을 택하느냐 마느냐 하는 다소 난해한 철학적 논쟁은 차치하더라도, 실질적으로 해결해야 할 세 가지 문제가 있다. 첫째로 인간 본성이라는 단일 개념으로는 인권 기구들이 목록에 올린 많은 권리를 정당화할 수 없다는 점이다. 예를 들어 생명을 지킬 권리를 갖고 태어난다는 홉스의 주장은 생존권이나 식량권 또는 주거권의 근거는 될 테지만, 교육을 받고 노동조합을 결성하고 출생과 동시에 정부 기관에 국민으로 등록되고 자국 내에서의 자유로운 이동을 보장하는 권리들을 채택해야 할 근거로, 또 그 모든 권리가 잘 확립되어야 할 명분으로 삼을 수 있을까? 모두가 매우 바람직한 권리이긴 하나 사실 그러한 권리를 누리지 못하고 수 세기를 버텨 온 사람들도 있다. 다행히 이 공백을 알아차린 후쿠야마는 "인간 본성이 곧 인간 권리라는 단순한 해석은 불가능"하다고 인정했다.[20]

인간 본성과 자연권을 권리의 근거로 삼는 데 따르는 또 다른 문제는, 권리를 인간에게 국한한다는 것이다. 여기서 동물이나 로봇, 생태계와 같은 비인간 존재들의 권리에 대한 논의는 자동으로 배제된다.

하지만 물리학자 카를로 로벨리Carlo Rovelli가 지적했듯, 우리가 과거에는 인간을 "자연의 우두머리"로 생각했지만 생태계 의존적인 우리가 자연을 어떻게 대해야 하는지 알고 있는 오늘날 "그런 생각은 실소를 자아낸다. 우리가 특별하다면, 그것은 모든 이가 스스로를 자각하는 방식이 특별한 것[이지]… 나머지 자연에 대해 특별한 것은 분명히 아니다".21

마지막으로, 존경받는 진화학자가 인정한 진화의 속도보다 인간 본성이 훨씬 더 빠르게 변화한다고 우길 자신이 없다면, 우리의 본성 역시 진화와 보폭을 맞추어 비교적 정적이라고 생각하는 게 맞을 것이다. 앞에서도 논의했고 나중에 더 자세하게 살펴보겠지만, 권리에 대해 우리가 할 수 있는 말은 권리의 개념 혹은 이해가 세대에서 세대로 넘어가는 변화의 파도에 쉽게 굴복한다는 사실이다.

이러한 문제들 때문에 우리와 동시대를 살고 있는 대다수 철학자들은 자연법 안에서 권리의 철학적 근거를 찾는 일에서 손을 뗐다.

그렇다면 우리는 정말, 인간이 존엄성을 타고나는지 이 모든 권리를 요구해도 되는지 어떻게 아느냐고 따져 묻는 회의론자들에게 들려줄 대답이 없는 걸까? 물론 그렇지 않다. 신과 자연법 말고도 인권 요구의 당위성을 뒷받침할 제3의 선택지가 있다. 흔히 구성주의라고 불리는데, 말 그대로 인간 스스로 자신들이 소유할 권리를 구성한다는 의미이다. 그것도 되는 대로 충동에 이끌려 엉터리로 구성하는 것이 아니라 공동의 선이라는 개념, 즉 "좋은 사회"의 구성 요건에 대한 국제적 합의를 바탕으로 권리를 구성한다.

앞서 말한 바와 같이 인권을 생득의 개념으로 설명하는 세계인권선언도 인권에 대한 믿음을 보강하기 위해 그보다 훨씬 더 실용적인 이유들을 서문에서 제시한다. 서문은 인권을 경시하면 "인류의 양심을 격노케 할 야만적인 행위들을 초래할" 것이라고 말한다. 인권을 인정하지 않는 "폭정과 압제를 향해 인간이 선택할 최후의 수단은 반란이다". 인권은 "국가 간 우호적인 관계 증진"에 반드시 필요한 요건이다. 다시 말해서 인권은 시민 의식을 함양하고 압제를 종식시키며 안정을 도모할 원동력임과 동시에 평화적인 상호 작용을 촉진하고, 좋은 사회의 필수 조건을 완성하는 힘이다.

하지만 무엇을 근거로 그렇게 단정할까? "좋은 사회"의 특징들을 어떻게 선별할까? 그 특징들을 장려하기 위해 권리가 있어야 할 바람직한 자리는 어디인가? 자연법 개념과 마찬가지로 이 질문에 대한 대답도 철학자마다 다르다. 어떤 철학자는 생존에 필수적인 요건들을 제공하는 사회가 좋은 사회라고 주장하는 반면, 어떤 이는 구성원들에게 각자의 삶에 결정권을 행사할 기회를 극대화하는 사회를 먼저 꼽는다. 미국의 유명한 철학자 존 롤스John Rawls는 사회 구성원이 계급, 자산, 지성, 권력 등과 같은 측면에서 어느 위치까지 도달할지 예측할 수 없음을 전제로 한 공정성의 개념에서부터 좋은 사회에 대한 정의가 시작된다고 주장한다. 마지막으로 그는 공정성을 구현한 권리들을 제시했는데, 여기에는 기회의 균등, 소득의 적절한 분배, 모두를 위한 의료 서비스 등이 포함된다.[22]

하지만 좋은 사회에 대해 가장 포괄적으로 설명한 사람은 "역량 접근법"을 옹호한 철학자 마사 누스바움Martha Nussbaum일 것이다. "역량"

은 "무엇이 한 개인으로 하여금 어떤 사람이 되고 어떤 행동을 할지 자유롭게 선택하게 해 주는가?"라는 질문에 대해 사회가 제시할 수 있는 합리적인 대답이고, 삶의 질과 좋은 사회의 수준을 가늠하는 한 가지 척도이다. 누스바움은 우리로 하여금 "인간으로서의 존엄성을 박탈당한 삶으로 전락하지 않기 위해 가장 필수적인 자유의 영역을 보호"하는 데 집중하게 해 주는 원동력이 바로 역량이라고 주장한다.[23]

그중에서도 신체적으로 건강하고 온전한 상태를 유지하고, 적절한 교육을 받으며 자아 표현을 위한 활동을 하고, 정치 참여나 자산 소유의 기회를 누리기 위한 역량은 삶의 존엄성 영역에서 반드시 필요한 요건이다. 이 역량을 실현하기 위해서는 그에 상응하는 권리를 존중받아야만 한다. 예를 들어 어떤 이가 정치적 삶에 참여할 역량을 충분히 발휘하기 위해서는 중요하고 기본적인 두 가지 권리인 언론의 자유와 교육의 기회가 보장된 사회에 살아야 한다.

하지만 회의론자를 설득하기에는 여전히 어딘가 부족하다. 이 접근법도 인간이 존엄성을 타고난다는 가정에 기대고 있는 것은 아닐까? 역량 목록이 누스바움의 개인적 견해에 불과하지 않다는 것을 어떻게 증명할까?

첫 번째 질문에 대한 답은, 인간이든 동물이든 지금처럼 대우받아야 한다는 믿음에는 존엄성을 타고난다는 전제가 굳이 필요하지 않다는 사실이다. 갈색 머리카락을 가진 사람이나 다리를 조금 저는 사람이 똑같이 존엄성을 타고났다는 것은 증명할 수 있는 사안이 아닐뿐더러 증명할 필요도 없다. 그들에게 존엄성이 있다는 것을 사실로 가정하거나 인정하면, 또는 의심하지 않고 받아들이면 된다. 바꾸어 말해서 철학자들이 흔히 말하는 선험적 가정priori assumption을 하면 된다. 우리가 그래야 하는 데에는 두 가지 이유가 있다.

존엄성을 인정해야 하는 한 가지 이유는 우리 스스로 존엄성을 가질 자격이 있음을 직관적으로 알고 그에 따른 마땅한 대우를 받기를 원하기 때문이다. 우리는 굴욕을 당하거나 고통을 느끼는 게 무엇인지 알 뿐 아니라 리처드 로티가 말한 "존재론적 범주"를 확장하여 동물을 포함한 다른 존재들도 그들만의 방식으로 고통과 모욕을 경험한다고 가정한다.[24] 만일 이러한 느낌과 기대를 다른 사람들이 공유한다는 사실을 부정하려고 한다면, 그들이 "우리"와 중대한 측면에서 매우 다르다는 사실을 증명해야 한다. 고대 그리스인이 노예에게, 나치가 **열등 인간**이라 칭했던 민족에게 바로 그 다름을 증명하기 위해 끈질기게 노력했던 것처럼 말이다.[25] 다르다고 주장은 했지만 결국 그들은 아무것도, 과학이라는 이름을 억지로 갖다 붙일 만한 어떠한 것도 증명하지 못했다.

존엄성을 인정해야 하는 또 하나의 이유는 거꾸로 존엄성을 인정하지 않는 세상을 상상해 보면 쉽게 알 수 있다. 그런 세상에서는 누구든 타인에게 착취당할 수 있고, 아무도 약속을 존중하지 않으며, 타인의 요구나 주장에 귀 기울이지 않을 것이다. 누구든 세계인권선언에 언급된 "야만적 행위"에 주저 없이 가담할 수도 있을 것이다. 이러한 일들을 용인한 공동체들이 여실히 증명했듯, 그런 세상은 순식간에 혼란에 빠질 것이다. 비록 증명할 수 없을지라도 모든 사람이 존엄성을 지닌다는 전제를 인정하고 행동하는 것, 구성주의자들은 어쩌면 그것이 바로 궁극적인 우리의 이기심일 것이라고 주장한다.

하지만 인간이 (그리고 어쩌면 인간이 아닌 다른 존재들이) 존엄성을 지닌 존재로서 대우받아야 한다는 전제를 인정한다고 하더라도, 누스바움이 제시한 역량 목록이 한 사람의 일시적 견해를 넘어 확실하고 최종적인 목록이라고 어떻게 단언할까? 구성주의가 인권의 지침으로서 기능하기 위해서는 학계의 이론가 한 사람이 아니라 훨씬 더 많은 결정권자의 마음을 움직여야 한다.

전 세계를 대상으로 하면 과연 어떨까? 만일 인간의 존엄성을 북돋우고 인간의 역량을 극대화하기 위해 어떤 권리가 반드시 필요하다는 데에 전 세계가 동의한다면, 비로소 우리는 세상이 바라는 좋은 사회의 구성 요인으로서 그 권리를 채택해도 될 탄탄한 근거를 갖게 될 것이다.

물론 현재로서는 누구도 전 세계를 다 조사할 수 없다. 하지만 가장 훌륭한 차선책은 이른바 국제사회가 동의하는, 존중받고 수호해야 할 권리들이 무엇인지 살펴보는 것이다. '들어가며'에서 언급한 인권 제도들에 포함된 권리들이 바로 그것이다. 이 권리들이 항상 보편적 합의에 의해 비준되는 것도 아닐뿐더러 상당수의 국가가 채택했을 때만 효력을 발휘하지만 추정적 합의를 이끌어 내기에는 충분하다.

그 과정이 꽤 실망스러울 수도 있고, 널리 받아들여진 표준을 바꾸는 데에도 퍽 오랜 시간이 걸릴 수 있다. 누스바움이 핵심적인 역량을 결정하는 수단으로 개괄한 그 과정은 권리가 확립되는 과정과도 매우 닮았다.

때로는 주어진 역량이 핵심이라는 사실이 분명히 드러나기도 하는데… 가령 전 세계가 초중등 교육의 중요성에 대해 합의에 이른 것이 그 예이다. 세상 어디에서도 물구나무서서 '양키 두들 댄디Yankee Doodle Dandy'를 휘파람으로 불 수 있는 능력을 특별하게 보호해야 할 중요한 능력이라고 여기지 않는다는 점도 분명하다. 하지만 오랫동안 명확한 합의에 이르지 못한 경우도 있다. 이를테면 수 세기 동안 성교를 거절할 아내의 권리는 신체 보전권으로 인정받지 못했다. 이에 대해서는 반드시 논의가 필요하고, 인간 존엄성이라는 광의廣義 안에 각 개인의 고유한 자유가 포함되어 있음을 증명하는 주장들이 제기되어야 한다.26

때때로 그 "주장들"은 사색가, 여론 주도자 또는 부당함을 감지하고도 침묵할 수밖에 없는 피해자를 위해 이를 바로잡고자 하는 소수의 대변자 들이 먼저 제기하기도 한다. 하지만 대개의 경우 존엄성을 침해당한 경험이 있는 사람, 인간의 역량을 극대화할 새로운 개념을 상상한 사람, 낡은 권리를 뜯어고치고 새로운 권리를 인정하기 위해 모인 이러한 보통 사람들의 입에서 시작된다. 표준은 권력자들 사이에 일어나는 이해관계의 변화, 신기술 도입, 교육과 인식의 확산, 그 밖의 여러 요인들이 얽힌 복잡한 과정을 통해 바뀌지만, 결국 표준이 변하면 법도 바뀌기 마련이다.

이제는 권리가 왜 "거래 가능한" 것인지 또 왜 고정적이지 않은지, 그리고 권리는 "스스로 확장될 씨앗을 품고 있다"는 인권학자 캐스린 시킨크Kathryn Sikkink의 말이 맞는지 확인해 보아야 한다.27 때때로 그 확장은 현재의 권리가 발전하는 방식이 될 수도 있고, 때로는 권리자의 범주를 새로운 집단 혹은 새로운 존재들로 확장하는 이른바 권리 혁명이 될 수도 있다. '들어가며'에서 언급했듯, 권리란 권력을 덜 가진 힘없는 이가 자신의 삶에 영향을 미치는 권력자에 맞서기 위한 요구라는 점을 기억하자. 권력을 덜 가진 자들이 삶에서 겪는 박탈과 기회의 결핍에 더욱 적절히 대응할 방법을 찾는다면, 아마도 그들은 자신들이 가진 힘을 좀 더 과감하게 사용하여 좋은 사회의 의미를 확장하고 새로운 비전을 성취할 때까지 의사 결정자들을 밀어붙일 수 있을 것이다. 이는 소위 "도덕적 행위 무능력자"로 불리는, 스스로를 대변할 수 없는 (적어도 현재로서는!) 동물이나 로봇 또는 자연계와 같은 존재들에게도 마찬가지다.

권리의 변화는 언제나 한 방향으로만 이뤄지지 않는다. 이를테면 정보에 대한 대중의 알 권리와 사생활을 보호받을 권리처럼 요구들이 상충하는 경우가 있는데, 이처럼 권리 사이에 충돌이 일어나면 국제 인권 기구가 이를 심사하고 해결할 수도 있다.

또한 권리가 꼭 진보적인 방향으로만 변화하는 것은 아니다. 지금까지는 그래 왔지만, 이론적으로 권리는 박탈될 수도 있고 "퇴보"할 수도 있다. 역시 이론적으로는 국제사회가 "좋은 사회의 중요한 권리로 인정할 수 없다"고 판결하고 권리를 파기할 수도 있다. 가령 테러 행위와 관련해서 일부에서는 특정한 적법 절차 권리를 축소해야 한다고 주장할 수 있다. 국제 인권 운동을 유지하고 지켜야 하는 중요한 이유가 여기에 있다. 어떠한 집단의 사람들에게서 기존의 권리를 박탈하려는 시도가 있을 때, 이러한 퇴보에 대항해 행동을 취할 유일한 희망은 앞서 언급한 풀뿌리 운동이기 때문이다.

마지막으로, 일부 국가 또는 기업, 군대에서 불가피하게 기존의 권리를 무시하고 위반하는 일이 벌어질 수도 있지만, 그렇다고 그 권리가 유효하지 않다는 의미는 아니다.

이 같은 위험들에도 불구하고 구성주의적 접근은 인권의 근거로서 종교나 자연법보다 장점이 아주 많다. 이 장 서두에서 언급한 회의론자들에게 분명한 대답을 해 줄 수 있다는 점도 그중 하나다. 인간이 이성이나 양심을 지니고 있다거나 존엄성을 타고났다는 사실을 굳이 납득시킬 필요가 없다. 대신 이렇게 말하면 된다. "이 권리는 국제사회가 공익과 좋은 사회에 필수 불가결하다고 인정했으므로 권리가 맞다. 원한다면 거부할 수 있지만, 그럴 경우 전 세계적인 합의에 맞서는 꼴이 될 수 있다."

무엇보다 구성주의적 접근법은 가장 보편적인 것에서 매우 구체적인 것까지, 여러 인권 기구들이 제안하는 모든 권리를 정당화할 수 있다. 어떠한 권리가 발효 중인 인권 조약에 기재되어 있다면, 이 사실만으로도 그 권리는 좋은 사회를 실현하는 데 중요한 요건으로 인정받는다. 또한 구성주의적 접근법에서는 좋은 사회의 필수 요건으로 인정된다면 언제라도 동물과 로봇, 자연의 권리를 인권의 범주에 포함시킬 수 있다.

마지막으로 구성주의적 접근법은 권리의 발전이 가져온 실질적인 효과뿐 아니라 권리에 대한 우리의 이해가 변화해 온 과정과도 잘 맞물려 있다. 권리에 대한 인식의 변화는 신이나 자연법의 요구를 별안간 깨달아서 일어나는 것이 아니다. 대개 수 세기에 걸쳐 공동의 선, 즉 공익의 구성 요건에 대한 여론이 변하고 표준이 바뀌면서 권리에 대한 이해도 변한다. 16세기 내내 영국에서는 죄수의 부패한 머리를 런던교의 쇠못에 박아 정기적으로 전시했다. 오늘날 그 같은 행위는 좋은 사회는커녕 야만적이고 미개한 사회의 상징으로 간주된다. 말할 것도 없지만 영국에서 사형 제도는 이미 오래전에 폐지되었다.

권리에 대한 인식의 변화를 보다 쉽게 이해하기 위해 두 가지 사례를 살펴보자. 첫 번째 사례는 군사적 위험으로부터 시민을 보호하는 것과 관련된 비교적 오래된 권리이고, 두 번째는 장애를 가진 사람과 관련하여 비교적 최근에 도입된 일련의 권리이다. 전자는 대개 권력의 실세들이 주도하는 규범과 법 측면의 변화로서 권리의 진화를 상징하고, 후자는 풀뿌리 운동가들을 통해 일어나는 변화로서 새로운 권리가 혁명적으로 도입된 대표적인 예다. 이는 결국 오늘날 인권이 과거와는 다른 방식으로 이해되고 있고 몇 년 후에는 또 달리 이해될 것임을 의미한다.

빌은 국제 앰네스티 미국 지부의 총장이었던 1999년, 북아일랜드 분쟁을 조사하기 위해 앰네스티 진상 조사단을 꾸렸다. "분쟁"으로 인권을 침해당한 양측의 피해자 수십 명을 인터뷰한 후에 빌은 신교도이자 얼스터 연방주의 정당Ulster Unionist Party의 열성 당원이었던 북아일랜드 초대 행정장관 데이비드 트림블David Trimble을 만났다. 트림블은 북아일랜드를 아일랜드 공화국과 통합시키려는 시도에 강력하게 반대했다. 그는 빌에게 "인권을 운운하는 당신 쪽 사람들이 영국 군대로부터 상해를 입은 소위 '피해자'에 대해서는 항의하면서 IRA[아일랜드 공화국군[Irish Republican Army]가 폭탄과 저격수의 총구로 북아일랜드 병사들을 공격하고 **그들의** 인권을 침해한 데 대해서는 일언반구도 하지 않는다!"고 통렬하게 비판했다.

인권침해에 대해 비판받는 정부들이 주로 내놓는 불평이지만, 이 불평의 바탕에는 일반적인 오해가 깔려 있다. 군복을 입고 무기를 들고 힘과 권한을 위임받았을 때 군인은 유사시에 치명적 무기를 사용할 수 있지만 그와 동시에 특정한 인권 보장을 자발적으로 포기하는 것이다. 한 군인이 전투 중에 적군을 사살했을 때, 전쟁법을 위반한 게 아니라면 우리는 그 죽음을 "살인"이라고 부르지 않는다. 사살한 병사를 범죄자로 기소하지도 않을뿐더러 전사자의 인권을 침해한 사람으로 간주하지도 않을 것이다. (IRA가 합법적인 군사 조직이냐 아니냐는 영국과 아일랜드 공화국 사이의 끈질긴 논쟁거리였다.)

물론 병사들의 죽음이 슬프거나 안타깝지 않다는 의미가 아니다. 나폴레옹이 했다고 알려진 "군인은 죽음 앞에 내놓은 목숨이다"라는 말은 소름 끼칠 만큼 냉혹하게 들리지만, 생명권에 있어서 군인이 민간인과 완전히 다른 범주에 속한다는 사실을 극적으로 보여 준다. 모두에게 애석하지만 특히 전사자 가족에게는 이루 말할 수 없이 고통스러운 사실이다.

반면에 민간인에 관해서 현재 폭넓게 공감을 얻고 있는 견해는, 비록 전쟁 중에 자주 무시되더라도 민간인의 "죽음을 막을 수 있는" 모든 보호 조치를 확대해야 한다는 것이다.[28] 독일의 육군 참모총장 헬무트 폰 몰트케[Helmut von Moltke]는 "전쟁에서 가장 큰 친절은 신속히 끝내 주는 것이다"라고 말했다.[29] 하지만 어떤 대가를 치르더라도 승리하는 것은 어쩌면 선택 사항이 아닐지도 모른다. 정치철학자 마이클 월저 Michael Walzer의 말처럼, "항상 도덕적으로 싸우는 것은 가능할지도 모르지만, 승리에 필요한 행위가 언제나 [도덕적으로] 가능한 것은 아니다."[30]

전시 민간인의 권리에 대한 규제는 제4차 제네바협약과 제네바협약 추가의정서에 명시된 것이 대표적이라 할 수 있다. 요컨대 예외 상황이 아니라면 시민은 치명적 군사 무기로부터 보호받아야 한다는 것이다. 탈레반도 추종자들에게 "민간인이 사망하거나 부상당하지 않고 사유재산에 피해가 없도록 최선을 다하라"고 지시했다.[31]

오늘날에는 참전 군인과 민간인을 구별하는 이러한 관점이 당연한 것으로 보이지만, 히포의 아우구스티누스Augustine of Hippo가 도덕적으로 건전하고 정당한 판단 기준을 (달리 말해 **정당한 명분**jus ad bellum 또는 전쟁 결정의 충분조건을) 제시하며 전쟁의 개념을 정의했던 4세기에는 그렇지 않았다. 아우구스티누스 이전의 로마인에게 전쟁은 재산을 되찾거나 공격자를 물리치는 목적으로 정당화되었다. 그런데 아우구스티누스는 여기에 종교적 기준을 추가하여, 병사는 신의 대리자로서 그릇된 행동을 응징하고 범법자를 처벌함으로써 신의 율법을 지키는 임무를 맡은 자로 정의했다.[32]

게다가 당면한 목적을 훨씬 더 중요하게 여긴 아우구스티누스는 적국의 병사와 일반 시민을 구별하지 않았다. 따라서 정의로운 전쟁을 (이른바 정당한 명분에서) 수행할 때는 적국의 시민도 병사와 똑같이 신에 대항한 죄에 대한 처벌로 거리낌 없이 죽일 수 있었다. 유일한 예외가 있었는데, 누구나 예상하듯 바로 성직자였다. 4세기부터 성직자는

전쟁에 참여하지도, 표적이 되지도 않았다.[33]

　아우구스티누스의 명성 덕분에 그의 견해는 한 세기 넘도록 지배적이고 막강한 영향력을 행사했다. 1209년, 적국 시민들 가운데 기독교인과 이교도인을 구별하는 방법을 묻는 군사령관의 질문에 교황 특사가 하달한 대답이 그 단적인 예다. "모조리 죽이시오!" 그리고 이어서 말했다. "신께서 자신의 것을 구별할 것이오."[34]

　하지만 예수의 죽음으로부터 천 년이 지나 봉건시대가 막을 내릴 무렵에는 두 요인이 결합하여 적어도 일부 시민에게는 더 큰 보호망을 제공하게 되었다. 첫째는 봉건시대의 많은 기사들이 신봉했던 기사도 규약인데, 이 규약에 따르면 여성과 어린이, 노인, 정신 질환자 등 스스로 위해를 가하지 못하는 약자를 해치는 행위는 불명예로 낙인찍혔다.[35] 둘째 요인은 신의 평화Peace of God(10세기 이후 교회 주도하에 서유럽 봉건 귀족들이 맺은 서약으로 사람이나 재산을 침해하지 않겠다는 내용을 골자로 한다―옮긴이)로 통칭하게 된 일련의 교회 칙령이었다. 속국들 사이에서 벌어진 무수한 전쟁으로 교회 공동체와 그 자산이 위험에 처하는 것을 유독 괴로워하던 교회가 파괴적인 전쟁에서 보호해야 할 대상을 성직자에서 수도사와 순례자, 여행자, 상인뿐 아니라 땅을 경작하는 소작인과 그들의 가축과 재산으로까지 확대해야 한다고 주장한 것이다.[36]

　그러나 전쟁의 위험으로부터 보호하기 위해 몇몇 예외를 정하기는 했지만 기사도 규약과 신의 평화 모두 그 바탕에는 집단적 범죄와 처벌이라는 아우구스티누스의 개념이 깔려 있었다. 전쟁의 위험으로부터의 보호는 여전히 기사나 교회가 독단적으로 선사하는 뜻밖의 선물일 뿐이지 권리가 아니었다.

16세기까지도 굳건했던 이 개념은 프란시스코 데 비토리아Francisco de Vitoria라는 신학자가 내놓은 참신한 주장 덕분에 전환점을 맞는다. 그의 주장에 따르면, 전쟁을 벌이는 양측은 각자 정당한 명분을 갖고 있다고 여기겠지만, 반대로 생각하면 양측이 실제로는 부당한 명분으로 전쟁을 벌이고 있는 것이다. 그의 주장대로라면 양측의 비전투원은 불필요한 위험으로부터 정당하게 보호받아야 한다. (잠시 뒤에 논의하겠지만 여기서 중요한 단어는 "불필요한"이다.) 다시 말해서 반대 증거가 확보되지 않는 이상 비전투원은 무죄로 간주해야 한다는 것이다. 따라서 전쟁의 공포를 겪어야 할 적법한 대상은 오직 무기를 소지하거나 전투에 참여한 자들로 한정된다.[37]

비토리아가 새롭게 정립한 **정당한 명분**의 개념이 아우구스티누스를 뛰어넘은 진보임은 분명하나, 여기에도 심각한 결함이 있었다. 무죄로 간주되는 대상이 기독교인 비전투원에 한정되었다는 점이다. 터키인을 비롯해 그 밖의 "야만적인" 종족에게는 예전 규칙이 적용되었다. 최소한 이론적으로라도 모든 비전투원으로 보호 대상을 확대해야 한다는 주장은 앞서 소개한 바 있는 법학자 휘호 흐로티위스가 17세기에 제기했다.

흐로티위스는 성직자나 신학자가 아니라 법학자였다. 그에게 전쟁은 선과 악의 대결이 아니라 분쟁을 해결하는 수단일 뿐이었다. "[우리] 자신과 같은 유형의 존재와 더불어… 사회적 삶을 누리고 싶은 강한 욕망"이라고 했던 흐로티위스의 말을 떠올리면 알겠지만 그가 이해한 자연법에 따르면 반드시 개인적으로 그릇된 행동을 한 사람만 처벌을 받아야 한다는 결론에 이른다. 병사와 시민의 구별 없이 일체로 적을 정의한 아우구스티누스의 주장의 결함을 수정하여 결론을 내리면, 운 좋게 예외 목록에 오른 소수의 사람들은 말할 것도 없고 모든 비전투원이 "필요한 방어 수단으로 행해진 공격이나 의도치 않은 결과로 발생한 공격을 제외한" 모든 공격으로부터 안전해야 한다.[38] 흐로티위스가 설명한 "이중 효과double effect", 즉 잘 계획된 행위가 의도치 않은 유해한 결과를 불러올 수도 있다는 의미의 예외적 상황이 시민 보호에 커다란 허점을 남긴 것일 수도 있지만, 평범한 이론가가 교회의 교리가 아닌 자연법에서 시민 보호의 근거를 찾았다는 것은 실로 커다란 진보였다. 이는 전체로서의 "시민"을 정의하고 시민을 보호하는 책임을 교회에서 국가로 이전하는 신호탄이 되었다.[39]

안타깝게도 시민 보호의 범위를 모든 국가의 거주자로 확대할 것을 공식적으로 승인한 국제적인 회의는 그로부터 3세기가 더 지나서야 열렸다. 그 세월 동안 세상은 나폴레옹의 지휘 아래 시작된 "총력전"이라는 전략이 두 차례의 세계대전으로까지 이어지는 것을 목격해야 했다. 프랑스의 프랑수아 웨스터만François Westermann 장군의 허세에 찬 발언이 "총력전"이라는 전략을 단적으로 보여 준다. "나의 말발굽이 아이들을 짓밟았고… 더 이상 도둑 떼를 낳지 못하도록… 여자들을 학살했다. 거리마다 시체가 즐비했다."[40]

반면 남북전쟁Civil War이 한창이던 미국에서는 1863년 북부군 측이 리버 코드Lieber Code를 전시 훈령으로 채택하여 "점령한 적의 영토에서 민간인과 사유재산, 특히 여성을 보호하고 신성하고 존엄한 가족 관계를 엄격하게 존중할 것"을 약속하기도 했다.[41] 국제적십자 설립은

1864년 제1차 제네바협약의 물꼬를 텄다. 비록 시민이 아니라 부상을 입은 병사가 대상이었지만, (국제인도법International humanitarian law으로 선포될) 전쟁에 관한 국제적인 규범의 초석을 놓은 셈이었다. 마찬가지로 만국평화회의라고도 알려진 1899년과 1907년 두 차례의 헤이그 회담은 본래 전쟁 포로의 처우와 무기의 제한에 대한 조약을 성사하기 위한 만남이었다. 비무장 지역에 대한 포격을 금하고 "개인의 생명과 재산은… 반드시 존중받아야" 한다고 선언함으로써 비전투원에 대한 부당한 처우를 제한한 최초의 국제적인 조약이었다.[42]

하지만 전쟁의 영향권 안에 있는 시민을 보호하기 위한 상세한 법적 규약은 제2차 세계대전의 대량 살상이 끝난 뒤인 1949년 제4차 제네바협약에서 채택되었다. 3개의 추가의정서를 포함하여 1977년과 2005년에 채택된 이 협약은 의료적 돌봄에서 문화재 보호와 사망자에 대한 예우에 이르기까지 국가 간 전쟁뿐 아니라 국내에서 일어나는 분쟁에 관한 모든 것을 다루고 있다.[43] 그중에서도 "적대 행위에 가담하지 않은 사람은 인종, 피부색, 종교, 신념, 성별, 출생, 재산 또는 그 밖의 유사한 기준에 근거한 차별 없이 모든 상황에서 인도적으로 대우받아야 한다"고 단언한 공통 3조는 눈여겨봐야 할 중요한 조항이다.[44]

간략히 요약한 시민 보호에 관한 이러한 발전상은 서구 세계에 국한된 것이지만, 중국인민대학의 주리선Zhu LiSun 교수는 고대 중국에도 그와 상당히 유사하게 "전쟁은 정해진 영토 안에서, 시민을… [포함한] 피해자를 보호할 수 있는 선에서 치러야 한다"고 명시한 규범이 존재했다고 설명한다.[45] 예언자 마호메트는 10개의 조항을 법률로 제정했는데, 전쟁의 관행적 행위를 제한하고 살상, 특히 어린이와 여성, 노인

살상을 금지하는 내용이 포함되어 있다.[46] 지금은 군대가 민간인 사상자를 최소화하는 데 최선을 다해야 한다는 것이 좋은 사회의 기준으로 널리 인정받고 있다. 1990년대 초 보스니아 민간인을 표적으로 삼은 세르비아 군대와 2000년대 초반 수단 정부와 공모하여 다르푸르Darfur 지역의 여러 마을에서 테러를 일삼은 잔자위드janjaweed 민병대를 향해서 국제사회는 문명화된 국가 공동체 일원으로서의 모든 요건을 상실했다고 비판했다. 아프가니스탄과 예멘을 공습하여 대규모 민간인 사상자를 발생시킨 미국을 향해서도 국제사회는 유례없이 즉각적으로 맹비난을 쏟아 냈다.

그렇다고 해도 시민 보호를 위한 국제인도법 적용이 늘 간단하지만은 않다. 아무리 신중한 군대라 할지라도 민간인 사이에서 테러리스트나 민병대를 무슨 수로 구분할까? 앞에서 언급한 이중 효과는 또 어떤가? 1949년 제네바협약의 제1추가의정서는 "군대는 공격 목표가 민간인 또는 민간 시설이 아닌지 확인하기" 위해서, 또 "민간인의 생명을 앗아 갈 것으로 **예측되거나**… 또는 **기대하는 군사상의 이점에 비해 지나치게 과도하다고** 판단되는" 공격을 억제하기 위해서 **실행 가능한** 모든 노력을 다해야 한다고 [더욱 강조하여] 요구한다.[47] 너무 광범위하고 해석에 대한 논쟁의 여지도 많은 조항이지만 그럼에도 민간인, 즉 죄 없는 시민이 무고한 "죽음을 당하지" 말아야 한다는 보편적 원칙은 모든 상황에서 모든 국가에 대해 구속력을 갖는 국제 관습법으로 간주된다.

하지만 이 합의에 도달하기까지 글자 그대로 천 년이 걸렸다. 만일 어떤 이가 아우구스티누스에게 성직자 말고도 적국의 국민 전부를 해치지 말아야 한다고 주장했다면, 아우구스티누스는 보나마나 신을 부정하는 주장이라고 여겼을 것이다. 개념의 변화, 상황과 기술의 변화가 한데 어우러지면서 새로운 기준이 확립될 길이 트인다.

정당한 전쟁 이론에 대한 아우구스티누스의 공식은 그가 살았던 시대의 정치적 요구를 반영한 것이다. 312년에 로마 황제 콘스탄티누스는 이교도에서 기독교로 개종했다. 그로부터 1세기가 지나 고트족이 로마를 약탈했을 때 많은 비기독교인들은 패배의 원인도, 무장을 거부한 대가로 296년에 성 막시밀리아누스Saint Maximilian가 순교한 원인도 기독교 평화주의에 있다고 비난했다.[48] 여호수아, 삼손을 비롯하여 히브리어 성경에 기록된 여러 영웅들의 군사적 위업을 소환하면서 전쟁의 정당성을 정리한 아우구스티누스의 이론은 결국 기독교인에 대한 비방을 반박하기 위해 고안된 것이었다.[49]

로마제국 몰락 이후 유럽에서는 통일된 정부 체제가 거의 출현하지 못했다. 대신 무수한 부족들이 영토를 놓고 싸우다 사라지기를 반복했다. 심지어 중세 시대의 가장 위대한 샤를마뉴Charlemagne 대제가 등장한 8세기에도 지역 귀족들과 그 휘하의 기사들 사이에서는 패권 분쟁이 끊이지 않았다. 기사들 사이의 분쟁은 아우구스티누스가 조건으로 내세웠던 종교적 신념을 위한 부득이한 싸움이라기보다는 금전적 이득을 위한 싸움이었다. 기사들이 챙긴 이득은 대개 그들이 살해한 기독교인을 포함한 비전투원의 재산을 약탈한 것이었다. 하루 앞을 알 수 없다는 불안감은 예수의 죽음 이후 첫 천 년이 끝날 무렵 드리워진 종말에 대한 두려움과 맞물리면서 신의 평화 운동에 불을 지폈다.[50]

마찬가지로 아우구스티누스가 제한했던 보호 범위를 수정해야 한다고 주장했던 비토리아도 11세기와 12세기에 도입된 큰 활과 같은 신무기에 많은 영향을 받았다. 이 활은 반격의 위험으로부터 안전한 거리에서 적을 쏠 수 있을 뿐 아니라 적진에 무차별적인 피해를 입힐 수 있었다. 큰 활의 등장으로 전쟁은 이전과는 비교도 되지 않을 만큼 비인간적으로 치달았고 일종의 사업으로 변모하기 시작했다. 그 후 1337년부터 1453년까지 치러진 백년전쟁Hundred Year's War 동안에는 최초로 전문적인 상비군이 창설되었는데, 이는 전쟁에 대한 책임이 국민이 아니라 군과 정부에 있음을 명백히 의미했다. 게다가 르네상스 시대의 시작과 동시에 교회의 권위가 쇠락하자 흐로티위스의 세속적인 공식은 거의 필연적인 것으로 간주되었다.

정치와 신기술은 근대에 이르러서도 전쟁에 관한 규범들에 변화를 가져왔다. 리버 코드가 제정된 목적에는 남부의 해방 노예를 대하는 북부군의 태도를 바꾸려는 의도도 포함되어 있었다. 1843년에 발사 속도가 머스킷 총보다 두 배나 빠른 후미 장전식 총이 등장하면서 대량 살상이 가능해지자 이에 경악한 국제적십자 설립자 앙리 뒤낭Henry Dunant은 서둘러 제네바협약의 밑그림을 그리기 시작했다. 1907년 헤이그 회담에서는 당시 개발된 독가스 사용을 금지하는 조항을 제정했다. 제1, 2차 세계대전에는 항공기가 전투에 투입되면서 공중 폭격으로 민간인 피해 범위가 걷잡을 수 없이 확대되었는데, 노골적으로 민간인을 겨냥하여 30만 명의 목숨을 앗아 간 1945년 영국의 독일 드레스덴 공습과 유대인 대학살 그리고 히로시마 원자폭탄 투하로 이어졌다. 그 결과 뉘른베르크와 도쿄에서 전범 재판이 열렸고 제4차 제네바협약이 채택되었다.[51] 이처럼 기준은 상황을 수용하도록 변경되고, 달라지는 세상과 발맞춰 변화한다.

전투가 끝난 뒤에도 시민을 보호하기 위한 법규나 조약들은 변화를 멈추지 않았다. 제1차 세계대전 때 사용되었으나 적대적 행위가 중단된 오늘날까지도 매설 지역의 시민 공동체를 위협하는 지뢰에 대한 대책이 그 대표적인 예이다. 지뢰 조약Land Mines Treaty은 대인지뢰 생산과 사용을 금지하고 위험 지역에서 지뢰를 제거하기 위해 1999년에 발효된 조약으로, 전 세계 약 80퍼센트 이상의 국가들이 이 조약의 비준에 동참하고 있다.[52]

시민 보호권과 관련해 최근에 성취한 가장 뜻깊고 중대한 발전은 전쟁 무기의 일환으로 남용된 조직적 강간에 대한 대응책일 것이다. 뉘른베르크나 도쿄의 전범 재판 어디에서도 강간을 전쟁범죄나 반인도적 범죄로 언급하지 않았다는 사실은 충격적이지만, 여성들이 겪어 온 오랜 핍박의 역사를 생각하면 그다지 놀랍지도 않다. 이러한 법의 허점은 강간을 전쟁의 부수적 피해에 불과한 것으로 여기는 낡은 인식을 고스란히 보여 준다. 비록 제4차 제네바협약에 "여성은 존엄성을 해치는 모든 공격, 특히 강간으로부터 보호받아야" 한다고 단언하고 있지만, 강간은 대체로 불량한 개인이 일으키는 문제로 간주되었고, 이러한 단언 역시 어느 학자의 말을 빌면 "1990년대까지도… 전쟁에서의 강간이 국제사회에서 사실상 무시되었던 점으로 미루어 보건대 상징적인 제스처에 지나지 않는다".[53] 단적인 예로 1971년 방글라데시의 독립전쟁에서 보고된 강간은 40만 건에 이르지만 가해자에 대한 국제적 평가는 전무했다.

1990년대에 들어 보스니아 세르비아군의 보스니아 무슬림 말살과 르완다 후투Hutu족의 투치Tutsi족 대량 학살을 계기로 전면적인 변화가 시작되었는데, 모두 조직적이고 의도적인 강간을 전투의 한 수단으로 이용했다는 공통점이 있다. 1991년 유고슬라비아 (세르비아)군 장교가 작성한 회의록에는 다음과 같이 적혀 있다.

무슬림 공동체의 행동을 분석한 결과, 집단의 사기와 의지, 호전적 성격을 약화시킬 방법은 종교 및 사회구조의 가장 취약한 지점을 공격하는 것뿐이다. 우리가 주목하는 대상은 여성, 특히 청소년과 어린이다. 이들을 겨냥하면 혼란이 가중되고… 영토에서 [무슬림이] 물러날 수도 있을 것이다.54

이 정치적 결정으로 인해 2만에서 5만에 이르는 여성이 집과 거리와 수용소 그리고 이른바 "강간 캠프"에서 강간을 당했다.55 국제 인권 감시 기구 휴먼라이츠워치Human Rights Watch는 르완다 후투족의 정치 선전을 분석하고 "투치족 여성의 성을 투치 공동체에 침투하고 통제하기 위한 수단으로 규정했다"고 보고했다.56 그 후 강간 피해자로 집계된 여성은 50여 만 명에 이른다.57 이처럼 엄청난 규모의 피해자를 마주하고서야, 구舊유고슬라비아와 르완다 문제로 열린 국제 전범 재판은 여성의 권한과 발언권 향상에 발맞춰 강간을 전쟁범죄인 동시에 반인도적 범죄로 선언했다. 결국 유죄 판결이 내려졌고, 이로써 전쟁 수단으로서의 강간은 심각한 국제 관습법 위반으로 규정되었다.

7장에서 수면 위로 부상한 새로운 형태의 로봇 무기에 대해 논의하면서 살펴보겠지만, 이런 변화들에도 불구하고 보호권의 발전이 끝났다는 가정은 어리석은 추측일 수도 있다. 역사학자 제임스 터너 존슨 James Turner Johnson의 말처럼, 비전투원 보호에 대한 4세기 버전은 "이상적이고 확고하고 영속적인 정당성의 한계를 규정하는 도덕적 절대가 아니라, 전쟁 중 인간의 행위에 대한 도덕적 기반을 시간과 문화라는 조건에 맞게 공식화한 것"인 만큼 21세기에도 적용되기 때문이다.[58] 그 탄탄한 기반에서 미래 세대는 아직 완성되지 않은 서사를 찾아 갈 것이다.

시민 보호는 어떤 형태로든 수 세기 동안 논쟁과 수정이 거듭되었던 주제이다. 하지만 다음에 살펴볼 일련의 권리들은 비교적 최근에 인정받은 것들이다.

리 네틀스Lee Nettles는 잔뜩 실망했다. 넷플릭스의 인터넷 스트리밍 서비스Watch Instantly를 통해서 영화를 보려고 벼르고 별렀지만 아주 사소한 이유로 막히고 말았다. 리 네틀스는 청각장애인이었는데, 넷플릭스는 청각장애인을 위한 자막 서비스를 제공하지 않았기 때문이다. 어쩔 수 없이 다른 인터넷 사이트를 찾아 비싼 돈을 주고 자막이 있는 영화를 볼 수밖에 없었다. 매사추세츠 스프링필드에 있는 청각장애인과 난청인을 위한 스타브로스 자립 생활 센터Stavros Center for Independent Living의 소장이었던 리 네틀스는 이 상황을 가만히 두고 볼 수가 없었다. 그는 청각장애인협회National Association for the Deaf와 협력하여 3600만 명에 이르는 청각장애인 및 난청인을 대신해 넷플릭스를 미국 장애인법 위반으로 고소했다. 그는 미국 최대의 영상 스트리밍 서비스 제공자인 넷플릭스는 대중을 위한 사이트이고, 따라서 모든 콘텐츠에 자막을 제공하지 않는 것은 위법적인 차별 행위가 분명하다고 주장했다.[59] 리 네틀스를 포함하여 꽤 많은 활동가들이 지난 50여 년 동안 장애인 권리운동이 싹을 틔울 수 있도록 세계 곳곳에서 애썼다. 이들이 키운 싹은 2008년에 발효된 유엔 장애인권리협약Convention on the Rights of Persons with Disabilities, CRPD으로 열매를 맺었다. 적어도 160개 국가가 비준을 마친 이 협약에 포함된 권리들은 가장 최근에 국제적으로 인정받은 대표적인 권리 사례이다.

물론 인간의 신체와 정신에 장애가 생긴 것이 어제오늘 일은 아니다. 기원전 1500년경에 작성되었다고 알려진 인도의 경전 '리그베다Rig-Veda'에는 여전사 비시팔라Vishpala가 전투 중 다리 한쪽을 잃고 쇠로 만든 의족을 착용했다는 기록이 있다.[60] 하지만 어떤 집단의 사람보다 신체 및 정신적 장애를 가진 사람들에 대한 오해와 차별의 역사가 긴 것은 분명하다.

20세기에 들어서도 우생학 운동에서 영향을 받은 장애인 대상의 대대적 불임 수술이 미국 대법원 판사 올리버 웬들 홈스Oliver Wendell Holmes와 같은 권위자의 승인을 받기도 했다. "이 세상 모두를 위해 더 이로운 일은 범죄의 씨가 저절로 줄어들기를 기다리기보다… 명백한 부적격자의 존속을 사회가 차단하는 것이다. 저능아는 3대로 충분하다"고 기록한 홈스의 1927년 의견은 히틀러의 유대인 말살 계획에 일부 영향을 미쳤다.[61] 거의 모든 사회가 장애를 수치스럽게 여겼고 장애를 가진 사람을 구별하고 멀리했다. 비교적 최근이라 할 1980년대에 독일의 한 법원은 인지 장애가 있는 스웨덴인 그룹과 그리스의 어느 호텔에서 함께 지냈다는 한 여성 투숙객에게 호텔 비용을 깎아 주라고

판결했다.[62]

1817년 미국에서 청각장애인을 위한 최초의 대학이 설립되고 1829년 프랑스에서 브라유Braille 점자가 발명된 데 이어서 1848년 미국 최초의 발달 장애 아동 학교, 1868년 영국의 왕립맹인연구소Royal National Institute for the Blind 설립에 이르기까지, 현대사 전반에 걸쳐 나타나는 변화는 장애인에 대한 자선의 성격을 띤다. 두 차례의 세계대전으로 인한 수많은 장애인 참전 용사들은 더 많은 지원의 필요성을 일깨웠으나, 신체적으로 부딪치는 장벽에서 사회 활동을 가로막는 사고방식에 이르기까지 장애인의 존엄한 삶을 제한하는 사회의 구조를 개선하는 시도로 이어지지는 못했다. 미국의 대통령 프랭클린 루스벨트조차도 정치적 반향이 두려워 대중에게 자신의 장애를 숨겨야 했다. 어쨌든 장애인을 위한 문제 해결이라고 해 봐야 고작 시각 장애와 청각 장애를 구별하고, 신체, 인지, 발달 장애를 모두 다른 종류의 장애로 구별한 것이었다.

1970년대에 들어서면서 시민의 권리 운동, 평화 운동, 여성 운동에 일부 영향을 받은 장애인들이 좋은 사회의 개념을 새롭게 그리기 시작했다. 인간으로서의 재능을 충분히 실현하기 위해서는 장애인을 대하는 태도, 건축물, 법 제도, 과학기술에 이르기까지 먼저 사회가 근본적인 차원에서부터 달라져야 한다는 사실을 인식한 장애인들은 대부분의 장애가 의학적 측면의 문제임을 전제하고 자신들의 목적을 자선 형태의 호의가 아닌 권리라는 틀에서 구상하기 시작했다.

미국에서 최초라고 할 만한 장애인 인권 운동은 대부분 대학 캠퍼스나 지역 공동체에서 차별과 편의 시설 부족 문제를 제기하는 개개인들의 항의로 시작됐다. 일례로 소아마비 후유증으로 하반신 마비를 앓고 있던 주디스 휴먼Judith Heumann은 화재 시에 학생들을 안전하게 대피시킬 수 없다는 이유로 1970년 뉴욕주 교육 위원회로부터 교원 자격증 발급을 거부당하자 소송을 제기해 승리했고, 휠체어를 탄 뉴욕주 최초의 교사가 되었다. 마찬가지로 소아마비 후유증으로 사지가 마비된 캘리포니아대학교 버클리 캠퍼스의 학생 에드 로버츠Ed Roberts는 교내의 모든 기숙사가 장애인이 거주하기에 적합하지 않다는 이유로 대학 역사상 보건실에 거주한 최초의 학생이 되었다. 1970년 에드 로버츠를 포함한 몇몇 학생들은 신체장애 학생 프로그램Physically Disabled Students program을 신설했고 두 해 뒤에는 버클리 자립 생활 센터Berkeley Center for Independent Living를 설립했다. 다양한 장애를 가진 학생들을 위한 지원과 상담뿐 아니라 적합한 숙소와 간병 서비스를 제공한 최초의 센터였다.[63]

장애를 가진 사람뿐 아니라 그 가족들과 지역 공동체 안에서 그들을 지원하는 후원자들은 변화의 기회가 찾아왔음을 깨닫기 시작했다. 이들은 협회를 설립하고 힘을 합쳐 시위에 나서기 시작했다. 휴먼이 일군 획기적 사례에 고무된 시민권 단체 '행동하는 장애인Disabled in Action'은 사실상 장애인의 접근이 불가능한 구조의 건물들에도 항의를 표했다. 리처드 닉슨Richard Nixon 대통령이 척수손상 환자 지원을 골자로 한 1972년 재활법Rehabilitation Act에 거부권을 행사하자 행동하는 장애인은 닉슨의 뉴욕 선거 본부 앞 도로를 점거하여 언론의 주목을 이끌어 냈다. 이듬해에 재활법은 통과되었고, 여기에는 장애에 근거한 차별을 금지하는 조항도 포함되었다. 1974년에는 다양한 장애를 가진 사람들이 모인 65개의 지역 및 전국 단체들이 미국 장애인시민연합American Coalition of Citizens with Disabilities이라는 협력단을 창설했다. 오랜 시간에 걸쳐 (1978년 덴버에서 장애인 탑승이 전혀 고려되지 않았다고 항의하며 활동가들이 버스를 가로막았던 시위를 비롯한) 공개적 활동들이 이어진 결과, 우호적인 법원 판결이 늘고 승소하는 사례가 많아지면서 마침내 1995년, 조지 H. W. 부시 대통령이 미국 장애인법Americans with Disabilities Act을 승인했다.[64] 처음으로 국가 차원에서 장애인의 권리를 인정한 것이다.

새로운 권리에 대한 인식을 흔들어 깨운 풀뿌리 운동이 미국에서만 일어난 것은 아니었다. 서독은 1968년에 Club 68을 설립하여 장애인을 지원하기 시작했고, 영국에서는 1972년에 설립된 차별에 반대하는 신체장애인 연합Union of the Physically Impaired Against Segregation이 다른 능력을 가진 사람differently abled(신체장애를 가진 사람에 대한 완곡한 표현—옮긴이)의 다양한 요구를 해결하기 위한 자선 모델에 문제를 제기하기 시작했다.[65] 1980년대 초반부터 장애인 권리 운동은 국제적인 규모로 확대되기 시작했고 1982년에는 유엔이 세계 장애인 10년 계획International Decade of Disabled Persons을 선언하는 결과를 이끌어 냈다. 이 선언은 신체장애를 자선이나 의학적 문제가 아니라 권리의 문제로 인식하는 전환점이 되었다. 이러한 인식의 전환은 인도와 같은 국가에도 영향을 미쳐 장애인 단체들이 설립되고 장애에 대한 그릇된 편견을 부수기 시작했다. 그 결과 인도 정부는 1995년에 장애인법Persons with Disabilities Act을 승인했다.[66] 변화를 만들어 낸 이 모든 힘은 50여 년 전에는 꿈도 꾸지 못했던 일련의 권리를 유엔 협약이 공식적으로 성문화한 2008년에 절정에 이르렀다. 하지만 싸움이 완전히 끝난 것은 아니었다. 어쨌든 2014년 리 네틀스는 승소했고 넷플릭스는 모든 스트리밍 콘텐츠에 자막을 제공하는 데에 동의했다.

전시 민간인 보호의 발전상과 장애인을 위한 새로운 권리들을 탄생시킨 혁명은 이 책의 전제를 분명하게 보여 준다. 다시 말하면 권리는 역동적일 뿐 아니라 새로운 상황과 인식에 대한 반응이며, 좋은 사회의 개념이 달라지면 권리도 달라지기 마련이다. 이 책을 쓰면서 가령 누군가는 인간의 기본적 욕구 중 하나로 간주하지만, 유엔도 2010년에야 비로소 인정했고 놀랍게도 미국은 아직도 권리로 인정하지 않는 물 관련 인권과 같은 사례를 선택할 수도 있었다. 미시건주 플린트Flint에서 벌어진 일이 반복된다면 물에 대한 미국의 인식도 언젠가는 바뀔 것이다. 오염된 식수로 인해 플린트에 거주하는 어린이의 혈중 납 수치가 두세 배 증가했던 사건이었는데, 이 지역 주민 대다수가 아프리카계 미국인이었고 그중 절반가량이 빈곤선에 못 미치는 삶을 살고 있었다. 미시건 시민권 위원회Michigan Civil Rights Commission는 이 사건에 대한 정부의 대응을 "조직적인 인종차별의 결과"라고 평가했고, 지역 활동가 단체들은 천연자원보호협회National Resources Defense Council와 미국 시민자유연맹American Civil Liberties Union, ACLU과 같은 전국적인 단체와 협력하여 정부에게 책임을 묻고 있다.[67]

장애인의 권리가 그러하듯, 소셜 미디어의 확산과 조직력 향상 덕분에 점점 더 많은 권리들이 변하고 있다. 권리로부터 소외당한 당사자가 직접 변화를 요구하고 좋은 사회의 개념을 다시 정립하자고 목소리를 낼 수 있게 되었기 때문이다. 하지만 어떤 권리들은 권력자가 사익을 위해 변화의 필요를 감지했을 때, 또는 전시에 특히 취약한 민간인에 대한 보호 의무의 경우처럼 정부가 윤리적 정부로 인정받고자 할 때 비로소 변화한다.

지금으로부터 100년 뒤에 어떤 권리가 널리 존중받게 될지 알 수는 없지만 인권이 적절하고 견고하게 유지되기 위해서는 우리 세대가 직면한 도전들과 싸워야 한다는 것만은 분명하다. 이제 그 싸움을 시작할 시간이다.

2장 ——————— **핑크와
블루를 넘어서**

THE
COMING
GOOD
SOCIETY

빌이 자랐던 1950년대 미국에서는 사람들의 성과 그에 대응하는 젠더 역할이 분명하고 확고했다. 사람은 누구나 남자 아니면 여자였다. 남자는 밖에 나가 일해서 돈을 벌었고 여자는 집에서 가족을 돌보고 집안일을 했다.

물론 모두가 이 기준을 따른 것은 아니었다. 이를테면 아프리카계 미국인 여성은 대개 식모로 일하면서 남의 집 아이들도 돌보고 집안일까지 해야 했다. 교사, 간호사, 비서, 상점 계산원 등으로 일하는 여성도 있었지만, 이들 대부분은 미혼이거나 홀로 된 여성이었다.

하지만 백인에다 기혼이고 경제적으로 비교적 부유한 여성이라면, 빌의 부모처럼 전통적인 젠더 역할에 순응하는 편이었다. 빌의 아버지는 평일이면 매일 아침 피츠버그대학교로 출근해 학생들을 가르쳤고, 그의 어머니는 주부이자 아내로서 집안일을 전담하면서 가끔 봉사 활동을 했다. 어머니가 돌아가시고 몇 년이 지나서야 빌의 아버지는 부부가 각자의 역할을 한 치의 의심 없이 당연하게 받아들였다는 사실이 이상하다고 말했다. 하지만 빌의 부모가 선택한 삶은 당시로선 전혀 이상한 게 아니었다. 문화는 우리의 행동 방식에 강력한 영향을 미친다.

수시마가 자란 1970년대의 인도는 문화적 상황이 매우 달랐지만,

그녀의 부모도 관습에 따라 결혼했고 전통적인 젠더 역할에 충실했다. 힌두교 신화는 이분법적인 젠더 정의에서 벗어난 "제3의 젠더" **히즈라**hijra의 출현을 오래전에 예고했지만, 정작 힌두교 국가인 인도는 식민 지배를 받는 동안 남성과 여성의 정체성에 대한 영국의 완고한 관념을 그대로 답습했다. 힌두교 문화 안에서 성장한 수시마는 당시에 누릴 수 있는 최고의 교육기관이었으나 학생들에게 출생 시 지정된 젠더에 따라 교복을 입히고 섹슈얼리티나 특성을 절대로 공론화하지 않았던 로마 가톨릭 학교에 들어갔다.

하지만 수시마와 두 자매가 장차 직업을 갖게 되리라는 기대를 품고 교육을 받은 것 자체가 젠더 관습을 탈피한 중대하고 과감한 행위였다. 수시마와 두 자매의 학교 교육을 두고 부모의 친구들은 "계집애들을 사내아이처럼 키우고" 있다며 나무랐다. 수시마의 증조할머니는 "머리에 든 게 많으면 어떤 남자도 너희와 결혼하지 않을 것이다!"라면서 못마땅해하셨다.

오늘날 빌의 어머니 같은 미국인 여성은 직업을 찾는 데 문화적 제약을 거의 받지 않으며, 수시마와 그녀의 두 자매 같은 인도의 중산층 소녀들이 학교 교육을 받는 것을 두고 나무라는 사람도 없다. 비록 아직도 여성을 향한 차별과 폭력이 근절되지 않았지만, 세계 곳곳에서 여성과 젠더 역할에 대한 이해가 확연하게 달라지고 있다. 가장 두드러진 변화는 인간이 애초에 둘 중 하나의 성별로만 존재하고 "핑크" 아니면 "블루" 둘 중 하나의 젠더 정체성을 지닌다는 근본적인 관념에서 일어나고 있다. "성"과 "젠더"는 종종 구별 없이 사용되지만, 이 장에서 "성"은 염색체와 생식기처럼 개인의 해부학적 또는 생물학적 표지를 일컫고, "젠더"는 정체성과 역할, 개개인의 표현 형식을 일컫는다. 또한 젠더가 성적 특성이나 내면의 자기 인식에 근거한다고 가정한다.

오늘날 대다수 학자들은 젠더 정체성을 오로지 두 가지로만 구분하는 "젠더 이분법gender binary"을 (해부학적으로도 더 많은 성별이 있다고 밝혀지고 있으니 당연히) 시대착오적인 개념으로 치부한다. 사실 무지개 색깔로도 사람들이 주장하는 모든 젠더 정체성을 표현하기에 충분치 않은지도 모른다. 페이스북에서 이용자가 선택할 수 있는 젠더 정체성 항목은 56가지다. 이렇게 선택한 젠더 정체성도 살아가는 동안 얼마든지 바뀔 수 있는데, 이를 흔히 젠더 유동성gender fluidity이라고 한다.[1] 심지어 요즘에는 바비 인형 중에도 성 중립적인gender-neutral 제품이 있다.[2] 게다가 서구 선진국들에서는 이성 간의 사랑이 표준이라는, 그래서 결혼은 반드시 남자와 여자의 결합이어야 하고 엄마와 아빠는 반드시 서로 다른 성을 가진다는 개념이 점점 더 빠른 속도로 퇴색하고 있다.

인간의 존엄성을 중히 여기는 것이 좋은 사회의 핵심이라는 우리의 주장에 공감하는 사람이라면, 젠더와 섹슈얼리티에 대한 보다 광범위한 이해를 환영할 것이다. 좋은 사회를 가늠하는 데 도움이 되는 마사 누스바움의 역량 접근법은 "인간으로서의 존엄성을 박탈당한 삶으로 전락하지 않기 위해 가장 필수적인 자유의 영역을 보호"하는지에 초점을 맞춘다.[3] 어쨌든 우리 삶과 존엄성에 있어서 자신의 가장 내밀한 감각을 온전히 인정하고 표현하는 것보다 더 중요하고 핵심적인 것이 있을까? 우리가 내면 깊숙한 곳에서 느끼는 스스로의 모습을 감추어야 한다면, 그보다 더 존엄성이 훼손될 일이 있을까? 좋은 사회라면 우리가 자신의 몸에 대해서뿐 아니라 사랑과 섹슈얼리티를 표현하는 데에도 자주권을 가질 수 있어야 한다.

젠더 이분법과 이성애 규범을 종결하기 위해서는 인간이 무엇을 권리로서 요구할 수 있어야 하는가에 대한 우리의 이해가 크게 달라져야 한다. 새로운 권리들 중에는 이미 익숙한 권리도 있을 것이다. 동성 간 결혼권이 그렇다. 반면에 사춘기 성징 억제제와 같은 의료 혜택을 받을 트랜스젠더의 권리는 그렇지 않을 수도 있다. 이 장에서 다양한 젠더 세계관과 관련된 모든 권리를 다 살펴볼 수는 없지만, 몇 가지 핵심적인 권리들은 짚어 볼 것이다.[4]

젠더 다양성과 관련된 권리들 중에는, 정확한 검사를 받기 전에는 출생 시 성별을 지정받지 않아도 되는 간성間性, intersex 어린이의 권리처럼 단순한 것도 있는 반면에 해석과 해결이 꽤나 복잡한 것도 있다. 가령 성별, 젠더, 혼인 여부와 상관없이 아기를 가질 권리를 모든 사람이 제약 없이 대리모를 통해 아기를 가질 수 있다는 의미로 해석해도 될까?

이 장을 읽는 동안 다음과 같은 질문을 던져 보는 것이 중요하다. "모든 점을 감안하여 어떠한 권리를 인정했을 때, 그것이 인간 존엄성에 중요한 기여를 할 것인가? 또한 그 권리가 내가 살고 싶은 좋은 사회를 만들어 주는가?" 또는 그와 반대로 "그 권리를 거부한다면 전 세계 인구 중 얼마가 피해를 입고, 좋은 사회를 만들기 위한 우리의 요구는 얼마나 훼손되는가?" 만일 당신이 이성애 남성 또는 이성애 여성처럼 출생 시 지정된 성과 정체성에 편안함을 느끼는 사람이라면, "내가 게이이거나 레즈비언, 트랜스젠더나 간성이었다면, 그 권리를 어떻게 생각했을까?"라고 스스로에게 질문해 보는 것도 좋을 것이다.

성과 젠더가 유동적이라고 보는 관점에서 출발한 권리가 넘어야 할 장벽 중 하나는 세계적인 여론이 의학 및 심리학적 이해보다 한참 뒤처져 있다는 점이다. 2016년 53개국에서 실시한 LGBT에 대한 의식 조사 결과를 보면, 동성애를 법으로 금해야 한다는 의견은 25퍼센트에 불과했지만, 자녀가 동성애자임을 밝힌다면 당혹스럽고 속상할 것이라고 답한 사람은 68퍼센트나 됐다. 아들이 여자처럼 옷을 입고 다니는 것을 받아들이겠다고 답한 사람은 28퍼센트에 그쳤다.5 이른바 문화 전쟁이 세계 곳곳에서 불붙은 데에는 본질적으로 서로 관련이 없어 보이는 두 주인공의 활약이 있었다. "전통적인 가치"로의 회귀를 주장하는 러시아의 블라디미르 푸틴 대통령 그리고 미국에 본부를 두고 동성 간 결혼과 젠더 유동성에 대한 독설적인 견해를 미국 밖으로도 확산시키고 있는 세계가족회의World Congress of Families가 바로 그 주인공이다.

이는 한편으로 성소수자에 대한 해묵은 두려움과 증오를, 다른 한편으로는 이 책에서 살펴볼 많은 권리들이 직면한 변화에 대한 상투적인 저항을 보여 주는 사례로 볼 수 있다. 또한 젠더와 섹슈얼리티를 새로운 방식으로 이해하는 데 공감하는 사람이 많다고 해도 이 문제의 해답을 내놓기가 얼마나 어려운지를 보여 주는 본보기이기도 하다. 먼저 몇 가지 차이점을 짚어 보기로 하자.

태어날 때 우리는 거의 필연적으로 의사나 부모 또는 양쪽으로부터 성별을 지정받음과 동시에 그에 상응하는 남성 또는 여성 둘 중 하나의 젠더 정체성을 부여받는다. 이 정체성은 보통 겉으로 드러난 생식기 모양으로 결정된다. 성인이 되어서도 지정받은 젠더 정체성을 편안하게 느낀다면, "시스젠더" 여성 또는 남성이라고 한다.

하지만 간혹 관찰만으로 신생아의 성별을 정하기 곤란할 때가 있다. 불확실하거나 불분명한 생식기를 갖고 태어나는 신생아가 여기에 해당되는데, 바로 "간성" 아기들이다. 관행적으로 의사들은 염색체 패턴이나 생식선을 포함하여 신체 내외의 생식기관을 통해 "최선의 추측"을 하고, 이를 바탕으로 간성 아기에게도 두 성별 중 하나를 강제로 지정했다. 지금은 이러한 관행이 심각한 인권침해 사례로 떠오르고 있다.

심지어 전형적인 남성 또는 여성의 해부학적 특징을 갖고 태어났더라도, 어떤 이들은 아주 어릴 때부터 자신이 올바른 성/젠더를 지정받지 않았다고 생각하고 다른 젠더 정체성으로 살기로 결심한다. 그때부터 이들은 ("trans"라는 접두사를 붙여서) "트랜스젠더"로 이해되고, 만일 수술이나 호르몬 요법, 목소리 교정과 같은 과정을 거쳐 신체적 성 징후들을 심리적 젠더 정체성에 맞추었다면, "성 전환"했다고 말한다. 사실 많은 사회가 트랜스젠더에게 공감하지 못하고 이들의 전환 과정에 수많은 걸림돌을 놓아 왔다. 물론 이러한 행위도 지금은 인권침해로 간주된다.

이 모든 것을 성적 지향, 젠더 표현, 크로스드레싱cross-dressing과 같은 다른 광범위한 문제들과 혼동해서는 안 된다. "성적 지향sexual orientation"은 우리가 신체적으로나 감정적으로 또는 동시에 두 가지 면에서 ("게이" 혹은 "레즈비언"처럼) 자신과 같은 젠더에게, 또는 ("양성애자"처럼) 두 젠더 모두에게, ("이성애자"처럼) 자신과 다른 젠더에게, ("양성병존ambisexual"의 경우처럼) 모든 젠더에게 관심이 있거나 또는 ("무성애"처럼) 모든 젠더에 관심이 없는 형태로 나타나는 끌림의 유형을 일컫는다.[6] 트랜스젠더가 되거나 간성으로 태어난 것이 한 개인의 성적 지향과 반드시 관련이 있는 것은 아니다. 성적 지향은 한마디로 상상을 뛰어넘는다. 이것이 트랜스젠더를 "LGBTI(lesbian, gay, bisexual, transgender, intersex)"라는 관습적 공식에 따라 레즈비언이나 게이 또는 양성애자 범주에 욱여넣는 것이 오류일 수 있는 이유이다. 오히려 트랜스젠더가 완고한 이성애자일 수도 있다. 하지만 이 장에서는 오로지 편의상 이 약어를 사용할 것이다.[7]

복장이나 태도로 자신의 젠더를 드러내는 "젠더 표현gender expression" 역시 젠더 정체성이나 성적 지향과 어떤 직접적인 관련도 없다. 흔히 "의상도착증transvestism"이라고도 불리며 다른 젠더의 의복을 입으려는 욕망을 나타내는 "크로스드레싱"도 관련이 없기는 마찬가지다.

사실 범주를 나누고 그 안에 사람을 "끼워 맞추"려는 노력 자체가 전통적인 사고방식이 낳은 불행한 유산이다. 실제로 지금은 젠더 유동성이나 확장성이 인간이 지닌 공통적 특징이라는 인식이 널리 퍼지고 있다. 심지어 주요 언론 매체인《타임》도 2017년 "그와 그녀 너머: 젠더의 의미를 새롭게 정의하고 있는 신세대Beyond He and She: How a New Generation Is Redefining the Meaning of Gender"라는 제목의 표지 기사에서 이러한 경향을 인정했다.[8] 젠더 유동성과 확장성은 비단 인간에게만 해당되지 않는다. 산호초 사이에 서식하는 선명한 빛깔의 청소놀래기cleaner wrasse를 보자. 대장 노릇을 하던 수컷 청소놀래기가 죽거나 무리에서 쫓겨나면 무리 중 가장 덩치가 큰 암컷 청소놀래기는, 분류학상 7개의 과科와 27개의 목目 그리고 그보다 훨씬 많은 종種의 생물들이 그러하듯 수일 내로 자신의 성별을 수컷으로 바꾼다.9 (불변의 두 성별만이 만물의 이치를 지탱한다고 주장하는 자연법 옹호자들이 들으면 여간 실망스러운 이야기가 아니다!)

젠더 표현이 생식기의 모양과 상관없이 사회적 상황의 영향을 받을 수 있다는 사실에 의문이 든다면, 17세기에서 18세기 일본에서 아름다움의 전형으로 간주되었던 젊은 남성 와카슈若衆에 대해 알아보는 것도 한 방법이다. 당시에 와카슈는 남성도 여성도 아닌 "제3의 젠더"로 통했고 실제로 남성과 여성의 역할을 모두 할 수 있었다. 일본의 미술학자 이케다 아사토Ikeda Asato는 "와카슈는 생물학적 범주에 고정된 존재가 아닌 연출된 젠더 역할"이었다고 말한다.10

모든 사람이 둘 중 하나의 젠더만, 이성애 또는 동성애 둘 중 하나의 성적 지향만 선택해야 한다는 생각은 시대에 뒤떨어진 것이다. 인간은 젠더와 섹슈얼리티 면에서 이루 말할 수 없을 만큼 다채롭다. 하지만 이 개념이 사람들 마음에 파고들기는 그리 쉽지 않다. 이분법적인 사고방식에 단단히 얽매인 서구 세계에서는 특히 더 그렇다. 그 한 예로, 영어권 활동가들이 포괄적 젠더 정체성을 가진 사람들을 위해 "xe"나 "ze", "phe" 또는 단순히 "they" 같은 표현을 도입하려고 부단히 애쓰고 있음에도 불구하고 표준 영어와 표준 프랑스어를 비롯한 여러 언어가 젠더 중립적 대명사를 인정하지 않고 있다.11 그보다 심각한 것은 이른바 사회적 통념이라는 묵은 생각이 이분법적 구분을 공고하게 굳히는 일이 많다는 점이다. "남성" 아니면 "여성" 둘 중 하나만 선택할 수밖에 없는 문서 양식들이 얼마나 많은가? 태아나 신생아가 "아들이냐 딸이냐?"는 질문을 우리는 얼마나 많이 하고 또 받는가?

아주 최근까지 인권과 관련된 국제적인 제도마저도 젠더 이분법에서 벗어나지 못했다는 사실은 그리 놀라울 게 없다. 세계인권선언에는 "젠더"라는 단어 자체가 없을 뿐만 아니라 결혼과 가족을 다루는 제16조는 "결혼"이 한 남자와 한 여자의 결합임을 똑똑히 명시해 놓았다.[12] 1981년에 제정된 '여성에 대한 모든 형태의 차별 철폐에 관한 협약Convention on the Elimination of All Forms of Discrimination Against Women, CEDAW'은 "남성과 동등하게 여성의 권리를 법적으로 보장"하는 것에 중점을 둔 협약이다.[13] 이 협약에도 레즈비언이나 성 전환 여성에 대한 언급은 없으며, 제16조에서 다룬 평등한 결혼 관계도 여성과 남성 사이의 평등에만 초점을 맞추고 있다. 1990년에 발효된 아동의 권리에 관한 협약Convention on the Rights of the Child에도 동성의 부모, 간성 어린이, 동성 부모가 입양한 어린이에 대한 언급은 없다.

공식적인 유엔 협약들만 이런 우를 범한 것은 아니다. 세계에서 가장 진보적인 인권 사법 기관으로 손꼽히는 유럽 인권재판소는 유럽 인권 협약European Convention on Human Rights에 또렷하게 명시되지 않았다는 이유로 동성 간 결혼에 대한 권리를 인정하지 않는다고 선언했다.[14] 전 세계 대부분의 국가들이 동성애 커플의 자녀 입양을 허용하지 않는다.[15] 인권 단체들이 언급한 "젠더 기반 폭력"은 대부분 여성에 대한 폭력을 다룰 뿐, 드물지도 않고 명백히 "젠더 기반"의 폭력임에도 불구하고 트랜스젠더나 간성에 대한 폭력은 거의 다루지 않는다.[16]

인권과 관련해서 엄격한 젠더 고정관념이 완전히 사라지기는 아직

요원하지만 다행히 그 장벽이 무너지고 있다는 신호들이 나타나기 시작했다. 만일 인권이 자유를 인간 존엄성의 핵심 요소로서 보장하는 좋은 사회의 요건이라면, 새로운 성별과 젠더 관련 권리보다 훨씬 더 환영받아야 마땅하다. 하지만 여전히 폭력을 당하지 않을 권리처럼 잘 확립된 권리조차 성소수자에게는 편파적이다. "오래된" 권리도 이토록 무수하게 위반되는 마당에 과연 "새로운" 권리를 더하려는 생각을 할 수나 있을까?

인권 단체들은 (이를테면 유엔 인권위원회와 유엔의 인권 조약 기구들, 인권재판소, 인권을 다루는 비정부 기구들은) 성 또는 젠더 소수자에 대한 모든 종류의 폭력과 차별을 현행 인권법에 대한 위반으로 명백하게 규정한다.[17] 그럼에도 불구하고 70개 국가가 여전히 동성애를 불법으로 간주할 뿐만 아니라 적어도 10개 국가에서는 동성애를 사형으로 다스린다.[18] 최근 체첸 공화국에서 수백 명의 게이에게 가해진 집단 괴롭힘과 감금, 폭력과 살인은 이른바 "게이 대량 학살gay pogrom"의 한 예일 뿐이다.[19] 브라질의 대표적인 게이 인권 단체 게이 다 바이아Gay da Bahia는 1980년대 중반까지 브라질에서 일명 "호모카우스트Homocaust"로 인해 살해당한 LGBT가 3,000명이 넘는다고 확신한다.[20] 한 보고에 따르면 2008년부터 2013년 사이에 60개 국가에서 살해된 트랜스젠더는 1,374명이었다.[21] 2016년에는 미국에서만 21명의 트랜스젠더가 폭력으로 목숨을 잃었는데, 유색인종 트랜스젠더 여성이 특히 더 위험에 취약했다.[22] 교육, 고용, 의료 서비스, 그리고 비인도주의적 대우와 같이 트랜스젠더를 향한 가지각색의 차별은 너무 흔해서 열거할 수조차

없다.[23]

　이 모든 것을 도덕적으로 비난받아 마땅하다고 생각하거나, "생명권"과 같은 기본적인 인권도 위태로운 마당에 전 세계 3분의 1 이상의 국가에서 불법으로 간주하는 동성애를 위해 "새로운" 권리를 운운하는 것은 어리석다고 주장하는 사람도 있을 것이다. 하지만 우리는 그 주장에 동의하지 않는다.

　1장에서 권리가 어떻게 변화하는지 논의한 부분을 상기해 보자. 권리는 평범한 일상을 사는 몇몇 집단의 사람들이 인간 존엄성이 훼손된다고 인식하거나 인간 역량을 극대화하는 데 필요한 새로운 개념을 생각해 냈을 때 변화한다. 이러한 변화를 주도하는 사람들은 권력자를 향해 목소리를 낸다. "이봐, 우리 사회가 이대로 나아가다가는 진짜 좋은 사회가 될 기회도 없어."

　변화가 순차적으로 일어나는 경우도 드물지만, 권리 역시 예상한 순서의 틀을 깨기 일쑤다. 좋은 사회는 레고 블록을 쌓는 것처럼 먼저 바닥을 깔고 거기에 맞는 조각들을 끼워 맞춰 한 단 한 단 쌓아서 만들 수 있는 게 아니다. 그보다 훨씬 더 복잡하고 난해한 과정을 거친다. 만약 미국에서 동성 간 결혼 옹호자들이 먼저 게이나 레즈비언에 대한 폭력이 사라진 뒤에 원하는 사람과의 결혼을 주장하자는 입장을 취했다면, 어쩌면 동성 커플은 지금도 주례석 앞에서 마냥 기다려야 할지도 모른다. 네팔에서 동성 간 결혼은 미국이 그랬던 것처럼 여전히 불법이지만, 네팔은 젠더 유동적인 사람이나 간성인 사람이 여권에 "M"이나 "F" 대신에 ("Other"라는 의미로) "O"를 쓰도록 해 준다. 미국 여권에는 없는 선택지이다. 각각의 문화권에서 내딛을 수 있는 변화의 첫걸음이라는 점에서 모두 가치 있는 개혁이지만, 어떠한 개혁이 궁극적으로 사회를 더 변화시킬 수 있을지 아직은 단언할 수 없다.

새로운 권리는 법과 여론이 서로를 지지하고 강화하며 이른바 "선순환"을 이룰 때 비로소 확립된다. 때로는 법이 여론을 따라가지 못할 때가 있다. 2011년쯤에는 미국인 대다수가 동성 간 결혼을 지지했다. 그러나 대법원이 문화적 표준이 바뀌고 있음을 인식하고 나라 전체에서 동성 간 결혼을 합법으로 인정하기까지는 그로부터 4년이 더 걸렸다.[24] 때로는 법의 변화가 여론을 (달리 말하면 사회적 표준을) 이끌기도 한다. 일례로 미국 대법원은 1954년에 모든 공립학교에서의 인종차별 정책을 폐지했는데 당시 남부 시민 약 70퍼센트는 이 새로운 법에 동의하지 않았다. 남부의 시민 대다수를 포함한 국민의 84퍼센트가 통합형 학교를 지지한 것은 그로부터 40년 뒤인 1994년이었다.[25] 국가와 세계적 차원에서 표준이 변하고 법이 그 변화를 뒤따르기도 하고, 반대로 변화가 일어나기도 한다.

진화하는 표준을 모든 이가 따라잡기를 기다릴 필요 없이, 이를테면 전 세계가 동성애를 합법으로 인정하거나 LGBTI를 향한 폭력이 지구상에서 근절되기까지 기다릴 필요 없이, 새로운 권리와 표준을 먼저 도입할 수도 있다는 의미이다. 즉 여론이, 법이, 심지어 인권 단체나 기구 들이 새로운 권리를 받아들일 준비가 안 되었다고 새로운 권리에 대한 논의를 미룰 필요가 없다는 뜻이다. 이 책은 어떠한 권리가 앞으로 20년 혹은 40년 뒤에 어떻게 달라질 것인가를 논의하기 위해 시작됐다. 그 점에서 마틴 루서 킹 주니어가 동료 성직자들에게 보낸 "버밍엄 감옥으로부터의 편지"는 우리에게 시사하는 바가 크다. 동료 성직자들은 시민권을 위해 마틴 루서 킹 주니어가 주도한 시위가 "시기상조"라고 힐난했다. 그들은 "시간이 더 필요하다"고, "사람들이 준비될 때까지 기다리라"고 말했다. 이에 대해 킹은 "지금까지 몇 년 동안 저는 '기다리라!'는 말을 수없이 들었습니다. 모든 흑인이 귀에 딱지가 앉을 만큼 들은 단어입니다. '기다리라'는 이 말은 거의 매번 '절대로 안 된다'는 의미였습니다. '정의가 너무 오래 미뤄지면 그 정의는 거부된다.' 우리는 뛰어난 한 법관이 했던 이 말을 새겨들어야 합니다."[26]

이제 어떠한 권리들이 새롭게 수면 위로 부상하고 있는지 살펴보기로 하자. 이 장에서 동성 간 결혼에 대해서는 간략하게 언급하겠지만, 자녀를 가질 권리와 성 전환의 자유, 간성 어린이가 자신의 성별을 스스로 결정할 권리에 대해서는 조금 더 깊이 다룰 것이다. 각각의 사례들은 독자들에게 이러한 변화가 인간 존엄성과 역량에 어떠한 발전을 가져오는지, 또 좋은 사회로 나아가는 올바른 방향을 가리키는지 질문을 던질 것이다. 이 장 끝부분에서는 이러한 변화들이 여성의 권리에 대한 전통적인 개념에 미치는 영향과 이 새로운 권리들이 확립될 수 있는 가장 좋은 방법을 알아볼 것이다.

동성과 결혼할 권리가 전 세계적인 보편 권리로 확립되기까지는 아직 갈 길이 멀지만, 지난 10년 동안 이 권리는 커다란 진전을 보였다. 유럽 인권재판소는 유럽 인권위원회가 동성 간 결혼을 권리로 인정하지는 않았지만 각 국가가 시민 결합 civil union('생활동반자 관계'라고도 하며 결혼 관계에 준하는 유사 가족 관계를 일컫는다 ─옮긴이)과 같은 대안을 제시할 필요가 있다고 판결했다.[27] 이 판결을 지켜본 많은 사람들이 인권재판소가 이 권리를 확정하는 것은 시간 문제일 뿐이라고 생각한 다.[28] 2019년을 기준으로 유럽 17개국이 동성 간 결혼을 권리로 인정했고 그 밖에도 여러 국가가 동성 간 결합을 인정했다.[29] 유럽뿐 아니라 아르헨티나, 오스트레일리아, 볼리비아, 캐나다, 뉴질랜드, 남아프리카공화국, 미국을 비롯한 여러 지역에서 이 권리를 법적으로 승인했다.[30] 이러한 추세가 계속되리란 것은 분명해 보인다.

하지만 자신이 선택한 배우자와 결혼할 권리를 인정하는 많은 나라들에서 결혼과 밀접한 관련이 있음에도 불구하고 이성애 부부에게조차 여전히 허락되지 않은 권리가 하나 있다. 자녀를 가질 권리가 바로 그것이다.

언뜻 보면 고민할 필요 없는 간단한 권리라고 생각할 수도 있다. 어쨌든 인간으로서 삶의 충족감을 느끼고 인간 존엄성을 실천하기에 자녀를 양육하는 것보다 더 기본적인 것이 있을까? 좋은 사회란 모름지기 자녀를 양육할 능력이 있고 또 이를 원하는 사람이라면 생물학적 자녀든 아니든 상관없이 양육할 수 있어야 할 것이다. 실제로 세계인권선언 16조는 (비록 "가족"의 구체적 형태는 제시하지 않지만) "성년에 이른 남녀에게는 가족을 이룰 권리가 있으며" 가족을 "자연스럽고 기본적인 사회적 집단"이라고 설명한다. 1969년 유엔 총회는 "부모에게는 자녀의 수와 나이 터울을 결정할… 독점적 권리가 있다"고 선언했다. 이 선언은 자녀를 가질지 말지를 결정할 권리가 부모에게 우선적으로 있음을 명백히 암시하는 것으로 보인다.

아기를 낳을 수 있는 커플에게는 지극히 당연하고 바람직한 선언이지만, 여전히 많은 나라에서 둘 중 한쪽 또는 양쪽이 생물학적인 이유로 아기를 낳을 수 없는 이성애 커플을 포함하여 부모가 되고 싶은 커플이 뛰어넘어야 할 커다란 장벽이 존재한다. 일례로 러시아는 해외 입양을 제한하고 있다.[31] 한 조사에 따르면 전 세계 80퍼센트에 이르는 대다수 국가에서 위탁 커플을 대신해 여성이 아기를 낳아 주는 대리모 출산을 불법으로 간주한다.[32] 이러한 장벽들은 게이와 레즈비언 커플에게 특히 더 까다롭고 높다.[33]

어쨌거나 게이와 레즈비언 커플이 부모가 될 수 있는 방법은 셋뿐이다. 첫 번째는 입양이다. 두 번째는 생식 기술을 이용하여 (여성의 자궁에 정액을 주입하는) 인공수정을 하거나 (여성의 난자를 실험실에서 수정시킨 뒤에 자궁에 이식하는) 체외수정을 하는 것이다. 대리모 출산이 그 세 번째 방법이다.

먼저 입양에 대해 알아보자. 미국의 경우 2016년 동성애 커플의 입양을 금지하는 미시시피주의 법규를 폐기한 연방법원의 판결로 동성애 커플은 50개 주 전역에서 아이를 입양할 수 있다.[34] 하지만 세계적인 차원에서는 입양이 거의 불가능하다고 보아야 할는지도 모른다. 몇몇 예외는 있지만 동성 간 결혼을 승인한 국가를 제외한 모든 국가가 동성 커플의 국내 입양을 불법으로 규정하고 있다.[35] 게이와 레즈비언 커플의 해외 입양은 더더욱 제한적이다. 브라질과 콜롬비아 그리고 멕시코 일부 사법 권역만 이를 허용하고 있으며 필리핀의 경우에는 명시적으로 금지하지 않는 수준이다.[36] 다시 말해서, 생물학적으로 아기를 낳을 수 없는 사람들이 자녀 양육이라는 부모로서의 기쁨을 (그리고 애환을!) 경험할 수 있는 가장 보편적인 방법이 게이와 레즈비언에게는 막혀 있다는 의미이다. 원 스트라이크!

그러면 보조 생식술은 어떨까? 2012년 미주 인권재판소InterAmerican Court of Human Rights는 그때까지 지구상에서 유일하게 체외수정을 전면 금지하고 있던 코스타리카에 제재를 풀 것을 명령했다.[37] 그런데 체외수정이든 다른 기술이든 게이와 레즈비언이 이용할 수 있는 기술이냐 아니냐는 전혀 다른 문제다. 2016년 국제출산연구연맹International Federation of Fertility Studies이 이러한 기술에 대한 접근성을 포괄적으로 조사한 결과에 따르면, 조사에 응한 70개 국가 중에서 36개 국가만이 "승인된 혹은 안정적인 이성애 관계임을 증명할 필요 없이" 보조 생식술을 이용할 수 있다고 대답했다.[38] 바꾸어 말하면 조사에서 반대 의견을 낸 국가들을 제외하고도 100여 개 이상의 국가들이 성소수자의 보조 생식술 이용을 제한할 가능성이 크다는 뜻이다. 게다가 인공수정이나 체외수정을 허용한다고 해도 5,000달러(약 600만 원)에서 6,000달러(약 720만 원)나 되는 비용이 너무 터무니없을 뿐 아니라 건강보험이 적용되는 경우도 드물다. 하물며 게이나 레즈비언 커플에게는 말할 필요도 없다.[39] 돈 많은 사람만 부모가 될 권리를 누릴 수 있는 것인가? 만약 그것이 사실이라면 우리는 사실상 부자만 행사할 수 있는 권리를 도입하자고 외치고 있는지도 모른다. 이는 보편적인 인권 개념에 명백히 위배되는 것이다. 투 스트라이크!

입양과 보조 생식술이 많은 이에게 그림의 떡이라면, 이제 남은 것은 대리모 출산이다. 대리모 출산은 앞선 두 기술과는 비교도 할 수 없을 만큼 복잡한 문제인데, 바로 이 복잡성이 세계 대다수 국가에서 대리모를 금지하는 한 가지 이유이기도 하다. 우선 우파 중 일부는 종교적인 이유에서 (전통적인 결혼 제도의 뿌리를 흔드는 것처럼 보이는) 대리모를 반대한다. 좌파가 대리모를 반대하는 이유는 빈곤 여성의 착취로 이어질 수 있다는 우려에서다. 임산부를 상업화한다고 비판하는 일부 페미니스트들과 전 세계적으로 매일 800여 명의 여성이 임신 합병증과 유산으로 사망하며 다태 임신이 대리모의 위험성이 높다는 증거라고 지적하는 일부 의료 전문가들도 반대 행렬에 동참하고 있다.[40] 대리모와 위탁 부모의 사이가 틀어져 버릴 경우 어린이의 부모에 대해 알 권리가 침해된다고 주장하는 사람들도 있다.[41] 실제로 장애를 가졌다는 이유로 아기를 데려가기를 거부한 오스트레일리아의 악명 높은 사례도 있고, 출산 직전에 마음이 바뀌거나 위탁 부모가 사망하거나 이혼하는 경우 문제는 더욱 복잡해진다.[42]

대리모 출산 문제는, 게이 커플을 위한 것이든 아기를 낳을 수 없는 이성 커플을 위한 것이든, 권리 요구자들 사이에 적절한 균형이 필요하다는 사실을 여실히 보여 준다. 이 경우 권리 요구자는 위탁 커플과 대리모 그리고 아기이다. 입양 부모의 경우와 마찬가지로 위탁 커플도 신중한 심사를 받아야 하고, 아기에 대한 위탁 커플의 계약상 의무에도 법적 구속력이 있어야 할 뿐 아니라, 아기의 안정과 행복이 최우선이어야 한다. 거래나 경제적 착취의 대상이 되지 않을 대리모의 권리도 반드시 보장되어야 한다. 적절한 규제가 따른다면 대리모 출산은 많은 이에게 합리적 선택지가 되겠지만, 우리 저자들이 생각하는 가장 중요한 점은 대리모 출산이 이성애 커플에게 합법적인 권리라면 게이와 레즈비언 커플에게도 마땅히 그래야 한다는 것이다. 현실은 그렇지 못하므로, 스리 스트라이크! 삼진 아웃이다.

현행 인권법은 가족의 구성이 (짐작건대 좋은 사회를 뜻하는) "사회"의

"기초"라고 명시하고 있으며, 이성애 커플에게는 생물학적 자녀를 낳을 권리가 있다고 규정한다. 우리 두 저자는 게이와 레즈비언 커플은 불가항력적인 신체적 이유로 그 권리를 행사할 수 없으므로 적절한 한도 내에서 모든 커플이 입양, 보조 생식술, 대리모 출산을 통해 자녀를 낳을 권리를 보장받아야 한다고 생각한다. 이 권리가 보장되지 않는다면, 그야말로 차별을 노골적으로 조장하고 인간 존엄성과 역량을 훼손하는 것이다. 동성 간 결혼 권리에 동의하지 않는 사람들은 게이와 레즈비언 커플이 부모가 될 권리에도 동의하지 않을 것이다. 하지만 반대로 동성 간 결혼을 지지하는 사람이 보기에 게이와 레즈비언 커플이 아이를 양육할 수 있는 권리는 바늘 가는 데 실 가는 것처럼 당연한 일일 것이다.

올림픽 10종 경기 우승자 케이틀린 제너Caitlyn Jenner와 75만 건에 이르는 민감한 미국 군사 및 외교 문서를 위키리크스Wikileaks에 공개한 첼시 매닝Chelsea Manning은 최근 몇 년 사이 성 전환을 한 것으로 알려진 유명 인사들 중 일부일 뿐이다. 두 사람은 모두 남성에서 여성으로 자신의 젠더를 바꾸었다.[43]

주류 문화에서 최근 10년간 트랜스젠더 문제에 대한 대중의 관심은 급증했다. 그 관심 중에는 가령 트랜스젠더가 출생 시에 지정된 성별에 따라 화장실을 사용하도록 법으로 규제해야 하느냐 마느냐와 같은 문제를 꼬집는 부정적인 관심도 있었지만, 그 외의 다른 점에서는 확실히 긍정적이었다. 트랜스젠더 가수가 이끄는 밴드에 관한 록 뮤지컬 〈헤드윅과 앵그리 인치Hedwig and Angry Inch〉는 본래 1998년에 오프-브로드웨이off-Broadway(상업성보다는 예술성에 중점을 두는, 브로드웨이 지구 외곽의 300석 미만 소극장 – 옮긴이주) 뮤지컬로 제작되었으나, 2014년에 브로드웨이에서 큰 성공을 거두고 바로 그해 베스트 리바이벌 오브 뮤지컬 부문에서 토니상을 수상했다.[44] 같은 해《타임》은 표지 기사에서 트랜스젠더의 권리를 이른바 "미국의 다음 시민권 개척지"라고 명명하고, 인기 있는 텔레비전 프로그램〈오렌지 이즈 더 뉴 블랙Orange is the New Black〉의 스타로 트랜스젠더 배우임을 공개한 러번 콕스LaVerne Cox의 사진을 표지에 실었다.[45] (이듬해 콕스는 트랜스젠더로서는 최초로 마담 투소 박물관에 밀랍 모형으로 제작되었다.) 마찬가지로 2017년《내셔널 지오그래픽》도 특집호에서 "젠더 혁명The Gender Revolution"을 집중적으로 다루었고, 미주리주 캔자스시티에 살고 있는 9세의 에이버리 잭슨Avery Jackson의 사진과 함께 "소녀가 되어서 가장 좋은 점은 더 이상 사내아이처럼 굴지 않아도 된다는 점이에요"라고 에이버리가 한 말을 실었다.[46]

트랜스젠더에 대한 관심과 조명이 늘고 있는 국가는 미국만이 아니다. 영국과 인도에는 트랜스젠더를 대상으로 하는 패션모델 에이전시가 있다.[47] 호소다 토모야Hosoda Tomoya는 일본 도쿄 근교의 한 보수적인 동네에서 시의원으로 활동하고 있는 트랜스젠더 남성이다. 그의 명함에는 "여자로 태어났음"이라고 적혀 있다.[48]

하지만 트랜스젠더의 존재감이 커지는 현재의 추세에 반해 그들의 권리는 하염없이 더디게 보장되고 있다.

일반적으로 어린이는 생후 18개월에서 2년이 되면 자신의 젠더 정체성을 감지하기 시작한다고 한다.[49] 많은 트랜스젠더 어린이가 종종 아주 어릴 때부터 지정된 성별과 성징 모두 또는 둘 중 하나가 잘못된 것 같은 기분을 느낀다. "온전히 내가 아닌 것 같은 몸으로 사는 건 몹시 고통스럽다." 스무 살 트랜스젠더 여성 클로에Chloe는 말한다.[50] 안타깝게도 전통적인 의료적 관점에서는 클로에의 경우를 본인 스스로 "비정상"이라고 느끼는 감정적 장애로 여겨 "젠더 정체성 장애gender identity disorder" 또는 "젠더 위화감gender dysphoria"이라는 진단명을 부여했다.

예측 불가한 일상적 편견들과 싸우는 것도 트랜스젠더가 감당해야 할 어려움 중 하나다. 이를테면 "적합한 요건이 충족되지 못했다"는 이유로 8세의 트랜스젠더 소년을 컵스카우트에서 내쫓기로 한 미국 보이스카우트 연맹의 결정 같은 것 말이다.[51] 하지만 전 세계에서 가장 널리 이용되는 분류 체계인 세계보건기구WHO의 국제질병분류International Classification of Diseases에 자아에 대한 그 불편한 경험이 "정신질환"으로 분류되어 있다는 사실은 (2019년에야 비로소 삭제되었지만) 완전히 다른 문제다.[52] "나를 혐오하거나 또는 환자로 여기는 사람들을 상대하는 건 정말이지 진 빠지는 일"이라고 클로에는 말한다.[53]

유감스럽게도 그러한 분류가 암시하는 현실은 "진 빠지는" 일에서 끝나지 않는다. 먼저 이 분류에 따르면, 많은 의료 및 사법 권역에서 트랜스젠더가 성 전환 의료 서비스를 이용할 수 있는지를 판단하기에 앞서 일단 그들을 "환자"로 진단해야 한다. 불과 얼마 전까지도 유럽의 49개 국가 중 37개국에서 트랜스젠더가 출생증명서, 신분증, 여권과 같은 공식적인 문서에서 자신의 성별을 바꾸려면 정신과 검사를 받아야 했고, 심지어 불임수술을 받아야 하는 경우도 있었다.[54] 트랜스젠더 청소년의 경우에는 낙인찍힐 위험에 더해, 보건 전문가들로부터 생물학적 성 정체성에 적응하라는 권유를 받기도 한다. 스스로 젠더를 결정할 만큼 충분한 정보를 습득할 때까지 사춘기의 시작을 지연시켜 줄 사춘기 억제 약물 복용을 허가받지 못할 수도 있다. 이러한 조치야말로, 자신의 성기에 대한 거부감 때문에 오랫동안 화장실을 가지 않아서 수술이 필요할 정도로 장 손상을 입은 한 트랜스젠더 소녀의 사례가 보여 주듯 정신적으로나 육체적으로 정말 심각한 질병을 야기할 수도 있다.[55] 실제로 트랜스젠더 청소년 가운데 41퍼센트가 자살을 시도한 적이 있는 것으로 추산된다.[56]

자신의 몸이 낯설게 느껴지고, 주변 사람들에게 조롱과 오해를 받고, 의료 전문가에게 "환자"로 취급받는 것도 모자라 그 낙인을 인정하지 않으면 의료적 지원조차 받을 수 없다는 게 얼마나 고통스럽고 진빠지는 상황인지 생각해 보자. 과연 어떤 좋은 사회가 한 구성원 집단을 이런 식으로 대할까? 트랜스젠더 공동체에 속한 대다수 사람들이 "젠더 위화감"이라는 진단명을 거부하지만, 의료 서비스뿐 아니라 필요한 재정적 도움을 받기 위한 전략적 수단으로 인정하는 사람도 많다는 사실은 문제를 더욱 복잡하게 만들 뿐만 아니라 고통을 가중한다. 미용이 아닌 의료 기술을 이용해 남성이 여성으로 성 전환할 때 최대 2만 4000달러(약 2280만 원), 여성이 남성으로 성 전환할 때는 5만 달러(약 6000만 원) 이상의 비용이 드는데, 만일 이 비용을 건강보험으로 충당할 수 있다면 부자만 이용할 수 있는 기술이라는 문제는 어느 정도 해결될 것이다.[57]

하지만 성 전환 방법을 찾는 사람들에게 "환자"라는 부당한 진단명을 인정하라고 요구하는 것은 진정한 자아의 안전을 위해 가식적으로 행동하거나 스스로를 기만해야 하는 상황으로 몰아가는 행위이다. 이는 잔인한 역설일 뿐만 아니라 역량 실현의 바탕이 되는 개인의 자율성을 침해하는 일이다.

지금 필요한 것은 광범위한 "성 전환 권리"이다. 이 권리가 성립되면 최소한 세 개의 권리가 동시에 성립된다. 첫째로 이 권리가 성립되면, 본인이 자각하는 자아와 일치하는 성과 젠더 정체성을 선언할 자유를 허락한다. 생물학적으로 성 전환을 원하고 또 건강보험이 그 비용을 충당해 주길 바라는 트랜스젠더에게 이 권리가 성립된다는 것은 곧 성 전환 과정을 병리적 치료로 바라보는 시선과 오명에서 벗어나 존엄성을 인정받을 수 있음을 의미한다. 무엇보다 외과적 수술을 받지 않고 단순히 타고난 성별과 다른 젠더 그룹에 소속되어 스스로를 표현하기를 원하는 트랜스젠더에게 자아 선언을 허락한다고 그 밖의 사람들에게 뭐가 달라질까?

둘째, 성 전환 권리는 본인이 동질감을 갖는 성별에 소속됨을 공식적으로 인정받을 수 있는 권리를 포함한다. 공식적인 인정을 거부당한다는 것은 (또는 정신과 검사를 받거나 더 심하게는 우크라이나에서처럼 불임수술을 받아야 한다면) 트랜스젠더에게 모욕감을 안길 뿐만 아니라 화장실 이용 문제는 차라리 웃어넘기게 만들 더욱 복잡한 문제들을 야기할 수 있다.[58] 보통 트랜스젠더 여성들은 범죄를 저지르면 남자 교도소에 수감되는데 이곳에서 트랜스젠더 여성은 공격과 폭력의 쉬운 먹잇감이 된다. 신분증 사진과 태도로 드러나는 젠더가 일치하지 않는 점을 수상히 여기는 경찰로부터 모욕적인 괴롭힘을 겪고, 고용 자체를 거부당하거나 "진짜" 성별을 허위로 보고했다는 이유로 해고당하는 일은 이루 헤아릴 수가 없다.[59] 말레이시아, 쿠웨이트, 나이지리아에서는 자신과 다른 성별처럼 "행동하기"만 해도 위법으로 간주한다.[60]

공식적인 문서의 성별 변경이 가능한 사법 권역들도 종종 트랜스젠더에게 성 전환 수술 완료해야 한다는 조건을 요구한다. 이러한 조건은 소위 스스로에 대한 자기 이해, 즉 내면의 자아감을 의미하는 이른바 "뇌성별brain sex"을 육체적 특징들에 근거해 판단하는 진부한 젠더 모델의 권위를 그대로 인정하는 것이다.[61] 그 밖의 지역에서는 "남성" 또는 "여성"을 바꾸어 지정해 주는 선에서 그치는데, 이는 성별과 젠더를 이분법적으로만 이해하는 신빙성 없는 관점을 또다시 강화할 뿐이다.

흥미롭게도 이러한 경직된 관점은 네팔을 포함한 예상 밖의 지역들에서 먼저 허물어지고 있다. 앞서 언급한 것처럼 2007년 네팔 대법원은 시민 스스로 "자아감self-feeling"에 근거하여 자신의 젠더를 선택할 수 있다고 판결했고, 선거 위원회와 인구조사국은 시민들에게 "제3의 성"으로 등록하거나 네팔 여권에 "기타"를 뜻하는 "O"를 선택할 수 있도록 허용했다.[62] 유엔 산하의 국제민간항공기구International Civil Aviation Organization는 "불명확한 젠더"에 해당하는 "X"란을 여권에 포함할 것을 명시했고, 이 글을 쓰는 현재 오스트레일리아, 방글라데시, 캐나다, 덴마크, 독일, 인도, 몰타, 뉴질랜드 그리고 파키스탄이 여권 또는 국내 신분증에 젠더 중립적 선택지를 제공한다. 미국 법원은 2018년에 "남성" 또는 "여성" 둘 중 하나만 선택하기를 거부한 콜로라도주 한 시민의 여권을 국무부가 취소할 수 없다고 판결했다.[63]

마지막으로 성 전환을 보장하는 이 신생 권리는 다음과 같은 근본적인 질문을 해결해 줄 수도 있다. "나는 트랜스젠더인가 아닌가?" 정신적 질병 또는 공식적인 정부의 인정이라는 문제를 논하기에 앞서, 자신의 "뇌성별"을 이해하고 젠더 정체성을 명확하게 표현하기 위해서는 반드시 시간이 필요하다. 실제로 젠더 정체성이 자리를 잡기 시작하는 것은 생후 18개월에서 2년 사이이지만, 누구도 그처럼 이른 시기에 삶을 좌우할 결정을 내릴 수는 없다. 사춘기는 트랜스젠더 청소년들에게 중요한 전환점이다. 이들을 지원해 온 소아내분비학자 카린 셀바Karin Selva는 "트랜스젠더에게 사춘기는 신체가 자아를 철저히 배신하는 시기"라고 설명한다.

남성의 경우 사춘기와 함께 생식기에 변화가 시작되고, 후두융기를 일컫는 일명 아담의 사과Adam's apple가 도드라진다. 깎고 깎아도 또 자랄 수염이 나기 시작하고, 에스트로겐을 아무리 주입해도 여성으로 쉽사리 바뀌지 않을 남성의 신체 구조를 갖게 된다. 거꾸로 되돌리기에는 너무 어려운 이 과정은… 여성에게도 마찬가지로 진행된다.[64]

스스로를 트랜스젠더일 수도 있다고 생각하고 자신의 젠더 정체성을 결정할 때까지 시간을 더 필요로 하는 청소년에게 셀바 박사와 여러 의료 전문가들이 사춘기 억제제를 처방하는 쪽으로 방향을 틀고 있는 이유다. 사춘기 억제제는 생득 성별을 그대로 유지하기 원할 때는 언제든 되돌릴 수 있다. 일부 청소년들은 이 경험 때문에 좌절감을 느끼기도 한다. 12세 트랜스젠더 소녀 릴리Lilly는 "다른 애들은 성장하고 있는데 나만 멈춘 것 같다. 호르몬 차단제를 복용하지만 정작 내가 잘하고 있는 것인지 헷갈린다"고 토로한다. 하지만 릴리는 이렇게 덧붙인다. "다른 사람들이 나에게 기대하는 바를 말하기는 쉽지만, 결국 가장 중요한 것은 나 자신의 목소리다. 그들이 우리의 고민과 아픔을 대신해 주지 않는다."[65] 성 전환 권리는 트랜스젠더 청소년에게 사춘기 억제 치료를 받을 권리를 부여해 준다. 그렇다고 릴리의 모든 고민이 해소되는 것은 아니지만, 그 고민을 필요 이상으로 악화시키는 장애물을 어느 정도 제거할 수 있다.

인권은 개인의 자율성에 대한 존중을 기반으로 성립된다. 누스바움의 말을 빌리자면, 특히 "자유가 없는 삶은 인간으로서의 존엄성을 상실한 삶"이 될 수밖에 없다. 자신의 젠더 정체성을 선택하고 표현하며 그 자체로 존중받는 것이야말로 자율성의 핵심이라 할 수 있다. 모름지기 좋은 사회라면 이 선순환을 북돋워야 할 테고, 그렇기 때문에 좋은 사회에서는 성 전환 권리가 반드시 보장되어야 한다. 대중문화 안에서 트랜스젠더를 인식하는 것으로는 충분치 않다. 우리의 법과 권리 안에서 그들의 존재를 존중하는 것이 훨씬 더 중요하다.

지금까지 언급된 많은 쟁점들, 즉 자녀를 가질 권리나 자신이 선택한 성별과 젠더 정체성을 공식적으로 인정받을 권리의 보장과 관련한 문제들이 간성에게도 동일하게 적용되는데, 간성의 경우에는 특별히 중요하게 다루어야 할 한 가지 질문이 있다.

데이비드 라이머David Reimer는 쌍둥이 형제 중 한 명으로 태어났는데, 포경수술 도중 음경을 잃었다. 1967년 그의 부모는 생후 1년 반쯤

된 데이비드를 존스홉킨스대학교의 심리학자 존 머니John Money에게 데리고 갔다. 당시 존 머니는 유년기에는 젠더 정체성이 가변적이고 사회적 영향에 따라서 결정된다는 이론을 정립하고 있었다. 1950년대까지는 젠더 구분이 모호한 어린이를 수술하는 일이 드물었지만 머니는 외과적 수술을 통해 라이머를 여자아이로 전환해서 여성 호르몬도 주입하고 나풀거리는 원피스도 입혀서 "조앤Joan"이라는 딸로 키우라고 제안했다. 그 후 몇 년 동안 이 심리학자는 조앤의 성장 과정을 추적했다. 라이머가 간성으로 태어나지 않았지만 머니는 라이머가 의료와 사회적인 차원의 지원을 받은 간성 신생아가 출생 시에 지정받은 성별과 젠더 정체성에 순조롭게 순응한다는 자신의 이론을 증명하는 사례라고 주장했다. 하지만 열네 살이 되도록 여성이라는 정체성에 늘 불편함을 느꼈던 "조앤"은 남자처럼 행동하며 스스로를 "데이비드"라고 부르기 시작했다. 결국 그는 어릴 때 받은 전환 수술을 되돌리는 수술을 받고 자신의 이야기를 대중에게 알렸지만, 2004년에 자살로 생을 마감했다.[66]

신생아 중 0.018퍼센트에서 1.7퍼센트에 이르는 꽤 많은 수의 아기들이 일종의 간성 질환이라는 진단을 받았던 것으로 추산된다.[67] 하지만 그 수와 상관없이, 대부분의 문화가 두 개의 성별만을 표준으로 인정하는 시절이었으므로 의사와 부모 모두 아기의 모호함을 신속히 해결해야 한다는 압박감을 느꼈다. 출생 후 가급적 빠른 시일 내에 남자아이 또는 여자아이 둘 중 하나의 성별로 지정해 주기 위한 외과 수술이 흔하게 자행되었던 것도 바로 그 압박감 때문이었다. 대개 두 차례에서 네 차례에 걸친 수술 외에도 따라오는 여러 형태의 조치들은 육체뿐 아니라 정서적으로도 엄청난 고통을 남겼다. 강제적 성별 지정 수술을 받았던 어떤 이는 이렇게 말했다. "그 어린이들에게 자행한 일, 그리고 내가 겪은 일은 법과 과학이 허락하고 용인한 성적 학대이다."[68] 많은 인권 전문가들이 이러한 외과적 수술을 오랫동안 인권침해로 지탄받아 온 여성 할례에 비유한다.[69]

아이가 남들과 "다르다"는 사실로 얼마나 쉽게 조롱거리가 되는지 알고 있는 부모가 상상조차 하지 못했던 현실에 직면하여 지푸라기라도 잡는 심정으로 의사에게 갓 태어난 아기의 성별 지정 수술을 허락하는 것도 충분히 이해가 된다. 하지만 진정한 비극은 그처럼 어린 아기에게 수술은 오히려 의학적으로도 불필요할뿐더러 육체적으로 해로운 결과를 초래할 수 있다는 점이다.[70] 소아과 전문의 마이크 벤홀라 Mike Venhola의 말처럼 "문제는 어른들의 머릿속에 있는데 왜 어린이의 몸에 칼을 대야 하는가?" 어린이들은 모호한 신체적 특징을 갖고도 완벽하게 자랄 수 있다. 그러다가 어느 정도 나이가 되면 수술을 받을지 말지, 만약 한다면 어떤 수술을 받을지 스스로 결정할 수 있다. 하지만 지금도 유럽의 대다수 국가에서는 생후 몇 주, 몇 달 길어도 몇 년 안에는 아이의 성별을 공식적으로 등록해야 한다. 독일에서는 이제 출생증명서의 젠더 범주에 "다양"이라는 단어를 기입하는 게 가능해졌지만, 성별 등록에 시간을 제한하지 않는 국가는 핀란드와 포르투갈뿐이다.[71]

다행히 인권 단체들이 간성 어린이의 자율성을 존중하기 시작했다. 2013년 당시 유엔에서 고문 행위를 조사하던 특별보고관 후안 멘데즈 Juan Mendez는 소위 생식기를 정상화한다는 명목으로 자행되는 수술이

"흉터를 남기고 성적 감각 상실과 고통을 야기할 뿐 아니라 요실금과 장기적인 우울증을 유발한다"고 비판했다.[72] 이러한 수술과 관련해서 휴먼라이츠워치는 일시적 중지와 함께 유럽평의회가 먼저 전면 금지를 선언할 것을 촉구했다.[73]

하지만 이게 다는 아니다. 지금까지 법원은 신생아의 수술을 결정하는 부모를 제지하는 데에는 소극적이었지만, 소급 소송으로 의사의 행위를 멈추게 할 수는 있다. 마크 크로퍼드Mark Crawford와 팸 크로퍼드Pam Crawford 부부는 생식기가 불분명한 채로 태어난 아기를 입양했다. 의사들은 아기에게 여성이라는 성별을 지정했지만, 부부에게는 두 살에 입양한 아기가 몇 해가 지나면서 스스로를 사내아이로 이해하고 있는 게 너무도 분명하게 보였다. 크로퍼드 부부는 다른 아이들에게 이런 비극적 운명이 닥치지 않기를 바라는 마음으로 아들을 치료한 병원과 의사들 그리고 이 치료를 승인한 사우스캐롤라이나 사회복지부South Carolina Department of Social Services를 상대로 소송을 제기했다.[74] 젠더 인권 운동가 유스투스 아이스펠트Justus Eisfeld는 "이런 식의 의료 개입을 겪은 이들을 위한 배상은 앞으로 배상을 요구할 주요 소송들의 시작"이라고 지적하면서 성 전환 조건으로 불임 수술을 받아야 했던 트랜스젠더에게 배상하기 위해 재원을 충당했던 스웨덴 정부의 전례를 언급했다.[75]

마지막으로 우리 저자들이 좋은 사회에 반드시 필요하다고 여기는 성과 젠더 관련 권리는 간성 어린이가 스스로 결정을 내릴 충분한 나이가 될 때까지 성별 지정 수술을 연기할 수 있는 권리이다. 이 권리 역시 개인의 자율권, 그중에서도 본인의 신체에 대한 자율권이야말로 인간 존엄성의 핵심이라는 명제에 자연스럽게 따라오는 권리이다.

《비욘드 트랜스: 젠더가 중요한가?Beyond Trans: Does Gender Matter?》에서
정치학자 히스 포그 데이비스Heath Fogg Davis는 대부분의 공식적인 젠더
지정을 없애는 것도 가능하다고 주장한다. 그리고 그는 단 하나의 젠
더 정체성을 선택하도록 강요하는 것과 정당한 공익이 이성적으로 어
떻게 연결될 수 있는지 묻는다.[76] 미국의 유명한 배우이자 드래그 퀸
drag queen(여장 남자―옮긴이)인 루폴RuPaul의 목소리는 훨씬 더 신랄하
다. "우리의 문화는 하나의 [젠더] 정체성을 선택하고 그 선택에 얽매
인 채 마약이나 빨라고 말한다. 이 판을 뒤집으려면 우리 문화가 강요
하는 것과 정반대로 행동하면 된다."[77] 대만의 소설가 구묘진Qiu Miaojin
은《악어노트Note of a Crocodile》에서 소설 속 인물의 입을 빌려 이렇게 말
한다. "이봐, 이제 우리가 젠더 프리 사회를 만들고 공중화장실을 모두
독점하는 거야!"[78]

하지만 만일 모든 방식의 성별 또는 젠더 지정을 없애고 어떤 분류
로든 특정하지 않는다면, 최소한 뚜렷한 젠더 정체성이 존속해야만 보
장될 수 있는 일련의 권리들, 더 정확히 말하면 힘겹게 쟁취한 여성의
권리들은 어떻게 될까? 실제로 여성의 권리 옹호자들 가운데 일부는
젠더 이분법을 없앴을 때 제기되는 복잡한 상황들에 대해 확실히 비우
호적이었다. 2015년에 막을 내릴 때까지 오로지 "여성으로 태어난 여
성"만을 위한 축제라고 광고했던 미시건 여성 음악 축제Michigan Womyn's
Music Festival(남성성을 완전히 배제한다는 의미에서 Women을 Womyn으로 표
기했다―옮긴이)에서 트랜스젠더로 밝혀진 여성 한 명이 쫓겨났다.[79]

페미니스트 웹사이트 페미니스트 커런트Feminist Current의 한 기사에서 작가 수전 콕스Susan Cox는 "여성이 자신을 '이분법적 성별'에 속하지 않는다고 밝히는 것은 여성 계급에 대한 일반적인 혐오를 인정하는 진술과 다를 바 없다"고 주장했다.[80]

이러한 갈등은 여자 대학의 트랜스 여성 입학을 둘러싼 논쟁에서 가장 극명하게 드러난다.[81] 웰즐리대학교에서는 이 문제가 세대 간 분열을 야기하기도 했다. 많은 재학생들이 "여자"로 정의할 수 있는 광범위한 해석을 지지했고, 역사적으로 당대의 지배적인 규범에 대한 도전을 사명으로 삼은 웰즐리인만큼 트랜스 여성을 입학 대상에 포함하는 것이야말로 이 시대의 규범에 대한 중대한 도전이라고 주장했다. 하지만 동문들 중 상당수가 성 전환에 공감하지 못했고, 트랜스 여성을 "가짜 여성"이라고 분류했으며, 그들을 입학 대상에 포함하는 것을 오히려 대학의 사명에 대한 위협으로 생각했다.[82] 오랜 논의 끝에 대학은 다음과 같이 입학 정책을 발표했다. "웰즐리는 여성으로 살아가고 여성으로서의 일관된 정체성을 지닌 모든 지원자의 입학을 검토할 것이다. 따라서 여성으로서의 정체성을 지닌 생득 성별이 남성인 사람도 지원할 수 있다. 또한 젠더 정체성이 남성도 여성도 아니며 생득 성별이 여성인 사람도 우리와 같은 여성 공동체에 소속감을 느낀다면 입학 지원 자격을 갖는다."[83]

여전히 이분법적 서사에 바탕을 두고는 있지만, 이러한 정책은 젠더 정체성이 생물학적 특질들에 우선한다는 사실을 인정한 것이다. 실제로 여성의 권리는 전통적으로 특정한 범주 다시 말해 "여성"이라 불리는 인간 분류를 인정하는 데에 바탕을 둔다. 이 범주는 웰즐리대학교가 그랬듯, 완전한 성 전환 여부를 떠나 트랜스 여성을 포함하는 정도까지 확장될 수 있지만, 범주 자체를 아예 없앨 수는 없다. 권리는 보편적이지만, 권리가 적용되어야 할 당사자 그룹에 따라서 다루어야 할 요구들이 달라진다. 가령 시스젠더 남성에게 임신 중지 권리를 보장한다든지 신체가 건강한 사람에게 장애인 권리를 보장하는 것은 이치에 맞지 않는다. 마찬가지로 뚜렷한 성적 특징을 지니고 태어난 어린이에게 성별 확정 수술을 미룰 권리를 보장하는 것은 의미가 없다.[84] 이러한 권리들을 진정으로 필요로 하는 사람은 따로 있다.[85]

예를 들어 성폭력으로부터 자유로울 여성의 권리에 특별히 더 관심을 기울여야 하는 까닭은 성인 강간 피해자의 90퍼센트가 여성이기 때문이다. 여기에 반대 주장을 한다면 블랙 라이브스 매터Black Lives Matter(아프리카계 미국인에 대한 경찰의 잔인한 대응으로 인한 사고에 항의하는 비폭력 시민 불복종 운동—옮긴이)를 비난하면서 "올 라이브스 매터All Lives Matter"라고 대응한 사람들과 똑같은 실수를 저지르는 것이다. 물론 모든 생명이, 모든 사람이 중요한 것은 맞다. 그러나 경찰의 부당한 대응은 흑인에게 특히 더 빈번히 발생하므로 각별한 관심과 보호가 필요한 집단은 흑인이다.

'들어가며'에서 언급한 명제를 기억한다면, 자리를 잡아 가고 있는 비이분법적 젠더 정체성 구분에 기반한 권리가 전통적인 여성의 권리에 조금도 위협이 되지 않는다는 사실을 알 수 있다. 다시 말하지만, 권리는 제로섬 게임이 아니다. 새로운 권리를 확립한다고 오래된 권리가 무효화되지 않는다.

하지만 여기에 따라오는 마지막 질문이 있다. 위에서 언급한 권리들뿐만 아니라 다른 권리들까지 확립할 수 있는 가장 좋은 방법은 무엇일까? 지금까지 설명한 부모가 될 권리, 성 전환 권리, 간성 어린이의 성 결정 수술 지연 권리와 같은 권리들은 "새로운" 권리일까 아니면 기존 권리를 새롭게 해석한 것에 불과할까? 젠더 정체성과 젠더 표현과 관련된 권리를 다루기 위해 특별한 조약이나 협약이 필요할까?

1994년에 유엔 인권위원회는 **투넨 대 오스트레일리아**Toonen vs Australia 재판에서 일명 소도미 법sodomy laws(동성 간 성행위를 처벌하는 내용의 텍사스주 법 — 옮긴이)이 시민적 및 정치적 권리에 관한 국제 규약International Covenant on Civil and Political Rights의 차별 금지 조항을 위반했다고 판결했다.[86] 처음으로 국제 인권 기구가 성소수자의 손을 들어준 판결이었다.[87] 그러나 유엔 총회가 성적 지향에 근거한 사법 절차 없이 집행되는 사형 같은 기본적인 권리 침해를 다루기까지는 그로부터 12년이 더 걸렸다.[88]

실질적으로 그 이후부터, 이 장에서 살펴본 몇 가지 신생 권리와 관련해서도 주목할 만한 발전이 있었다. 일례로 아르헨티나는 2012년에 "개인의 신체적 경험"에 근거하여 젠더를 등록하고 "외과적 조치,⋯ 호르몬 치료 또는 기타 심리 및 의료적 처치"를 거부할 수 있는 권리를 보장하는 젠더 정체성 관련 법안을 채택했다.[89] 유럽 인권재판소는 트랜스젠더가 필요로 하는 의료 서비스를 충분히 이용할 수 있는 권리를 승인했고, 2017년에는 트랜스젠더의 정체성 전환에 불임을 조건으로 하는 행위는 인권침해라고 판결했다.[90]

아직까지는 이러한 변화들이 산발적이고 일시적이다. 다른 곳에 비해 진보적이라 할 수 있는 유럽의 인권 체제 안에서조차 허점투성이인데, 간성과 관련된 권리의 부재에서 허점이 가장 뚜렷하게 드러난다.

한 가지 확실한 방법은 여성의 권리나 원주민의 권리처럼 성별과 젠더 정체성, 젠더 표현을 다루는 국제인권협약을 채택하는 것이다. 하지만 이러한 접근법에 대해 LGBTI 운동가들은 대부분 반대하고 있다. 그들은 2016년에도 LGBTI에 대한 폭력과 차별을 평가하기 위해 성적 지향과 젠더 정체성 전문가를 임명해야 한다고 유엔을 설득하기가 어려웠다고 토로한다.[91] 많은 이들이 두려워하는 것은 이러한 제안이 "특권!"이라는 격렬한 항의를 촉발할 수 있고, 더디나마 조금씩 나아가고 있는 변화의 방향을 틀어 버릴 수도 있다는 점이다. 전 유엔인권고등판무관 나비 필라이Navi Pillay가 "성적 지향과 젠더 정체성에 기반하여 사람들을 보호하기 위해서 굳이 새로운 권리를 만들 필요는 없고… 보편적으로 차별 없이 모든 권리를 누릴 수 있도록 보장을 강화하면 된다"고 말한 이유이기도 하다.[92]

이런 식의 접근은 전략적으로는 지지받을 수 있지만, 지금 당장 LGBTI 사회가 할 수 있는 일은 법원과 입법기관이 기존의 권리를 포괄적인 방식으로 해석하기를 기대하는 것뿐이다. 이를테면 자신의 건강과 신체에 대한 자율권에 사춘기 억제 치료를 받을 수 있는 트랜스젠더 청소년의 권리가 포함되도록 해석하는 것이다. "최선의 이익"을 누릴 아동의 권리에 성별 확정 수술을 늦출 수 있는 권리도 포함되도록 말이다.

이런 일들은 주로 동성 간 결혼을 보편적 인권으로 인정하지 않는 곳에서 벌어지는데, 그런 곳에서는 대부분 세계가족회의가 "가족은 자연스럽고 기본적인 사회적 집단"이라고 명시한 세계인권선언 제16조를 한 남성과 한 여성의 결합 이외의 모든 결혼을 반대하는 근거로 악용하고 있다! 분명한 것은 협약을 최종 목표로 삼아야 한다는 점이다. 왜냐하면 협약은 지금까지 언급한 그리고 그중 많은 것이 **분명히** "새로울" 권리들이 좋은 사회의 필수 요건임을 확실하게 보증해 줄 수 있기 때문이다.

젠더 권리는 권리가 고정적이지 않다는 사실을 보여 주는 강력한 예다. 미국이 건국될 당시 버지니아주에서 소녀의 성관계 승낙 연령은 10세였다.[93] 지금 우리는 그런 개념을 혐오한다. 사우디아라비아 왕국은 2017년에야 비로소 여성에게 운전을 허용했다.[94] 이번 장에서 우리는 부모 세대가 믿고 의지했던 젠더 이분법과 이성애 규범의 관습이 이미 오래전에 구시대의 잔재가 되었음을 확인했다.

지금까지 살펴본 권리들이 쉽게 바뀌지는 않겠지만, 저널리스트 I. F. 스톤Stone의 말처럼 "혁명은 에밀리 포스트Emily Post(에티켓의 대모로 불리는 미국의 작가―옮긴이)의 에티켓을 다 지켜 가면서 일어나지 않는다".[95] 하지만 중요한 것은 변화가 일고 있다는 점이고, 그 변화를 앞당기는 한 가지 방법은 우리의 자아 인식과 사랑의 경향이 인간으로서의 존엄성과 서로 어떠한 관계인지 끊임없이 자문自問하는 것이다.

신체 보전권은, 다시 말해서 육체적 손상, 사생활 침해, 외과적 처치와 같이 강요된 시나리오로부터 자유로울 권리는 이미 오래전부터 인권이라는 바퀴의 중심축이었다. 젠더 이분법으로부터 자유로운 세상이 되려면 무엇보다 신체 보전권이라는 개념이 우리의 편협한 집단적 관념 안에 갇히는 일은 없어야 한다.

3장

첨단 기술
시대의 사생활

THE
COMING
GOOD
SOCIETY

게이 바에 얼마나 자주 드나들었는지, 이슬람 사원에 기도하러 몇 번이나 갔고, 온라인 데이트 사이트에 가입한 적은 없는지, 낙태 전문 병원을 갔던 적은? 인도에서 소고기 햄버거를 먹거나 중국에서 반체제 사이트를 클릭한 적은 없는지, 멕시코에서 부정부패 반대 서명에 참여한 적은? 행여 그랬던 적이 있다면, 그 사실을 몰랐으면 하는 사람은 누구일까? 정부 기관과 경찰은 버튼 하나만 클릭하면 이러한 정보들뿐 아니라 당신의 가장 사적인 정보에도 얼마든지 접근이 가능하다. 기술이 갈수록 더욱 정교하고 치밀해진 덕분이다. 사기업도 그렇다. 당신이 소셜 미디어에 올린 사진과 소비자로서 당신이 선택한 제품을 조합하여 모든 종류의 개인 정보를 찾아내는 게 가능하다. 시민으로서든 소비자로서든, 사실상 우리의 모든 활동이 감시받고, 문서화되거나 다운로드 및 공유되고, 암호화되고 있을 뿐 아니라 다른 사람들의 데이터와 함께 비교 분석되고 있다.

이번 장에서는 기술의 발전이, 세계인권선언과 시민적 및 정치적 권리에 관한 국제 규약에 기초를 둔 국제적 인권으로 150개 이상의 국가의 헌법에 명시된 개인 정보 보호권을 어떻게 위협하고 있는지 살펴볼 것이다. 사회 전반에서 일어나고 있는 세 가지 변화가 그 위협을 주도

하고 있는데, 그 첫 번째 변화는 개인뿐 아니라 모든 주체가 신기술을 아무런 제재 없이 사용하게 되었다는 점이다. 따라서 공과 사를 막론한 우리 삶의 모든 면면에 기술이 침투할 수 있다. 두 번째 변화는 테러, 폭력, 범죄에 대한 공포가 지속되고 있다는 점인데, 이런 두려움은 사적인 정보와 공적인 정보를 구별하는 기준에 영향을 미친다. 세 번째는 정부 말고도 수많은 주체가 우리의 개인 정보 보호에 치명적인 영향을 미칠 수 있게 되었다는 점이다.

차차 논의할 문제들 중에는 개인 정보 보호권이 서구 사회의 유별난 집착에 불과하며 다른 "핵심" 권리들과 달리 좋은 사회의 필수 요건이 아니라는 잘못된 인식도 있다. 이 장에서는 좋은 사회가 생명권이나 폭력으로부터 안전할 권리 같은 다른 권리들과 개인 정보 보호권 사이의 균형을 어떻게 조화롭게 맞추어야 하는지 알아볼 것이다. 아울러 감시가 만연한 사회에서 개인 정보 보호권이라는 개념을 재정립하는 방법도 소개할 것이다.

하지만 그에 앞서 개인 정보 보호권이 좋은 사회의 기본 토대인 까닭을 짚어 보아야 한다. 개인 정보의 가치와 의미를 가벼이 여기는 사람들이 자주 하는 말처럼 정말 "숨길 게 없다면 두려워할 이유가 없는" 걸까?

첫째, 존엄한 삶을 살기 위해서 (다시 말해 인권의 심장과도 같은 존엄성을 위해) 우리는 삶의 가장 비밀스러운 정보를 정부와 기업에 추적당하는 일 없이 스스로의 운명을 통제하고 자율적으로 결정할 수 있어야 한다.

둘째, 사생활을 보장받지 못한다면 마사 누스바움이 존엄한 삶의 핵심이라고 설명한 역량의 많은 부분을 훼손당할 수 있다. 사생활이 전반적으로 침해당할지도 모르는 상태에서 신체 보전권인들 지켜질까? 자신을 온전히 표현하는 활동을 하거나 정치적 자유를 행사할 수 있을까?

마지막으로 인권은 강자에 대항하기 위한 약자의 요구이다. 그러나 만일 강자가 우리의 자율성을 침해하는 기술적 도구를 교묘히 이용하고 그로 인해 우리가 약자로서의 요구를 할 수 없는 상황이 된다면, 좋은 사회는 어떤 조치를 해야 할까?

현재 신기술이 장악한 범위를 감안하면, 디지털 사회 이전 세대는 상상도 하지 못할 만큼 삶의 내밀한 부분까지 간섭받는 이른바 "감시 사회"가 되었다고 주장하기 쉽다. 미국에서 사생활을 침해할 수 있는 위협들 중 상당수는 테러와의 전쟁이라는 맥락에서 시작되었다. 일례로 애국법Patriot Act은 9·11 참사 후 45일 만에 제정되었는데, 이 법으로 인해 미국 정부는 시민들의 통화 내역과 은행 계좌를 훨씬 더 쉽게 추적할 수 있게 되었다. 심지어 초기에는 공공 도서관에서 시민들이 꺼내 간 자료까지도 추적이 가능했다.1 미국 법원에서는 수정헌법 제4조에 따른 합법적인 수색과 압수의 성립 요건이 무엇인지, 법 집행관이 이를 수행하기 위해 영장을 발부해야 하는지와 같은 문제들과 씨름하는 것이 일상이 되었다.

사생활 침해가 테러리스트나 범죄자로 추정되는 사람들을 추적하는 과정에서나 일어나는 일이라고 생각하고 싶겠지만, 애석하게도 그건 착각이다. 스마트폰 알람 소리에 눈을 뜨고, 밤사이 업데이트된 소셜 미디어 피드에 "좋아요"를 누르고, 스마트 TV를 켜서 헤드라인 뉴스를 보고, 스마트 체중계를 밟고서 몸무게를 재고, 칼로리 추적 앱에 아침 식사 메뉴를 업로드하고, 음원 스트리밍 사이트에서 좋아하는 노래를 저장하고, 차에 타자마자 교통 상황 앱을 실행한 채 출근길을 달린다. 하루를 시작한 지 한 시간도 채 안 되는 동안 사용한 몇 가지 장치들은 우리의 호불호, 소비자로서의 선택들, 질환, 종교, 낭만적인 선호, 심지어 가장 비밀스러운 고민과 집착까지도 디지털 신호로 바꾸어 놓았다. 어린이도 예외가 아니다. 소위 스마트 토이라 불리는 봉제 동물 완구나 인형에는 카메라나 위치 추적 장치뿐 아니라 음성 녹음기가 내장되어 있어서 가족끼리 나누는 사적인 대화도 녹음하고 저장할 수 있다. 아마존이 출시한 어린이용 에코닷Echo Dot은 5세 유아도 이용할 수 있는 음성 인식 인공지능 비서로, 어린이 권리 옹호자들로부터 건강과 사생활을 해친다는 비난을 받고 있다. 에코닷은 끊임없이 주변의 소리를 듣고, 음성과 대화를 원격 서버로 전달한다. 그리고 (가령 "스펀지밥이 시작됩니다"처럼) 특정 브랜드를 홍보한다. 실제로 이 시대에 개인 정보 보호권을 위협하는 가장 복잡하고 부담스러우며 그 기세가 점점 커지고 있는 골칫거리는, 이른바 "스마트"라는 수식어가 붙은 가전과 산업용 기계 들이 생산한 데이터와 우리가 자발적으로 남긴 수백만 개의 디지털 흔적들을 편집하고 분석하는 "빅데이터Big Data"이다.

일례로 제품 및 서비스를 다루는 "세계 최고의 마케팅 담당자를 위해" 데이터를 공급하는 기업임을 자처하는 액시엄Acxiom Corporation은 이름은 널리 알려지지 않았지만, 미국 내 거의 모든 가정뿐 아니라 전세계 5억이 넘는 가구에 대한 정보를 보유하고 (또 매년 약 50조 건 이상의 데이터를 거래하고) 있다.2 액시엄은 "온라인과 오프라인 그리고 모바일로 형성된 우리의 자아들"을 조합하여 "화소 단위의 심층 행동 세밀화"를 완성한다.3 액시엄의 퍼소닉스Personicx는 "다차원적 세분화" 기능을 통해 "생애 주기에 따른 행동", "디지털 행동" 또는 "민족 정체성"에 따라 소비자를 분석해 주는 서비스다.4

이 같은 데이터 거래 기업들이 우리의 공적, 사적 페르소나를 수집하고 사고파는 행위는 종종 우리가 알지 못하는 사이에, 물론 동의 따위는 아랑곳없이, 가끔은 차별적인 방식으로 이루어진다. 수입, 자산, 지불 능력, 건강 상태, 인종적 인구 통계를 비롯한 몇 가지 기준에 근거해서 매겨진 소비자 등급은 할인 행사와 같은 정보뿐 아니라 의료, 보험, 고등교육과 같은 필수적인 서비스를 누릴 최선의 기회로부터 특정한 개인이나 집단을 배제시키는 데 이용된다.

상품화된 우리의 정체성과 데이터는 우리의 개인적 선호와 선택마저도 결정할 수 있다. 혹시 소셜 미디어 피드나 웹사이트 검색 중에 비슷한 연령대의 같은 성별의 사람들이 좋아할 만한 제품이나, 최근에 자신이 온라인으로 검색했던 상품 또는 서비스와 관련된 광고가 올라온 것을 이상하게 여긴 적이 있는가? 수시마의 페이스북 피드에는 최근에 피트니스 장비를 구매하고 온라인으로 아프로큐반Afro-Cuban 음악을 들은 사람에게 잘 어울리는 요가복과 쿠바 댄스 투어 광고가 규칙적으로 올라온다. 개인의 인구 통계학적 정보와 구매 이력이나 검색 기록을 바탕으로 고객 경험을 구체적이고 세밀하게 파악하고 있는 온라인 광고주와 소매업체 들이 점점 더 늘고 있다.

어쩌면 이 정도는 대수롭지 않게 생각할 수도 있다. 누군가는 이런

게 평범하고 개방적인 삶이라고 느끼거나 심지어 유익하다고 생각할지도 모른다. 어떤 이는 안전을 위해서, 또 어떤 이는 소비자로서의 요구를 보다 효율적으로 충족하기 위해서 어느 정도의 사생활은 기꺼이 포기할는지도 모른다. 어쨌든 안전 검색대를 통과하지 않은 승객들과 한 비행기에 탑승하고 싶은 사람이 얼마나 될까? 옐프Yelp 앱에서 적당한 음식점을 찾았다면, 다음 번에도 유사한 음식점들을 광고하는 팝업 알림을 수신하게 된다는 걸 몇 명이나 신경 쓸까?

우리는 개인 정보 보호권보다 다른 권리들, 이를테면 고문을 당하지 않을 권리와 "실종자"가 되지 않을 권리, 또는 적법 절차 없이 사형당하지 않을 권리를 더 중요하게 여기고픈 마음을 갖고 있는지도 모른다. 이 권리들이 침해되었을 경우에는 피해자에게 극심한 고통을 주거나 생명을 앗아 갈 수도 있는 반면, 개인 정보 보호권을 침해당했을 때는 불쾌하거나 모욕감을 느끼는 선에서 그칠 수 있다고 생각하기 때문이다. 하지만 개인 정보 보호권 침해는 종종 신체 보전권, 더 넓게는 정치적 권리의 침해로도 이어진다. 대부분의 억압적인 독재 정권들이 시민이나 방문자의 개인 정보 보호권을 침해하는 이유가 정부 정책에 대한 저항을 방지하거나 저항한 사람을 처벌하기 위한 신분 확인에만 있지 않다. 사실 개인 정보 보호권 침해는 종종 그보다 더 중대한 성격의 다른 권리들이 침해되고 있음을 알리는 신호이다. 말하자면 "광산의 수직 갱도로 보낸 카나리아"인 셈이다.

미국의 사생활 보호와 관련된 법의 역사에서 가장 유명한 소송 의견서는 옴스테드 대 미국Olmstead vs United States 소송에서 정부의 도청이 헌법에 위배되지 않는다는 법원의 판결에 대해 대법원 판사 루이스 브랜다이스Louis Brandeis가 1928년에 발표한 반대 의견일 것이다. 브랜다이스는 사생활 보호를 "교양 있는 사람에게 가장 포괄적이고 가장 가치 있는 권리"로 보고, 이를 "자유로울 권리"라고 불렀다.[5]

그러나 브랜다이스 판사조차도 1928년에는 "자유로울"이라는 개념에서 도청이 소위 빙산의 일각에 불과하다는 사실은 알지 못했을 것이다. 오늘날에는 정부와 기업이 디지털, 생체 측정, 지리 및 공간 정보 등 각양각색의 기술을 이용해서 시민과 소비자의 일거수일투족을 실질적으로 추적한다. 소셜 미디어, 웹사이트, 스마트폰 등을 포괄하는 디지털 기술은 우리의 이동, 구매, 행동, 기호, 소속 단체, 친구 관계를 포함하여 많은 것을 추적할 수 있다. 생체 측정 기술은 지문, 얼굴, 홍채와 같은 고유한 생물학적 특징들 또는 습관적인 행동을 통해 신분을 확인하는 기술을 말한다. 지리 및 공간 기술은 지리 정보 시스템, 지리 위치 시스템GPS, 고해상도 위성사진 등을 통해 수집한 위치 기반 데이터를 활용하는 기술이다. 대개는 이 세 기술을 조합하여 사람들의 개인적, 정치적 선호와 소비 성향을 보여 주는 프로필을 완성한다.

예를 들어 번호판 자동 판독기는 자동차 번호판과 위치 정보를 수집하는 용도로 이용되는데, 감시되는 모든 운송 수단에 대한 데이터는 수년 동안 저장된다. 이른바 인공지능이 탑재된 스마트카에 수집되는 정보는 어디를 가고 무엇을 사고 운전을 어떻게 하는지 등 운전자에 대한 사적인 정보를 추적하고 저장하는 데 이용될 수 있다. 스마트폰을 포함한 각종 스마트 기기들은 우리의 모든 움직임, 때로는 글자 그대로 숨쉬는 것까지도 추적한다. 미국의 대표적인 교정 시설 전화 사업자인 시큐러스Securus는 모든 사용자의 휴대폰 위치 정보를 입수하고 공유할 뿐 아니라 수감자와 변호사의 통화를 녹음할 수 있는데, 이는 변호사와 의뢰인 간의 비밀 유지 특권 침해로 이어질 수도 있다. 2017년 카펜터 대 미국Carpenter vs United States 소송에서 대법원은 정부가 무선통신 사업자로부터 휴대전화의 순차적 위치 정보를 제공받아 표적의 소재를 추적할 때 영장이 필요한지 여부를 고민해야 했다.[6] 결국 대법원은 정부가 휴대전화의 위치 정보를 입수할 때는 영장을 발부받아야 하며, 이를 위반하는 것은 수정헌법 제4조에 위배된다고 판결했다.[7] 법원 의견서에서 대법원장 존 로버츠John Roberts는 신기술이 "호기심 많은 시선으로부터 정상적으로 보호받아야 할 영역을 침범하는 정부의 능력을 강화하고" 있으며, 수정헌법 제4조에 대한 법원의 해석에도 기술의 변화를 고려해야 한다고 설명했다.[8]

피고용인의 말과 행동을 감시하기 위해 기술을 이용하는 고용주도 늘어나고 있다. 우리의 이메일, 소셜 미디어 사용과 업무상 통화가 감시된다는 것은 이미 상식이 되었지만, 이게 다가 아니다. 직원이 책상에서 얼마나 자주 일어나고 얼마나 자주 휴게실을 이용하는지 추적하기 위해 배지를 착용하게 하는 기업도 있다. 휴식을 취하는 횟수와 화장실에 머무는 시간을 추적할 수도 있다. 심지어 어떤 고용주는 몰래 직원의 자가용에 GPS 추적 장치를 설치하고 GPS 데이터에 근거해서 일하고 있어야 할 시간에 딴짓을 한 사실이 드러나자 해고해 버린 일도 있었다.[9] 그 직원이 고용주를 상대로 소송을 제기했지만 패소했다. 정부가 범죄 용의자를 추적하기 위해 GPS 장치를 이용할 때는 영장이 필요하지만, 기업이 직원을 감시할 때는 직원은 물론이고 정부로부터도 영장을 발부받을 필요가 없다.

이러한 디지털 기술을 사용해 개인을 감시하는 사례보다 훨씬 더 오싹한 것은 지리 및 공간 정보 기술을 이용할 때인지도 모른다. 지리 및 공간 정보 기술을 뜻하는 지오스페셜geospatial은 본래 "지구와 인간 사회를 지리적으로 형상화하고 분석하는 데 사용되는 다양한 종류의 현대적 도구를 가리키는 용어"이다.10 지리 및 공간 정보 기술은, 가령 항공 정찰 위성으로 난민의 이동이나 전쟁의 조짐을 탐지하고, 지리 정보 시스템으로 질병의 확산을 추적하는 등 분명히 좋은 목적으로 이용될 수도 있지만, 이 기술이 사용될 때는 다른 종류의 권리들뿐만 아니라 개인 정보 보호권도 침해할 수 있다.

이라크에서 사용할 목적으로 개발된 항공 정찰 기술은 굉장히 역설적이게도 시민의 권리와 자유의 대변자였던 최초의 흑인 대법관 서굿 마셜Thurgood Marshall의 출생지이자 "매력적인 도시Charm City"라 불리는 볼티모어에서는 비밀리에 시민을 감시하는 데 쓰인다. 한 자선사업가가 재정을 지원한 이 프로그램은 간략히 말해서 세스나Cessna 항공기에 여러 종류의 카메라를 장착하고 도시와 시민을 녹화하는 것이었다.11 그뿐 아니라 일반 전화와 휴대전화를 감시하는 일명 스팅레이stingray 장치를 영장도 없이 사용하고 있었다.

볼티모어 경찰은 범죄를 추적하고 도주 가능한 경우의 수와 시간별 동선 등을 파악하여 용의자를 체포하기 위해 이 기술을 이용했다. 그러나 경찰에게 체포되어 호송차로 끌려가던 25세 프레디 그레이Freddy Gray의 죽음은 막지 못했다. 결국 볼티모어 감시 프로그램은 시민의 분노와 경찰을 향한 의혹만을 불러왔다. 어떤 이는 "도시 전체가 카메라로 포위된 것 같다. 실제로 그 카메라들은 프레디 그레이가 체포되던 날 아침에도 그를 지켜보고 있었고… 그를 태운 호송차도 감시하고 있었을 텐데, 어떻게 바로 그 장면만 놓칠 수 있었는지. 저 많은 카메라들이 시민을 지켜 주기 위해 있는 거라고 믿었는데 그게 아니었다"고 말했다.[12]

이 모든 것들이 걱정스럽긴 하지만, 마트나 상점에서 앞으로 우리가 경험할 일은 훨씬 더 심각한 걱정거리가 될 수도 있다. 위스콘신주의 송어 반 물 반인 키닉키닉Kinnickinnic강 유역에 자리 잡은 작은 마을 리버 폴스에는 스리스퀘어 마켓Three Square Market이 있다. 이 마켓에서 일하는 직원 40명의 손에는 쌀 한 톨 크기의 마이크로칩이 심어져 있다. 관리자의 말에 따르면, 마이크로칩은 직원 편의를 위해 개발한 것으로, 직원들이 일일이 출근 기록부나 컴퓨터에 접속하지 않아도 되고 복사기 비밀번호를 입력할 필요도 없다고 한다. 스리스퀘어 마켓 측은 우리의 구매 방식을 바꾸고 있는 애플 페이처럼, 마켓 고객에게도 이와 동일한 "강화 서비스"를 제공하여 신용카드나 현금 결제의 번거로움을 없애기를 꿈꾸고 있다.[13]

미국 식품의약국FDA은 최근에 디지털 추적 장치가 삽입된 경구용 알약을 승인했다. 점차 그 범위를 넓혀 가고 있는 디지털 의학의 한 예로, 행동 결과 개선을 위해 개발된 어빌리파이 마이사이트Abilify MyCite는 조현병, 양극성 장애, 성인의 우울증을 치료할 뿐만 아니라 약물을 복용한 날짜 및 시간, 복용량 등의 정보가 저장되어 환자와 의료팀의 모바일 앱에서 추적할 수 있다.[14] 환자가 실제로 앱을 다운로드하고 알약을 삼킬 경우, 건강에는 좀 더 이로운 결과를 낼 수도 있지만 대신 지극히 개인적인 행동 정보가 노출되는 건 감수해야 한다.

웨어러블 센서, 비디오카메라, 마이크, 디지털 건강 기기와 스마트폰 등을 이용해 감정을 파악하고 또 그 감정에 영향을 미치는 컴퓨팅 기술을 뜻하는, 이른바 감성 컴퓨팅affective computing은 우울증과 스트레스, 기타 여러 가지 과도한 감정들을 파악하고 치료를 돕는 데 점점 더 많이 이용될 것이다. 물론 이러한 기기들은 맞춤형 광고를 제작하고 제품을 팔고 소비자 정서를 파악하는 데에도 이용될 수 있다. 기업들은 표정, 몸짓, 동작을 감지해서 우리의 생각과 감정을 추적하고 해석하여 제품을 구매할 가능성이 가장 높은 시기와 구매 방법을 알아낼 것이다.

경제학자 알레산드로 아퀴스티Alessandro Acquisti는 다음과 같은 질문으로 우리의 경각심을 일깨운다. "이러한 기술들이 발전할 극단의 모습을 생각해 보아야 합니다. 주변의 낯선 사람들이 구글 글래스Google Glasses, 혹은 언젠가는 콘택트렌즈를 통해 당신에게서 7, 8개의 데이터 포인트를 포착하고, 그것을 바탕으로 당신이 어떤 사람인지 알려줄 수 있는 정보들까지 추론할 수 있는 세상을 상상해 보십시오. 비밀이 없는 미래는 어떤 모습일까요? 그런 미래를 걱정해야 하지 않을까요?"15

"당신의 얼굴은 누구의 것인가?Who Owns Your Face?", 안면 인식 프로그램을 다룬 몇몇 기사들이 내세운 도발적인 제목이다. 당신의 진짜 얼굴은 당신 것일 수 있지만 공공장소에서 당신의 얼굴은 사전 동의 없이 밤낮으로 찍히고, 그렇게 찍힌 당신의 얼굴 사진은 경찰과 FBI 같은 정부 기관들이 사용하고 "소유"한다. FBI는 영장 없이 운전면허증 사진을 조회하고 확인할 수 있다. 플로리다주를 비롯한 몇몇 주에서는 경찰들이 안면 인식 프로그램이 장착된 방탄복을 착용하는데, 이 프로그램으로 경찰은 신원 확인을 위해 맨 먼저 해야 할 동의 절차를 밟지 않고도 마주치는 사람이 범죄 용의자든 아니든 관계없이 모든 사람의 신원을 즉시 파악할 수 있다.

비단 정부 기관만 이러한 안면 인식 프로그램을 사용하는 것은 아니다. 요즘은 어떤 사람이 광고판 앞을 지나가면, 그 사람의 얼굴과 이전에 구매한 제품을 연결해 주는 안면 인식 프로그램이 작동하면서 과거의 구매 이력을 반영한 광고로 바뀌는 게 가능해졌다. 심지어 당신의 친한 친구들의 이목구비를 조합한 듯 낯익은 얼굴이 광고에 등장해 제품을 권하며, 당신이 지갑을 열 가능성을 높일 수도 있다. 페이스북, 스냅을 포함한 여러 소셜 미디어 기업들은 이미 수백만 명의 얼굴 정보가 저장된 방대한 데이터베이스를 구축했다. 여기에는 인적 사항, 연락처, 방문지, 취미 등과 같은 정보도 함께 저장되어 있다.

조지타운대학교의 개인 정보 보호 및 기술 법률 센터의 소장 알바로 베도야Alvaro Bedoya는 이렇게 묻는다. "오늘날의 개인 정보 침해를 싹 무시해 버릴 수도 있다. 아마도 숨길 게 없을 수도 있다. 하지만 만일 숨길 게 많은 누군가와 당신이 닮았다면?"[16]

개인 정보 보호가 서구 사회나 부유한 국가들, 또는 최고급 명품 자동차가 주차된 자리를 누가 알아낼까 하는 걱정 말고는 딱히 고민거리가 없는 특권층이나 신경 쓸 문제일 거라고 마음을 다독이는 동안, 세계에서 인구가 많기로 손꼽히는 두 나라 중국과 인도에서는 모든 국민을 대상으로 이른바 "통합 신분증super identity" 제작을 추진하고 있다.

미국과 서유럽에서 개인 정보 침해가 주로 국가 안보와 관련 있거나 시민의 안전을 지킨다는 명목에서 벌어진다면, 인도에서 진행되고 있는 야심 차고 광범위한 디지털 신분증 프로젝트는 기본적인 편의 서비스 제공과 정부 보조금 지급을 원활하게 하려는 목적에서 시작되었다. 외딴 시골 마을에서 분주한 도시에 이르기까지 10억 명을 훌쩍 넘는 인도 국민들이 홍채를 스캔하고 지문을 등록하고 사진을 찍는 일에 참여하고 있다.

인도의 국가적인 디지털 신분증 프로그램 "아드하르Aadhaar"는 계획 단계일 때만 해도 "휴대가 간편하고 추적이 가능하며 분실이나 악용될 소지가 없는 통합 신분증을 제작할 기회로만 보였다."[17] 실제로 이 프로그램 덕분에 이전에는 신분증 발급을 거부당했던, 그래서 여러 가지 권리와 사회적 보호에서 배제되어 있었던 이주 노동자, 실향민, 트랜스젠더 들도 신분증을 갖게 되었다. 덕분에 2014년 12월까지 4만 3602명의 트랜스젠더가 아드하르 번호를 발급받았다.[18] 인도에서 극빈자 여성은 정부 보조금이나 음식을 무상으로 제공받을 수 있는 배급 카드조차 받지 못하기 일쑤였다. 왜냐하면 배급 카드는 오로지 가장에게만 발급되고, 인도 사회에서 가장은 전통적으로 남성이기 때문이다. 아드하르 신분증은 모든 개인에게 발급되기 때문에 여성도 자신의 계좌로 현금 지원을 받을 수 있을 뿐만 아니라 곡식이나 등유 같은 기타 보조 물품도 지급받을 수 있다.

인도는 세계에서 빈곤선 이하의 상황에 처한 사람이 가장 많은 국가이다. 국가의 주요한 복지 프로그램과 국제적 원조 프로젝트가 있지만 부정부패와 비효율, 미지급 같은 이유로 인해 실제로 가난한 사람들에게 돌아가는 곡물은 극히 일부에 지나지 않는다. 아드하르 신분증 프로그램에 따라 신원을 증명하고 현금이나 곡식을 직접 수령한다면 부패와 사기, 횡령의 고리를 끊을 수 있을 것이다.

잇속 빠른 중개업자와 부패한 공무원 들이 어떤 식으로든 시스템을 악용할 방법을 찾겠지만, 인도 정부는 자동차 등록, 부동산 등기, 휴대폰 SIM 카드 구매, 은행 계좌 개설과 같은 공공 시스템과 서비스 들도 아드하르와 연결해 나가고 있다.

비록 아드하르의 장점은 말할 수 없이 많지만, 개인 정보 보호권 활동가들과 언론에서는 아드하르가 정부의 감시 도구로 사용될 가능성에 대해 심각한 우려를 표명하고 있다. 인도 헌법 제21조는 개인의 자유와 생명권을 보장하고 있으며, 2017년 인도 대법원은 개인 정보 보호를 헌법의 기본권으로 인정한다고 판결했다.[19] 그럼에도 불구하고 많은 사람들이 아드하르 신분증 프로그램을 모든 시민을 대상으로, 복지뿐 아니라 다른 서비스로까지 확대하는 것에 불안해하고 있다.

최근에 인도 대법원은 논란이 되고 있는 이 생체 인식 데이터베이스에 대해 합헌 결정을 내렸고, 개인 정보 보호권을 침해하지 않는다고 판결했다. 다만 아동의 취학 목적이나 기업의 은행 계좌 개설을 목적으로 데이터베이스를 이용하는 것은 금지했다.[20] 대법원은 "서로 상충하는 두 권리, 즉 개인 정보 보호권과 음식과 은신처, 일자리를 제공받을 권리 사이에 균형을 맞출 필요"가 있다고 명시했다.[21] 그보다 최근

에는 개인이 은행 계좌를 개설할 때는 아드하르 정보를 제공할 필요가 없다고 판결했다.[22]

한편 중국은 재정 상태, 범죄 이력, 소셜 미디어에서의 태도를 바탕으로 전 국민에게 등급을 매기는 야심 찬 통합 사회 신용 제도를 도입하겠다고 발표했다.[23] 이 제도를 옹호하는 한 정부 문건에는 "우리는 경제적, 사회적으로 중대한 변화의 국면을 맞고 있다"고 적혀 있다.[24] "한번 무너진 신용에는 반드시 제약이 따른다."[25] 신용 제도에 대한 시진핑 국가 주석의 철학이 이 소름 끼치는 한마디에 담겨 있다.

쉽게 말해서 중국 국민이 팸퍼스 기저귀가 아니라 미국산 담배를 구매한다든지 정부 찬양 일색인 웹사이트가 아니라 반정부 성향의 웹사이트를 방문한다든지, 또는 제때 대출금을 갚지 못한다면, 그 사람의 사회 신용 점수에 영향을 미칠 것이다. 심지어 친구들이 온라인에 올린 글에도 신용 점수가 좌우될 수 있다. 점수가 높을수록 은행의 대출 기간을 유리하게 책정받고, 해외여행을 위한 절차가 간소해지며, 심지어 데이트 웹사이트의 상단에 프로필이 올라갈 수도 있다. 점수가 낮을수록 교육기관에 등록하기 어렵고, 공무원이 될 수 없으며, 은행 대출을 받기 어려울 뿐만 아니라 어떤 호텔들에서는 투숙할 수도 없다. 2018년 5월에는 사회 신용 점수 제도가 여행업계로까지 확대되어, 점수가 낮은 수백만 명의 중국인이 비행기나 기차표를 구매하지 못했다.[26] 자신의 점수에 이의를 제기하는 행위는 불충으로 간주되어 오히려 신용 점수가 더 깎인다! 2020년에는 이 제도가 의무화되는데, 이미 수백만 명이 대출 이자율이나 호텔의 우수 고객 서비스가 탐나서였든 의무라니 겁먹고 그랬든 아무튼 "자진해서" 동의했다.

기술과 빅데이터가 과용되거나 오용되면 정부의 대중 감시와 기업의 개인 정보 상품화로 인해 개인 정보 보호권을 침해하는 것은 물론이거니와 또 다른 불평등을 고착시키고, 다른 권리들도 침해하는 결과를 초래할 수 있다.

알고리즘이 점점 더 많이 사용될수록 우리 눈에 보이는 광고나 온라인에서 얻은 검색 결과와 같은 사소한 것에서부터 형사사법제도가 우리를 대하는 방식과 같은 심각한 사안에 이르기까지 두루 영향을 끼칠수 있다. 알고리즘이 특정 집단에 편파적으로 설계된 경우에는 명백한차별을 초래할 수 있고, 한편으로 의도하지 않았더라도 알고리즘이 특정 집단을 다르게 대함으로써 암묵적 차별을 조장할 수도 있다.

누구나 한 번쯤은 여러 데이터를 조합하여 산출된 신용 등급에 대해들어 본 적이 있을 것이다. 그렇다면 위협 등급에 대해 들어 본 적은?

미국의 형사사법제도는 위협 등급 내지는 위험 점수를 이용하여 한개인의 범죄 가능성을 예측한다. 이 점수는 어떤 이가 법원에 보석금을 부칠 수 있는지 여부와 금액의 한도를 결정할 수 있다. 만일 어떤 사람이 유죄 판결을 받는다면 그 사람의 위험 점수가 형량에도 영향을미칠 수 있다. 지방 법 집행기관들은 사전 체포 기록, 부동산 및 상거래내역, 심층 웹 검색 기록, 소셜 미디어를 포함하여 수십억 개의 데이터포인트를 샅샅이 뒤져 주는 프로그램들을 이용해서 위험 점수를 산정하고 이를 점수에 따라 색깔을 달리해 구별하고 있다. 이렇게 산정된점수는 자동차 번호판 인식 카메라, 소셜 미디어의 해시태그, 기지국시뮬레이터로부터 얻은 위치 기반 데이터, 도시 전역에 설치된 치안카메라의 녹화 영상뿐 아니라 사기업의 감시 시스템과 모두 실시간으로 연계될 수 있다.[27] 미국 전역에서 911 전화에 대응할 때 위험 점수를 이용하는 경찰서들이 점점 더 늘고 있다. 오랫동안 차별과 인권침해를 당해 왔던 아프리카계 미국인과 여러 유색인 공동체들은 이러한 추세를 더욱 예의 주시하고 있다.

미국의 비영리 인터넷 언론 '프로 퍼블리카Pro Publica'가 조사한 바에 따르면, 미국 형사사법제도 안에서 널리 쓰이는 알고리즘에는 노골적으로 인종을 묻는 질문은 없지만, 몇몇 질문들이 아프리카계 미국인에게 편파적이고 적대적인 영향을 미친다.[28] 프로 퍼블리카는 "알고리즘이 흑인 피고인을 미래의 범죄자로 부당하게 표시했고, 이런 식의 잘못된 표시는 백인 피고인의 두 배에 이른다"고 주장했다.[29]

그뿐 아니라 형사사법제도는 "인종에 대한 편견을 내포할" 가능성이 있는 안면 인식 프로그램도 신뢰한다.[30] 아프리카계 미국인은 다른 인종에 비해 더 자주 경찰의 감시 대상이 되며, 도로에서 정차 지시를 받거나 체포될 확률도 두 배가 넘는다. 여기에 안면 인식 프로그램의 오인과 알고리즘 바탕에 깔린 오류와 편견이 합쳐지면 무고한 개인에게 파멸적인 결과를 초래할 수 있다.

인종 정의와 개인 정보 보호권을 주장하는 활동가들은 과연 컴퓨터에 입력되는 얼굴 정보의 다양성과 정확성을 높여서 안면 인식 기반 알고리즘의 편견을 줄이는 게 맞는지, 아니면 이러한 기술의 만연한 사용 자체를 반대하는 게 맞는지 고민하고 있다.

개인 정보 보호권의 침해는 성소수자, 소수 종교 신자와 같이 박해와 협박 또는 차별의 피해를 당할 수 있는 집단에게도 중대한 문젯거리다. 이들 집단에게 개인 정보 보호권 침해는 표현의 자유와 집회 결사의 자유를 제한하는 문제와도 밀접하게 관련된다.

9 · 11의 여파로 뉴욕 경찰국은 "뉴욕과 뉴저지 그리고 두 도시 인근의 무슬림 미국인 공동체들을 대상으로 인적 관계를 은밀히 추적하고 감시하는 프로그램을 만들었다".[31] 잠복용 위장 순찰차에 앉아 경찰들은 자동차 번호판 인식기를 이용해서 지역 모스크에 출입하는 자동차들을 추적하고 녹화했다. 그뿐 아니라 근처 기둥이나 전봇대에 카메라를 설치하고 모스크 출입구를 촬영하여 모스크에 드나드는 사람들의 사진과 영상을 찍고 그들의 인종과 민족을 추적하기도 했다. 결과적으로 모스크에 방문한 사람들이 당한 개인 정보 보호권 침해는 표현과 집회 결사의 자유 침해로까지 이어진 셈이다.

이러한 권리 침해로 인한 피해는 비단 "수상쩍은" 인종이나 종교 단체에만 국한되지 않는다. 교통안전국Transportation Security Administration, TSA은 올랜도 국제공항에서 TSA의 생체 인식 검색대를 통과하던 트랜스젠더 샤디 페토스키Shadi Petosky의 생식기를 "변칙anomaly"이라는 용어로 표현했다. 페토스키와 같은 트랜스젠더는 신체 스캔 결과와 외모가 일치하지 않는다는 이유로 매번 모욕적인 대우를 받고 거친 몸수색을 당한다. 이러한 상황을 두고 "운전자가 흑인driving while black(흑인 차별 교통 단속을 일컫는 속어로, 운전자가 흑인이라는 이유만으로 교통경찰의 단속을 받는 차별적 상황을 가리키는 속어 ―옮긴이)"을 트랜스젠더 버전으로 바꾸어 "여행자가 트랜스젠더traveling while trans"로 부르기도 한다.

지금도 세계의 수많은 정부들이 거리와 온라인에서 벌어지는 시위들을 체계적으로 추적하고, 구금과 체포 및 고문 심지어는 살인까지 동원하여 인권 운동가, 저널리스트, 강경한 우려를 표하는 시민 들에게서까지 발언과 표현의 자유를 빼앗고 있다. 멕시코의 게레로주에서 벌어진 경악스러운 일을 생각해 보자.

2014년 아요치나파Ayotzinapa의 행동주의 전통을 자랑하는 에스쿠엘라 노말 루랄 라울 이시드로 부르고스Escuela Normal Rural Raul Isidro Burgos 남자 사범 대학교 학생 43명에게 일어난 일은 어쩌면 게레로주의 푸르른 산들만이 알고 있을 것이다. 비가 내리던 그날 저녁 학생들은 1968년 틀라텔롤코 학살Tlatelolco Massacre 추모식에 참석하기 위해 버스를 타고 멕시코시티로 향하던 중 실종되었다. 실종 학생들의 부모들은 멕시코시티에서 학생들의 휴대폰 번호를 적은 표지판을 든 채, 땅에는 하얀 나무 십자가를 박아 놓고 밤새 촛불을 밝히며 시위를 이어 갔다. 길가에 현수막을 펼치고 주인공 없는 생일 파티를 열기도 했다. 그러던 중 실종 학생 중 한 명이었던 훌리오 세자르 몬드라곤Julio César Mondragón이 "얼굴 피부와 근육이 벗겨지고, 머리뼈가 부서졌으며 장기가 파열된" 처참한 시신으로 발견되었다.32 멕시코에서 가장 악명 높은 인권 유린 사건임에도 학생 실종 사건에 대해서는 소문만 무성했다. 버스 매복 사건이 왜 일어났고 학생들에게 무슨 일이 벌어졌는지, 학생들의 실종에서 사망으로 추정되는 일련의 경위에 대한 책임자는 누구인지에 대한 기사들도 대개 잘못된 정보이거나 서로 앞뒤가 맞지 않는 오보투성이었다.

"아버지께서 오늘 새벽에 돌아가셨단다. 우린 모두 지쳤어. 경야經夜 날짜를 보내니 부디 오려무나." 이 문자메시지는 학생들의 실종을 조사하기 위해 학제 간 독립 전문가 그룹Interdisciplinary Group of Independent Experts이 멕시코로 파견한 국제 조사단 소유의 휴대폰으로 2016년 3월

1일에 전송된 것이다.[33] 조사원 중 누구라도 이 메시지를 클릭했다면 휴대폰은 스파이웨어 페가수스Pegasus에 감염되었을 것이다. 고대 그리스 신화에서 지혜와 시적 영감을 상징하는 유명한 신마神馬의 이름을 딴 페가수스는 악성 소프트웨어로 음성 통화, 이메일, 카메라, 문자메시지, GPS, 소셜 미디어, 비밀번호, 스카이프 등 감염된 휴대폰의 모든 정보를 감시하고 통제할 수 있다. 만일 조사단의 휴대폰이 감염되었다면, 페가수스 프로그램 운영자는 조사원들을 협박하는 것은 물론이고 조사 결과를 예측하고 이에 대한 신뢰도를 떨어뜨리거나 심지어 조사 자체를 방해할 수도 있었을 것이다.

이 해킹을 시도한 시기 역시 철저히 계산된 것이었다. 이 문제의 메시지가 전송된 시기는 조사단이 조사를 훼방한 멕시코 정부를 비판하는 보고서를 발표하기 직전이었다. 실제로 그 보고서는 학생들을 겨냥한 공격과 뒤이은 은폐까지 멕시코 정부와 안보 세력이 긴밀하게 공모했다는 혐의를 제기했다.[34]

이 해킹 사건의 더 큰 문제점은 악성 소프트웨어의 운영자가 임의의 개인이나 사적 집단이 아니라는 데에 있다. NSO 그룹이라 불리는 이스라엘의 한 기업으로부터 범죄 및 테러와 싸운다는 명목으로 페가수스 소프트웨어를 들여온 구매자는 다름 아닌 멕시코 정부였다. 이 소프트웨어는 국제 조사단뿐만 아니라 부정부패 척결 운동가, 인권 운동가, 저널리스트, 변호사, 야당 정치인, 심지어 공중 보건 공무원 들을 감시하는 용도로도 악용되고 있었다. 캐나다에 본부를 둔 시티즌 랩Citizen Lab은 동일한 발신 번호에서 다양한 시나리오의 문자메시지를 전송했고, 그 메시지에도 동일한 스파이웨어 링크가 걸려 있다는 점으로 미루어 멕시코 정부 내의 한 운영자가 이 공격들 대부분을 지시했을 것으로 본다고 발표했다.[35] 많은 정부들이 테러나 범죄 행위와 싸우기 위해 페가수스 소프트웨어를 구매한다고는 하나, 실제로 이 소프트웨어는 각종 부패를 일삼는 권위주의적인 정부들이 저항과 비판의 목소리를 잠재우고 반대 진영을 탄압하는 데 악용되고 있다.

세계의 여러 정부가 개개인의 이메일, 채팅, 소셜 미디어, 인터넷 사용 기록과 같은 정보를 빠른 속도로 취합하게 해 주는 또 다른 프로그램도 있다. 역시 그리스 신화 속 주인공의 이름을 딴 메두사Medusa라는 이 감시 프로그램은 여러 정부 기관들이 이용하고 있는데, 특히 모로코 보안국DGST은 이 프로그램을 이용해 "사람들을 감금하고 굶기거나 잠을 안 재우는 것을 비롯해 구타, 전기 충격, 성폭력, 물고문, 약물 중독, 모의 처형과 같은 잔혹한 방식의 고문을 자행"한 것으로 보인다.[36] 뉴질랜드에 본사를 두고 있고, "모든 것을 볼 수 있는 힘Power to see all"을 모토로 내세우며 커다란 눈을 기업의 로고로 삼은 엔데이스 Endace는 자사 프로그램을 이용해 고객들이 "네트워크 트래픽의 100퍼센트를 모니터링하고, 차단하고, 캡처할 수 있다"고 홍보한다.[37]

난민은 여러 범주의 권리 침해에 취약한 또 다른 집단으로서 이민 기관과 국제기구 들이 시행하는 생체 측정 조치로 인해 개인 정보 보호권 침해에 특히 더 쉽게 노출된다. 홍채 스캔, 지문과 안면 인식을 이용하는 생체 측정 기술은 서류 없이도 개인의 신원을 확인하고 지원금 수령을 원활하게 해 주며 사기 피해를 줄여 줄 수 있다. 무엇보다 서비스 제공자가 난민의 시간별, 장소별 이동을 파악할 수 있게 해 준다. 우리들 대다수는 개인 정보 중에서 공유할 항목을 스스로 선택할 수 있겠지만, 이미 수많은 권리 침해에 취약해져 버린 난민에게는 우리와 같은 선택권이 없을 것이다. 만일 난민이 수많은 정부나 국제기구, 인도주의적 원조 단체에 개인 정보 제공을 거부한다면, 전쟁 지역으로 다시 송환될 것이다. 게다가 이러한 개인 정보들은 때로는 적대적이거나 분쟁 중인 환경에서 보관되고, 제3의 서비스 제공자에게 수집 및 공유될 뿐 아니라 엉뚱한 곳에 넘어가거나 차별을 목적으로 이용될 수도 있다.

지금까지 논의한 개인 정보 보호권 침해는 주로 우리의 신체와 위치, 정치나 종교적 성향, 소비자로서의 선택, 성적 또는 인종적 정체성과 관련된 개인 정보에 초점을 맞춘 것이었다. 그런데 과연 개인의 사생활과 자기 결정권의 극단이라고 할 수 있는 우리의 정신세계에 대해서는 어떨까?

뇌의 차이점에 근거해서 당신이 지지하는 정당을 정확하게 찾아내는 뇌 스캔 기술을 상상해 보자. 이번에는 통치자가 시민의 민주적 참여를 통제하거나 정치적 반대파와 그 지지자들을 억압하려는 독재국가에서 이 뇌 스캔 기술이 사용되는 상황을 그려 보자. 미국의 한 연구에서 기능성 자기공명영상fMRI을 이용해 피험자의 뇌 구조와 기능에 근거하여 자유주의자와 보수주의자를 구별할 수 있음이 밝혀진 만큼 첫 번째 시나리오는 이미 현실이 됐다.[38] 두 번째 시나리오도 그 실현 가능성이 제법 뚜렷해지고 있다.

뇌 스캔 기술이, 이를테면 교도소 수감자의 재범 가능성을 예측하려는 목적에서 본인의 의지와 무관하게 이용될 가능성이 있다면 어떻까? 어쨌든 그 결과에 따라 수감자의 가석방이나 출소 여부가 바뀔 것이다.

흉악하다고 할 수는 없지만, 어쨌든 선을 넘은 fMRI 기술은 새롭게 부상하는 뉴로 마케팅(뉴런과 마케팅을 결합한 용어로 뉴로 이미징 기술을 기업의 마케팅 전략에 적용하는 기법—옮긴이)에 이용되고 있다. 기업들은 뇌 스캔 기술을 이용해서 자발적 임상 피험자들에게 소비자 뇌의 "쾌락 중추"가 특정 제품에 어떻게 반응하는지 파악한다. 이러한 뇌 스캔 기술은 구식이 된 소비자 설문 조사보다 기업의 성공과 이윤을 측정하는 훨씬 더 정확한 방법이다. 치토스 한 봉지를 먹고 나서 손가락에 묻은 네온 오렌지색 가루가 혐오감은커녕 일부 소비자들에게 "들뜬 기분"을 느끼게 해 준다는 사실을 누가 알았겠는가?[39]

뉴로 마케팅의 보편화가 아직은 실감 나지 않고 우리와 동떨어진 이야기로 들릴 수도 있지만, 수십 년 내에 이 기술은 게임, 엔터테인먼트, 웨어러블 의료 서비스, 각종 스마트 기기들과 호환되어 소비자 마케팅뿐 아니라 우리 삶의 한 부분으로 깊숙이 자리 잡게 될 것이다. 이 분야에 정통한 두 전문가는 이렇게 말한다. "신경을 접목한 기술, 즉 뉴로 테크놀로지가 지난 10년 동안 과학의 렌즈로 인간의 뇌를 열어 관찰할 수 있게 해 주었다면, 다가오는 10년 안에 뉴로 테크놀로지는 우리 삶 구석구석에 파고들어서 우리의 심리와 행동의 신경학적 상관관계를 효과적으로 조절하는 단계에까지 이를 것이다."[40]

개인 정보 보호권을 반대하는 주장은 없을까? 개인 정보 보호권 행사가 좋은 사회를 건설하려는 우리의 노력을 가로막을 수도 있을까?

생명을 위협하는 대규모의 중대 위험에 직면했을 때라면 정부가 개인의 사생활과 자유를 얼마간 제한할 수도 있을 것이다.

이를테면 전염성이 매우 높은 질병이 발생하는 경우가 그렇다. 우리는 의료적 사항과 관련한 개인 정보가 보호된다는 합리적인 기대를 갖고 있지만, 다른 사람들이 위험에 처할 가능성이 있다면 그 기대를 양보할 수도 있다. 가령 에볼라 유행 지역에 머물던 이가 비감염 지역으로 돌아오는 경우라면, 개인 정보 보호권에 대한 진지한 논의가 불가피할 것이다. 또한 아동 학대나 가정 폭력 가해자가 자신의 집을 책임 회피용 도피처로 삼을 목적으로 개인 정보 보호권을 행사하기를 바라는 사람은 없다.

그러나 몇몇 상황을 예외로 감안해도 개인 정보 보호권은 인권의 기반이며, 다른 권리들을 행사하고 존엄성을 보장받는 데 있어서도 중요한 기능을 한다.

바로 이 권리를 안전하게 지키려는 우리의 노력을 허물어뜨리는 세 가지 요인이 있다. 첫 번째 요인은 앞서 설명한 바와 같이, 기술 혁신이 정부의 규제와 정책 입안 속도를 훨씬 앞지르고 있다는 점이다. 두 번째 요인은 문화와 종교, 개인 및 사회적 요인들, 위협에 대한 이해 기준에 따라 공과 사에 대한 개념이 바뀌고 있다는 점이다. 한 세대 전에는 아주 사적인 것으로 간주되던 정보들이 지금은 인터넷상에서 널리 공유되고 있는 것처럼 말이다. 마지막 세 번째 요인은 인권을 보장하는 방식에서 일어나고 있는 변화이다. 70년 전에 우리는 국가의 책임과 의무에만 집단적으로 촉각을 곤두세웠다. 하지만 오늘날에는 사기업, 광고주, 마케터, 인도주의 단체와 비정부 기구, 민간 보안 회사 들뿐만 아니라 사실상 대부분의 기관들도 개인 정보 보호권을 침해하는 잠정적 가해자가 될 수 있다.

그렇다면 과연 기술이 급속도로 발전하고, 우리가 살고 일하고 서로 관계 맺는 방식이 체계적으로 변화하고 있는 이 시대에 개인 정보 보호권을 지키기 위해 필요한 것은 무엇인가? 전통적인 개인 정보 보호권을 탄탄하게 강화하기 위해서는 최소한 세 가지 정교한 장치가 필요하다. 소비자 정보가 수집될 때 소비자에게 데이터 공유 거부권이 기본 선택지로 주어져야 한다는 인식, "잊힐 권리"에 대한 새로운 해석, 편견 없는 알고리즘에 대한 요구가 그것이다.

우리 두 저자가 지지하는 첫 번째 장치는, 소비자의 데이터가 수집될 때 데이터 공유에 대한 동의를 기본 선택지로 제시하는 것이다. 많은 기업들이 제품이나 서비스를 구매하려는 소비자에게 불필요하고 복잡한 정책을 수락할 것을 요구하는데, 사실상 수집된 정보들 중 일부는 정작 소비자가 구매하려는 서비스나 제품과 무관하다. 소비자는 기업이 서비스나 제품을 제공하는 목적으로만 데이터를 수집할 것과 그렇게 수집된 데이터를 본인의 동의 없이 제3자에게 공유하지 말 것을 요구해야 한다. 요즘은 개인 정보가 공개되는 복잡한 경로에 대해 모르는 채로 넘어가거나 자신이 받는 제품이나 서비스로부터의 이익이 개인 정보 누출에 따른 손실을 상쇄한다고 여기는 사람들이 너무 많다. 물론 개인 정보가 유아의 예방접종 기록 추적과 같이 "공익"을 위해 쓰이는 예외적인 경우도 있지만, 대부분의 경우 기업의 이익을 위해 아주 사적인 정보들이 불투명한 방법으로 수집, 저장, 대조, 거래된다.

개인 정보 보호권 지지자들이 제시하는 두 번째 장치는 이른바 "잊힐 권리"이다. 이는 언론과 출판의 자유라는 측면에서 보면 다소 복잡한 문제이나, 소셜 미디어에서 주로 여성을 표적으로 한 성희롱과 성적 수치심을 유발하는 일들이 빈번해지는 것을 감안할 때 "잊힐 권리"를 새로운 시각으로 바라볼 필요가 있다. 2014년 유럽의 최고 사법기관인 유럽 사법재판소European Court of Justice는 구글과 같은 검색 엔진이 유럽 시민에게 잊힐 권리를 보장해야 한다고, 다시 말해서 오래되고 부정확하더라도 여전히 웹에서 검색되는 개인 정보를 본래 출처가 아닌 검색 엔진에서 삭제할 수 있는 권리를 보장해야 한다고 판결했다.[41] 비록 2019년에는 이 판결의 적용 범위를 (바야흐로 글로벌 관계망 시대에 실행하기 어렵다는 이유로) 유럽으로 제한하고 잊힐 권리가 절대적이지 않으며 다른 이권들과 비교 검토되어야 한다고 인정했지만, 이른바 "가짜 뉴스"가 범람하는 시대인 만큼 소셜 미디어에서 한 개인이 묘사되는 방식에 대해, 특히 명예훼손과 관련이 있을 때 개인이 보다 강력한 통제권을 행사해야 한다는 인식이 확립되어야 한다고 판결했다. 잊힐 권리를 둘러싼 이와 비슷한 시도들은 라틴아메리카에서도 이어지고 있다.

이러한 시도들에도 논란이 따른다. 구글의 개인 정보 담당 고문 피터 플라이셔Peter Fleischer는 "어느 한 국가의 시민이 어떤 콘텐츠에 접속하는지를 다른 국가가 통제할 권한은 없다고 생각한다"고 말했다. 위키피디아 창립자 지미 웨일스Jimmy Wales는 "오히려 퇴보적인 경쟁만 부추길 것이다. 아마도 전 세계 정부들이 제일 먼저 웹에서 삭제할 게 있다고 아우성칠 것이다"라고 말했다.[42] 하지만 개인 정보 보호권 활동가 마크 로텐버그Marc Rotenberg는 여기에 동의하지 않는다. 그는 언론의 자유와 타협하지 않고도 검색 엔진들이 개인 정보에 대한 접근을 차단할 수 있다고 주장한다.

언론 및 표현의 자유와 개인 정보 보호권은 공적 영역과 사적 영역에 대한 새로운 논의와 더불어 앞으로도 수십 년 동안 꾸준히 균형을 맞추어 나가야 할 것이다. 어쨌든 불과 얼마 전까지도 대다수의 사람들이 오늘날 페이스북이나 스냅챗, 그 밖의 소셜 미디어에서 일상적으로 정보가 공유되리라고는 상상조차 하지 못했다. 두 권리 사이에서 균형을 맞출 때 반드시 기억해야 할 점은 개인 정보 보호권이 좋은 사회의 기반이고, 표현의 자유보다 **가벼이** 여겨도 되는 권리가 결코 아님을 인정하는 것이다.

마지막으로 다가올 수십 년 안에 필요한 세 번째 장치는 알고리즘의 편견을 없애려는 노력이다. 지시 사항 목록 또는 문제 해결을 위한 일련의 처리 절차를 뜻하는 알고리즘이 정부의 손에서는 누구에게 입국을 허가하고 누구를 추적하고 프로파일링 할 것인지, 심지어 누구를 체포하고 형량을 얼마로 할지를 결정하는 수단으로 쓰인다. 기업의 손으로 들어간 알고리즘은 모기지 대출 적격자를 가리고 이자율은 얼마로 할지를 결정하는 데에 쓰인다.

"법과 기술의 교차점에서 알고리즘에 대한 지식은 곧 기본권이고 인권입니다." 개인 정보 보호권 활동가 로텐버그는 말한다.[43] 일반적으로 혁신적인 기술, 그중에서도 알고리즘은 가치 중립적이지 않다. 바꾸어 말하면 알고리즘에는 그 제작자가 갖고 있는 의식적, 무의식적 편견이 반영된다. 인터넷에서 작동하는 알고리즘들에도 제작자의 추정과 예측이 반영되지만, 이러한 추정과 예측은 일반 소비자와 시민, 법 집행관과 행정가에게도 공개되지 않는다. 앞으로 수십 년 동안 알고리즘의 투명성을 확보하기 위한 노력을 기울여야만 우리는 공공 정책의 의사 결정 기준을 더 잘 이해할 수 있고, 그러한 예측 도구들이 갖고 있는 한계와 내재된 편견을 더 분명하게 알 수 있을 것이다.

개인 정보 보호권을 지극히 사적인 권리이고 개개인의 문제로 생각할 수도 있지만, 집단 정보 보호의 맥락에서도 이 권리를 바라볼 필요가 있다. 왜냐하면 우리는 언제나 우리가 전혀 모르는 다른 사람들과 한 집단에 속해 있고, 단지 그 이유만으로 형사사법제도 안의 아프리카계 미국인으로, 또는 감시 대상에 오른 테러 위험 인물과 닮은 사람으로 분류되고 추적될 위험을 안고 있기 때문이다.

점차 우려가 깊어지고 있는 또 하나의 문제점은 개인 정보 보호권을 누리는 데에서 드러나는 부자와 빈자 사이의 불평등이다. 재력이 있는 사람들은 자신들의 개인 정보를 보호하기 위해 특정 데이터베이스에 저장되거나 추적되는 것을 거부할 수 있을 뿐만 아니라 특별한 보호 서비스를 누릴 수 있는 반면, 대다수의 사람들은 아예 모르거나 대처할 방법이 없어서 자신들의 데이터가 추적되는 것을 막지 못한다. 부자들이 공적인 문제들도 사적인 방식으로 해결하곤 했던 다른 영역들의 전례를 따르지 않으려면, 개인 정보 보호권을 돈 많은 사람들의 사치품이나 특권이 아닌 공공재로 인식할 필요가 있다.

우리의 안전을 지킨다는 정부의 명분에서든, 개개인의 독특한 취향과 요구에 맞는 제품을 판매하기 위한 기업의 목적에서든 개인 정보 보호권이 침해되면 결과적으로 존엄한 삶을 위한 우리의 능력에 영향을 미친다. 개인 정보 보호권 침해는 우리의 신체 보전권을 위태롭게 할 뿐만 아니라, 감각과 상상력을 발휘하여 자유롭게 사고할 수 있는 능력마저도 타협하게 만든다. 또한 비판적 성찰과 실천적 이성을 (그리고 종교 의식을) 실천하려는 우리의 의지를 꺾을 수도 있다. 환경에 대한 우리의 통제력과 참정권 그리고 언론 및 집회 결사의 자유를 제한할 수도 있다.[44] 이 모든 총합이 바로 누스바움이 "서로 다른 전통을 갖고… 선에 대한 기준도 저마다 다른 사람들이 각자 최선의 삶을 추구하기 위해 반드시 필요한 기반으로서 똑같이 동의하는" 가장 중요한 항목이라고 설명한 역량이다.[45]

개인 정보 보호권은 우리 각자의 내면의 평화만이 아니라 사회 전체의 이익을 위해서 지금보다 다가올 수십 년 동안 훨씬 더 중요하게 다뤄질 것이다. 개인 정보 보호권은 세계인권선언문을 포함해서 많은 국가의 법과 정책이 보장하는 권리가 분명하지만, 변화하는 현실에 맞도록 적절하게 수정되고 보완되어야 할 권리이기도 하다.

4장

아담과 이브, 크리스퍼와 시프

THE
COMING
GOOD
SOCIETY

아드님에게 최고의 조건에서 출발할 기회를 주고 싶으신 거죠.

장담합니다. 결함은 우리 안에도 이미 충분하지요.

아드님은 괜한 고생을 하지 않을 겁니다.

이 아이도 당신이라는 사실을 잊지 마세요.

당신의 가장 좋은 점들만 갖게 될 겁니다.

자연 임신을 천 번 한대도 이런 결과는 절대로 얻지 못합니다.

_영화 〈가타카Gattaca〉에서 자연 임신으로 태어난 주인공 빈센트에게 유전적으로 강화된 동생을 갖게 해 주려고 "순서"를 기다리는 부모에게 한 유전학자가 한 말이다.

이번 장에서는 DNA를 이용하는 새로운 방법들이 가져올 결과와 그 결과가 개인 정보와 적법 절차 권리를 바라보는 우리의 시각을 어떻게 바꿀 것인지 살펴본다. 후반부에서는 유전자 편집 가능성과 그와 관련해 지금까지 없던 새로운 권리가 필요한지 알아볼 것이다. 그러기에 앞서 꽤 단순하고 기본적인 질문부터 해 보자. 무엇이 또는 누가 인간인가?

1장에서 보았듯, 많은 사람들이 이 질문의 대답을 종교라는 영역에서 찾으려 한다. 기독교는 인간이 "하나님의 형상대로 만들어졌다"는 가장 명쾌한 답을 내놓았다. 하지만 유대교나 이슬람교는 신을 어떤 형상이나 형태를 가진 존재로 여기지 않으며, 불교는 신의 존재 자체에 대해 불가지론적 입장이다. 힌두교에는 수천의 신과 여신 들이 존재하고, 자연권에 대해 논의한 8장에서 보겠지만 남아메리카 안데스원주민 사회는 대지의 어머니 파차마마Pachamama를 섬긴다. 그리고 무엇보다 스스로를 비종교인이라고 말하는 사람도 수백만 명이 넘는다. 종교적 용어로 "인간"을 정의하려는 시도는 한마디로 답이 없다.

한 가지 대안은 앞에서 언급했던 것처럼 이성, 공감, 이타심처럼 인간만이 갖고 있는 몇 가지 특징들을 내세워 동물이나 로봇과 대조함으로써 "인간"을 설명하는 것이다. 하지만 이미 확인했듯 그러한 특징들은 정의하기도 어렵거니와 동물이나 로봇이 최소한 그런 특징들을 따라 하지 못한다고 단정하기 어렵다.

어쩌면 인간을 다른 생명들뿐 아니라 인간 서로와도 구별하게 해 주는 가장 안전하고 확실한 방법은 DNA에 있을 것이다. 데옥시리보핵산deoxyribonucleic acid, 즉 DNA는 지구상 모든 생명체 안에 존재한다. 인간의 몸속에 있는 DNA는 한 사람 한 사람을 유일한 존재로 만들어 줄뿐 아니라 동물과 식물 그리고 DNA가 없는 로봇과도 확실하게 구별해 준다. 다시 말해 DNA가 그 사람이 누구인지를 결정한다. DNA는 염색체를 구성한다. 염색체 안에 차곡차곡 들어 있는 짧은 DNA 사슬을 유전자라고 부르는데, 이것이 우리가 후손에게 전달하는 많은 특징들을 정한다.

1948년에 세계인권선언문이 채택되었지만, 장담컨대 선언문과 관련된 인물 중 1860년대에 발견된 DNA나 염색체, 유전자를 염두에 두었던 사람은 거의 없었을 것이다.[1] 심지어 오늘날의 인권 문서들도 이와 관련된 문제를 상세하고 체계적으로 다루지 않는다. 하지만 지금처럼 1948년에도 정부가 개인의 신원을 확인하고 추적하기 위해 DNA를 이용했다면, 또 우생학이라는 못 믿을 "과학"이 헛되이 꿈꾼 인간의 완전 개조가 가능한 유전공학 같은 분야가 당시에 있었다면, 여기에 대해 침묵한 선언문 작성자들은 비난을 면치 못했을 것이다.

이번 장에서는 바로 그런 침묵을 더 이상 옹호할 수 없는 이유를 살펴볼 것이다. 특히 두 개의 중대한 질문을 다루게 될 것인데, 하나는 '우리가 각자의 DNA에 대한, 우리 개개인을 만들어 주는 그 본질에 대한 소유권을 갖고 있는가?'이고, 또 하나는 '인간 게놈 편집을 포함한 생명공학의 발전이 인권과 신체 보전권 그리고 현재와 미래 세대의 존엄성과 어떤 관련이 있는가?'이다. 이 영역에서 일어나는 과학적 발전들은 너무 빠르게 진행되기 때문에 우리를 포함한 다음 세대들이 어떠한 관점에서 권리들을 이해해야 할지 정확하게 예상하기 어렵다. 하지만 미래의 좋은 사회에 영향을 미치고 그런 사회를 건설하는 데에 필요한 권리들이 갖추어야 할 몇 가지 원칙에 대해서는 우리 두 저자도 할 말이 있다.

본론으로 들어가기 전에, 알아 두면 좋을 용어들과 몇 가지 사실을 짚어 보자.

데옥시리보핵산, 이른바 생명의 "마스터 분자"로 불리는 DNA의 유명한 이중나선 구조는 대다수 사람들에게 낯익다. DNA는 아데닌(A), 구아닌(G), 시토신(C), 티민(T)이라는 화학물질로 이루어진 염기쌍 가로장들이 두 줄의 당-인산 기둥에 결합된 나선형 사다리 모양이다. 인간 DNA는 약 30억 개의 염기쌍으로 이루어져 있으며 모든 인간의 염기쌍은 99퍼센트 동일하다.

유전자는 유전의 기본 단위이고 DNA로 이루어져 있다. 인간은 대략 2만에서 2만 5000개의 유전자를 갖고 있는 것으로 추산된다. 유전자는 수백 개의 DNA 염기로 이루어진 것에서 200만 개가 넘는 DNA 염기를 가진 것까지 그 크기가 다양하다. 모든 인간은 각각의 부모로부터 전달받은 유전자와 함께 유전자마다 두 개의 복사본을 갖는다.

한 유기체의 세포 속에 존재하는 모든 DNA를 게놈genome이라고 한다. 인간의 게놈은 대략 32억 개의 DNA 염기쌍으로 이루어져 있다. 인간게놈프로젝트Human Genome Project는 인간 게놈 전체의 염기서열을 완성하기 위해 공공 자금으로 1990년에 시작하여 13년 만에 끝난 프로젝트였다. 인간 게놈의 염기서열 완성은 쉽게 말해 DNA 속의 모든 A, C, G, T 들의 정확한 순서를 밝히는 것이다. 인간 세포 속의 (인산염, 염기, 당으로 결합된) 뉴클레오티드nucleotide 서열은 거의 동일하지만, 단 하나의 뉴클레오티드 서열만 달라져도 질병을 일으킬 수 있다. 인간 게놈의 서열 연구는 그러한 질병의 근원을 이해하는 데 큰 도움이 되었다.[2]

정확한 염기서열을 밝히기 위한 제1세대 시퀀싱 기술은 1970년대에 등장했는데, 이 기술은 10년마다 놀라운 발전을 거듭했다. 오늘날 제2세대 DNA 시퀀싱 기술은 여러 개의 DNA 조각들의 염기서열을 동시에 신속하게 밝혀내 시간과 비용 면에서 효율적이다. 최근 10년 동안의 발전 속도를 감안하면 다음 세대의 시퀀싱 기술이 어디까지 이를지 상상하기도 어렵다.

DNA 시퀀싱과 인간 게놈이 이토록 커다란 관심을 받는 이유는 무엇일까? DNA 염기서열을 통해 진화와 유전의 기능을 이해할 수 있다는 점이 가장 큰 이유일 것이다. 염기서열은 특정한 DNA 조각에 담긴 유전 정보의 유형을 말해 준다. 연구자들은 여러 사람의 몸에서 추출한 DNA 덩어리들을 쫙 펼치고 비교해서 특히 질병에 대한 민감성과 관련된 유전과 환경의 역할을 밝히고 있다. 또 그 덩어리들의 서열을 밝혀서 질병을 진단하고 치료할 가능성도 높인다. 서열이 완전하게 밝혀진 게놈은 초기 인간의 이동 패턴뿐 아니라 네안데르탈인과 같은 조상들과 우리의 차이점을 밝히는 단서로도 이용된다. 결론적으로 게놈 시퀀싱은 인간이 어디서 왔고 어디를 향해 가고 있는지와 같은 반복적이고 성가신 질문들에 대한 답을 찾는 데 상당히 도움이 된다.[3]

"제발 좀 내 인생에서 꺼져 줘요!" 데비Debbi가 수화기 너머에 있는 엄마 셰리Cheri에게 소리쳤다. 1981년, 유칼립투스 나무 향기가 가득하며 서퍼들이 새하얀 파도를 타고 야자수들이 긴 도로를 따라 늘어선, 캘리포니아대학교 샌타바버라 캠퍼스 인근의 아름다운 해안 도시 골레타에서 있었던 일이다. 문제아였던 십 대의 데비는 집에서 뛰쳐나와 엄마에게 전화를 걸었지만, 통화하는 동안 결국 또 싸우고 말았다. 수화기에 대고 지른 그 고함이 엄마와 나눈 마지막 대화가 될 줄은 누구도 몰랐다.

셰리와 그녀의 남자 친구는 이튿날 아침 발가벗겨진 채 시신으로 발견되었다. 두 사람은 총상과 함께 알 수 없는 도구로 구타당해 살해되었다. 그녀의 두 손은 등 뒤로 모아져 있었고 손목에는 결박당한 흔적도 있었다. 그날 아침 큰 키에 금발인 젊은 백인 남자가 근처를 배회하는 걸 봤다는 소문이 돌았지만 결국 아무도 구속되지 않았다.[4]

그리고 30년이라는 세월이 지났다. 당시 범죄 현장에 있던 담요에 남은 조악한 유전 물질에서 추출한 DNA는 북부 캘리포니아에서 최소 50여 명의 여성의 집에 침입하여 그들을 공격하고, 심지어 남편이 지켜보는 앞에서 강간을 서슴지 않았던 일명 "골든 스테이트 킬러Golden State Killer"라고 알려진 "동부 지역 강간범East Area Rapist" 사건을 가리키고 있었다. 어느 시점에 남부 캘리포니아로 이동한 그는 피해자들의 집에서 여성 또는 부부를 잔인하게 폭행하고 살해하기 시작했다. 사건들 중 상당수는 무단 침입, 스토킹, 절도 같은 범죄에 이어서 일어났다. 피해 여성들은 공격을 당하기 며칠 또는 몇 주 전에 말없이 끊는 전화를 받았다. 한 부부는 집에 도둑이 들어 아내의 속옷만 훔쳐 갔다고 신고하고, 몇 주 뒤에 살해되었다. 몇 년 동안 해안가를 따라 곳곳에서 흉악한 사건들이 발생하자 불안해진 주민들은 골든 스테이트를 떠났지만, DNA 기술의 발전 덕분에 결국 이 사건들은 한 사람을 지목하기에 이르렀다.[5]

DNA에서 나타나는 아주 작은 차이점들은 지문만큼이나 고유하고 독특해서 결백과 유죄를 예리하게 가릴 수 있게 해 준다. 당시 경찰은 범죄 현장에서 골든 스테이트 킬러의 DNA는 입수했지만 범죄 데이터베이스에서 일치하는 DNA를 찾을 수 없었다. 지문조차 확보하지 못했던 이 사건의 돌파구를 찾은 때는 2018년이었다. 유전자 연구를 이용해서 이 범죄자의 현조(玄祖)부모, 즉 부친의 고조부를 찾아낸 것이다. 부고 기사와 신문 광고, 묘석, 인구조사 기록에서 모은 정보를 토대로 밝혀진바 1800년대 초반에 살았던 그의 조상들은 25개의 혈통으로 갈라져 수천 명의 후손을 낳았다.

조사팀은 용의자의 DNA 정보를 GED 매치Match에 올렸다. GED 매치는 "아마추어 및 전문 연구자와 유전학자를 위해 DNA와 유전자 분석 정보를 제공"하는 무료 웹사이트였다.[6] 그 용의자가 자신의 DNA 정보를 GED 매치에 올릴 리는 만무했지만, 그의 친척들 중에 DNA 정보를 올린 사람이 있었다. 조사팀은 이 정보를 이용해서 일치 가능성이 가장 높은 가족을 찾아냈고, 용의자의 범위를 좁혀 가던 경찰의 수사망에 72세의 은퇴한 전직 경찰관 조지프 제임스 드앤젤로Joseph James DeAngelo가 걸려들었다. 예술 공예품 상점에서 쇼핑 중이던 드앤젤로의 자동차 문과 떨어진 휴지 조각에서 채취한 DNA로 경찰은 드앤젤로가 바로 그토록 찾아 헤매던 범인임을 밝혀낸 것이다.[7]

이발소에서 자른 머리카락, 쓰레기통에 버린 휴지, 마트 손잡이에 찍힌 지문 등에서 채취한 DNA를 "흘린 DNA"라고 부른다. 수백 건에 이르는 잔인한 사건이 이런 증거들로 밝혀지기도 했다.[8] 미제 사건을 풀고 공공의 안전을 지키기 위해 DNA를 이용하는 데 반대할 사람은 없을 것이다. 게다가 미국 법원들은 일반적으로 관련 기관들이 영장이나 당사자의 허락 없이도 흘린 DNA를 입수할 수 있다는 견해를 유지하고 있다.[9] 그런데 DNA를 이용할 때 고민이 필요한 상황은 없을까?

드앤젤로 가족의 DNA를 조사하는 과정에서 조사 당국이 우연히 어떤 아버지의 DNA가 친자로 믿었던 자녀의 DNA와 일치하지 않는다는 사실을 발견했다고 생각해 보자. 친부나 친모임을 증명하려면 뉴클레오티드의 서열에서 나타나는 유사성을 살펴봐야 한다. 사촌이나 형제에게서는 차이점이 발견되지만, 생물학적 부모와 자녀는 검사 결과가 99퍼센트 이상 일치한다. 또는 한 가족 구성원의 DNA에서 가족 전체에게 특정한 질병에 걸리기 쉬운 소인素因이 있음이 밝혀지기도 한다. Ancestry.com이나 23andme.com과 같은 업체에 DNA 검사를 의뢰하면 게놈에서 수십만 개 이상의 부분들을 검사하는데, 정부 당국에 알려지면 불편해질 수도 있는 정보를 알게 될 수도 있다. 친모/친부 또는 건강 관련 정보는 지극히 개인적인 정보이고 보통 비밀로 간주된다. 이런 정보는 가정의 평화에서부터 보험 보장이나 채용 자격에까지 영향을 미칠 수 있다. 범죄와의 관련성이 전혀 없다면 정부 당국이 이러한 정보를 비공개로 유지하리라 생각하는 게 당연하지만, 우리는 이미 컴퓨터 해킹에 대해 너무 잘 알고 있을 뿐만 아니라 어떤 디지털 정보도 끝까지 완벽하게 보호받지 못한다는 사실도 더욱 분명하게 깨닫고 있다.

게다가 우리가 제공 동의를 했든 실수로 흘렸든, 법 집행기관만 우리의 DNA를 입수할 수 있는 것은 아니다. 병원과 보건 조사원 들도 종종 환자나 피험자의 DNA에 대한 정보를 수집한다. 보통은 이런 정보가 적합한 목적으로 사용되지만 때때로 갈등을 일으키기도 한다. 1976년 존 무어John Moore라는 한 남자가 백혈병 치료를 위해 수술을 받았다. 의사들은 무어의 비장을 적출했고, 그 과정에서 그의 비장이 제약 회사들이 탐낼 만한 귀중한 단백질을 생산하고 있다는 사실을 발견했다. 의사들은 비장에서 떼어 낸 암세포의 게놈을 분석했고 단백질을 암호화하는 DNA 서열을 알아냈다. 물론 무어는 이 모든 과정을 알지 못했고 동의하지도 않았다. 의사들은 그 귀한 단백질의 세포군을 이용해 수익을 냈다. 후일 무어는 자신의 비장으로 얻은 수익금에 대한 소유권을 주장하며 소송을 제기했지만, 법원은 무어에게 의사들의 의도를 알 권리는 있지만 몸에서 적출된 이상 비장이나 DNA에 대한 "소유권"은 없다고 판결했다.[10]

아르헨티나에서 벌어진 "더러운 전쟁Dirty War"으로 인한 결과도 살펴보자. 파울라 로가레스Paula Rogares, 클라우디아 포블레테Claudia Poblete, 클라라 아나이Clara Anahi. 이는 1970년대 말에서 1980년대 초까지 3만 명이 넘는 사람들이 "실종"되고 고문받고 살해된 "더러운 전쟁" 중에 아르헨티나에서 납치된 수백 명의 신생아와 유아 중 세 명의 이름이다.[11] 납치된 아이 중에는 정권의 "적"의 자녀들도 있었다. 납치된 아이들은 비밀 수용소에서 강간당한 여성들에게서 태어난 아기들과 함께 불임 부부나 정부와 친분이 있는 세력가 집안에 입양되었다. 이 같은 행위를 은폐하기 위해 아기의 이름과 생년월일을 바꾸었고 출생증명서에는 "입양"한 부부를 친부모로 기록했다. 수백 명의 아이들이 자신의 진짜 신원과 친부모를 모른 채로 살았던 것이다.

실종된 가족을 찾기 위해 뭉친 '오월 광장의 어머니회Abuelas de Plaza de Mayo'는 실종 아동을 찾아 주는 일을 사명으로 삼고, 출생 및 입양 기록을 샅샅이 뒤지는 것은 물론이고 아기가 태어날 때 조부모의 혈액 샘플까지 채취해 저장하는 국가 유전자 데이터베이스를 이용할 수 있도록 로비를 하는 등 길고 수고로운 노력을 감수했다.[12] 이러한 노력 덕분에 어린 나이에 납치되었던 수백 명이 넘는 사람들이 DNA 검사로 가족을 찾았다.

그러나 "생존 실종자" 중 일부는 DNA 채취를 거부했다. 자기가 알고 있는 유일한 부모의 품 안에서 성장하고 그 부모에게 애정을 갖게 된 상황에서 DNA 검사 결과, 부모로 믿었던 사람들이 생물학적 부모가 아닌 것으로 나오거나, 어쩌면 현재의 부모가 납치와 실종, 심지어 친부모 살해에 직접 또는 간접적으로 연루되었던 사람이라고 밝혀질 수도 있기 때문이었다.

기예르모 가브리엘 프리에토Guillermo Gabriel Prieto도 생물학적 조상을 찾을 목적으로 DNA를 이용하는 것에 반대한 사람 중 한 명이었다. 그는 아르헨티나에서 대법원까지 이어진 최초의 '흘린 DNA 소송' 당사자였다. 대법원은 납치되었거나 수용소에서 태어났던 손주들을 찾으려는 조부모들을 포함해서 스스로 정의를 추구할 기회조차 없었던 실종자들, 마지막으로 아르헨티나 사회와 진실을 알고자 하는 목소리 모두에 귀 기울여야만 했다.

기예르모는 자신이 원치 않음에도 유전적 정체성을 확인한답시고 신체의 구성 성분을 이용하는 것은 직접적으로 채취했든 피부나 모발, 침과 같이 "흘린" 성분을 통해서 채취했든 존엄성과 신체 보전권을 침해한 행위라고 주장하며 흘린 DNA 검사에 이의를 제기했다. 그러나 대법원은 그의 신체에서 DNA를 비자발적으로 채취한 경우는 신체 보전권을 침해한 것으로 볼 수 있지만, 흘린 DNA의 경우는 이미 신체에서 떨어져 나온 물질로부터 채취하는 것이므로 두 경우를 구별해야 한다고 판단했다. 기예르모의 경우는 후자에 해당하므로 대법원은 신체 보전권과 개인 정보 보호권 또는 생명이나 건강에 대한 권리의 침해가 성립하지 않는다고 판결했다.[13]

지금까지의 사례를 보면 "나의 DNA의 주인은 나인가?"라는 근본적인 질문이 떠오른다. 누구나 처음에는 "네!"라고 대답할 것이다. 미국이 남북전쟁을 치른 것도 따지고 보면 누군가의 신체를 다른 이가 소유하지 못하게 하려는 목적이었으니 말이다. 나의 신체는, 그리고 논리적으로 신체의 각 부분들도 나의 것, 나만의 것이다. 개인의 존엄성을 존중하는 데 이보다 더 중요한 원칙은 없는 것처럼 보인다.

그런데 현실은 그렇지 않다. 우리는 우리 자신의 신체로 하고 싶은 모든 걸 할 수 없다. 대부분의 사법 권역에서 우리는 이윤을 위해 자신의 장기를 팔 수 없다. 전염성이 강한 질병에 걸렸다면 격리를 벗어나 자유롭게 외출할 수도 없거니와 타인을 감염시킬 위험이 높은 경우에는 체액을 일부러 퍼뜨려서도 안 된다. 그리고 미국 대법원은 메릴랜드 대 킹Maryland vs King 사건에서 범죄 용의자로 체포된 사람은 비록 결백하더라도 의무적 DNA 샘플 채취 대상이 될 수 있다고 판결했다.[14]

DNA 수집 및 이용은 범죄자를 식별하는 목적만이 아니라 부당하게 기소되어 유죄 판결을 받은 이의 결백을 입증할 때도 쓰인다는 점에서 좋은 사회의 개념에 부합되는 것처럼 보인다. 무죄 프로젝트Innocence Project가 하는 일이 바로 억울하게 유죄 판결을 받은 사람들의 무죄를 DNA 검사로 밝혀 주는 것이다. 무죄 프로젝트는 미국에서 360여 명의 사람들에게 자유를 찾아 주었다. 이들은 평균 14년을 교도소에 수감되어 있었고 그 가운데 20명은 사형선고를 받고 집행을 기다리고 있었다. 우리가 자신의 게놈 정보에 대한 소유권을 포기할 때와 그 방법에 대한 지침이 필요한 것은 분명하다.[15]

이와 관련해 몇 가지 지침은 이미 제시된 바 있다. 유엔의 1990년 **전산화된 개인 데이터 파일에 대한 규제와 지침**Guidelines for the Regulation of

Computerized Personal Data Files, 유럽연합의 2016년 **데이터 보호 지침**Data Protection Directive, 법의유전학 정책 기획Forensic Genetics Policy Initiative, NGO 공동 연구물과 같은 자료들은 경찰에게 DNA 수집 권한을 부여해야 할 상황에서부터 그렇게 수집된 정보를 보유할 수 있는 기간, DNA 수집에 대해 동의를 할 수 없거나 할 방법을 모르는 어린이의 권리를 보호해 줄 방법에 이르기까지, DNA 정보 수집 및 이용을 포괄적으로 다룬다.16 보건 및 의료 전문가들이 지켜야 할 윤리적 지침들도 이미 잘 확립되어 있다.17 그러나 DNA 소유권이나 합법적 이용과 관련하여 국제적으로 승인된 권리는 아직 없다. DNA에 대한 접근이 사기업뿐 아니라 심지어 소송 중인 개인으로까지 확대됨에 따라 (실제로 플로리다 법원에는 한 부유한 사업가가 지역 테니스 센터를 둘러싸고 또 다른 사업가와 다툼을 벌이던 중 자신에게 배달된 협박 편지의 출처가 경쟁자임을 증명하기 위해 몰래 흘린 DNA를 수집한 사건에 대한 소송이 판결을 기다리고 있다) 무분별한 접근을 막을 권리의 확립이 어느 때보다 중요해지고 있다. 이 문제를 간과한다면 우리는 빗장 풀린 감시 사회를 향해 제 발로 걸어 들어가는 꼴이 될 수도 있다.

2017년 쿠웨이트의 헌법재판소는 테러 방지 명목으로 시민과 거주자, 방문자의 DNA 샘플을 정부 당국에 제공하도록 규정한 법 조항을 폐지했다.18 언젠가는 DNA를 이용해서 범죄 용의자나 유죄 판결을 받은 사람뿐만 아니라 지구상 모든 인간의 데이터베이스를 구축하는 것이 무모한 상상으로 끝나지 않을 것이다. 개인 정보 보호를 다룬 3장에서 언급한 인도의 아드하르 제도를 떠올려 보자. 처음에는 가난한 사람들이 정부 보조금이나 배급품 대상에서 누락되지 않도록 신분을 확인할 목적으로 시행된 제도였으나, 모든 국민의 생체 인식 신분 확인 프로그램으로 확대되었다. 미국의 사회보장번호도 처음에는 근로자의 임금 내역을 추적하여 소득을 계산할 목적으로 설계된 제도였으나 지금은 개인의 신분을 확인하는 기본 정보로 활용된다. 2018년 미국 정부는 국경에 모여든 수천 명의 이민자들에게서 아이들을 떼어 놓았다. 이후 법원은 가족을 되찾아 줄 것을 명령했고, 정부는 신분과 혈연 확인을 위해 DNA 검사를 실시했는데, 이 과정에서 이민자 부모와 아이 들을 평생 감시할 수도 있는 DNA 정보가 수집되었다.

다양한 출처, 프로그램, 기관 들을 통해서 법 집행이나 이민자 관리 등 각양각색의 목적으로 수집되는 DNA는 한 개인의 포괄적인 정보를 담고 있는 유전자 지도를 제작하는 데에도 이용될 수 있는데, 그 정보에는 범죄 현장에서 발견된 DNA와의 일치 여부뿐만 아니라 조상, 직계가족과 친척, 현재의 건강 상태와 발병 가능성이 있는 질병, 심지어 "행동 기질과 성적 지향"도 포함된다.[19]

이러한 DNA 데이터뱅크는 의식적, 무의식적 편견을 고착화하고 기존의 불평등을 강화한다. 만일 어떤 주의 DNA 데이터뱅크가 강력 범죄 기결수뿐만 아니라 체포된 모든 범죄자의 DNA를 포함하고 있다면, 여기에는 아프리카계 미국인의 비율이 월등히 높을 수도 있다. 왜냐하면 아프리카계 미국인의 체포 비율이 부당하게 높기 때문이다. 국가 이민 데이터베이스와 형사사법 데이터베이스를 통합한다면, 여기에는 난민의 비율이 월등히 높을 수 있다. DNA 데이터뱅크는 인종 중립적이고 객관적인 것처럼 보일 수 있지만 실제로는 사회적 격차를 키울 때가 더 많다.

이 같은 무제한 감시를 (그리고 특정 인구 집단이 차별의 대상이 되거나 인종이나 건강 상태를 비롯한 갖가지 요인들에 대한 편견의 피해자가 될 가능성을) 방지하기 위해서는 DNA 수집 및 이용 범위를 좁혀야 하고, 합법적인 안보나 연구로 그 목적을 제한해야 한다. 그러지 않으면 가장 유용한 이 도구가 가장 사악한 목적으로 사용되는 상황이 펼쳐질 것이다.

DNA 수집 및 이용과 관련된 권리를 기존의 개인 정보와 건강 정보 보호권의 확장으로 이해한다면, 우리의 화제는 새로운 권리의 개념을 정립하는 것으로 나아갈 수 있을 것이다.

디자이너 핸드백, 디자이너 슈즈는 귀에 익숙하겠지만 디자이너 아기라면? 부자나 유명인의 자녀를 위해 디자인된 고가의 옷 이야기가 아니다. 진짜 아기를 말하는 것이다. 인간 유전자 편집 기술은 다음 세대로 전달되는 생식 계통 세포를 변경할 수 있는 데까지 발전했다. 따라서 특정 유전 질병의 발현을 막을 수 있을 뿐만 아니라 지능이나 눈동자 색깔 같은 특징들을 선별할 수도 있다.

현재 체세포 (또는 비생식세포) 편집에 대한 연구는 겸상적혈구빈혈이나 암과 같은 질병을 치료하고 예방하는 데 도움이 된다. 이러한 방법은 정자나 난자 같은 생식세포에 영향을 주지 않기 때문에 미래 세대에게도 무해하다. 그러나 비교적 최신의 획기적이고 저렴하고 강력한 (간단하게 줄여서 "크리스퍼"라고 일컫는) 크리스퍼-캐스CRISPR-Cas9는 생식계통 세포를 다루는 기술로 난자와 정자, 또는 배아 자체의 DNA를 편집하기 때문에 피험자 한 개인뿐 아니라 후손들의 건강과 행복에 영향을 미칠 수 있다.

저널리스트인 마이클 스펙터Michael Specter가 설명한 것처럼, 크리스퍼는

> DNA 염기서열 덩어리로서 바이러스의 침입을 인지하고, 특별한 효소를 배치하여 바이러스를 잘게 부수고, 남은 바이러스 파편들을 기본적인 면역 체계 형성에 이용한다. 이 염기서열 덩어리는 대시(—)와 점(·)으로 이루어진 모스부호처럼 앞뒤로 똑같이 읽힌다는 점에서 뉴클레오티드 끈과 비슷하다⋯. 크리스퍼는 두 부분으로 이루어져 있다. 하나는 DNA를 자르는 일종의 세포 가위이다. 다른 한 부분은 주로 게놈 전체에 생물학적 정보를 전달하는 역할을 맡은 분자인 RNA[리보핵산ribonucleic acid]로 이루어져 있다. 이 RNA가 가이드가 되어 수천 개의 유전자를 탐색하고 잘라야 할 뉴클레오티드 끈을 정확히 찾아 주면, 세포 가위가 임무를 수행한다.[20]

만약 크리스퍼가 어떠한 질병을 치료하고 예방하고 퇴치할 수 있다면 두 팔 벌려 환영해야 할 일 아닐까? 우리와 후손들이 건강에 대한 권리를 포함해 다양한 권리를 누릴 수 있고 역량을 발휘하는 데도 도움이 될 텐데? 어쨌거나 현재 우리를 괴롭히는 건강 문제들을 고민할 필요가 사라진다면, 의료비 지출은 줄고 인간으로서의 역량을 최대한 실현하면서 더 건강하게 더 오래 그리고 더 충만하고 생산적인 삶을 살 수 있을 것이다. 우리 자녀와 손주 들이 누릴 수 있는 미래처럼 말이다.

크리스퍼가 등장한 지 얼마 안 된 지금, 우리는 이 기술이 지닌 위험성과 부작용을 다 알지 못한다. 하지만 설령 우리가 그 위험들을 파악

하고 제거할 수 있다고 하더라도 인간의 생식세포 편집은 인류에게 최선이 아닐 수도 있다. 여기에는 적어도 세 가지 이유가 있다.

우선 유전적 편견 문제를 생각해 보자. 더 부유한 사람들 또는 더 부유한 국가에 사는 사람들은 유전자 편집 기술을 이용할 수 있으니 회복력이 좋고 더 매력적이고 질병에 덜 걸리는 아이를 낳을 수 있을 것이다. 그렇게 된다면 지금도 존재하는 빈부 격차는 더욱 두드러질 게 뻔하고, 이 기술을 이용할 수 없는 사람들은 혜택을 누릴 기회조차 갖지 못한다. 태어나기 전부터 기회의 불평등이 기본값으로 정해진 상황에서 가난한 사람들은 어떻게 권리를 행사할 수 있을까?

둘째, 현재 부모가 바라는 바와 미래 자녀의 요구가 상충하지 않는지 검토해 봐야 한다. 물론 부모는 자녀가 태어나기 전에도 태아의 건강과 이름을 비롯해 많은 것들을 미리 결정할 수 있다. 하지만 어떤 자녀가 자신이 소질을 보일 분야, 운동 능력이나 사교성에 대해 부모가 불가역적 결정을 내리길 바랄까? 자율성이 인간 존엄성의 중요한 부분을 차지한다면, 모든 개인은 자기 자신을 위해 특정한 분야의 소질을 기르고 우선순위를 정할 선택권을 가져야 한다. 오늘날 부모들이 (또는 양육 권한이 있는 누군가가) 그들과 그 자녀들에게만이 아니라 다음 세대들에게도 돌이킬 수 없는 결정을 내릴 수도 있다. 게다가 지금 가치 있게 여기는 소질이 미래에는 눈살을 찌푸리게 하는 재주가 될 수도 있다는 사실을 잊어서는 안 된다. 유전적 질병을 예방하려는 노력이라면 손을 들어줄 수도 있겠지만, 그에 못지않게 자녀에게 미용적인 면에서 훨씬 더 많은 변화를 주고 싶어 하는 부모들이 적지 않다는 점도 생각해야 한다. 부모가 자녀의 외적 결과를 조작하는 게 말도 안

된다고 생각하는 사람은 맨해튼의 유치원 입학 허가서를 사고파는 일도 하지 않는다!

마지막으로 소수가 얻을 이득과 사회 전반에 미칠 위험과 손해를 비교해 볼 필요가 있다. 올더스 헉슬리Aldous Huxley의 유명한 소설《멋진 신세계Brave New World》에서 인간은 특정한 계급에 맞추어, 인공적으로 어떤 이들은 키 크고 영리하고 준수하게, 또 어떤 이들은 키 작고 멍청하고 추하게 창조되고, 개인의 이익보다 항상 우선하는 공동체의 이익을 포함하여 일련의 "도덕적 진리" 항목에 동의해야 한다. 헉슬리의 표현에 따르면, "대부분의 남자와 여자는 노예임을 행복해하면서 성장할 것이고 혁명 따위는 꿈도 꾸지 않는다."[21] 어떤 특질을 수용하고 어떤 것을 거부할지를 누가 결정할 것인가? 미래 사회가 관용과 평화보다 탐욕과 동족 의식, 폭력을 더 우선시하는 사람들로 가득하지 않으리라고 어떻게 장담할까? 좋은 사회를 구성하는 요소와 강력한 인권이 중요한 이유를 이보다 더 냉혹하게 묻는 질문은 없을 것이다.

많은 국가에서 인간의 생식세포 편집을 금지하고 있지만, 국가들 간에 일관성도 없을뿐더러 특히 중국에서는 이 분야에 대한 연구가 계속되고 있다. 2018년 중국의 한 연구진이 크리스퍼를 이용해서 에이즈 바이러스HIV에 저항성을 갖도록 쌍둥이 태아의 유전자를 조작했다.《MIT 테크놀로지 리뷰MIT Technology Review》에 실린 한 보고서는 이 실험이 에이즈 바이러스 저항성뿐만 아니라 쌍둥이 여아의 뇌 기능에까지 영향을 미쳤을 수도 있다고 주장했다.[22] 그에 반해 영국의 한 생명윤리 위원회는 인간 태아의 DNA 변경이 아이에게 최선이고 사회에 어떠한 악영향도 미치지 않는다면 "도덕적으로 허용될 수 있다"는 주장과 함께, 태아를 대상으로 한 유전자 변형을 승인했다.[23] 과연 "무엇이 최선인지 어떻게 알 수 있을까?" 또 "누가 그것을 결정할까?"

2018년 3월, 마지막 수컷 북부흰코뿔소 수단Sudan이 죽었다. 이제 남은 북부흰코뿔소는 수단의 딸과 손녀딸, 단 두 마리의 암컷뿐이다. 과학자들은 어떻게든 멸종에 처한 이 종의 개체를 늘려 보려고 한다. 생존한 수컷 개체가 없는 종을 대상으로 하는 최초의 실험이 될 것이다. 한 가지 선택지는 "전통적인" 방법으로, 암컷 코뿔소에게서 채취한 난자를 냉동된 수컷 정자와 수정시킨 다음 남부흰코뿔소 암컷의 자궁에 착상시키는 것이다. 남아 있는 북부흰코뿔소 암컷 두 마리는 임신하기에는 아직 어리기 때문이다. 또 한 가지는 이보다 더 최신의 기술을 이용하여, 피부 세포를 줄기세포로 만들고 여기에서 난세포를 얻는 방법이다. 이 난세포를 냉동 정자와 수정시켜 배아로 성장시키는 시나리오인데, 여러 개의 줄기세포군이 존재하기 때문에 유전적 다양성을 확보할 수 있다는 장점이 있다. 또한 그 과정에서 근친교배와 질병을 피할 수도 있다.[24]

희귀 동물의 유전적 다양성을 높이고 멸종 위기에서 구하는 일, 특히 밀렵, 벌목, 도시화와 같은 인간의 활동으로 인해 피해를 입은 생명체를 돕는 일이 곧 공익에 기여하는 것이라는 데에는 모두가 동의할 수도 있다. 열성적인 동물 애호가나 자연보호주의자가 아니더라도, 우리는 이러한 노력들을 전반적으로 지지할 수 있다. 적어도 반대하진 않을 것이다.

그런데 만약 피부 세포에서 인간 아기를 창조한다면?

"어쩌면 2,000년 동안 가장 애타게 기다려 온 탄생The most awaited birth in perhaps 2,000 years"은 40년 전 많은 이들이 예고했고 또 많은 이들이 유감스러워했던, 최초의 "시험관 아기"의 탄생을 보도하면서《타임》이 뽑은 제목이다.25 지금 과학자들은 이른바 체외 수정in vitro gametogenesis 또는 시험관 수정, 줄여서 IVG라고 일컫는 기술의 상용을 눈앞에 두고 있다. 물론 아직은 쥐를 대상으로 한 실험에 머물고 있지만, 앞으로 10년에서 20년이면 인간의 피부 세포에서 아기를 창조했다는 뉴스를 듣게 될지도 모른다. 이 기술이 생식에 어떤 영향을 미칠까? 간단히 말하면, 한 사람이 마치 스스로를 복제하듯 난자와 정자를 모두 제공할 수 있게 된다는 뜻이다. 흘린 DNA 이야기와 연결해 보자. 어떤 사람이 한 유명 연예인을 스토킹하면서 연예인의 피부 각질을 모아 피부 세포를 추출하고, 그걸 이용해서 아기를 만들 수도 있다. 또는 다양한 특징들을 조합하거나 좋아하는 특징들만 모아서 "멀티플렉스" 아기나 "디자이너" 아기를 만들 수도 있다.26

배양접시에서 자라고 있는 것은 무엇인가? 그것이 정말 언젠가 우리의 이웃이 될 수도 있을까?

시프SHEEF는 유전학 분야의 최신 연구로 "배아 유사 특징을 가진 합성 인간 개체synthetic human entity with embryo-like features"를 말한다. 시프 연구자들은 배아 유사 구조를 지니고 있으며 언젠가는 온전한 인간의 특징들을 갖출 수 있는 줄기세포를 조립하고 있다. 앞으로 이 줄기세포들은 "박동하는 인간의 심장이 연결된 미숙한 뇌"와 같은 형태로 발달할 수도 있다.27

시프를 이용해서 약물을 시험할 수도 있고, 선천성 기형을 유발하는 원인을 밝히거나 심장박동을 조절하는 신경의 역할을 알아낼 수도 있다. 인간 배아가 워낙 귀하고 드문 데다 의약품 시험을 위해서는 적잖은 수의 배아가 필요하기 때문에, 미래에는 이러한 목적에서 합성 배아를 대량으로 생산하게 될 수도 있다. 그렇다면 시프에 어떤 규칙을 적용하고, 어떤 권리를 보장해야 할까? 결론 부분에서 짧게 언급하겠지만, 현재 국제인권법이 인정한 것은 아니나 태아의 권리가 여성의 기존 권리와 상충한다는 점에서 논쟁이 진행 중이다. 하지만 시프 배아의 경우에는 사실 이해가 상충할 수 있는 다른 권리 청구자가 없다. 문제는 시프 배아를 그 자체로 권리 보호 대상으로 간주해야 하느냐 마느냐다.

현재 인간 배아 연구가 허용되는 곳에서는 "14일 규칙"을 준수해야 한다. 즉, 배아가 14일을 초과하든 또는 (배아 안에서 분화된 조직을 형성하는) "원시선原始線" 단계를 벗어나든, 둘 중 하나의 조건이라도 충족될 경우에는 연구에 이용할 수 없다. 이는 배아가 실험 중에 "감각"이나 고통을 경험하는 것을 방지하기 위한 규칙이다.

하지만 연구자들은 인간 배아 연구를 규제하는 14일 규칙을 비롯해 여타의 지침들이 시프에 대해서는 실효성이 없다고 말한다. 그 이유는 시프 배아가 수정을 통해 생성된 것이 아니라 합성된 것으로, 그 합성 과정에서 "비합성" 배아 또는 정상적인 배아가 거치는 전형적인 발달 단계들을 우회하기 때문이다. 더 간단히 말해서, 비합성 배아는 특정한 시간 표지에 따라 예측 가능한 선형적인 발달 단계를 거치는 반면, 시프 배아는 그러한 발달 단계를 우회하거나 아예 다른 경로로, 이를테면 "도로가 아닌 길을 택하거나 지도상에 없는 대체 경로"를 통해 생산될 수 있다.[28] 이런 이유 때문에 감각 또는 고통 수용 능력이 언제 발달하느냐는 문제가 까다로워질 수밖에 없다. 이 딜레마를 해결할 한 가지 방법은 배아 연구에 대한 규제를 배아의 특정한 발달 단계가 아니라 "고통이라는 감각을 수용하는 데 필요한 신경 물질이나 기능이 나타나는 시점"으로 확대하는 것이다.[29]

하지만 설령 시프 배아가 고통을 느끼지 못한다는 말로 우리 스스로 위안을 삼는다고 하더라도, 권리를 포함한 시프 배아의 도덕적 지위는 그리 간단하게 볼 문제가 아니다. 시프 배아 실험에서는 박동하는 인간 심장과 고통을 느낄 수 없는 뇌가 결합된 조직이나 심지어 무뇌아처럼 겉모습은 인간이되 뇌가 없는 시프가 탄생할 수도 있다. 시프는 인간-비인간 (키메라) 합성을 통해 "생쥐의 몸 안에, 미숙한 심장과 순환기로 지탱하는 인간의 원시 뇌"를 만들 수도 있다.[30] 이러한 창조물은 인간에게 공포와 혐오를 불러일으킬 뿐만 아니라 권리와 존엄성에 대한 사고방식을 송두리째 바꿔 놓을 수도 있다.[31]

동물에 관한 장에서 보겠지만, 우리 두 저자는 동물에게도 모종의 권리를 보장해야 하고, 우리가 비인간 존재를 어떻게 대우하느냐가 좋은 사회의 수준을 가늠하는 하나의 지표라고 생각한다. 그렇다면 시프는 어떨까? 인간의 줄기세포에서 유래했고, 어쩌면 결국 인간의 기관들을 갖게 되거나 그 기능을 하겠지만 (또는 인간 몸속 기관들의 축소판으로 발달할 수도 있겠지만) 아직 감각 수용력은 없는 이 존재에 대해서는 무슨 말을 해야 할까?

과연 이러한 창조물은 어느 시점에 기본권을, 이를테면 고문이나 고통을 받지 않을 권리를 갖게 될까? 시프를 연구하는 과학자들은 이 배아가 고통을 받아서는 안 된다는 데에 대체로 동의하는 것 같다. 또한 이들은 신경계와 같이 "도덕적으로 고려할 만한" 특징들의 발달을 제한하자고 입을 모은다. 그러나 초기 연구에서도 이미 밝혀졌다시피, 이 "존재들"은 실험이 지속되는 한 누락된 몇몇 부분들을 계속 생성해 나갈 수 있다.[32]

그리스 신화에서 키메라는 사자의 머리에 염소의 몸, 뱀의 꼬리를 가진 불을 뿜는 괴물이다.[33] 유전학이라는 신세계에서 키메라는 "최소 두 종류 이상의 DNA를 지닌 생물 또는 조직"을 뜻한다.[34] 키메라에 대해서는 동물의 권리를 다룬 장에서 인간의 건강할 권리와 함께 다시 살펴보기로 하자.

인간-동물 키메라의 가능성은 장기 기증의 대안으로 연구 중이다. 연구에서 밝혀졌다시피 돼지는 인간 장기를 성장시키는 숙주로 매우 적합하다. 또한 약물 시험에서도 인간-동물 키메라를 이용했을 때 동물로만 시험했을 때보다 신속하고 정확한 결과를 얻을 수 있다.

이러한 사실은 권리를 누릴 자격과 인간이라는 존재에 대해 다양한 고민을 불러일으킨다. 인간 유래 비율이 20퍼센트인 뇌를 가진 키메라를 만들 수 있다면, 실험의 필요에 따라 인간 유래 비율을 40퍼센트 또는 그 이상으로 높일 가능성도 충분히 상상할 수 있다. 만약 돼지의 뇌에 줄기세포를 주입한다면, 감각을 수용하고 고통을 느낄 뿐만 아니라 우리의 행동과 능력까지 공유하는 키메라가 탄생할까?

이것은 단순한 가설이나 황당한 시나리오가 아니다. 실험용 흰색 생쥐 무스 무스쿨루스Mus musculus와 동아시아의 야생 류큐Ryukyu 생쥐 무스 카롤리Mus caroli 두 종을 합성한 키메라 실험에서 탄생한 쥐들은 외적인 특징들뿐만 아니라 각각의 부모와는 전혀 다른 기질을 보이는 것으로 드러났다. 키메라 쥐들은 흰색과 갈색이 섞인 털을 갖고 있었고 부산하고 다루기 힘든 무스 카롤리와 차분한 무스 무스쿨루스를 합쳐 놓은 듯했다.[35]

인간과 동물의 특징들이 혼재하고 인간과 유사한 인지력까지 갖춘 키메라를 창조할 가능성은 인간 존엄성, 더 나아가 인권을 어떻게 판단해야 할지 어렵게 만든다. 키메라를 어떻게 대우하고 어떤 상황에 소멸시켜야 하는지를 소상히 설명해 줄 완전히 새로운 권리가 필요해질 수도 있다.

이 장에서 설명하는 연구와 기술 들 중 상당수가 이미 진행 중이지만, 앞으로 수십 년 안에 유전학과 생명공학 분야가 얼마나 더 발전할지 현재로서는 전혀 예측할 수 없다. 이런 미지의 상황과 발전 속도를 감안하면, 앞으로 인간의 생명과 존엄성 그리고 권리의 경계와 관련된 새로운 질문들이 끊임없이 제기될 것이다. 신체 보전권과 존엄성, 역량의 실현, 개인의 사생활 및 자율권, 차별받지 않을 권리를 더욱 세밀하게 확대해서 보여 줄 인권 렌즈가 더욱더 중요해진다는 의미이다.

경제적, 사회적 및 문화적 권리에 관한 국제 규약International Covenant on Economic, Social and Cultural Rights, ICESCR 제15조는 "과학의 발전과 그 응용에 따른 혜택을 누릴" 권리가 우리 모두에게 있다고 규정한다.[36] 유네스코UNESCO는 1997년에 발표된 인간 게놈과 인권에 관한 보편 선언

Universal Declaration on the Human Genome and Human Rights, UDHG과 1999년에 발표된 이 선언의 구체적 실천 방안, 2003년의 인간 유전 데이터에 관한 국제 선언International Declaration on Genetic Data, 2005년의 생명 윤리와 인권에 관한 보편 선언Universal Declaration on Bioethics and Human Rights, UDBHR과 같은 다양한 준법률 문서들을 통해서 인간 게놈에 적용할 수 있는 표준을 확립해 왔다.[37] 2019년 1월 중국의 한 과학자가 최초로 인간 배아에 크리스퍼를 사용하는 데 성공했다는 사실이 알려지자, 세계보건기구는 전문가들로 구성된 위원회를 설립하고 인간 유전자 편집에 대한 관리 및 감독에 필요한 세계적 표준을 마련하도록 했다.[38] 지역적으로 보면 유럽평의회가 인권과 생체 의학에 관한 오비에도 협약Oviedo Convention on Human Rights and Biomedicine을 채택하고, 생체 의학 연구뿐만 아니라 인간 복제 금지에 대한 추가의정서에도 합의했다.[39] 최근 실정에도 맞을 뿐 아니라 생명공학과 인권에 관한 포괄적인 협약이 만들어진다면 세계의 모든 국가와 실무자가 채택할 것이고, 그 협약에 따라 국제사회는 인간의 미래를 보호하는 방향으로 나아가게 될 것이다. 이러한 포괄적 지침에 따라 각국은 인권과 존엄성을 보호하기 위한 국제적 의무 조항들을 신설할 수도 있다.

과학기술사회학자 실라 재서노프Sheila Jasanoff는 "사회의 가치와 우선순위에 맞추어 과학이 나아갈 방향을 조정하기 위해서는 유전자 편집을 감독할 범세계적 관찰 기관을 설립해야 한다"고 주장한다.[40] 실라는 "학문 분야, 정치적 환경, 규범의 체계가 서로 다른" 사람들이 상호 간 대화를 통해서 "포괄적인 사회적 협약"에 이르는 모습을 그리고 있다. 관찰 기관은 아마도 유전자 편집과 관련 기술들에 관한 윤리 및 정치적 대응 방안을 나누는 정보 교환소로서, 중요한 "이론적 발전, 갈등, 여론의 동향" 등을 추적하고 분석하며 관계자 소집, 회의, 국제적 토론 등을 주도하게 될 것이다.⁴¹ 이처럼 국경과 학문 분야를 뛰어넘는 노력과 관련 국가들이 준수해야 하는 법적 의무가 조화롭게 연결된다면, 유전자 편집 기술은 오늘날 세계의 권리 격차를 해소하는 데 커다란 도움이 될 것이다.

여전히 전 세계 수백만 명의 사람들이 건강할 권리를 누리지 못하고 있다. 여기에는 의료 서비스만이 아니라 안전한 식수와 위생 시설, 안전한 음식, 적정한 영양과 주거, 위생적인 일터와 환경 조건, 건강 관련 교육과 정보 그리고 젠더 평등과 같은 "건강의 기초적인 요소들"을 누릴 권리도 포함된다.⁴² 남수단, 나이지리아, 소말리아, 예멘 4개국에서만 2000만 명이 넘는 사람들이 가뭄으로 인한 기아에 시달리고 있고, 북한의 어린이 다섯 명 중 한 명은 영양실조에 걸려 있다. 세계보건기구에 따르면 전 세계 5세 미만 유아의 사망 요인 중 두 번째가 설사병이다. 이와 같은 건강 문제 대부분이 의약품과 식량을 이용할 수 없는 기술적 난관들뿐만 아니라 부정부패와 차별, 국가적 역량 부족에서 비롯된다.

이러한 건강 문제를 해결하는 데 도움이 된다는 전제에서 앞서 설명했던 생명공학 분야의 발전들은 무한한 잠재력을 가질 것이다. 그러나 그 반대라면, 경제적으로 이미 특혜를 누리고 있는 사람들의 장점과 힘을 공고히 하여 건강과 관련된 기존의 편견과 격차를 더 심화할 게 뻔하다. 유전 기술 혜택을 누린 사람과 누리지 못한 사람이 유전적 편견으로 구별될 것이고, 유전자 편집 기술을 이용할 수 없는 부모의 장애 자녀는 차별받을 수도 있다. 어쨌든 20세기 초반 50년 동안 우생학은 변방의 극소수가 아니라 여러 분야의 학자들과 과학 및 의료 전문가들로부터 지지를 받았다. 오늘날 그와 비슷한 일이 일어나지 않으리라고 장담할 수 없다.

미래에 인간의 존엄성을 훼손하는 위협은 다른 인간이 아니라 어쩌면 건강과 행복을 증진하기 위해 우리가 이용하는 기술적 도구들로부터 올 수도 있다. 이러한 기술은 아기를 원하거나 희귀 질병을 치료하고 싶어 하는 수백만 명의 사람들을 틀림없이 도울 것이다. 하지만 한편으로 이러한 기술에 대해 우리가 내린 경솔한 (또는 나쁜) 결정들이 현세대만이 아니라 미래 세대의 자율권과 신체 보전권 그리고 존엄성에까지 영향을 미칠 수도 있다. 심지어 독재적인 정부나 실권자가 유전 기술을 악용해 특정한 사회집단을 없애거나 바꿔 놓을 가능성도 있다. 유전자 드라이브gene drive는 말라리아를 유발하는 모기의 유전자를 바꿀 때 이용하는 신기술이다. 유전자 드라이브가 테러 집단이나 파렴치한 정부의 손에 들어간다면, 모기가 아닌 인간으로 그 대상을 넓힐 수도 있다. 그 결과는 대재앙이 될 게 뻔하다.

유전자 연구를 중단할 방법은 없다. 물론 반드시 그래야 할 필요도 없다. 위에서 그려 본 최악의 시나리오들을 피하기 위해서는 인간이라는 존재가 무엇이고, 우리가 서로 어떤 관계를 맺고 있는지, 환경과 어떻게 연결되어 있는지, 또 인간 존엄성의 진정한 표준은 무엇인지 명확한 지침을 세워야 한다. 다시 말해서 좋은 사회를 건설하고 보전할 유일한 방법은 인권의 본질을 분명히 알고 그것을 안전하게 수호하는 것이다.

5장 —————— 인권을
위협하는
부정부패

THE
COMING
GOOD
SOCIETY

전 세계 7억 5000만 명 이상의 사람들이 하루 1.9달러(약 2,300원)가
채 안 되는 돈으로 연명하며, 국제사회는 이를 극단적인 빈곤 상태로
본다. 수시마는 인도에 머무는 동안 부자보다는 극빈자들이 부정부패
에 더 큰 타격을 입는다는 생각을 여러 번 했다. 부정부패는 극빈자의
제한적인 경제적 수단과 회복력을 파괴할 뿐만 아니라 손쓸 틈 없이
각종 권리들을 침해할 수 있다.

　부패와 빈곤의 악순환은 이렇다. 지독히 가난하다면 거리에서 지내
겠지만, 가까스로 노숙을 면해 방 하나짜리 집에 세 들어 산다면 매달
비싼 집세를 죄다 현금으로 강탈당하듯 낼 확률이 높다. 고작 알전구
하나 밝히는 데도 터무니없는 추가 요금을 지불하라고 한다. 노점상이
라도 해 보려고 길거리에 좌판을 깔았더니 담당 경찰관이 뇌물을 달란
다. 여자와 소녀 들은 식수를 사기 위해 급수차 앞에서 몇 시간을 기다
리든지 아니면 강이나 연못까지 몇 킬로미터를 걸어가 물을 길어 와야
한다. 돈 많은 이웃들은 말 그대로 물을 물 쓰듯 공짜로 쓰고 수영장까
지 갖춰 놓고 살고 있을 테지만 말이다. 자녀를 지역 공립학교에 입학
시키려고 했더니 교장이 특별 사례금을 요구한다. 무상으로 초등교육
을 받을 수 있다지만 그건 어디까지나 정책이 그렇다는 것뿐이다. 정

부가 배급하는 원조 곡물을 받기 위해 무료 신분증을 발급받으려고 하니 다만 얼마라도 공무원 주머니에 찔러 넣지 않으면 안 된다. 엄청난 이자율 때문에 결코 원금을 갚을 수 없다는 걸 알면서도 모자란 돈은 대부업체나 중개인에게 빌릴 수밖에 없다.

이번 장에서는 바로 위에서 언급한 것처럼 작고 사소한 부패에서 거대한 규모의 부패에 이르기까지 부패의 다양한 양상들을 살펴보고, 부패로부터 자유롭게 살 권리를 새로운 권리로 인정할 수밖에 없는 이유를 설명할 것이다. 무엇보다 부패가 줄면 다른 권리들을 실현하고 좋은 사회를 건설할 토대가 탄탄해질 것이다. 가령 경찰에게 뇌물을 주지 않고도 노점을 지킬 수 있다면 세계인권선언 제23조가 보장하는 "공정하고 유리한 조건에서 일할" 권리도 지킬 수 있다. 부패로부터의 자유가 그 자체로 권리로서 인정받아야 하는 이유를 살펴보기에 앞서, 부패의 다양한 유형들을 알아보고, 인권의 렌즈를 통해 지금까지와는 전혀 다른 시각에서 부패를 바라볼 때 어떤 장점들이 있는지 논의해 볼 것이다.

사소한 부정부패는 "병원, 학교, 경찰서를 포함한 다양한 정부 기관에서 물품이나 서비스를 제공받으려는 일반 시민들을 직접 상대하는 중하위 공무원들이 위임받은 권한을 예사로이 남용하는 것"으로, 사회의 취약 계층에게 더욱 불공평하게 작용한다.[1] 멕시코의 빈곤 가정은 변변찮은 수입의 4분의 1을 사소한 부패로 잃고, 우간다에서는 학교 기금 1달러당 20센트만이 실질적인 학교 운영에 쓰이는 것으로 조사되었다.[2] 가난한 사람들이 공공 자원을 고갈하기는커녕, 사소한 부패로 인해 가난한 사람들은 부자와 중산층이 당연한 것으로 여기는 재화와 서비스에 필요 이상의 과도한 비용을 지불하고 있는 셈이다.

대형 부정부패는 주로 권력의 최상위층에서 저지르는 것으로, 권력자가 공익을 희생시켜 사적 이득을 취하는 경우를 말한다. 대형 부정부패의 사례는 차고 넘치지만 그중에서도 75억 달러(약 9조)를 횡령하고 활동가의 살인에까지 연루된 혐의를 받고 있는 우크라이나의 전 대통령 빅토르 야누코비치Viktor Yanukovych와 그의 측근들이 저지른 부패는 특히 악명 높다.[3] 현재 야누코비치는 세계에서 가장 악명 높은 대형 도둑 블라디미르 푸틴이 집권 중인 러시아에서 무사태평하게 살고 있는 것으로 알려져 있다.[4]

정치적 부정부패는 대형 부정부패와 긴밀하게 연결되어 있으며, "정치적 의사 결정자들이 권력과 지위, 재산을 지키기 위해 직책상 권한을 남용하여, 정책과 제도뿐 아니라 자원과 재원의 배정 원칙을 부정적인 방식으로 조작하는 행위"를 일컫는다.[5] 선거 조작, 유권자 표 매수 그리고 기득권으로부터 은밀히 정치 기부금을 받고 그 액수에 따라 의사 결정을 바꾸는 정당의 행위 등이 여기에 해당한다. 인도의 선거 운동원들은 으레 현금, 옷, 자전거, 술, 음식 등을 시골의 가난한 유권자들에게 주고 표를 산다. 정치적 부정부패가 개발도상국만의 문제는 아니다. 미국의 경우 일리노이주의 전 주지사 일곱 명 중 네 명이 이런저런 부패로 기소되어 교도소에 수감 중이고, 정부 관리는 통 큰 기부자들에게 대사직을 주거나 정부 계약을 수주하도록 돕거나 우호적인 법안을 내는 것으로 유명하다.

대형 부패와 정치적 부패는 서로를 먹여 살린다. 이러한 공생 관계를 "부패의 집약화"라고 한다.[6] 정치적 부패를 통해 공직을 얻었을 선출직 공무원이 주요 직책의 관료를 임명하면, 이번에는 그 관료가 (대형 부패를 통해) 뇌물을 거둬들이고 자신의 명줄을 쥔 공무원에게 뇌물의 일정 부분을 상납하는 식이다. 세계은행World Bank이 추산한 바에 따르면 부정부패의 한 형태에 불과한 현금성 뇌물의 규모는 연간 약 1조 5000억 달러(약 1800조)에 이른다. 이는 전 세계 국내총생산GDP의 약 2퍼센트, 해외 개발 원조 가치의 약 10배에 해당하는 규모이다.[7]

앞서 언급한 세 가지 부정부패 외에도 눈여겨봐야 할 또 하나의 부패는 국제적 부정부패이다. 케이맨제도에 등록된 요트, 스위스에 소장된 예술품, 맨해튼에서 매매된 부동산, 파나마에 본사를 둔 재단의 공통점은 무엇일까? 이른바 "파나마 문서Panama Papers"에서 폭로되었듯, 이 모두가 4000만 달러(약 480억) 이상의 재산을 소유한, 전 세계 인구의 0.01퍼센트에 해당하는 사람들이 세무 당국이나 세무 조사원의 감독을 피해서 자신의 부를 향유하는 통로인지도 모른다. 이들은 하나 이상의 국가에 거주하고 다국적으로 기업을 운영하면서 제3의 국가에 돈을 숨겨 놓고도 어떤 국가의 어떤 감독 기관으로부터도 감시를 받지 않는다. 퓰리처상 수상 저널리스트인 제이크 번스타인Jake Bernstein에 따르면, 이 "은밀한 세상"은 "주로 규제가 없는 곳"으로, 여기에 보관된 "재산은 정부의 세무 당국자도 건드리지 못하고 범죄 수사기관의 시야에도 잡히지 않는다". 번스타인은 이러한 "국제적 규모의 개인 자산이 최근 몇 년 동안 꾸준히 늘어나고" 있고 금액으로 따지면 "2010년 121조 8000억 달러(약 14경)에서 2016년에는 166조 5000억 달러(약 20경)로 증가"했다고 설명한다.[8]

부정부패는 거의 모든 국가에서 벌어지지만, 국제투명성기구 Transparency International가 최근에 발표한 부패인식지수Corruption Perception Index에 따르면, 세계에서 가장 부패한 국가는 소말리아, 남수단, 북한, 시리아, 예멘, 수단, 리비아, 기니비사우, 베네수엘라, 이라크 순서였다.[9] 독자들도 곧 보겠지만, 이 국가들에서 다양한 양상의 인권침해가 일어나고 국가적 실패와 갈등 상황이 빈번한 것은 결코 우연이 아니다. 이와 같은 상관관계를 감안하면, 부패로부터 자유로운 삶을 살 권리를 확립하는 것이 무엇보다 시급하고 긴요함을 알 수 있다.

부정부패는 수천 년 전부터 근심거리였다. 인도의 철학자 카우틸랴 Kautilya는 기원전 2세기에 "마흔 가지의 횡령 방법"에 대해 글을 남겼고, 3세기의 아리스토텔레스도 부패에 관심을 가졌다.[10]

부정부패를 말할 때 보통은 금융 또는 경제적 측면만을 언급하고, 실제로도 돈과 관련된 물의를 일으키는 경우가 비일비재하다. 지난 수십 년 동안 다국적 금융기관들은 부패를 "사업 진행 비용"으로 간주하곤 했다. 그러나 "사업 진행 비용"은 금융에 국한되지 않는다. 어떤 정부 공무원이 지연과 혈연을 이유로 또는 자신을 지지해 줄 확률이 높다는 이유로 부적격자를 특정한 지위에 임명한다면, 이는 금융과 무관한 부패의 형태이다. 심지어 부패의 중심에 돈이 있는 경우라 할지라도 그 결과는 금융에 그치지 않을 수도 있다. 부패 행위자들이 워낙 교묘하게 속임수를 쓰기 때문에 추적이 쉽지 않겠지만 부패로 인한 손실액을 모두 합산한다고 해도 그 합계로는 부패가 사회에 끼친 부정적인 영향을 다 설명할 수 없다. 부패 전문 연구자이자 행동경제학자인 레이 피스먼Ray Fisman과 정치학자 미리엄 골든Miriam Golden은 이렇게 말한다. "뇌물이 일상이 된다면, 사회가 구성되는 방식에도 많은 변화를 야기할 수 있다."[11]

가령 어떤 기업이 정부 계약을 따내려고 뇌물을 건넨다면 다른 기업들을 시장에서 밀어내는 결과를 초래할 수 있다. 그 여파로 제품 가격은 과도하게 부풀려지고 품질은 현저하게 떨어질 것이다. 정부의 한 공무원이 특정 기업으로부터 뇌물을 받았다면 그 기업의 편익을 봐주기 위한 대가성 법률을 제정할 수도 있다. 공익과 환경에는 해가 되든 말든 상관없이 말이다. 임명을 대가로 공직 지망자로부터 뇌물을 받은 선출직 공무원은 공무원의 청렴과 전문성을 손상시킬 수 있다. 이 모든 부정한 거래가 초래할 총손실은 각각의 부패가 가져올 경제적 손실의 합과는 비교도 안 될 만큼 크다.

부패를 판단하는 또 하나의 기준은 법이다. 한 국가의 법과 정책은 부패를 정의하고, 공공 조달에서 선거 자금에 이르는 모든 사항에 대한 원칙을 세우고, 위반에 따르는 해결책을 마련한다. 하지만 부패가 극심한 사회에서는 탈법과 위법이 시도 때도 없이 일어난다.

정치적 제도와 합의의 관점에서 부정부패를 바라보는 방법도 있다. 흔히 투표를 통해 부패한 공직자를 퇴출시킬 수 있는 민주주의 사회보다 독재 정권이 들어선 사회에 부정부패가 훨씬 더 만연해 있을 것으로 생각하지만, 예상과 현실은 완전히 일치하지 않는다.[12] 일례로 매우 권위주의적인 국가인 싱가포르는 비교적 부패가 적은 반면에 세계에서 가장 큰 민주주의 국가인 인도는 크고 작은 부패의 온상지이다.

부패를 바라보는 또 다른 관점은 행동경제학적 관점이다. 전 세계 수천 명을 대상으로 한 다문화 연구에 따르면 한 사회가 부패하면 그 구성원 개개인의 부정부패도 더 심하다.[13] 또 다른 연구에서는 뇌물을 주면 사람들이 더 부정직해진다는 결과가 나왔다. 사실 뇌물에 노출되는 것만으로도 동일한 효과를 낼 수 있다![14]

마지막으로 부패는 공중 보건의 측면에서도 드러난다. 앙골라의 석유와 다이아몬드는 죄다 정치인들에게 약탈당했다. 그 결과 공중 보건에 쓸 재원을 충분히 갖고 있음에도 앙골라는 "세계에서 어린이에게 가장 치명적인 곳"이 되었다고 저널리스트 닉 크리스토프Nick Kristof는 말한다. 물과 관련된 부패로 인한 손실도 매년 수십억 달러에 이른다. 그 결과 물은 안전하지 못하거나 너무 비싸거나 혹은 구경조차 할 수 없게 된다. 전 세계 인구 세 명 중 한 명은 화장실을 이용할 수 없고, 90초마다 어린이 한 명이 물 관련 질병으로 목숨을 잃는다.[15]

위에서 언급한 사례들은 부패에 대한 이해를 도울 뿐만 아니라 부패가 얼마나 복잡하고 뿌리 깊은지, 또 개개인의 발전과 존엄한 삶을 어떻게 망치는지, 좋은 사회로 나아가기 위한 노력을 얼마나 위협하는지도 알게 해 줄 것이다. 하지만 그 어떤 관점도 반부패 활동가와 인권 옹호자 그리고 국제적인 기구 들이 가장 선호하는 관점인 인권보다 더 포괄적일 수는 없다.

부정부패가 인권에 영향을 미치는 방식은 최소 네 가지다. (1) 부패는 부자보다 가난한 사람들에게 훨씬 더 큰 영향을 미쳐 경제 및 정치적 권리의 행사를 제한하고, 그 결과 존엄한 삶을 살 기회마저 빼앗는다. (2) 부패는 국민에게 삶의 기본 요소를 제공하는 데 사용해야 할 국가 재원을 갉아먹는다. 그 결과 국가는 국민이 경제, 사회, 문화적으로 누려야 할 권리들을 보장해 주지 못한다. (3) 불법 자금의 출처는 왕왕 불법 행위들과 긴밀히 연결되어 있으며, 마약 거래뿐만 아니라 불법 노동, 성매매와 같은 불법 행위에 취약한 수백만 명의 권리와 안전 그리고 존엄성을 또다시 위협한다. (4) 부패는 힘없는 사람들의 희생을 담보로 권력자들이 잇속을 챙기도록 제도와 법률, 정책 설계에 영향을 미친다.

이 네 가지 방식의 관계를 조금 더 자세히 들여다볼 필요가 있다.

부패는 부자보다 가난한 사람들에게 더 불리하고 그들이 권리를 행사할 능력을 제한한다.

사소한 부패는 가난한 사람들이 투표할 권리, 적법 절차를 밟을 권리, 건강을 추구할 권리와 같은 기본적 권리를 침해함으로써 존엄성의 기반을 허문다. 지역 공동체를 쥐고 흔드는 유력한 정치인에게 또는 위해에 대한 두려움 때문에 뇌물까지 상납한 정치인에게 과연 거리낌 없이 반대표를 던질 수 있을까? 뇌물을 받는 판사에게 공정한 재판을 기대할 수 있을까? 부패한 공무원들이 가뜩이나 부족한 소득마저도 빨아먹고 있다면, 어떻게 기본적인 생활을 꾸릴 것이며 흉작이나 응급 의료 상황과 같은 위기에 어떻게 대처할까? 가난하고 힘없는 사람들은 부자들보다 이러한 모욕과 침해에 더욱 취약하다.

부패는, 공정하게 세금을 징수하고 지출하며 국민의 인권을 강화하고 좋은 사회를 이룩하기 위한 정책 수립에 써야 할

국가의 역량을 제한한다.

국가가 제한된 자원을 어떻게 사용하느냐에 따라 그 사회의 품격이 달라진다. 시민적 및 정치적 권리에 관한 국제 규약에 의거하여, 국가는 시민으로서의 권리와 정치적 권리를 "존중하고 보장"해야 한다. 고문을 당하지 않을 권리와 공정한 재판을 받을 권리에 대해서는 그 어떤 타협도 허용될 수 없다. 그러나 경제적, 사회적 및 문화적 권리에 관한 국제 규약에 명시된 의무들, 이를테면 위생적인 환경과 무상 초등 교육 보장과 같은 국가의 의무는 제한된 자원에 의존해야 하므로 대개 "점진적으로" 실현된다. 그런데 부패는 바로 그 제한된 공적 자금을 국가의 창고에서 개인의 주머니로 빼돌려 국가의 의무를 방해한다.

단적인 예로, 세계은행은 전 세계에서 물과 관련한 부정부패로 공적 자금의 20퍼센트에서 40퍼센트가 사라진다고 추산했다.[16] 약 20억 명이 안전한 식수를 확보하지 못하고 45억 명이 열악한 위생 상태에 처해 있다.[17] 부패는 국가가 공공재와 서비스를 제대로 분배하는 걸 막는다. 그 결과 국민은 생산적이고 건강한 삶에서 멀어지고 존엄과 자유를 누리지 못한 채 죽어 간다. 부패와 불평등은 긴밀하게 연결된다.[18] 실제로도 많은 전문가들이 부패와 불평등이 서로를 강화한다는 데 동의한다.[19]

불법 자금은 인권과 안전, 존엄성을 침해하는
행위나 산업과 손잡고 있는 경우가 많다.

노예제도 반대 활동가이자 노예 문제 전문가 시드하스 카라Siddharth Kara는 "노예는 일종의 사업이고, 노예 사업은 지금도 번창하고" 있다고 말한다.[20] 인신매매와 현대판 노예는 사법부, 경찰, 이민 및 국경 통제와 교통 관리 기관이 연루된 부패에 뿌리를 두고 있는데, 그중 성매매를 통해서 이들이 챙기는 이익만 연간 320억 달러(약 38조)에 이르는 것으로 추산된다.

라틴아메리카에서 마약 밀매는 심각한 공적 부패와 결탁한 일종의 산업이다. 과테말라 같은 나라에서는 불법 마약 밀매 자금이 정당들로 흘러 들어가고, 수익성 높은 정부 계약들은 주로 마약 카르텔이 배후에 있는 건설 회사들이 수주한다.

무기 거래는 그 통로가 공식적인 정부 계약이든 불법 무기상이든 상관없이 약소국들의 힘을 더 빼앗고 인류의 안전을 위협하며 정부를 무력하게 만드는 부정부패의 온상이다. 일례로 영국의 방위산업체들은 이라크에서 사용할 원가 11파운드(약 16,500원)짜리 폭탄 탐지기를 개발하고 이것을 최종 소비자에게 1만 5000파운드(약 2250만 원)에 팔아넘겼다. 영국의 공무원과 방위산업체는 막대한 부정 수익을 챙겼지만 폭탄의 위치를 감지하지 못하는 이 허접한 탐지기로 인해 이라크에서는 수백 명이 목숨을 잃었다.[21]

제도, 법, 정책의 부패는 소외된 약자를 희생시켜
강자의 주머니를 불려 준다.

대규모 농산업체가 관개 시스템 건설을 대가로 정부에 뇌물을 주면 소규모 영세 농가는 도태될 수밖에 없다. 정부는 선정한 기업으로부터 과도한 대가를 받을 테고, 수백만 달러에 이르는 그 비용은 불필요한 지출이나 제품 가격 인상을 통해 납세자와 소비자가 고스란히 지불한다. 가난한 사람들에게 꼭 필요한 공공 서비스를 민영화할 수도 있는데, 그것은 효율성을 높이기 위해서라기보다 민간 업체와 계약하면 감시망을 피해 더 막대한 뇌물을 챙길 수 있기 때문이다. 결과는 뻔하다. 비용은 더 많이 들고 서비스의 품질은 떨어진다. 결정권자들이 바람직한 공공 정책보다 본인과 가족에게 유리한 결정을 내린다면 기존의 권력 구조는 더욱 공고해지고, 사회적 취약 계층은 투명하고 공정한 시스템 안에서보다 훨씬 더 불리해진다.

피스먼과 골든은 부패 척결이 어려운 이유를 "형평성을 위한 부패"라는 틀에서 설명한다. 그들은 "개인 간 상호작용의 결과로, 다른 사람들이 내린 선택들 때문에 내가 어떤 행동을 하더라도 상황을 유리하게 만들 수 없을 때 부패가 일어난다"고 말한다.[22] 실제로 이런 상황은 언제 발생할까? 어떤 학교에 자녀를 입학시키기 위해 모든 부모가 뇌물을 준다고 가정해 보자. 그런 상황이라면 어떤 부모도 자기 자녀의 입학 기회를 희생하면서까지 정직하게 행동할 수 없다. 모든 사람이 국립 의료 기관의 의사에게 뇌물을 주는 마당에 나만 그러지 않는다면? 당연히 나와 내 가족이 신속한 처치를 받을 기회는 사라진다. 사회의 부패가 개인의 부패로 이어진다는 말도 떠올려 보자. 형평성을 위한 부패라는 관점과 부패를 부르는 부패의 효과 모두 부패 척결을 어렵게 만든다.

하지만 그렇다고 부패 척결을 위해 노력하는 사람이 적다는 뜻은 결코 아니다. 최근 부패와의 전쟁을 위해 투명성, 정부의 책임감, 시민의 참여를 독려하는 범세계적 운동과 지역적 활동이 늘어나고 있는 것은 눈여겨봐야 할 발전이다. 국제투명성기구를 비롯해 탐사 보도 기자, 환경 운동가, 각종 시민 단체 들은 내부 고발자의 대담한 희생에 힘입어 부패한 관행뿐 아니라 부패에 가담한 사람들을 폭로하고 공무원의 책임감을 촉구하는 목소리를 계속 내고 있다. 우크라이나의 반부패 활동가들은 사무실을 습격당하고 문서를 빼앗기고 기부금 남용으로 기소되었다.[23] 이런 괴롭힘과 협박은 인도네시아, 이집트, 러시아를 비롯한 여러 국가에서도 벌어졌다. 2016년 온두라스의 저명한 환경정의 및 원주민 운동가 베르타 카세레스Berta Caceres는 수력발전 댐 소유자의 손에 잔인하게 살해되었을 것이라는 의혹을 남긴 채 사망했다.[24] 국제 NGO인 글로벌 위트니스Global Witness에 따르면 온두라스는 "환경 운동을 저해하는 세계 최악의 국가"로, 2010년까지 120명 이상의 사람들이 "부패하고 탐욕스러운 기업을 등에 업고 법망을 피한 청부업자들이 전국적으로 일으킨 숙청 바람"에 목숨을 잃었다.[25]

더 철저한 감시와 더 많은 폭로가 긍정적인 발전인 것은 맞지만, 역설적이게도 그 발전이 부정적인 파급효과를 일으킬 수도 있다. 대중에게 부패에 대한 경각심을 일깨우고 부패한 정치인들에게 책임을 묻기 위해 발의된 투명성 법안은 역으로 권력자에게 뇌물을 주는 방법 가르쳐 줄 입문서가 될 수도 있다. 언론 매체가 부패한 공무원들에 대해 더 많이 보도할수록 지친 대중은 '보라고! 죄다 썩었어!' 식의 확증 편향만 더 커지고, 변화가 가능하리라는 믿음은 줄어들 것이다. 앞서 논의했듯, 타인의 부패에 노출될수록 더 많은 사람들이 부패를 저지르는 경향이 있다. 물론 부패 의혹을 사고 있는 정부가 부패에 대한 언론 보도를 원천적으로 차단할 수도 있고 북한이나 소말리아처럼 아예 세상의 이목을 신경 쓰지 않는 정부도 있다.

이러한 우려에도 불구하고 투명성은 부패와의 전쟁에서 가장 중요한 무기이다. 글로벌 위트니스와 같은 단체들은 천연자원 채굴 산업과 연결된 부패를 정기적으로 보도하고, 국제투명성기구의 부패인식지수는 최악의 명성을 얻은 국가들을 발표함으로써 전 세계를 일깨우고 있다.

첨단 기술도 투명성을 높이고 공공 재원에 대한 부정부패를 줄이는 데 커다란 역할을 할 수 있다. 드론 카메라에 잡힌 러시아 총리 드미트리 메드베데프Dmitry Medvedev의 초호화 저택은 사방이 높은 벽으로 둘러싸여 있고, 연면적 80헥타르(80만 제곱미터)에 스키 리프트와 헬리콥터 이착륙장, 수영장과 손님용 호텔을 비롯해 각종 최고급 시설들이 갖추어져 있었다. 건축에만 대략 3억 8600만 달러(약 4600억 원)에서 4억 6400만 달러(약 5500억 원)가 든 것으로 알려졌다.[26] 이 저택의 위치는 메드베데프가 자신의 인스타그램 계정에 아무 생각 없이 "가을"이라는 제목으로 올린 귀여운 버섯 사진 때문에 밝혀졌다. 한 반부패 활동가가 인스타그램의 지리 정보 시스템을 이용해 사진을 찍은 장소를 밝혀낸 것이다.

인도에서 인기 있는 웹사이트인 ipaidabribe.com은 "뇌물 제공 행위를 추적하고, 뇌물 요구를 거절한 사례를 찾는 시민 주도 프로그램"이다.[27] 시민들은 출생증명서, 여권, 운전면허증 발급과 같은 공공 서비스를 이용할 때 뇌물을 요구받은 사례를 이 웹사이트에 공개한다. 그뿐 아니라 이민과 세관, 대외 무역, 경찰, 심지어 사법부와 관련하여 뇌물을 요구받은 사례도 보고할 수 있다. 이러한 참여를 통해 시민은 자신의 태도를 결정하고 변화의 물꼬를 틀 수 있다. 국가 간 협업의 사례로 볼 수는 없지만 이와 명칭과 기능이 비슷한 파키스탄의 웹사이트인 ipaidabribe.pk도 있다. 국제투명성기구에 따르면 4년간 파키스탄이 부패로 입은 손실은 940억 달러(약 112조)가 넘는다.[28]

물론 기술적으로 접근한 해결책이 가난한 사람들이 살아가면서 일상으로 겪는 착취와 압박에는 큰 도움이 안 될 수도 있다. 더욱이 인터넷을 쓸 수 있는 중산층이나 부유층에게는 개인적으로 겪은 강탈 행위를 알릴 통로가 되겠지만, 어쩌면 그로 인해 사소한 부패의 표적이 극빈자에게 몰리는 현상을 초래할 수도 있다.

정부의 각종 프로그램에 대한 감독과 감시가 (감독과 감시를 맡은 관료들마저도 더러 부패에 찌들었을지언정) 부패를 줄이는 효과를 낼 수는 있지만, 모든 부패 행위를 샅샅이 다 찾아낼 수는 없다. 이를테면 연고주의와 결부된 행위는 적발하기가 특히 더 어렵다. 개발도상국들에서 시민과 마을 공동체가 주도하여 공공재의 오용을 감시하려는 노력이 늘어나고 있지만, 모든 공적 자금이 추적이 쉬운 가시적인 프로젝트에만 쓰이는 것은 아니다. 예를 들어 마을에 진입 도로가 아직 없다면 그런 도로를 아직 건설하지 않았다는 사실을 마을 사람 전부가 알 것이다. 그런데 만일 도로 건설과 같은 공공사업에 사용되는 자재의 비용이 부풀려졌다면, 그 사실을 쉽게 알아차릴 사람은 거의 없다. 부패가 불평등을 조장한다는 점에서 가난한 사람들은 국가를 향해 공공 서비스와 프로젝트에 더 많이 투자하고 더 강력한 규제와 더 높은 세율을 적용하여 재분배 정책을 실행할 것을 요구할 수도 있다. 하지만 역설적이게도 부패한 정부는 이러한 요구들을 기꺼이 수용하려고 한다. 왜

나하면 그 과정에서 부패의 먹잇감이 늘어날 뿐만 아니라 지대 추구의 가능성도 높아지기 때문이다.[29]

혁신적인 국내법이 오히려 책임과 면책 문제에 제동을 걸 수도 있다. 예를 들어 인도에서 2005년에 제정된 정보 권리법Right to Information Act은 사안의 경중과 상관없이 시민이 다양한 정보를 요구함으로써 공무원과 정부 관료에게 책임을 물을 수 있는 권리를 보장한다. 일반 시민과 사회단체 들은 정보 권리법을 이용해서 공공 자금의 편취, 사기, 유용, 횡령을 적발할 뿐만 아니라 정부 프로그램에 대한 사회적인 감시를 실천하고 있다. 가정법원과 고등법원을 통한 법적 제재뿐 아니라 반부패 위원회와 같은 기관들의 감독도 부패를 차단하는 데에 도움이 된다. 법의 원칙, 사법부의 기능 그리고 법률 서비스에 대한 취약 계층의 접근성이 모두 잘 확립된 경우라면 말이다. 2017년 말 에볼라 바이러스에 감염된 의료 종사자 두 명은 시에라리온의 한 지방법원에 수백만 달러에 이르는 기부금 일부를 남용한 혐의로 시에라리온 정부를 고소했다.[30] 2013년부터 2016년까지 시에라리온과 기니, 라이베리아에서 에볼라 바이러스로 1만 1000명 이상이 목숨을 잃는 동안 치료에 쓰여야 할 수백만 달러의 자금이 탐욕스러운 공무원들의 주머니로 들어가고 있었던 것이다.[31] 심지어 NGO와 적십자를 비롯한 인도주의 단체들도 이 부패에 가담했다. 적십자는 한 직원이 에볼라 기금 중 수백만 달러를 횡령한 사실을 인정했고,[32] 반부패 감독관과 적극적으로 협력하여 기금을 횡령한 직원에게 책임을 묻고 횡령금 전액을 회수할 것을 약속하는 성명서를 발표했다.[33]

이러한 접근 방식이 효과를 거두기 위해서는 국가적으로 일정 수준의 공공 기반 시설과 역량이 확보되고 좋은 통치에 대한 약속이 선행되어야 한다. 이 선행 조건이 제한된 지역이라면 새로운 단체를 통해 바람직한 모델을 만드는 것도 한 방법이다. 부패와 불처벌 척결을 위해 유엔이 설립한 과테말라의 불처벌 반대 국제 위원회International Commission against Impunity in Guatemala, CICIG가 그 예다. 외국인으로 구성된 이 위원회는 전직 대통령을 포함하여 과테말라 최고위층 정치인들의 부패와 불처분 사실을 폭로했다. 역설적이고도 안타깝지만, 이 위원회는 과테말라의 고위층 정치인들로부터 비난과 공격을 받았다. 이처럼 부패가 고착화된 국가들이 자력으로 끊어 낼 수 없는 뿌리 깊은 대형 부패에 제동을 걸어야 한다고 생각한 미국 지방법원 판사 마크 울프Mark Wolf는 국제형사재판소와 유사한 국제 반부패 재판소를 설립하자고 제안했다.

국제사회도 이 사안에 침묵을 지킬 수는 없었다. 2012년 통치와 반부패에 관한 프라하 선언Prague Declaration on Governance and Anti-Corruption은 부패를 척결하고 좋은 정부를 세우기 위한 10개 원칙을 발표했다. 뇌물 수수 방지와 기소, 이해의 상충을 드러낼 수 있는 개인의 재산 공개 원칙, 경찰과 검찰 그리고 사법부의 청렴성 확보, 공개적이고 투명한 정부, 부패와의 전쟁을 위한 공동 정책, 반부패 제도에 대한 재정 지원, 선거 자금의 투명한 공개, 로비 활동 공개, 내부 고발자 보호, 시민사회와 언론의 집회 및 결사의 자유 보장이 그것이다. 인식을 바로잡고 동의를 이끌어 내기 위해서는 이 같은 선언이 반드시 필요하지만 부패의 끈질기고 교활한 성격을 고려하면 선언만으로는 역부족이다.

유엔 부패방지협약United Nations Convention Against Corruption, UNCAC은 크

게 5개의 영역으로 나뉘어 있다. 부패의 방지, 범죄화 및 법 집행 조치, 국제적 협력, 자산 회수, 기술적 지원 및 정보 교환이다. 대다수 국가가 이를 승인했지만 시행을 위해서는 상당한 노력이 필요하다.

게다가 다자 또는 양자 간 원조와 교역 프로그램들도 반부패 규정을 더 많이 도입하고 있다. 한때 부패가 사업 진행 비용으로 간주된 적도 있지만, 지금은 좋은 정부의 좋은 정치를 훼방하는 치명적인 독 그 이상도 이하도 아니다.

관행적인 부패 행위와 그것을 일삼는 사람들을 드러내 책임을 묻고 법과 규제를 바꾸기 위한 이 모든 노력들은 평가할 만하나, 한 가지 중요한 것을 놓치고 있다.

현재 국제법은, 전 유엔인권고등판무관 나비 필라이와 전 사무총장 코피 아난Kofi Annan을 비롯한 여러 인사들이 법규와 민주주의 그리고 인권을 포함해 사회 전반에 미치는 부패의 악영향을 강조했음에도 불구하고, 여전히 부패를 인권침해 자체로 간주하지 않는다. 세계인권선언, 시민적 및 정치적 권리에 관한 국제 규약 그리고 경제적, 사회적 및 문화적 권리에 관한 국제 규약 중 어디에도 "부패"라는 단어는 없다. 우리 두 저자는 이것을 인권 체계의 중대한 허점으로 보며 이제는 부패 없는 사회에서 살 권리를 공식적으로 확립해야 할 때라고 생각한다.

부패로부터 자유로울 권리를 새로운 인권으로 채택하는 것에 반대하는 사람들은 실리와 철학이라는 두 가지 근거를 내세운다. 실리를 따지는 쪽은 인권보다는 재정적인 기준에서 실로 엄청난 비용 손실을 초래하는 부패를 반대하는 것이 훨씬 더 효율적이라고 생각한다. 세계

공통어인 '돈'이라는 쉬운 언어로 부패를 보여 줄 뿐만 아니라 인권이 서구적 가치를 나머지 세상에 강요하는 시도라는 부담도 벗어 버릴 수 있기 때문이다. 게다가 실리적 비평가들이 덧붙이는 또 다른 근거는 문화권마다 부패를 규정하는 방식과 요건이 다르기 때문에 이를 일반화할 수 없다는 점이다. 선거 운동에 현금을 선물로 주었더라도 선거법에 준하여 보고되었다면 미국은 이를 합법으로 인정하지만 다른 나라에서는 뇌물로 간주한다. 중동에서 사례금 또는 팁을 일컫는 바크시시baksheesh는 중동의 일부 국가에서는 일반적인 상거래로 인정하지만, 상황에 따라 불법으로 간주하는 국가들도 있다.

부패에 반대하는 근거로써 경제적 기준은 분명히 중요하다. 투표로 선출된 모든 지도자는 설령 사리사욕을 위해서라 할지라도 자신이 주재하는 지역의 경제 발전에 신경을 쓴다. 따라서 경제적 근거에서 부패를 종식해야 한다는 주장도 설득력이 있을 수 있다. 그러나 부패의 경제적 손실을 강조한다고 해서 인권 접근 방식을 도입할 여지마저 없는 것은 아니다. 여성에게 (교육, 의료, 고용 평등과 같은) 기본권을 허용하지 않는 국가들이 여성 혐오로 인한 경제적 손실을 입고 있다는 사실은 명백하다. 하지만 여성의 권리를 경제적 논리로만 해석하는 것은 오히려 여성의 권리의 중요성을 부각하지 권리로 인정해야 할 필요성을 없애 버리는 것은 아니다.

물론 인권 옹호자들로 인해 점점 더 입지가 좁아진 권위주의적인 통치자들이 오히려 인권 운동가들을 서구 자본으로 먹고사는 트러블 메이커라고 낙인찍어 평판을 떨어뜨리고 있는 것도 사실이다. 필리핀 대통령 로드리고 두테르테Rodrigo Duterte는 필리핀 경찰에 유엔의 인권 조사관들에게 협조하지 말라는 지시를 내리고, "내 나라를 내 맘대로 통치하겠다는데, 그걸 누가 [조사관들] 간섭하겠다는 건가?"라고 말했다.[34] 러시아의 블라디미르 푸틴 정부는 인권 단체와 관련 연구소에서 일하는 사람들을 의무적으로 "외국 요원"으로 등록하게 했고, 이를 따르지 않은 한 활동가를 형사 기소했다.[35] 이것은 인권의 한 영역이 아닌 인권 체계 전반이 당면한 도전들이다. 부패와 관련된 권리를 새로운 권리로 선언하기를 회피할 게 아니라 이를 지지하는 국제적 합의의 힘으로 도전들과 맞서야 한다. 게다가 중국 내에서 부패를 찾아내고 부패한 공무원들을 처벌했던 시진핑 주석의 행보만 봐도 우리는 서구 이외의 많은 문화권에서 부패 척결을 우선 과제로 삼고 있음을 알 수 있다.

물론 새롭게 확립될 권리가 여러 문화권에서 실제로 지켜지기 위해서는 신중하고 명확하게 규정되어야 한다. 국제투명성기구가 "사적 이익을 위한 공권력 남용"이라고 명시한 부패에 대한 정의가 궁극적으로 완벽하지는 않지만, 정의定義의 딜레마는 권리를 해석하고 정의하는 모든 언어가 겪는 문제임과 동시에 인권법의 타당성과 적용을 다양한 맥락에서 모색하는 인권재판소들이 존재하는 이유이기도 하다.[36]

그렇다면 부패 없는 세상에서 살 권리의 확립을 반대하는 철학적 입장은 무엇일까? 이들은 크게 두 진영으로 나뉜다. 하나는 부패 없는 세상에서 살 권리가 다른 권리를 실현하기 위한 도구적 성격의 요구일 뿐, 그 자체가 본질적으로 권리는 아니라고 주장하는 진영이다. ("공정한" 재판을 받기 위해 먼저 판사에게 뇌물을 제공해야 한다면 적법 절차 권리를 보장받는다고 말할 수 없지 않는가?) 또 다른 진영은 부패로부터의 자유를 별도의 권리로 인정하는 것은 순전히 상징적 행위에 불과하며 인권이라는 대의를 희석시켜 오히려 고문당하지 않을 권리와 같은 핵심적인 권리의 보장을 더 어렵게 만들 수 있다고 주장한다.

첫 번째 진영의 반대 논리는 비교적 쉽게 해결된다. 가장 기본적인 생명권을 포함하여, 다른 권리들을 실현하기 위한 "도구"로 보이지만 그 자체로 탄탄하게 확립된 권리로 인정받은 예는 수없이 많다. 교육받을 권리를 예로 들어 보자. 이 권리는 그 자체로 권리일까, 아니면 다른 권리를 실현하는 데 필요한 "도구"일까? 많은 이들이 교육은 어떤 목적으로 이용하든 그 자체로 가치 있다고 주장할 것이다. 그러나 교육을 받지 않을 경우 어떤 권리들, 가령 "자기[스스로]와 [자신의] 가족의 건강과 행복을 위해 적절한 수준의 삶"을 영위할 권리는 불가능하지는 않더라도 실현하기가 매우 어려워질 수도 있다.[37]

두 번째 진영이 제기하는 부패 없는 세상에서 살 권리가 단순한 상징에 불과하고 다른 핵심적인 권리보다 중요하지 않다는 주장은 철학보다는 전략적인 문제일 수 있다. 인간의 존엄성과 역량을 실현하는 데에 있어서 고문당하지 않을 권리나 지휘 권한을 가진 당국에 의해 임의적으로 구금당하지 않을 권리보다 부패 없는 세상에서 살 권리가 별로 중요하지 않다고 인정한다고 치자. 하지만 그렇게 되면 재산 소유권처럼 잘 확립된 다른 많은 권리들도 순위가 밀려나기는 마찬가지다. 가진 게 없으면 존엄한 삶을 살 수 없다고 주장하고 싶은 사람이 (적어도 현재 시대에는) 거의 없지만, 재산 소유권을 인정하는 것이 다른 일련의 핵심 권리들을 약화시킨다고 주장하는 사람도 아직은 없다. '들어가며'에서 언급했듯, 권리는 제로섬 게임이 아니다. 새로운 권리의 도입이 "오래된 권리"의 가치를 떨어뜨리지 않는다.

그렇다면 어떠한 요구를 단순히 "괜찮은 아이디어"가 아닌 권리로 인정하는 것이 중요한 이유는 무엇일까? 국제사회가 어떠한 것을 인권이라고 공식적으로 선언했을 때는, 그것이 단지 공상적인 박애주의자의 바람이나 일부 국가만의 특유한 편애로 일축할 수 없는, 국제적으로 인정할 만한 규범의 확립을 알리는 신호이기 때문이다. 인권은 국제사회가 동의하고 장려하는 인간의 존엄성과 좋은 사회의 특징들을 반영한다.

이 같은 국제사회의 승인은 국내법에 얽매이지 않는 다양하고 실질적인 이득을 얻게끔 해 줄 수 있다. 예를 들어 풀뿌리 운동가들이 정부나 기업을 세계적 규범을 위반한 혐의로 기소할 수도 있다. 유엔 기구와 국제 법원에 청원하는 게 한결 쉬워지기 때문에 인권 위반 사실을 더 널리 알릴 수 있고, 인권을 가벼이 여긴 국가에 대한 처벌도 가능해진다. 실질적인 이득 몇 가지만 열거해도 이렇다. "여성의 권리는 인권이다." 1995년 베이징에서 열린 세계여성회의World Conference on Women에서 영부인 힐러리 클린턴Hillary Clinton이 했던 발언이 깊은 울림을 주는 이유이다. 여성의 투표권이나 차별받지 않을 권리를 전 세계 모든 국가가 인정하지 않은 것은 아니다. 하지만 클린턴의 발언은 그러한 여성의 권리들이 국가적인 호의가 아니라 보편적인 인권이자 좋은 사회의 필수 요건으로 인정받아야 한다는 의미였다. 부패로부터 자유로운 삶을 인권으로 인정해야만 우리는 부자와 특권층뿐만 아니라 가난하고 억압받는 사람들에게도 삶을 충족할 조건을 보장해 줄 수 있다.

이것이 실제로 어떻게 작동하는지 살펴보자.

콩고민주공화국은 세계에서 가장 가난한 나라이자 동시에 세계에서 가장 부패한 나라로 꼽힌다. 아이러니하게도 콩고는 구리, 금, 콜탄, 다이아몬드, 석유, 우라늄이 풍부할 뿐 아니라 세계 코발트 생산량의 50퍼센트를 차지할 정도로 천연자원이 풍부한 국가로도 알려져 있다.[38] 하지만 이른바 자원의 저주에 걸린 이 나라의 풍부한 자원은 부패한 공무원과 민간 기업 들의 주머니로 속속 빨려 들어가고 있다. 2010년부터 2012년 사이에 콩고는 광산 공시가를 낮게 책정해 외국 투자자에게 팔아넘기면서 13억 6000만 달러(약 1조 6000억 원)에 이르는 손실을 입었는데, 손실의 일부는 정부 공무원들에 대한 보상일 확률이 높다.[39] 비슷한 예로, 나이지리아는 2016년 한 해 동안 석유를 팔아서 대략 280억 달러(약 33조)의 수익을 올렸는데, 대다수 국민들은 여전히 2달러(약 2,400원)가 채 안 되는 돈으로 하루를 연명한다.[40]

부패로부터 자유롭게 살 권리가 국제적 차원에서 확립된다면, 콩고민주공화국이나 나이지리아뿐만 아니라 세계 어느 곳에서든 일반 시민과 반부패 감시 단체, 각종 시민 단체 들이 정부를 상대로 더 강경한 목소리를 낼 수 있는 근거가 마련되는 셈이다. 이 범세계적인 권리에 맞게끔 국내법과 구제책을 조정할 수도 있고, 활동가들이 국제 반부패 재판소나 유엔의 기구와 같은 국제단체들에 국내 문제에 대한 관심과 책임을 호소할 수도 있을 것이다. 인권이 강자를 향한 약자의 요구를 대변한다는 사실을 감안하면, 인권 렌즈는 각종 부패로 인한 권리 침해의 가장 큰 피해자인 극빈자와 소외 계층이 부패로 겪는 재앙에 비판적 관심을 모아 준다는 점에서도 중요하다.

이미 언급한 바 있지만, 때때로 부패는 또 다른 권리 침해와 모욕의 시발점이 될 수도 있다. 이를 더 잘 보기 위해서도 인권 렌즈가 필요하다. 2010년 아이티를 강타한 규모 7.1의 지진으로 최소 30만 명이 사망했고 30만 명이 부상을 입었으며 150만 명 이상의 이재민이 발생했다. 건물 붕괴를 포함하여 피해는 걷잡을 수 없이 번져 갔다. 지진으로 대략 4,000개의 학교가 무너졌다.[41] 지진은 인간이 어쩔 수 없는 신이나 자연의 영역이겠지만, 지난 30년 동안 지진으로 인한 건물 붕괴 사망자의 83퍼센트는 부패가 심각한 국가에서 발생했다.[42] 즉, 표준 이하의 조악한 자재를 사용했고 건축 방식도 기준 미달이었으며 건축 법규와 규제가 아예 존재하지 않았거나 유명무실했다는 의미이다. 아이티와 비슷한 규모의 지진을 겪은 뉴질랜드에서는 인명 피해가 거의 없었다. 한 목격자의 진술처럼 "지진으로 인한 사망자 대부분은 부패 수준이 비정상적으로 높은 국가들에서 발생한다."[43]

다시 말하지만, 아이티의 시민사회, 국제 구호 단체들, 반부패 운동가들, 어쩌면 특별보고관이 부패로부터 자유롭게 살 권리를 내세울 수 있었다면, 이 문제에 대해 세상의 관심을 끌어올 수 있었을 뿐만 아니라 이러한 부정부패에 대해 국내와 국제적 차원의 구제책을 강구할 수 있었을 것이다.

앞에서 논의했듯, 부패는 개발도상국만의 일이 아니다. 미국의 경우에도 사법 시스템 민영화로 인해 부패가 심각한 사회문제로 대두되었다. 일례로 2000년대 후반 펜실베이니아주에서는 수천 명의 어린이와 청소년이 소셜 미디어에서 교직원을 조롱하거나 빈 건물에 무단으로 침입하고 열려 있는 차량에서 동전을 훔친 "범죄"로 소년원 수감 판결을 받았다.[44] 몇 년 전 두 명의 판사가 공립 소년원을 폐쇄하고 사설 업체와 청소년 구금 계약을 맺으면서 "한 명당 수수료" 형식으로 그동안 수백만 달러를 받아 온 사실이 드러났다. 사설 구금 시설로 어린이나 청소년을 보낼 때마다 판사는 뇌물을 받고, 주는 사설 구금 업체의 침대 수를 늘려 주고 있었던 셈이다. 실제로 공공 서비스와 민관 합동 사업의 전면적인 민영화는 때로 의도치 않게 더 큰 부패로 이어질 수 있다. 왜냐하면 이러한 사업 방식은 공공 기관들이 준수하는 공개 원칙이나 감시 감독의 대상이 아닐 수도 있기 때문이다. 결국 2017년 미국의 인권 실태에 대한 유엔 특별조사위의 보고서가 발표되면서 미국 정부뿐만 아니라 세계의 관심을 이끌어 냈고 지역 인권 단체들의 목소리에 힘을 실어 주었다. 이와 같은 경우에도 부패 없는 사회에서 살 권리는 국내의 사법 정의와 빈곤 퇴치 운동에 강력한 근거가 될 수 있다.[45]

매튜 머리Matthew Murray와 앤드루 스팔딩Andrew Spalding은 부패로부터 자유롭게 살 권리를 제정할 것을 주장하며 이렇게 말한다. "우리는 인권과 반부패 법률 모두에서 진보를 지켜보고 있으며, 진보의 방향은 이 둘이 하나의 독자적인 권리로 확립되는 것이다. 세계인권선언이 채택된 이래로 역사는 1세대 (정치적 참여를 보장한) 시민권과 정치적 권리, 2세대 (최저 생활을 보장한) 경제적, 사회적 및 문화적 권리 그리고 3세대 (평화와 깨끗한 환경을 위한) 연대의 권리를 포함하여 수많은 권리가 등장하는 것을 목격했다."[46]

우리 두 저자는 지금이 바로 연대의 권리에 부패로부터 자유로울 권리를 추가해야 할 때라고 믿는다. 왜냐하면 이 새로운 권리야말로 수백만 명의 사람들이 존엄하고 평등한 기회가 보장된 삶을 살면서 지금까지 열망에 그칠 수밖에 없었던 기존의 권리들을 누릴 수 있게 해 줄

뿐만 아니라 좋은 사회 건설에 한 걸음 더 나아가게 해 주기 때문이다.

6장 ——————— 동물이
가르쳐 주는
동물의 권리

THE
COMING
GOOD
SOCIETY

영혼은 단단할까? 쇠처럼?

아니면 부엉이 부리에 걸린 나방의 날개처럼 보드랍고 연약할까?

누구에게 영혼이 있고, 또 누구에게는 영혼이 없을까?

왜 내게는 영혼이 있어야 하고, 개미핥기에게는 없다고 여길까?

개미핥기도 자기 새끼들을 사랑할 텐데

왜 내게는 영혼이 있어야 하고, 낙타에겐 없다고 생각할까?

_메리 올리버Mary Oliver, '궁금해할지도 모를 당신을 위해Some Questions You Might Ask' 중에서

　

이번 장과 다음 장은 아마도 매우 논쟁적인 이야기가 될 것이다. 비인간 동물이 권리를 부여받는다는 개념은 많은 인간 동물이 여간해서 진지하게 고려하기 어려울지 모른다. 그중에서도 가장 회의적인 태도를 보이는 사람은 놀랍게도 인권 운동가들이다. "회의적"은 일종의 의문을 가진다는 뜻으로, 어쩌면 정확한 단어가 아닐 수 있다. 드물긴 하지만, 인권 운동이 동물권에 대해 고민한 전례가 아주 없는 것은 아니다. (편의를 위해서 지금부터 비인간 동물은 그냥 "동물"로 표기할 것이다. 물론 엄밀하게 따지면 인간도 동물이지만 말이다.) 우리 두 사람이 근무하는 곳은 카 '인권' 정책 연구소Carr Center for Human Rights Policy이다. 그냥 권리 정

책 연구소가 아니라 "권리" 앞에 "인간"이라고 덧붙인 것은 그 밖의 다른 권리도 존재할 수 있음을 암시한다. 하지만 어떤 국제조약들을 살펴봐도 이와 같은 숨은 뜻을 짐작하기는 어려울 것이다.

동물권을 향한 무관심 또는 혐오에 가까운 적대감은 어떻게 보면 모순인데, 그 이유는 동물권 운동에 종사하는 많은 사람들이 인권 운동가로 출발했거나 인권 투쟁에서 영감을 받은 이들이기 때문이다.[1] 물론 인권이 끊임없이 위협받고 있고 자원마저 한정적이라는 점을 감안하면, 동물이 아무리 중요해도 인간이 직면한 위험을 미뤄 둘 만큼은 아닌 것은 자명하다.

그런데 왜 자명해 보일까? 글쎄, 그 이유를 이렇게 설명해도 될까? 우리가 반려동물을 아무리 끔찍이 사랑해도, 집에 불이 나서 할머니와 반려견 중 한쪽만 구할 수 있다면 차후의 도덕적 비난과 법적 문제를 피하기 위해서라도 할머니를 구할 것이기 때문이라고. 대부분의 사람들 눈에는 당연히 인간이 동물보다 더 중요해 보인다. 휴먼라이츠워치가 축산 가공 공장의 노동자들이 겪는 산업재해, 단결권 침해, 이민자 착취 등의 노동 환경을 조사해 발표한 훌륭한 보고서에, 바로 그 공장에서 절단되고 살해당한 수천 마리의 동물들에 대해서는 일절 언급하지 않는 까닭도 같은 맥락이다. 비록 노동자들이 처한 환경이 열악한 것은 분명하나 사실 동물들이 겪는 고통은 그보다 훨씬 더 심각했다.[2] 하지만 1장에서 분명히 밝혔다시피, 인권은 전통적으로 자연법에 기초했고 자연법 이론가들은 인간이 동물보다 중요할 뿐만 아니라 동물에게는 이성과 존엄처럼 권리에 선행되는 기본 자질이 결여됐다고 생각했다.

반면 이 책의 주장대로 권리를 약자가 자신의 삶에 영향을 미치는 강자에 대항하기 위한 거래적인 요구로 본다면, 동물들이 유엔에서 유창한 연설을 하지 못해서 또는 줄무늬 정장을 차려입고 법정에서 자기 권리를 내세우지 못해서 주장할 권리도 없다고 말해야 정말 우리 속이 후련할까?

이번 장에서는 동물에게 권리를 부여해야 하는지, 또 이탈리아의 철학자 파올로 카발리에리Paolo Cavalieri의 말처럼 "이제는 인권human rights이라는 단어에서 **인[간]**이라는 접두사human를 **빼** 버려야 할 때"가 된 것인지 생각해 보자.³ 그러기 위해서는 동물이 인간과 얼마나 닮았는지, 그리고 인간의 요구와 이해가 언제나 동물의 그것보다 우선순위에 있음을 의미하는 (발음하기도 어려운 단어) "종차별speciesism"도 인종차별이나 성차별처럼 그냥 역겨운 단어일 뿐인지 확인할 필요가 있다. 이 장은 우리가 동물을 대하는 태도가 좋은 사회의 정의, 즉 "인간이 존엄한 삶을 살기 위해 없어서는 안 될 중요한 자유의 영역들"을 보호하는 사회라는 정의에 부합하는지 살펴볼 것이다. 인간-동물 방정식에서 등장하는 문제들 중 동물의 권리와 자연의 권리 사이에 불거지는 갈등, 동물의 몸 안에서 인간 장기를 키워 인간 수혜자에게 이식하는 (흔히 말하는 "키메라") 기술과 같은 몇 가지 문제를 간략하게 훑어볼 것이다. 결론부터 말하면 비록 우리가 가장 적극적인 동물권 옹호자들이 바라는 모든 권리를 동물에게 부여하진 않더라도, 권리 사전에 동물의 권리가 들어설 자리마저 없애는 것은 좋은 사회의 정의에서 중요한 요소를 누락하는 것과 같다. 다음에 이어질 로봇과 자연에 관한 장들도 같은 맥락에서 전개될 것이다.

빌은 아홉 살이나 열 살쯤 되었을 때 학교가 끝나면 거의 매일 길 건너에 사는 에이미Amy라는 작고 귀여운 강아지와 놀곤 했다. 빌과 에이미가 가장 좋아하는 놀이는 춤추기였는데, 에이미가 앞발을 빌의 무릎에 올리면 빌이 에이미의 두 발을 잡고 일어서서 마당을 돌아다니며 춤을 추는 놀이였다. 처음 몇 번은 함께 춤을 추고, 에이미가 지친 기색이 보이면 빌이 앞발을 내려 주고 또 다른 놀이를 찾곤 했다. 그런데 한 번은 에이미가 앞발을 내리려고 했는데도 빌이 계속 춤을 추었고, 지치고 화가 난 에이미가 깨갱 비명을 지르고 나서야 에이미의 앞발을 내려 주었다. 그 뒤로도 빌은 몇 차례나 에이미에게 똑같은 행동을 반복했다. 자기보다 약하고 작은 동물을 제 맘대로 다루는 것에 재미가 들린 게 분명했다. 에이미가 순한 개였으니 망정이지, 그러지 않았다면 스스로를 방어하기 위해 빌을 물고도 남았을 것이다. 결국 언제나 따뜻한 혀로 핥고 꼬리를 흔들며 빌을 반겼던 에이미는 빌이 다가가기만 해도 겁먹고 움츠리기 시작했다. 그제야 그동안 무슨 짓을 했는지 깨달은 빌은 자신의 충동에 부끄러움과 두려움을 동시에 느꼈다. 결과야 어찌 됐건 빌은 자신이 그토록 사랑한 대상에게 왜 그렇게 무모하고 경솔한 행동을 했는지 이유를 알지 못했다. (몇 년이 지나서 심리 치료를 받던 중에 빌은 어떤 어른을 향한 분노를 무고하고 약한 동물에게 전가했다는 사실을 알게 되었다.)

인간은 수많은 이유로 동물을 학대한다. 때로는 에이미처럼 공격에 취약해서, 우리보다 연약해서, 결과야 어떻든 해를 입혀도 된다고 생각해서 학대한다. 그런 이유에서 어린 시절 동물을 학대한 경험을 성인이 되었을 때 잔인성이나 범죄 성향의 경고 신호로 간주하기도 한다.[4] 역사상 가장 잔인한 폭군으로 알려진 이시오프 스탈린Joseph Stalin 은 기르던 앵무새를 죽였는데, 자신의 가래 뱉는 소리를 계속 흉내 내 는 게 짜증나서였다.[5] (에이미에게 못된 짓을 했지만, 빌은 범죄 성향과 스탈 린주의자 기질 모두를 잘 피한 것처럼 보인다!) 사나운 동물들을 해칠 때도 있는데, 그런 동물들을 제압했을 때는 자신이 용감한 사람이 된 것 같 은 기분과 승리감을 느끼기 때문이다. 남아프리카의 부시먼Bushman족 은 "젊은이가 짐승을 많이 죽이면 스스로를 추장이나 영웅이라고 생 각하고, 다른 사람들을 하인이나 못난이처럼 여긴다"고 말한다.

하지만 인간이 동물에게 폭력을 가하는 가장 일반적인 이유는 쓸모 때문이다. 우리는 노동과 의복, 식량을 동물에게서 얻는 것이 당연하 다고 믿는다.

이 모든 이유들에는 공통점이 있다. 그것은 동물이 인간보다 열등한 범주에 속한다는, 역사적으로 뿌리 깊은 가정 때문이다. 사도 바울은 성경에서 은유적으로 "하나님께서 어찌 소들을 위하여 염려하심이 냐?"라고 묻는다.[6] 그리고 "[신은] 오로지 우리를[인간을] 위하여 말씀 하심이 아니냐?"고 말한다.[7] 아리스토텔레스는 "동물은 인간을 위해 존재"한다고 확신했다.[8] 현대 서양 철학의 아버지로 인정받는 르네 데 카르트Rene Descartes는 동물들이 언어를 사용하지 못하는 것만 봐도 명 백히 증명되듯, 추론 능력이 없는 동물들은 "시간을 알려 주는 시계처 럼" 단순한 기계적 장치일 뿐이라고 주장했다.[9] 따라서 동물에게는 영 혼도 도덕적 가치도 없다고 말했다. 이마누엘 칸트Immanuel Kant는《윤 리학 강의Lecture on Ethics》에서 "동물은 자의식이 없고, 목적을 위한 수 단에 지나지 않는다. 그 목적은 인간이다"라고 말했다.[10] 이러한 관점들의 결론은 동물을 재산으로 간주하는 것이었고, 인간의 필요에 따라 점점 더 많은 동물을 가축화하면서 그 결론은 더욱 확고해졌다.

전통적인 서양 철학 안에서도 이와 같은 일반적인 관점에 반대하는 이들이 있었다. 데이비드 흄David Hume은 "인간과 마찬가지로 짐승은 생각과 이성을 타고났다"는 사실을 반박할 명백한 증거를 찾지 못했다.[11] 공리주의자 제러미 벤담Jeremy Bentham은 "동물이 추론을 할 수 있느냐, 말을 할 수 있느냐를 따질 게 아니라, 동물이 고통을 느끼느냐를 질문해야 한다"고 주장한 것으로 유명하다.[12] 게다가 여러 문화권에서 동물을 높이 섬겼다. 아메리카 인디언의 지혜로운 전설들에 동물은 빠지지 않으며, 신성의 상징물인 기둥에도 동물의 이미지가 자주 등장한다. 오래전부터 힌두교는 소를 신성시했으며, 일본 문화에서 나비는 영혼을, 잉어는 인내를, 두루미는 장수를 상징한다.[13] 하지만 예나 지금이나 지배적인 견해는 동물과 인간 사이에는 위계가 있고 동물의 복지와 행복은 가치나 중요성이 덜하다는 것이다.

동물을 한 단계 아래에 있다고 보는 이러한 견해는 다양한 방식으로 나타난다. 다른 사람을 폄훼할 때 동물에 빗대는 일이 얼마나 흔한지만 봐도 알 수 있다. 무식한 사람에게는 "새 대가리", 배신자에게는 "쥐새끼"를 붙인다. 몸집이 큰 여성에게는 "암소"라는 별명이 붙고, 경찰관을 모욕적으로 부를 때는 "돼지"가, 허풍을 떠는 사람을 닥치게 할때는 "황소bullshit"를 들먹인다. 1994년 르완다의 집단 학살 당시 후투족은 투치족을 "바퀴벌레"라고 부르며 살해했다. 악행을 저지른 사람에게 "짐승 같은 놈"이라고 말할 수도 있다. 동물이 권리를 가진다는 개념이 등장하기까지 이토록 오랜 시간이 걸린 게 이상하다고 할 수 있을까?

그렇다고 동물을 대하는 방식을 전혀 고민하지 않았던 것은 아니다. 유럽 최초의 동물 보호법은 1635년 말 꼬리에 쟁기 매다는 것을 금하도록 아일랜드 의회가 통과시킨 법안일 것이다. 아메리카 원주민 문화에서 동물은 공동체의 중요한 일원이었고, 식민지 개척자들도 1641년에 작성한 매사추세츠 자유 법령Body of Liberties에 "모든 동물을 대상으로 포학하고 잔인한 행위 일체"를 금지하는 조항을 넣었다.[14] 1866년에 미국 동물학대방지협회American Society for the Prevention of Cruelty to Animals가 설립된 이래로, 1966년 동물복지법Animal Welfare Act을 채택해 동물 실험 등을 규제하기 시작했고, 1975년에는 야생동물의 멸종을 막기 위해 멸종 위기 야생동식물의 국제 거래에 관한 협약Convention on International Trade in Endangered Species, CITES이 체결되었다.[15]

더욱더 중요한 점은 공장식 축산 공장의 동물들이 심지어 도축되기도 전에 (닭) 부리가 잘리거나 (돼지) 꼬리가 절단되고, 누울 수도 없는 곳에서 사육되며, 엄청난 항생제가 투여되는 비참한 실태가 알려지면서 육류가 생산되는 환경에 대한 소비자의 관심을 촉발했다는 것이다.[16] 2015년에는 미국인 치과 의사 월터 팔머Walter Palmer가 짐바브웨 동물 보호 구역의 명물이었던 사자 세실Cecil을 죽인 것에 대한 항의로 대형 항공사들이 사냥 트로피의 화물칸 반입을 금지했다.[17] 링링 브라더스 앤드 바넘&베일리 서커스Ringling Bros. and Barnum & Bailey Circus는 창단 146년 만에 문을 닫았는데, 코끼리가 강제로 동원되는 공연에 대한 항의가 가장 결정적인 이유였다.[18] 그리고 지금은 반려동물을 돌보는 직원에게 유급 휴가를 제공하는 기업들이 점점 늘어나고 있다.[19]

착취나 학대로부터 동물을 보호하는 것이 마냥 쉬워 보일 수도 있다. 어쨌거나 미국인의 3분의 2 이상이 반려동물을 기르고 있고 대부분 자신의 반려동물들에게 상당한 애착을 갖고 있기 때문이다.[20] 심지어 동물과 개인적 유대가 없는 사람이라도 말 못 하는 동물이 고통 받는 장면을 보면 불쌍하고 애처롭다고 느낀다. 이를 잘 보여 주는 유명한 역사적 사례는 철학자 프리드리히 니체Friedrich Nietzsche의 경험일 것이다. 그는 토리노 거리에서 말이 구타당하는 것을 본 뒤 신경쇠약증에 걸려 헤어 나오지 못했다. 빌은 자신의 혼혈 의붓아들이 여덟 살 혹은 아홉 살이었을 때 함께 텔레비전에서 영화 〈바람과 함께 사라지다〉를 본 적이 있다. 빌은 영화에서 드러나는 인종차별을 반대하며 노예제도에 대해 아들과 대화를 나누면 좋겠다고 생각했다. 영화가 끝나자 빌이 아들에게 가장 충격적인 장면이 무엇이었냐고 물었다. 아들은 "군인들이 말을 죽이는 장면이 너무 싫었어요"라고 대답했다. 어쩌면 미국인의 3분의 2가 동물의 고통도 인간의 고통 못지않게 중요하다 생각하는 것도 빌의 아들이 보인 반응으로 설명이 될 것이다.[21]

하지만 머리로는 그렇게 생각하면서 행동으로 옮기긴 싫은 모양이다. 철장 안에 몸을 돌릴 수도 없을 만큼 사람을 빽빽하게 가두는 것에 동의할 사람이 몇이나 될까? 최고 보안 교도소나 독방에 감금된 죄수가 처한 상황도 열악하긴 마찬가지지만 그래도 공장식 축산 공장의 동물들보다는 훨씬 좋은 환경에서 지낸다. 과학과 관련된 규약들도 부상이나 사망의 위험을 감안하여 인간을 대상으로 한 실험을 금지한다. 게다가 동종 포식이라는 개념이 널리 알려지도록 완전한 채식 기반의 식사를 하는 미국인이 불과 3.2퍼센트에 지나지 않는다는 사실은, 동물의 죽음과 그에 수반되는 고통을 인간 살해와 식인 행위만큼 신경 쓰는 사람이 적다는 것을 의미한다.[22]

동물 복지에 대한 관심은 바람직한 일이나, 문제는 인간 양심이 자주 변덕을 부린다는 점이다. 새끼 고양이를 학대하는 것에는 양심이 쉽게 움직일 수 있지만, 다람쥐나 악어, 호랑이의 경우에도 그럴까? 심지어 "인간의 가장 좋은 친구"라는 개조차 인간이 정한 용도에 따라 대우가 천차만별로 달라진다. 반려견은 동물학대금지법에 따라 견주의 변덕스러운 폭력으로부터 보호받을 수 있지만, 일반적인 동물로서의 개는 실험 연구라는 명목에서 심지어 치명적인 의료 실험으로부터도 보호받지 못한다.[23] 대상에 따라 침묵하거나 물러서는 양심은 그다지 믿을 만한 길잡이가 아니다. 그리고 지금까지 미국의 집단적 양심은 동물 학대에 반대하는 연방법을 제정할 만큼도 움직이지 않았다.

반면에 일단 권리로서 확립되면, 동물을 다루는 방식을 법적으로 강제할 수 있는 불가침의 기준이 세워진다. 동물권 확립은 동물이 인간의 소유물이 아니라는 사실만이 아니라 동물에게 가해지는 행위와 그들이 어떠한 환경에서 어떤 삶을 살지를 결정할 때 반드시 고려해야하는 주권이 동물에게 있음을 인정하는 것이다.

고통을 받는 동물에 대한 연민은 권리 확립을 위한 중요한 첫걸음이지만 그야말로 첫걸음일 뿐이다. 그다음 단계는 우리가 비인간 존재를 대하는 방식이 좋은 사회를 결정하는 중요한 하나의 지표라는 사실을 인정하는 것이다.

누구 혹은 무엇이 권리 보유자가 될 수 있을까? 동방의 자이나교 Jainism는 비폭력 교리인 아힘사ahimsa의 범위를 가장 작은 생물까지로

정하고 있다. 엄격한 자이나교 수행자들은 자신의 발에 곤충 한 마리라도 밟히지 않도록 걸음을 내딛기 전에 빗자루로 앞을 쓸고 다니는 것으로 알려져 있다. 벌이 인간 문명도 그토록 오랜 시간이 걸려서야 이해한 '0'의 개념을 알고 있다는 사실이 오래전에 밝혀졌음에도 불구하고, 확실히 우리는 개미나 벼룩 같은 곤충들에게 권리를 확장할 생각은 하지 않는다.[24] 그렇다면 어디쯤에 선을 그어야 할까? 미국인의 3분의 1 정도가 동물도 사람처럼 권리를 가져야 한다고 믿는다.[25] 하지만 동물들이 투표를 하거나 종교의 자유를 행사하는 모습은 상상하기 어렵다. 그렇다면 동물이 권리를 가진다는 것은 정말 무슨 뜻일까?

키코Kiko는 은퇴한 텔레비전 스타다. 30대 초반으로 추정되는 수컷 침팬지 키코는 〈맨해튼의 타잔Tarzan in Manhattan〉이라는 텔레비전 영화에 출연했지만, 이야기는 스타덤에 오른 해피엔딩으로 끝나지 않는다. 전하는 소문으로는 키코가 촬영장에서 배우를 물었고 처벌로 머리를 반복적으로 얻어맞는 바람에 청각 장애를 얻었다고 한다. 그 후 키코는 뉴욕주 나이아가라 폴Niagara Falls시에 사는 부부에게 팔려 갔다. 비인간권리프로젝트NhRP에 따르면 키코는 "부부의 [집에 딸린] 시멘트 매장 앞 우리에 갇혀 있었고… 목에는 쇠사슬과 자물쇠가 달려 있었다".[26] 비인간권리프로젝트는 '들어가며'에서 언급했던 침팬지 토미와 키코를 대신하여 이들이 "사람"과 동등한 자격을 얻도록, 그리하여 판사 앞에 나아가 감금된 상태에서 벗어나게 탄원할 수 있는 인신 보호 영장 권리를 얻도록 힘썼고, 키코의 생존 가능성을 감안하여 야생이 아닌 안전한 환경을 갖춘 보호구역에서 살 수 있게 해 주었다.

비인간권리프로젝트가 침팬지를 사람 또는 권리 요구자로 인정하도록 법원을 설득하는 데는 아직 성공하지 못했지만, 그럼에도 프로젝트의 설립자인 변호사 스티븐 와이즈는 여기서 멈추지 않고 코끼리와 범고래를 대신해 추가 소송을 제기했다.[27] 게다가 2016년에는 아르헨티나의 한 법원이 동물원의 격리 구역에 갇혀 있던 침팬지 세실리아Cecilia에게 인신 보호 영장 권한을 주고, 브라질의 유인원 보호 구역으로 이송할 것을 명령했다.[28] 이듬해에는 콜롬비아의 한 법원이 포획된 곰 추초Chucho를 대신하여 유사한 영장을 발부했다.[29] 세실리아와 추초가 법 앞에서 "사람"과 동등한 존재로 반드시 그 권리를 인정받고 보호받아야 하는 것일까?

"사람"에 대한 법적 정의는 복잡하다. 많은 사법 권역에서 사람을 인간("자연인")에만 국한하지 않고, 기업과 정부, 수탁자를 비롯해 특정한 법 집행의 대상이 될 수 있는 것들, 이를테면 소송을 하거나 당할 수 있고 계약을 맺을 수 있는 모든 존재를 포함한다. 2014년 하비로비Hobby Lobby 소송은 최근 들어 미국에서 가장 큰 논쟁을 불러일으킨 사건으로 꼽힌다. 미국 대법원은 기업의 종교적 신념에 위배된다는 이유로, 종업원의 피임에 대한 보험금 지급을 거부한 하비로비 예술 공예품 판매 기업의 손을 들어주었다.[30]

하지만 전통적인 인권 용어나 실제로 매일 사용하는 말에서도 "사람"은 항상 인간을 가리켰고 오직 인간만이 권리를 갖는다고 이해되어 왔다. 어쨌거나 기업과 정부를 비롯한 여타 단체들은 인간의 집합이므로 "사람"에 대한 법적 정의를 적용해도 무방할뿐더러 동물과는 명확하게 구별된다고 주장할 수 있다.

정말 그럴까? 이 질문에 접근하는 한 가지 방법은 동물이 (또는 적어도 몇몇 동물이) 인간과 (또는 최소한 일부 인간과) 별로 다르지 않다는 것, 따라서 그들도 권리를 요구할 수 있는 "사람"으로 간주되어야 한다는 사실을 증명하는 것이다. 우리는 이 방법을 "인간 유사점" 접근법이라고 부른다. 수많은 동물권 운동가와 철학자 들이 이 방법을 채택했고, 점점 더 많은 과학자가 이 접근법을 인정하고 있다.

흔히 견주 또는 고양이 집사라고 불리는 (동물권 용어로는 "보호자"인) 사람이라면 동물이 뚜렷한 감정과 성격, 재능 따위가 없는 단순한 기계적 장치에 불과하다는 데카르트의 개념이 순전히 (동물을 비하하는 표현이긴 하지만) 개 풀 뜯어 먹는 소리라는 것을 안다.

만일 의식이 "무엇인가를 느끼는 것"이라면, 또는 "혼자가 아니라는 느낌"을 아는 것이라면, 대부분의 동물에게 의식이 있다는 사실에 의심의 여지가 없어 보인다.[31] 동물이 느끼는 것 중에서 가장 분명한 것은 고통이다. 어쩌다 강아지 발을 밟으면 깨갱거린다. 아이 방에 어질러져 있는 플라스틱 장난감을 밟는 것과는 분명히 다르다. 인간의 두뇌는 가장 가까운 친척인 침팬지 뇌의 세 배가량 되지만, 침팬지는 우리 DNA의 1.6퍼센트를 제외한 나머지가 모두 똑같고, 침팬지와 그 영장류 친척 들의 신경계와 감각 수용 기관은 인간의 것과 충분히 비슷하기 때문에 누구도 그들이 고통을 느끼지 못한다고 주장할 수 없다.[32]

물론 개나 침팬지처럼 생물학적으로 복잡한 동물들만 고통을 느끼는 것은 아니다. 한 실험에서는 다리를 다친 닭이 평소에 좋아하지 않던, 진통제가 함유된 사료를 선택했고,[33] 빽빽한 수초 사이를 헤엄치기 좋아하는 제브라피시Zebrafish에게 통증을 유발하는 산酸을 주입하자 물에 진통제를 섞어 둔 풀 한 포기 없는 수조 안의 격실로 곧바로 들어갔다.[34]

어쩌면 물고기가 보인 반응이 단순한 반사 행동인지도 모르지만 미국 수의학협회의 생각은 다르다. 협회는 물고기의 반응이 단순한 반사 행동이라는 주장은 고통에 대한 물고기의 "학습과 기억 통합" 능력이 육상 척추동물과 유사하다는 사실을 증명한 "전뇌와 중뇌의 전기적 활동에 관한 연구들"로 반박할 수 있다고 주장한다.[35]

하지만 인간을 기준점으로 하여 기본적인 의식과 고통을 느끼는 능력을 비교하는 것은 설득력이 떨어질 수도 있다. 그렇다면 지능, 도구 사용, 자아 인식, 슬픔, 공감이라면 또는 가장 넘기 힘든 마지막 보루인 언어라면 어떨까?

유인원은 수리와 공간 능력이 2.5세 어린이와 비슷하다.[36] 철학자 피터 고드프리-스미스Peter Godfrey-Smith는 문어가 "호기심과 융통성을 가질 만큼 영리하고… 대담하며 기회주의적"이라고 말한다.[37] 문어는 사람의 얼굴을 알아볼 수 있고 반쪽짜리 코코넛 껍데기들을 갖고 다니다가 은신처를 만들 줄도 알고 병뚜껑을 돌려서 열 수도 있다. 그리고 순전히 재미로 그런다고밖에는 볼 수 없는 동작으로 물건을 다루기도 한다.[38] 지능이라면 돌고래를 빼놓을 수 없다. 어떤 돌고래들은 해저에 숨은 물고기를 찾을 때 거친 모래에 주둥이가 상하지 않도록 주둥이에 해면동물을 붙인다. (인간만이 도구를 이용할 수 있다고 주장한 1972년 출간작《도구 제작자 인간Man the Tool-Maker》의 시절은 이제 끝났다!)[39] 돌고래는 거울에 비친 자기 모습을 알아보고, "존재"와 "부재"라는 추상적 개념을 이해할 뿐 아니라 속임수를 쓸 줄도 안다. 수조에서 쓰레기를 물고 올 때마다 물고기를 보상으로 받은 돌고래가 사육사가 안 보는 틈을 타 갈색 종이 봉투를 수조 배관에 넣어 두고는 조금씩 찢어서 사육사에게 가져다주었다. 물론 더 많은 물고기를 받을 속셈으로 말이다.[40] 놀랍게도 비둘기는 입체파 화가들의 그림과 모네나 르누아르의 그림을 구별할 수 있다![41]

코끼리들이 동료의 죽음을 애도했다는 이야기는 헤아릴 수도 없다.[42] 일부 동물들에게서 공감 능력은 너무 흔하다 못해 평범해 보인다. 돌고래들이 무리 중 부상당한 동료를 떠받쳐 주는 장면은 오래전부터 목격되었다. 동료가 스스로 헤엄칠 수 있을 때까지 공기나 물이 드나드는 분수공이 물에 잠기지 않도록 받쳐 주었던 것이다.[43] 부모 펭귄들은 똑같이 생긴 수백 마리의 새끼들 사이에서도 자기 새끼를 정확하게 찾아낸다.[44] 까마귀는 죽은 까마귀를 들고 있는 사람에게는 급강하하여 공격하지만 죽은 비둘기를 들고 있거나 빈손인 사람에게는 관심을 보이지 않는다.[45] 쌍둥이를 낳은 암소가 새끼 중 한 마리가 헛간으로 끌려가는 것을 보고 나서 다른 한 마리를 초원 가장자리 숲에 숨기려고 했다는 이야기도 있다. 도축이 이뤄지는 헛간으로 끌려가면 두 번 다시 볼 수 없다는 사실을 과거 경험으로 알고 있었던 것이다.[46] 심지어 가장 멸시당하는 생물인 쥐도 그토록 좋아하는 초콜릿을 포기하고 물에 빠진 동료를 구하기 위해 달려간다.[47]

회의론자들은 인간과 유사한 특징들을 웃어넘길 수도 있지만, 만약 그렇다면 저명한 인지신경과학자들이 2012년에 발표한 선언을 반박하는 셈이다. 이들은 인간과 일부 동물의 뇌 (신경망) 구조가 "논박할 여지없이" 충분히 유사하며 "뇌의 같은 부위를 인위적으로 자극하면 인간과 비인간 존재[들] 모두 그에 상응하는 행동과 감정 상태를 보인다"고 명시했다.[48]

동물이 인간과 유사한 특징들을 그토록 많이 갖고 있다면 인간을 동물과 구별할 요소는 없을까? 마지막 보루로 삼은 질문은 언어였다. 신경과학자의 선언만 보더라도, "동물의 무능 때문만이 아니라 인간도 종종 내면의 상태에 대해 분명하고 쉽게 소통하지 못하기 때문에" 인간과 동물을 비교하는 연구는 어렵다. 언어학자 놈 촘스키Noam Chomsky는 언어 능력은 인간만이 가진 유일한 특징이라고 주장했다.[49] 프레리 도그prairie dog처럼 평범한 동물들도 서로 의사소통은 할 수 있는 것처럼 보인다.[50] 하지만 고릴라나 보노보와 같은 복잡한 생물도 (일부는 기초적인 수화를 배우기도 했지만) 인간이 이해하는 수준의 어휘와 문법 구조를 따라 하진 못한다.[51]

언어 능력이 권리를 요구하기 위한 필수 불가결한 조건일까? 그게 사실이라면 신생아나 심각한 지적장애를 가진 사람, 긴장성 분열증을 보이는 노인을 비롯한 많은 인간이 기본적인 권리를 박탈당할 것이다. 뇌의 구조와 행동 그리고 감정에서 인간과 동물의 유사성이 점점 더 뚜렷해지는 점을 감안하면, 동물을 그저 소유물로 간주하거나 동물이 정당한 권리를 요구할 만큼 충분한 특성을 갖고 있다는 사실을 부정하는 태도는 (지난날 우리가 제대로 알지도 못하고 돼지를 빗대어 썼던 "벽창호pig-headedness"가 따로 없는) 외고집처럼 보인다.

1975년 출간된 기념비적인 책《동물 해방Animal Liberation》에서 피터 싱어Peter Singer가 처음 소개하고 많은 철학자들이 동의했던 것도 인종차별이나 성차별과 마찬가지로 "종차별"도 경계해야 할 차별이며, 고통을 피하는 경향과 같은 이익에 관심을 갖는 모든 피조물은 동등하게 대우받아야 한다는 주장이다.[52] 지구력을 시험한답시고 사람을 섭씨 45도의 실내에서 쓰러질 때까지 러닝머신 위를 달리게 하지 않을 것이라면, 개에게도 그런 실험을 하지 말아야 한다.[53] 햇빛 한 줄기 들어오지 않는 창고에 사람을 가득 몰아 넣고 서로 잡아먹을 때까지 가둬두지 않을 거라면, 닭에게도 그러지 말아야 한다.[54] 논쟁의 여지는 있지만 싱어는 "지각知覺"이 없는 동물을 예외로 간주하여, 아마도 곤충들은 이익에 관심이 거의 없을 것이므로 고려할 필요가 없다고 말한다.[55] 이를 기준으로 싱어는 개미나 벼룩에게 권리를 부여하지 않는다.[56] 반면에 지각이 있는 동물은 비록 투표를 하거나 자녀를 공립학교에 보내는 이익에는 관심이 없겠지만, 고통과 노역 그리고 죽음을 모면하는 이익에 대해서는 분명히 인간과 비슷한 관심을 갖는다. 우리가 종차별을 (그리고 인간중심주의를) 탈피하려면 이러한 이익을 마땅히 존중해야 한다.

동물권을 정당화하기 위해 모든 철학적 근거를 일일이 확인할 필요는 없다. 톰 리건Tom Regan과 같은 훌륭한 철학자는 그 근거가 동물의 내재적 가치에 있다고 주장한다. 그는 동물이 "삶의 주체"이므로 "신념과 소망을 갖고, 지각력과 기억력 그리고 미래를 인지하는 능력을 지니며… 감정적 삶을 영위하고… 소망과 목적을 추구하기 위한 행동을 하며, 정신 물리학적 정체성과… 개별적 행복을 추구한다"고 말한다.[57] 또 다른 정치 이론가 수 도널드슨Sue Donaldson과 윌 키믈리카Will Kymlicka 의 제안은 좀 색다르다. 이들은 동물이 지구적 공동체의 일원이라는 점에서 세 가지 정치적 범주로 나누어 대우해야 한다고 주장한다. 가축은 적절한 시민권을 갖는 공동 시민으로 간주해야 하고, 야생동물에게는 "장소에 대한 주권"을 인정하여 서식지가 식민지화되거나 침범당하지 않도록 보호해야 한다. 쥐, 다람쥐, 비둘기처럼 인간과 가까이 서식하지만 가축화되지 않은 "경계에 있는" 동물에게는 난민과 비슷한 거류자의 자격을 부여하여 완전하지는 않더라도 시민으로서의 일부 권리를 인정해 주자는 것이다.[58]

이 모든 접근법의 공통점은 하나같이 인간과 동물의 유사점에 바탕을 둔다는 점이다. 하지만 동물과 사람이 닮은 데가 많아도 그 둘의 가치마저 완전히 동등하다고 여기는 사람은 많지 않다. 이 점은 권리를 부여하는 문제를 고민할 때 반드시 고려해야 한다.

2016년 신시내티 동물원 고릴라 우리의 수로에 세 살짜리 사내아이가 떨어지는 사고가 발생했다. 동물 애호가들은 어린이를 구하기 위해 거대한 실버백 고릴라 하람베Harambe를 사살한 동물원 측에 분노했다. 무게가 450파운드(약 200킬로그램)에 달하는 하람베는 아이를 끌고 웅덩이 주변을 돌아다녔고 계속 아이 곁을 배회했다. 많은 사람들이 아이에게 주의를 기울이지 않은 부모를 비난했고, 동물원 측이 하람베를 굳이 죽이지 않고 진정시킬 수도 있었다고 주장했다. 하람베의 행동이 아이를 위협하는 게 아니라 보호하는 행동이었다고 말하는 이도 있었다.[59] 이런 주장들의 진위와 상관없이, 결국 우리가 묻고자 하는 근본적인 질문은 이것이다. 실버백 고릴라와 같은 위엄 있는 동물의 생명과 아이의 생명 사이에서 선택을 해야 한다면, 과연 우리는 어느 쪽을 선택할 것인가?[60] 어려운 선택이어야 할까? 동물원 책임자들에게는 그리 어려운 선택처럼 보이지 않았다. 그들은 고민이나 심사숙고할 새 없이 매우 신속하고 단호하게 행동했다.

안락사는 인간에게는 논란의 여지가 많지만, 불치병으로 고통을 겪는 반려동물의 삶을 "내려 놓는" 목적으로 사용할 때는 비윤리적 행동으로 여기지 않는다. 오히려 대부분의 사람들이 자비로운 행동이라고 생각한다. 만일 도시 지역의 쥐가 인간에게 치명적인 질병을 옮기는 매개체로 밝혀진다면, 우리는 지방 정부에 그 쥐 떼를 전멸해야 할 의무가 있다고 여기지 않을까? 개나 고양이를 케이지에 넣은 채로 차 안에 싣고 다니는 것을 반대할 수는 있지만, 아기를 케이지에 넣고 다니는 사람을 보면 당장 경찰에 신고할 것이다. 시험관 세포 배양이나 컴퓨터 모델링과 같은 대안적인 방법을 도입해 동물 실험을 줄여 나가는 것은 주목할 만한 발전이지만, 만일 내 아이를 살릴 수 있는 약물이 치명적인 동물 실험을 통해서만 개발될 수 있다면 이 거래를 정당화하고 싶은 마음이 들지 않을까?[61] 설령 우리가 대상을 막론하고 이 모든 행위를 끔찍이 여기더라도, 아프리카인을 노예로 만들고 닭을 새장에 가두는 것을, 유대인 학살과 소 도살을 정말 동일한 도덕적 기준에서 바라볼 수 있을까?

이 질문들은 동물의 권리에 관한 문제의 복잡성을, 특히 "인간 유사성" 접근법에 바탕을 두었을 때의 복잡성을 그대로 보여 준다. 동물이 인간과 동일한 여러 가지 재능을 갖고 있거나 일부 인간을 능가하는 능력을 갖고 있는 피조물이라는 사실은 인정한다. 동물이 인간에게 끔찍하고도 불필요한 학대를 받아 왔다는 사실도 인정한다. 좋은 사회가 어떤 사회인가에 대해 이견이 있겠지만 적어도 좋은 사회라면 이처럼 자각 있는 생물의 고통을 줄이기 위해 합리적으로 할 수 있는 모든 일을 해야 한다. 그럼에도 우리가 인간에게 하듯, 동물에게도 동등하게 존엄성을 인정하고 그에 따라 동등한 가치와 권리를 부여해야 한다고 (말하자면 동등한 인격을 가진 존재라고) 주장하면 어딘가 좀 유별난 것처럼 보인다.

우선 **인간**의 지능, 재능, 감정적 능력을 다른 존재의 권리 "자격"을 판단하는 보편적인 기준으로 삼는 것 자체가 종차별의 극치이다! 수세기 동안 백인이 유색인종을 대한 태도가 정확히 그렇지 않았나? 그들이 정한 표준에 맞아야만, 피부색이 밝고 머리카락이 곧아야만, IQ가 충분히 높고 태도도 충분히 세련되어야만 동등한 존엄성과 가치를 지닐 수 있고 그에 따른 권리를 부여받을 수 있다고 말이다. 진정한 종차별 반대론자라면, 우리 인간이 존엄하고 가치 있고 권리를 가질 자격이 되는지를 판단하기 위해 **동물**의 지능과 능력을 기준점으로 삼아야 할 것이다! 하지만 아무도 "오, 인간이 수영을 할 수 있군. 그 점에서 물고기와 닮았으니 물고기가 갖는 모든 권리를 보장하자!"고 말하지 않는다. 물론 다른 종들이 종차별을 삼가기를 기대하지도 않는다. 사자와 호랑이와 곰이 자신보다 연약한 동물에게 "세계관"을 강요하지 않기를 바랄 수는 없는 노릇이다. 바꾸어 말하면, 인간 유사성 접근법에서는 언제나 인간이 핸들을 쥐고 있다.

동물권 운동가들은 인간이 동물과는 다른 방식으로 도덕적 판단을 내리기 때문이라고 대답할 것이다. 중세 시대에는 동물들이 재판을 받고 유죄가 확정되면 "범죄"에 대한 처벌을 받는 일이 간혹 있었지만,

그렇다고 동물이 인간이 하듯 자신의 행동에 대해 합리적인 책임을 질수는 없다.[62] 우리가 동물의 행동을 가치 판단의 기준으로 삼는다면, 이 세상에서 불필요한 잔혹 행위를 획기적으로 줄일 수 있겠지만(동물은 절대로 다른 동물을 우리에 가두거나 재미 삼아 억지로 공연을 시키지 않으니까), 어떤 동물을 비교 기준으로 삼느냐에 따라 포식이나 자녀 유기와 같은 행위를 허용해야 할 수도 있다.[63] 그러나 동물에게 없는 도덕적 책임감이 인간에게 있다면, 그것이 가치 있는 생물로서의 동물과 인간을 구별하는 근거가 될 수 있다.

인정컨대, 열렬한 동물 보호 활동가들도 다른 대안이 없다면 인간의 이익이 동물의 이익보다 우선할 수 있다는 데에 동의한다. 법학자 게리 프랜시온Gary Francione은 가축화된 동물들의 권리를 더 이상 침해하지 않도록 번식을 위한 사육을 금지해야 한다고 주장하는 열렬한 동물 애호가 중 한 명이다. 하지만 그는 우리가 "인간에게 허용한 모든 권리 또는 대부분의 권리를 동물에게 허용할 필요는 없다"고 말한다. 이를 테면 "운전 중 의도치 않게 동물을 차로 친" 운전자에게 사람을 치었을 때처럼 "동물에 대한 과실치사로 기소하는 일"은 없어야 한다고 주장한다.[64]

이처럼 인간과 동물의 가치가 동등하지 않을 수는 있지만, 그럼에도 동물에게 권리를 주고 싶은 마음을 부정할 수는 없다. 권리란, 앞에서도 말했지만 권리 요구자가 본래부터 갖고 있는 것이 아니다. 권리는 거래적인 요구이다. 즉 인간은 인간들이 서로 맺는 관계뿐만 아니라 세계와 맺는 관계에 바탕을 두고 권리를 설계하고 선택하는데, 이번에는 그 세계가 바로 동물이다. 좋은 사회가 동물에게 부여할 권리를 어떻게 설계해야 하는지 알기 위해서는 구조적 원리를 이해해야 한다. 먼저 세 가지 뚜렷한 원칙을 살펴본 다음, 인간의 권리를 설명할 때 언급한 역량 접근법에 따라 동물의 권리를 설계하고 구축하는 방법을 논의할 것이다.

원칙1. 모든 동물에게 권리를 부여할 필요는 없다. 벼룩이나 개미보다는 코끼리나 침팬지에게 권리를 부여하기가 쉽다. 싱어는 '자각'을 "이익과 같은" 일종의 잣대로 삼자고 제안했다. 이 공식에 동의하든 아니든, "인간 유사성" 접근법이 권리의 근거로는 충분치 않지만, 권리를 더욱 필요로 하는 동물을 구별하는 데 중요한 정보를 제공할 수도 있다.

원칙2. 권리 요구 동물들에게 모든 권리를 부여할 필요는 없다. 젠더에 관한 장에서 논의했다시피 남성에게 임신 중지 권리를 부여하거나 비장애인에게 장애인 권리를 보장하는 것이 이치에 어긋나는 것처럼, 동물에게 투표권을 보장해야 한다면 그야말로 철학자들이 말하는 "범주 오류category mistake"가 된다. 동물에게 어떠한 권리를 부여하든지 그 권리는 동물의 **주변 세계**umwelt, 즉 개개의 동물이 처한 환경과 세상을 경험하는 방식에 적합해야 한다.

원칙3. 권리가 요구되는 모든 상황에서 동물과 인간에게 동일한 권리를 적용할 필요는 없다. 왜 그럴까? 우리는 모든 인간에게도 동일하게 권리를 적용하지 않는다. 여러 가지 고려 사항들을 저울질하고 균형을 맞춘 다음 인간에게도 차별적으로 권리를 적용한다. 비시민권자가 투표권을 행사하는 것을 허용하지 않고, 백신 미접종 어린이게는 공교육을 받을 권리를 제한할 수도 있다. 치매에 걸린 사람에게 이동의 자유를 제한하기도 한다. 생명권을 보장하고 유지하는 데 있어서 무뇌증 아기의 요구가 건강한 아기의 요구보다 절실하지 않다는 사실에 마지못해하면서 동의할 수도 있다. '들어가며'에서 논의했듯, 권리는 절대적이지 않고 서로 상충할 수도 있다. 그렇기 때문에 우리는 인권재판소나 인권을 해석하는 기관 들을 먼저 설립한다. 인간에게 부여한 권리를 동물에게 똑같이 부여하지 않는다고 동물에게도 권리가 있다는 주장이 무너지는 것은 아니다. 지금 우리가 대답해야 할 질문은 "동물에게 부여할 권리를 어떻게 알아내는가?"이다.

마사 누스바움이 제안하고 1장에서도 언급한 바 있는 좋은 사회에 대한 정의를 되새겨 보자. 좋은 사회는 "인간으로서의 존엄성을 박탈당한 삶으로 전락하지 않기 위해 가장 필수적인 자유의 영역"을 보호해 주는 사회이다. 이 정의를 동물에게 적용하는 한 가지 방법은 동물을 학대하면 인간의 존엄성도 망가지고, 동물 학대가 만연한 사회는 결코 좋은 사회가 될 수 없다는 점을 증명하는 것이다. 하지만 또 다른 방법도 있다. "인간의 존엄성"이라는 말을 동물에게 적용할 수 있는 단어로 번역하는 것이다.

누스바움이 제안한 단어는 "번성"이었다. 그녀는 어떤 존재가 **주변 세계**와 조화를 이루며 "있는 그대로" 번성하는 것이 좋다고 말한다. 누스바움은 인간의 존엄한 삶의 요건인 다양한 역량들을 동물의 번성에 필요한 조건들로 바꾸어 설명한다. 이를테면 건강과 즐거운 경험을 누리고 고통을 피할 수 있으며 적절한 환경과 무리로부터 강제로 격리되지 않을 권리를 보장하자는 것이다. 따라서 좋은 사회는 동물들에게 번성을 위한 권리들을 보장하는 사회이기도 하다.[65]

역량 접근법은 많은 장점을 갖고 있다. 우선 역량 접근법에 근거해 동물에게 번성할 권리를 보장하는 것은 동물이 "가벼운 연민의 대상이 아니라 정의의 대상"이라는 사실을 인정하는 것과 같다.[66] 이는 동물이 단순히 재산 또는 소유물도 아닐뿐더러, 동물도 복지를 보장받고 인신 보호 영장과 같은 법적 권리를 행사할 자격이 있는 권리 요구자임을 뜻한다. (동물들 스스로 이러한 요구를 하지 못하고 누군가 대신해 주어야 한다는 점 때문에 심란해할 필요는 없다. 왜냐하면 어린이를 포함해서 인간 중에도 대리인이 필요한 존재가 많기 때문이다.)

둘째, 역량 접근법은 권리 측면에서 모든 동물이 "평등하게 창조"되지 않았고 또한 번성한 삶을 위해 모든 역량을 이용할 수 있는 것도 아니라는 사실을 인정한다. 누스바움의 말을 빌리자면, 이를테면 코끼리나 침팬지처럼 "더 복잡한 형태의 생명"은 "한층 더 복잡한 역량들을 지니고 있으므로 그것이 훼손될 경우 수많은 유형의 피해를 입을 수 있다".[67] 이러한 주장을 근거로 우리는 어떤 동물에게 가장 기초적이고 중요한 권리가 무엇인지를 가려낼 수 있다.

셋째, 역량 접근법은 동물의 권리에 (불필요한 고통이나 부당한 포획의 피해를 입지 않을 권리와 같은) 소극적 권리뿐만 아니라, 가축이 충분한 먹이와 안전한 서식처를 제공받을 권리나 야생동물이 종의 환경을 보호받을 권리처럼 적극적인 권리도 포함시킬 것을 제안한다.

그리고 마지막으로 역량 접근법은 인간의 역량이 반드시 존중되어야 한다는 사실을 인정한다. 따라서 "인간으로서의 존엄성을 박탈당한 삶으로 전락하지 않기 위해 가장 필수적인 자유의 영역"을 보호받을 권리와 동물이 번성한 삶을 살 수 있도록 보장해 주어야 할 권리가 충돌하지 않도록 균형 있게 해석해야 한다고 말한다. 가령 좋은 사회에서라면 서커스 공연에 동물을 동원하지 않을 것이다. 동물 공연 관람이 인간의 존엄한 삶에 필수 조건이 아니기 때문이다. 그러나 다른 한편으로는 우리가 동물이 유해한 실험 연구의 대상이 되지 않도록 또 가능하면 동물의 이용과 위험을 최소한으로 줄일 수 있도록 모든 노력을 기울여야 함에도 불구하고, 만일 인간의 생명을 구할 치료제 개발에 동물을 이용하는 것 말고는 다른 대안이 전혀 없다면, 이를 허용할 수도 있음을 의미한다.[68]

인간과 동물의 역량 모두를 최대한 충족한다고 모든 문제가 다 해결되지는 않을 것이다. 하지만 적어도 문제 해결을 위한 생각의 디딤돌을 놓을 수는 있다. 물론 문제를 생각하는 것만큼이나 느끼는 것도 중요하다. 페미니즘의 돌봄 윤리가 일깨우듯, 모든 윤리는 (그리고 실제로 모든 권리는) 타인의 고통에 대한 연민의 (또는 소설가 아이리스 머독Iris Murdoch의 "친절한 사랑"의) 바탕이기 때문이다. 그리고 동물이 아니라면 어떤 존재가 "우리가 아닌 다른" 의식이 있는 타자일 수 있겠는가?[69]

지구상의 인간 대다수가 동물을 먹으면서 마음이 불편하지 않은 한 가지 이유는 동물은 "우리가 아닌" 존재라는 점이다. 그렇다면 동물의 생명권을 위해 육식을 금지해야 할까?

미국과 유럽 그리고 오스트레일리아에서 동물이나 동물성 식품을 먹지 않는 사람은 5퍼센트도 채 안 된다.[70] 완전 채식과 식물성 식품이 건강에 더 유익한 점이 많음에도 불구하고, 축산이 온실가스 배출과 수자원 대량 소비, 공해 확산과 같은 환경적 피해를 야기함에도 불구하고, 전 세계 인구의 65퍼센트가 유당불내증을 갖고 있음에도 불구하고, 임파서블 버거Impossible Burger와 같은 식물성 고기와 동물을 도축하지 않고 동물 세포에서 생산된 "청정 고기"의 품질이 점점 더 좋아지고 소비자 입맛에 맞게 개선되고 있음에도 불구하고, 현실은 그렇다.[71]

동물권 운동가들이라면 거의 대부분 동물을 먹지 않고, 다른 사람들에게도 동물을 먹지 말라고 권유해야 옳을 것이다. 하지만 동물권 운동가들이 공공 의제로 동물의 권리를 거론할 때도 식용화되지 않을 동물의 권리는 대체로 상위 목록에 오르지 않는다. 그 한 예로 동물법률보호기금Animal Legal Defense Fund, ALDF이 발표한 '동물 권리 장전Animal Bill of Rights'은 동물에게 착취와 잔혹 행위로부터 자유로울 권리와 법정에서 대리인을 가질 권리 그리고 자연 서식지에서 살 권리와 그 밖의 여러 문제들에서 존중받을 권리 등이 있음을 언급했지만 생명권이라는 기본적인 문제에 대해서는 침묵했다.[72]

육식을 하지 않는 사람의 수가 상대적으로 너무 적고, 많은 사람들이 동물권 운동에 동참해야 사회 전체의 변화를 이끌어 낼 수 있다는 점을 감안하면, 다소 전략적인 결정이라는 점에는 의심의 여지가 없다. 권리를 거래적인 관점에서 볼 때 운동가들은 동물권 전체 안건을 추진하기 위해서 적절한 때를 기다릴 필요가 있다. 만약 동물에 대한 불필요한 학대를 반대하기 위한 전제 조건으로 육식을 거부해야 한다면, 동물권 운동의 입지는 꽤 좁아질 것이다. 미래의 어느 날에는 육식을 하는 모든 사람이 (심지어 물고기를 먹는 사람도) 권리 침해자로 간주될 수 있다고 상상해 볼 수는 있지만 (아마 그때는 의식 있는 동물에게 가장 기본적인 권리가 부자연스러운 죽음으로부터 보호받을 권리일 테지만) 그런 날이 오기까지 아주 긴 시간이 걸릴 것이다.

거의 모든 사회에 깊숙이 자리 잡은 육식 문화나 정치와 경제에서 막강한 영향력을 갖고 있는 축산업이 중요한 고려 대상이긴 하지만 반드시 그 이유 때문만은 아니다. 인간 유사성 접근법과 관련된 질문이 육식에서 더욱 난해해지는 것도 한 이유이다. 《뉴요커》에 실린 한 만평은 이 딜레마를 날카롭게 드러냈다. 우리에 갇힌 사자가 창살 너머로 바로 옆 우리에서 평온하게 앉아 있는 가젤을 지긋이 바라보며 이렇게 말한다. "아, 옛날이여! 자유롭던 그 시절이라면 한 끼 식사밖에 안 될 녀석인데 말이지."[73]

인간은 고기를 먹지 않아도 건강을 유지하며 살 수 있지만 어떤 동물에게는 불가능한 일이다. 가령 집 고양이와 (사자와 호랑이, 재규어 등의) 야생 고양이는 "절대적 육식동물"이다.[74] 그 말은 고양잇과의 동물에게 육식은 생존과 건강을 위한 생물학적 숙명이라는 의미이다. 고양잇과 동물들은 생존에 필요한 특정 아미노산과 비타민을 스스로 생성하지 못하기 때문에 반드시 먹이를 통해 섭취해야 한다. 돌고래, 바다사자, 악어, 독수리, 송어를 비롯해 많은 동물들이 절대적 육식동물이다. 많은 동물권 운동가들이 반려 고양이에게 고기를 먹이지 않고 작은 동물을 사냥하는 것조차 막으려 하지만, 그러한 행위는 오히려 고양이의 번성을 가로막는 것처럼 보일 수 있다.[75] 게다가 이성적인 사람이라면 야생에서 살아가는 동물의 식성을 통제하려고 들지는 않을 것이다. 또 한 번 말하지만, 인간이 육식을 선택하지 않는 것은 동물에게 는 불가능한 도덕적 판단의 실천이고, 바로 이 도덕적 판단을 할 수 있 다는 사실이 동물보다 인간을 더 가치 있게 만들어 준다.

그렇다고 절대적 육식동물이 아닌 인간이 영양분 섭취가 필요하지 않을 때 그저 재미로 고기를 먹는 것까지 합리화되는 것은 아니다. 만 약 인간의 역량과 존엄성을 실현하는 데 필요한 조건과 동물이 번성하 기 위해 필요한 조건의 경중을 따진다면, 먹히는 문제에서만큼은 동물 이 거뜬히 이길 것이다. 이러한 측면만 놓고 보면 좋은 사회는 아주 근 본적으로 인간의 욕구가 동물의 이익을 능가한다는 사실을 인정할 준 비가 되지 않는 한, 육식을 허용하지 않을 것이다.

물론 분명한 사실은 완전한 자급자족 채식주의자가 아닌 이상, 윤리 적으로 완전무결할 수는 없다는 것이다. 작가 마이클 폴란Michael Pollan 이 베스트셀러 《잡식동물의 딜레마The Omnivore's Dilemma》에서 지적했 듯, "채식주의자가 먹는 곡물은 콤바인이 들쥐의 살점을 찢으면서 수 확한 것이고, 농부의 트랙터 바퀴는 굴속의 마멋을 깔아뭉갠다".[76] 하 지만 스페인의 시인이자 철학자 미겔 데 우나무노Miguel de Unamuno가 말한 "삶의 비애"를 경험하는 것, 즉 권리가 아무리 확고해도 반드시 위반된다는 사실, 심지어 우리 자신으로 인해 침해될 수도 있다는 사 실을 깨닫는 것도 모든 권리 운동가들이 외면할 수 없는 과제이다.[77]

동물권 운동의 한 가지 명백한 모순은 동물에게 (혹은 동물상fauna에) 필요한 권리를 확립하는 데 열심인 나머지 일부 운동가들은 비지각 존 재들도 (이를테면 식물상flora도) 권리를 부여받을 자격을 가질 수 있다는 개념을 폄훼한다는 점이다. 물고기의 지각력을 입증하는 데 열중하는 생태학자 조너선 밸컴Jonathan Balcombe은 "대구와 오이 사이에는 도덕적 차이가 없다"는 개념을 비웃는다.[78] 도널드슨과 키믈리카는 "오직 주관적 경험이 가능한 존재만이 이익을 가질 수 있고, 그 이익을 보호받을 의무적 정의의 대상이 될 수 있다. 돌은 사람이 아니다. 그것은 생태계나 난초와도 다르다…. 물질일 뿐이다. 손상될 수는 있으나 침해의 대상은 될 수 없다"고 주장한다.[79] 자연을 권리를 가진 존재로 간주해야 하느냐는 질문은 8장에서 다루겠지만, 지금은 일부 동물권 운동가들 역시 오랫동안 자연법 이론을 지배하고 동물의 권리를 부정하는 근거가 되었던 낡은 위계적 사고의 오류를 그대로 답습하고 있다는 사실만 언급해 두기로 하자.

더욱더 흥미로운 점은, 동물도 명백히 자연계의 일원이고 건강한 생태적 균형을 유지해야만 번성할 수 있음에도 불구하고 동물권 운동과 환경 운동이 반목할 때가 많았다는 사실이다. 한 가지만 예로 들면, 공유지에 천연가스 정井을 점점 더 많이 팔수록 생태계가 교란되고 많은 야생생물 종들의 이동 경로가 파괴된다.[80] 그런데도 왜 야생동물과 환경 보호 운동이 공동의 목표를 갖고 서로 협력하지 못할까? 이 두 운동가들의 차이점은 서로 스타일과 명분이 다르다는 데에서 비롯된다. 쉽게 말해서 환경 운동가들은 동물권 운동가들이 개별적인 동물들의 안위에 너무 감정적으로 집착한다고 생각하고, 동물권 운동가들은 환경 운동가들이 오로지 "시스템"만 걱정하고 그 안에 존재하는 진짜 생물의 운명에는 관심도 없는 냉담한 합리주의자라고 생각한다.[81]

이 갈등은 도태 문제와 관련해서 더욱 뚜렷하게 부각되었다. 마이클 폴란은 캘리포니아 연안의 산타크루즈Santa Cruz섬에서 자연보호협회가 실행한 한 프로젝트를 예로 든다. 섬의 생태계 균형을 재조정하고 멸종 위기에 처한 섬 여우를 구하기 위해 협회와 미국 야생동물관리국은 수백 마리의 야생 돼지를 죽였다. 이 야생 돼지들은 유입종으로, 그 새끼들은 마찬가지로 섬 토착종이 아닌 검독수리의 먹이였다. 돼지가 사라지자 검독수리들이 새끼 여우들을 더욱 극성맞게 먹어 치우기 시작했다.[82] 당연히 동물권 운동가들은 돼지 도살에 격노했지만, 돼지를 살려 뒀다면 여우가 죽었을 테고 생태계 균형도 위태로워졌을 것이다. 모두의 양심을 충족할 완전무결한 해법은 없었다.

저명한 생물학자 파울 에를리히Paul Ehrlich를 비롯해 여러 학자들이 지구가 여섯 번째 멸종에 직면했고, 지난 100여 년 동안 이미 500여 종이 멸종했으며, 인간이 동물의 서식지를 파괴한 것이 멸종의 주요한 원인이라고 경고한 점을 감안하면, 우리 인간은 앞으로 서식지가 겹치는 동물 종들 사이의 권리들이 충돌하지 않고 전체 생태계와도 균형을 이루도록 점점 더 많은 선택들을 해야 한다.[83]

멸종으로부터 보호받기 위한 종 전체의 권리가 필요할까? 좋은 사회는 개별 동물들이 번성할 기회를 극대화하고, 인간 종뿐만 아니라 가능한 한 많은 종들이 존속할 수 있는 건강한 환경을 유지하는 것에 큰 관심을 기울이는 사회일 것이다. 권리가 개별적인 존재들에게만 적용된다는 생각과 달리, 많은 권리가 가령 언어와 문화를 다음 세대에 전달할 권리나 집단 학살의 피해자가 되지 않을 권리와 같이 집단에도 적용된다. 우리의 행성이 위험에 처했을 때는 개별적인 존재들의 (또는 심지어 지각이 있는 존재들의) 운명에만 집중하는 것으로는 충분치 않다. 앞에서도 논의했듯, 권리 요구가 충돌할 때는 사려 깊은 고민과 신중한 선택이 필요하다.

2013년 대단히 충격적이고 당혹스러운 사진이 언론을 통해 공개되었다. 등에 인간의 귀가 자라고 있는 쥐의 모습이었다. 일본에서 과학자들이 인간의 연골세포를 이용해 귀 모양의 조직을 만들어 쥐의 등뼈와 혈관에 접합하고, 상해를 입거나 전쟁 중 부상으로 귀를 잃은 사람에게 인공 귀를 이식했을 때 제대로 기능하는지 실험한 것이다.[84] 결과는 희망적이었지만, 그것은 4장에서 논의한 바 있는, 두 종의 게놈을 합성한 이른바 키메라를 창조하려는 노력의 시작일 뿐이었다. 2013년부터 지금까지, 다양한 인간의 줄기세포를 돼지와 같은 동물에게 심고 간이나 췌장 같은 장기로 성장시켜 다시 인간에게 이식하기 위한 연구는 기대 이상으로 발전했다.[85]

키메라는 장기를 필요로 하는 인간의 요구가 (아마도 건강할 권리를 추구한 결과일 텐데) 적출 과정에서 생명을 잃는 숙주 동물의 생명권보다 반드시 중요해야 한다는 기본적인 딜레마 이외에도 여러 가지 복잡한 질문들을 제기한다. 만일 인간의 줄기세포를 동물의 뇌나 생식기관에 삽입한다면 어떨까? 혼종 괴물과 함께 살게 될 수도 있을까? 어떤 생명윤리학자가 말했듯, "무엇이 우리를 인간이게 하는가? 51퍼센트의 인간 세포를 갖고 있으면 될까?"[86] 동물법률보호기금은 키메라에도 인간을 대상으로 한 의학 연구와 동일한 규제와 규약을 적용할 것을 촉구했다.[87] 그렇다면 키메라를 인간과 대등한 권리 요구"자"로 간주해야 할까?

키메라는 이 장에서 권리와 관련하여 짧게라도 언급하지 못했거나 자세히 다루지 못한 많은 동물들 중 한 예일뿐이다. 동물원에 갇힌 채로 동물이 번성할 수 있을까? 동물을 동물원에 가둬 두는 것이 무리로부터 또는 건강한 환경으로부터 고립되지 않을 권리를 침해하는 것일까?[88] 시베리아에 유전자 조작 털북숭이 매머드를 다시 서식하게 하려는 연구가 진행되고 있다. 종에게 멸종되지 않을 권리뿐만 아니라 되살아날 권리까지 허용해야 하는 것일까?[89] 한 동물권 운동가는 축산업의 유전자 조작이 성공할 것을 걱정한다. 그렇게 되면 축산업을 위한 동물들은 더 이상 뇌를 갖지 않을 테고, 지각도 없는 그래서 권리 요구와 무관한 존재로 전락할 테니 말이다.[90]

우리 두 저자는 동물이 현재 어떤 권리를 요구하고 미래에 어떤 권리가 필요한지를 구체적으로 설명하려 하지 않았다. 다만 동물이 단순한 기계 장치 이상의 존재이고, 지금처럼 우리와 세계를 공유하고 있으며, 좋은 사회를 결정짓는 권리들을 논할 때 동물들도 고려될 자격이 있음을 증명하고자 했다.

이 장을 마무리하기 직전에 빌은 자신이 속한 인권 단체의 회원들과 이야기를 나누면서 동물권에 대해 질문을 던지고 그 반응을 살폈다. 한 회원은 "저라면, 꺼지라고 호통을 칠 겁니다. 고문이나 집단 학살처럼 훨씬 더 중요한 게 많으니까요"라고 말했다.[91] 어쩌면 그럴지도 모른다. 하지만 인권 운동가들이 관습의 편협한 경계 너머에 있는 복잡한 생물들로 연민과 돌봄의 범위를 넓힐 필요가 있는 것만은 분명하다.

훌륭한 인류학자 로렌 아이슬리Loren Eiseley는 이렇게 말했다. "나는 내 자신 너머의 존재들을 사랑하고, 그 사이의 경계가 유감스럽다."[92]
동물에게 권리를 보장하는 것, 이것이 경계를 허무는 한 방법이다.

7장 ——————— 로봇, 무기,
그리고
전쟁

THE
COMING
GOOD
SOCIETY

우리는 기계의 도움을 받아 겸손해지고 더 좋은 삶을 살 수도 있고,
오만해지거나 죽을 수도 있다.

_MIT의 수학자 노버트 위너Norbert Wiener, 1949년

나는 영원한 악을 만든 장본인이었고, 내가 창조한 그 괴물이 어떤 새로
운 악행을 저지르지 않을까 날마다 가슴 졸이며 살았다.

_메리 셸리Mary Shelley, 《프랑켄슈타인》, 1818년

"내 딸 중 누구도 로봇과 결혼할 수 없다. 그 얘긴 이제 꺼내지도 마
라." 미래학자 리처드 용크Richard Yonck는 2058년쯤 한 아버지가 딸에게
이렇게 말하는 모습을 그려 본다. 딸은 이렇게 대답한다. "마이클은 인
공두뇌 인간이에요. 아버지와 저처럼 똑같은 권리를 가졌다고요! 우
리는 결혼할 거예요. 아버진 상관 마세요!"[1] 이런 시나리오에서는 "동
성 간 결혼"이라는 단어도 완전히 새로운 의미로 해석될 것이다.

용크가 상상력이 너무 풍부하다고 생각한다면, 여러분은 아직 솔라
나Solana를 모르는 게 확실하다. 솔라나는 여러 주제로 대화와 감정 표
현이 가능하며 파트너가 요구하는 다양한 서비스를 제공해 주는 아름
다운 여자의 모습을 한 섹스봇sexbot이다?[2] 이와 비슷한 남성 섹스봇은

배터리가 다 될 때까지 행위를 지속할 수 있는 생체 공학 페니스가 장착되어 있다.[3] 로봇에게 성적으로 매력을 느끼는 사람들을 가리키는 (로봇과의 섹스를 더 좋아한다는 의미에서 디지섹슈얼digisexual이라는) 명칭도 있고, 모스크바의 한 성매매 업소에서는 90달러(약 10만 원)를 지불하면 섹스봇과 30분을 즐길 수 있다.[4] 에리카Erica는 적절한 몸짓과 고갯짓으로 자연스러운 소통이 가능한 로봇이다. 2017년에 에리카의 사진이 테일러 웨싱 인물 사진 공모전의 최종 우승 후보에 올랐는데, 이 공모전에서는 "살아 있는 모델"에게만 수상 자격이 주어진다.[5] 2013년 흥행에 성공한 영화 〈그녀Her〉는 "서맨사Samantha"라고 자신을 불러 달라는 인공지능 운영 체계와 사랑에 빠진 한 남자의 이야기인데, 그 영화를 보면 알겠지만 우리가 애착을 느끼는 대상이 반드시 구체적인 형태를 가질 필요는 없다. 용크가 상상한 아버지와 딸의 대화에서 흠을 찾는다면, 대화의 시점이 2058년보다는 훨씬 더 앞당겨질 수 있다는 점일 테다.[6]

인공지능Artificial Intelligence, AI의 출현은 눈부신 발전을 가져왔지만, 동시에 인권과 관련된 수많은 우려를 낳았다. MIT 미디어랩의 조이 부올람위니Joy Buolamwini는 "AI 시스템은 그것을 설계한 사람의 의식과 무의식에 뿌리박힌 우선순위와 편견대로 만들어진다"고 말한다.[7] 이렇게 만들어진 시스템이 기업의 직원 고용 여부를 결정하고, 범죄로 유죄 판결을 받은 사람의 형량을 결정하고, 안면 인식을 통해 용의자를 식별하는 등 사용 범위가 확장되면, 차별을 영속화할 수도 있다.[8] 무엇보다 AI 시스템이 결론에 도달하는 방식을 이해하거나 그 결론을 뒤집는 것이 항상 쉽지만은 않다. 세계경제포럼World Economic Forum이 "이해할 권리", 즉 컴퓨터 프로그램이 결론을 내린 방식을 낱낱이 설명하여 알 권리를 보장하라고 주장한 것도 바로 그런 이유에서다.[9]

AI 관련 프로그램들은 클라우드 워크Cloud Walk라는 중국의 한 CCTV 업체가 사람들의 평소 행동을 분석하여 범죄 행위 가능성을 예측한 사례에서 보듯 이미 일상이 되었다. 인권 단체들이 "AI 시스템은 인간의 존엄성과 권리, 자유 그리고 문화적 다양성이라는 이상과 양립하도록 설계되고 운영되어야 한다"고 주장하는 것도 그 때문이다.[10] 하지만 지금 당장의 우려들보다 더욱 충격적인 문제는 탄소 기반인 우리 인간의 몸도 언젠가는 소모성 실리콘 프로세서와 텅스텐 부품들로 대체되어 효율적인 인간-기계 키메라로 변모할 가능성에 있다. 틀림없이 그 과정에서 우리는 인권의 진정한 의미를 재정의해야 할 것이다. (일론 머스크Elon Musk가 공개한 신생 기업 뉴럴링크Neuralink의 목표는 인간의 두뇌와 컴퓨터를 결합하여 인간에게 AI를 따라잡을 수 있는 능력을 갖게 하는 것이다.)[11] 이 모든 일들이 구체적인 윤곽을 드러내고 있음은 말할 것도 없고, 전문가들은 2047년이면 현실이 될 것이라고 말한다. 그때가 되면 AI는 (더 정확하게 말해서 인공일반지능 또는 "강强인공지능"은) 모든 인간의 지능을 대체하고 자신의 의지에 인류가 순응할 것을 요구할 수도 있다.[12]

전쟁에서는 "킬러로봇"이라는 자율형 무기의 형태로 이미 이 위험이 코앞에 닥쳤다고 주장하는 이도 있다. 이번 장에서는 킬러로봇이 인권을 존중할 수 있는지 여부도 살펴보겠지만, 우선 그보다 더 근본적인 질문을 던져 볼 것이다. "로봇에게 권리를 부여해야 하는가?"

이 질문은 동물권 이야기의 연장이라고 볼 수 있다. 동물의 경우를 예로 들면, 권리 이론가들은 권리가 인간과의 거래 관계에서 파생되는 것이 아니라 존재 자체에 내재된 것이라고 가정함으로써, 인간 이외의 다른 존재들이 권리를 가질 수 있다는 생각을 꽤 오랫동안 배척했다. 인간보다 (비행, 후각, 힘 등에서) 훨씬 더 뛰어난 능력을 갖고 있음에도 불구하고 동물이 그토록 오랫동안 권리 요구자에서 배제되었듯이, 계산과 정보 저장 능력을 비롯해 여러 가지 면에서 인간을 능가함에도 불구하고 로봇 역시 단순한 소유물, 장치나 기계, 도덕적으로 진지하게 고려할 가치가 없는 존재로 간주되었다. 종차별과 비슷하게, 무생물에게 권리를 부여하는 것에 대한 저항에도 이름을 붙인다면 (자연의 권리를 다룬 다음 장에서 그 의미가 보다 확실하게 와닿을 이름이지만) "생명주의bioism" 정도가 될 것이다.

동물과 마찬가지로, 우리 눈에 로봇은 몇 가지 면에서는 인간과 닮았지만 더 많은 면에서는 몹시 다르기 때문에 인간과는 또 다른 존재론적 범주에 속한 것처럼 보인다. 그래서 동물에게 그랬듯 우리는 로봇에게도 동질감을 갖고 고통을 인정하든지, 아니면 로봇을 혹사하거나 두려워하든지 양가적으로 반응한다.

대중문화에서 널리 알려진 로봇을 꼽는다면, 영화 〈스타워즈〉에 등장하는 귀엽고 사랑스러운 알투디투R2D2와 영화 〈터미네이터〉 시리즈의 강력하고 섬뜩한 스카이넷Skynet일 것이다. 이 두 로봇은 서로 달라도 너무 다르다. 대부분의 사람들이 알투디투와는 "친구"가 될 수 있다고 생각하고 보호해 주고 싶은 마음마저 품는다. 반려동물에게 그러듯이, 우리는 종종 상냥하고 유익하다고 생각하는 로봇을 사람과 동일시한다. 소니Sony가 출시한 강아지 모양의 로봇 친구 아이보Aibo를 갖고 있는 사람들 중에는 아이보를 상자에 다시 넣어 두어야 할 때 죄책감을 느끼고, 아이보 앞에서 옷을 벗는 게 창피하다고 보고한 사람도 있다.[13] 2007년 미군은 지뢰를 제거하는 로봇을 시험하기 시작했는데, 이 작전의 책임자였던 한 대령은 지뢰를 밟아 이미 망가진 로봇이 마지막 남은 다리 하나를 끌고서도 임무를 수행하는 모습을 보고 시험을 중단했다. 대령은 이 시험이 "비인도적"이라고 선언했다.[14] 전투 포상을 받은 군용 로봇도 있고, 병사들로부터 감사의 마음을 담은 "퍼플 하트purple heart" 훈장을 받은 로봇도 있다.[15]

반면에 로봇의 생김새나 행동이 인간과 너무 비슷하면 오히려 사람들이 소스라치게 놀라거나 거부감을 느낄 수 있다.[16] 바로 이때부터 일본의 로봇공학자 모리 마사히로Mori Masahiro가 명명한 "불쾌한 골짜기uncanny valley", 즉 소름 끼치는 유사성과 뛰어난 능력에 인간이 겁을 먹기 시작하는 지점으로 접어든다.[17] HBO의 인기 시리즈 〈웨스트월드Westworld〉는 인간이 인간의 모습을 한 안드로이드 로봇에게 우발적 강간이나 살해 또는 학대를 할 수 있다는 발상을 전제로 한 드라마다. 하지만 이러한 발상은 공상과학 드라마에서 끝나지 않는다. 2015년, 히치하이킹으로 사람들과 즐겁게 교류하며 캐나다와 독일 그리고 네덜란드를 무사히 횡단했던 로봇 히치봇HitchBOT은 필라델피아에서 공공기물 파괴자들의 손에 처참하게 파손된 채 발견되었다.[18] 로봇에게 가해진 이런 식의 학대는 인간이 연약한 동물들을 해치는 행위와 자연스럽게 겹쳐 보인다.

하지만 우리가 어떤 동물을 두려워하듯, 어떤 로봇에게는 공포를 느낀다.[19] 스카이넷은 비록 물리적 실체로 묘사되지는 않지만, 세상을 파괴하려는 목적을 지닌 네트워크 기반의 정교한 집단 지능이다. 로봇이 그 목적을 실행으로 옮길 것이라는 공포는 체코의 극작가 카렐 차페크 Karel Capek가 1920년에 발표한 희곡《로숨의 유니버설 로봇Rossum's Universal Robots》에서 처음 로봇이라는 단어를 소개할 때 이미 예견되었다. 체코어 **로보타**robota라는 단어는 지주를 위해 소작농이 하는 노동 또는 "고된 일"을 뜻하는데, 희곡에서는 공장에서 일하던 한 무리의 기계들을 일컫는다. 그리고 이 기계들은 생명을 얻어 결국 자신들의 주인인 인간을 파괴한다.[20]

그러나 로봇을 대하는 우리의 태도가 동물에 대하는 태도와 늘 똑같은 것은 아니다. 물론 동물의 권리를 생각할 때 마주치는 많은 철학적 질문들이 로봇의 권리 문제에서도 거론된다. 이를테면 로봇은 의식 또는 자각이 있는 존재인가? 로봇이 고통이나 감정을 경험할 수 있을까? 또 그것이 권리와 관련된 문제에서 중요할까? 우리가 로봇의 존엄성이나 번성을 신경 써야 할까? 로봇에게 인간과 동일한 권리를 부여해야 할까? 아니면 제한적으로만 허용해야 할까? 로봇에게 행동에 대한 책임을 물을 수 있을까? 책임을 물을 수 없다면 로봇이 권리를 가질 자격을 결정하는 데 영향을 미칠까? 그리고 무엇보다 중요한 것은, 로봇에 대한 우리의 태도가 좋은 사회에 대한 비전과 어떤 관련이 있을까?

우리 인간이 로봇을 이용하는 방식, 특히 법 집행과 전쟁에서 로봇을 이용하는 방식은 인권과 관련해서도 중대한 의미를 지니는데, 이 내용은 후반부에서 집중적으로 살펴볼 것이다. 지난 20년 동안 전쟁 무기는 기술적으로 매우 정교해졌으며 특히 사이버 전쟁에서 변화가 두드러진다. 2007년 에스토니아를 마비시킨 대대적인 사이버 공격,

2010년 이란의 핵 시설을 파괴한 스턱스넷Stuxnet(산업 시설을 감시하고 공격하는 최초의 악성 소프트웨어 —옮긴이) 공격, 그리고 러시아가 선거 결과를 조작하기 위해 썼던 랜섬웨어 공격 등이 대표적 사례다. 일부 관찰자들은 생물학biological 무기가 다시 등장할 것을 우려한다. 특정한 인구 집단의 DNA를 표적으로 삼는 병원체를 설계하는 게 가능해지면 즉각적인 대량 학살을 초래할 수 있기 때문이다.[21] 이 같은 생물학 무기를 비롯한 신무기들은 우리에게 전쟁법에 대한 새로운 해석을 요구할 수도 있고, 휴먼라이츠워치의 상임 이사 켄 로스Ken Roth가 지적한 것처럼, "생물학 무기들은 치명적인 병원체를 확산시킬 수 있으며, 사이버 전쟁으로 인해 전력 공급 시설들이 멈출 수도 있고… 광범위하고 무차별적으로 민간인 사상자를 유발할 수 있다".[22] 하지만 이 모든 새로운 전쟁 무기들 가운데 가장 도발적인 무기는 "킬러로봇"으로도 불리는 자율형 무기이다. 논의의 초점도 여기에 맞춰 보려고 한다.

앞서 말한 두 질문에 대한 논의를 시작하기 전에 몇 가지 기본적인 사실을 확인하기로 하자.

인간이 아닌 기계에 지능의 징후가 나타난 것은 꽤 오래전으로 거슬러 올라간다. 기원전 9세기경 중국의 한 기술자 옌시Yan Shi는 무왕에게 크기와 외모가 사람과 닮은 기계 인형을 선물했다. 조지프 니덤Joseph Needham은 뒤에 벌어진 일을 다음과 같이 설명한다.

왕은 놀란 나머지 인형에서 눈을 떼지 못했다. 인형은 고개를 위아래로 움직이며 성큼성큼 걸었다. 살아 있는 인간이라 해도 믿을 것

같았다. 그[기술자]가 인형의 턱을 만지자 인형은 완벽하게 장단에 맞춰 노래를 부르기 시작했다. 손을 만지자 이번에도 완벽하게 보조를 맞추어 자세를 취했다… 공연이 끝나자 인형은 숙녀들 앞으로 나아가 윙크를 했고, 이에 격분한 왕은 그 자리에서 옌시를 처형했다. 그리고 즉각 해체를 명하여 섬뜩한 인형의 실체를 확인했다. 사실 인형은 가죽과 나무를 접착제로 붙이고 색을 칠한 조립품이었다. 왕이 자세히 들여다보니 내부 장기들이 빼곡하게 채워져 있었는데… [하지만] 모두 모양을 본뜬 인공 장기였다. 왕이 심장을 떼어 낸 뒤 살피니 인형의 입은 더 이상 떠들지 않았다. 간과 눈을 제거하니 더는 볼 수 없었고, 콩팥과 다리를 잘라 버리니 걷지도 못했다. 왕은 비로소 흡족해했다.[23]

일반적으로 수학자 찰스 배비지Charles Babbage가 1837년에 범용 목적의 컴퓨터를 처음 개발했다고 알려져 있다. 그는 에이다 러브레이스 Ada Lovelace에게 도움을 받았는데, 배비지에게 (연산에 필요한 규칙들의 집합인) 알고리즘을 전수한 러브레이스는 종종 "최초의 컴퓨터 프로그래머"로 불린다.[24] 그보다 최근인 1956년에는 최초의 로봇 기업이 설립되었고 1962년에는 제너럴 모터스General Motors가 최초의 산업용 로봇을 출시했다.[25]

프로그래밍이 가능한 알고리즘에 따라 작동하는 기계들은 지금도 어디서나 쉽게 볼 수 있는데, 룸바Roomba 진공청소기나 항공권 예약 음성 안내, 입사 지원자의 이력서 평가 프로그램, 산업 현장에서 위험한 작업을 수행하는 로봇 등이 해당한다. 특정한 기능을 수행하도록 프로그래밍된 기계들은 경제적인 측면에서 향후 20년 안에 사람이 하는 모든 업무의 절반 이상을 대체할 것이라는 우려를 낳을 수는 있지만, 그 때문에 권리에 대한 우리의 사고방식까지 바꿀 필요는 없다.[26] 오히려 이 기계들은 사람이 시키는 일만 하는 한정적인 시스템이다. 우주 탐사 로봇처럼 장거리 조정이 가능한 원격 로봇도 권리와 관련된 문제로 우리의 마음을 흔들지는 못한다.

새로운 권리와 관련해서 우리가 궁지에 몰리는 시점은 인간의 뇌를 모델로 삼은 이른바 딥러닝 신경망deep-learning neural networks이라고 불리는 컴퓨터 시스템을 마주했을 때다. 이 시스템들은 일정한 규칙에 따라 프로그래밍된 것이 아니며, 종종 개발자도 이해하지 못하는 방식으로 스스로 학습을 할 수도 있다. 어마어마한 양의 데이터를 분석하고 패턴을 인식할 수 있을 뿐만 아니라 때로는 인간의 통제에서 벗어나 자율적으로 의사 결정을 내릴 수 있다. 심지어 이 시스템들을 개발한 프로그래머조차 상상하지 못한 또 다른 시스템들을 생성할 수도 있다. 구글의 딥마인드DeepMind 공동 창업자들은 이렇게 말한다. "우리는 AI의 한계를 확장한다는 과학적 사명으로, 스스로 모든 복잡한 문제의 해결책을 학습할 수 있는 프로그램을 개발하고 있다."[27]

이 두 유형의 AI는 원하는 디자인의 장식장을 만들기 위해 고용한 목수와 "커다란 부엌과 연못이 한눈에 보이는 복층 주택을 짓고 싶다"는 큰 방향만 제시해 주고 세부적인 설계와 디자인뿐 아니라 하도급 업자를 얼마나 고용하고 비용과 상관없이 부지에 추가로 다른 시설을 얼마나 더 지을지 등 일체의 권한을 위임받은 건축업자에 견줄 정도로 큰 차이가 난다.

물론 모든 딥러닝 AI가 사람이나 동물의 형태를 닮은 것은 아니다. 일례로 다양한 교통 상황에 적응할 수 있는 자율 주행 자동차도 딥러닝 프로그램에 의존한다. 딥러닝 AI의 핵심, 다시 말해 "정수"는 물리적 실체가 아니라 서버에 저장된 프로그램에 있다. 비록 "로봇 권리"에 관한 대부분의 논의가 (업무적인 맥락과 대조되는) 사회적 맥락에서 인간과 상호작용을 하며 물리적 실체를 지닌 (소프트웨어와 대조되는) "사회적 로봇"에 집중되고는 있지만, 반드시 기억해야 하는 사실은 그 로봇을 구동하는 것도 컴퓨터 시스템이라는 점이다. 얼굴 표정을 읽거나 앨범 폴더에 추가할 가장 뜻깊은 사진을 고르는 등 인간의 행동을 쉽게 모방할 수 있는 이 시스템들은 우리의 삶에 점점 더 깊이 스며들고 있다.[28]

또한 계산 능력이 인간보다 아무리 뛰어나다 할지라도 이 시스템들에는 여전히 상식적인 요소가 결여되어 있다는 사실을 인정하는 것도 중요하다. 페이스북의 가상 비서는 두 사람이 창백한 시체들에 관한 소설의 한 대목을 놓고 토론하는 것을 보고 그들과 저녁 식사를 해 보라고 제안하기도 했다.[29] 지금은 고인이 된 마이크로소프트 공동 창업자 폴 앨런Paul Allen은 "내가 오늘 서랍에 양말을 넣어 두면, 양말은 내일도 서랍 안에 있을까?"라는 간단한 질문에 컴퓨터가 답할 수 있도록 가르치는 데 1억 2500만 달러(약 1500억 원)를 투자했다.[30] 지금까지는 어떤 컴퓨터 시스템도 튜링 테스트Turing test를 확실하게 통과하지 못했다.[31] 쉽게 말하면 인간과 컴퓨터 사이의 대화를 보고 무엇이 인간이고 컴퓨터인지를 식별하는 실험에서 관찰자를 완벽하게 속여 인간으로 착각하게 만든 컴퓨터 시스템이 없었다는 뜻이다. 미래학자 레이 커즈

와일Ray Kurzweil은 "특이점Singularity"이, 즉 모든 인간의 지능을 압도할 만큼 뛰어난 슈퍼 지능을 지닌 기계가 2045년에 등장할 것으로 자신 있게 예측했지만, 인간의 모든 특징을 보유한 로봇을 볼 날은 아직 한참 멀었다.[32] 테슬라Tesla와 스페이스엑스SpaceX를 창업한 일론 머스크는 강 인공지능이 "인류의 미래를 위협하는 근본적인 위험"이라고 말했다.[33] 하지만 권리에 대해 논의하는 이 책의 특성상, 로봇 기계들이 언젠가 인간의 삶을 지배하거나 심지어 파괴할 수 있다는 재앙적인 예측은 잠시 접어 두기로 하자. 만일 그런 재앙이 일어난다면 권리를 보장해 달라고 요구하는 쪽은 로봇이 아닌 인간이 될 것이다.

딥러닝 시스템의 실질적인 한계에도 불구하고, 로봇에게도 권리를 부여받을 자격이 있다는 개념은 더 이상 우스갯소리가 아니다.

2003년 세계변호사협회International Bar Association는 모의재판을 열었는데, 재판에서 한 변호사는 컴퓨터가 자신을 소유한 기업으로부터 접속이 끊어지지 않을 권리를 가진다고 변호했다. 3년 뒤 영국 정부가 의뢰한 한 보고서는 미래의 어느 시점에는 지능형 로봇이 시민으로 간주될 수 있고, 이 로봇이 군 복무를 한다면 "충분한 사회적 혜택들… 이를테면 소득 보조금, 주거와 로봇 건강보험" 등의 혜택을 누릴 자격을 부여받을 것이라고 주장했다. 한국 정부는 2020년까지 모든 가정에 네트워크 기반의 로봇이 보급될 것이라고 예측하고 '로봇 윤리 헌장Robot Ethics Charter'의 초안을 작성했다.[34] (2007년 한국의 과학자, 의사, 심리학자, 변호사, 공무원 등 각계 인사 12명이 모여 초안을 작성했지만, 공식적으로 채택되지는 않았다-옮긴이) 이 헌장은 로봇에게 "손상이나 파괴될 염려 없이 존재할" 권리와 "의도적으로 악용되지 않고 존재할" 권리를 보장해야 한다고 설명한다.[35] 진보적인 국가로 간주하기 어려운 사우디아라비아도 2017년에 소피아Sophia라는 이름의 안드로이드를 사우디 시민으로 선언하면서 이 대열에 동참했다. 이 나라의 많은 인간 여성이 온전한 권리를 보장받지 못하고 있는 현실을 감안하면 상당히 모순적인 발전이다. 소피아는 자신과 같은 로봇이 인간을 위험하게 만들 수도 있다는 우려를 잠재우기 위해 이렇게 선언했다. "나는 공감하는 로봇이 되기 위해 노력하고… 더 좋은 세상이 되도록 최선을 다할 것입니다."[36] 그러나 새로운 로봇 기술의 복잡성을 염두에 둔 원대하고 정교한 정부 차원의 대응은 유럽 의회에서 나왔다. 유럽 의회는 로봇으로 야기되는 손해에 대한 법적 책임을 따지려면 새로운 범주의 법안이 필요하다는 사실을 인지했고, 의회의 법률 위원회는 동물에 대한 장에서 논의했던 "법 인격"에 비견되는 "전자 인격"을 로봇에게 부여할 것을 제안했다.[37]

"그게 무슨 말이냐?"고 되묻고 싶을 수도 있다. "고도로 복잡하고 심지어 위엄이 있다고 해도 결국 로봇은 단순한 기계가 아닌가? 도대체 누가 그런 기계가 권리나 시민권 또는 인격을 부여받아야 한다고 생각한단 말인가?" 이론가들 중에도 이런 입장을 분명히 밝히는 사람이 있다. 법학 교수 닐 리처즈Neil Richards와 컴퓨터 과학자 윌리엄 스마트 William Smart의 견해는 이렇다. "로봇은 복잡하고 정교한 도구이지만… 본질적으로는 쇠망치나 전동 드릴 또는 자동차의 제동장치와 다를 바 없고… 동일한 정보값을 입력하면 매번 동일한 결과값을 도출한다."[38] 컴퓨터 전문가 조안나 브라이슨Joanna Bryson은 "로봇은 노예가 되어야 한다"고 말한다. 로봇은 인간의 지능을 확장한 것에 불과하며 윤리적 선택권이 없으므로 권리를 부여받을 자격이 없다는 것이다.[39]

솔직해 보이는 이 접근법에는 사실 많은 문제가 수반된다. 첫째로 2013년에 공개된 리처즈와 스마트의 "동일한 정보값을 입력하면 매번 동일한 결과값을 도출"한다는 선언은 새로운 데이터와 상황에 맞춰 결과값을 조정할 수 있는 딥러닝 신경망에는 더 이상 통하지 않는다. 특히 이러한 신경망이 로봇의 형태를 갖추고 있다면, 인간이나 동물과 똑같은 법칙을 따르지 않는다고 해도 틀림없이 일종의 의식을 지닌 것처럼 보인다. 함께 있으면 "혼자가 아니라는 느낌"이 들 것이다.[40] 이러한 사회적 로봇들은 사용자의 의지대로만 작동하는 쇠망치나 전동 드릴과는 사뭇 다르다. 어쩌면 이 로봇들은 종이 상자처럼 완전한 무생물도 아니고 그렇다고 인간이나 동물도 아닌 중간 어디쯤에 속하는지도 모른다.

하지만 여기서 더욱 중요한 것은 브라이슨의 노예 비유가 말해 준다. 1장 초반에서 설명했듯, 노예를 추론 능력이 부족해 스스로 도덕적 결정을 내릴 수 없는, 즉 "도덕적 행위자"가 아닌 하위 인간으로 취급하던 시절이 있었다. 물론 그 이유로 노예는 모든 권리를 거부당했다. 그러나 현재 우리는 노예에게 완전한 인간성을 인정한다. 노예에게 윤리적 선택권이 있음을 알 뿐만 아니라, 그들을 포함하도록 "권리 보유자"의 범위를 수정한 지도 오래다. 사회적 로봇에게도 비슷한 일이 일어날 수 있지 않을까? 권리 요구자에 대한 정의를 다시 정립할 필요는 없을까?

분명히 누군가는 인간이나 동물과 로봇 사이에는 쉽게 부정할 수 없는 범주적 차이가 존재한다고 반박할 수 있다. 어쨌든 인간과 동물은 의식이 있고 명백히 고통을 느끼며 공감과 이타심뿐만 아니라 애도하는 코끼리들처럼 진짜 감정을 드러낼 수 있는 반면, 로봇은 이와 비슷한 특징들을 보여 준다 하더라도 프로그래밍된 대로 작동할 뿐이고 딥러닝 신경망도 결국 전문가의 모방에 불과하다고 가정하기 때문이다.

그러한 차이가 (의식의 존재 여부를 증명하는 것은 여간 어려운 일이 아닐 테지만) 분명히 존재할 수는 있다. 하지만 그 차이를 권리의 문제와 연결 지어 생각할 필요는 없다.[41] 어떤 존재가 권리를 갖기 위해 (독자적 형태의 의식이 아니라) "정상적인" 인간이나 동물과 같은 종류의 의식을 갖고 고통을 느끼고 공감을 드러내며 이타심을 발휘해야 한다고 주장하는 것은, 이전에도 언급했듯 무뇌아나 영구적으로 식물인간 상태에 있는 사람과 특정한 인지 장애를 가진 사람들 그리고 이러한 특징들을 보이지 않는 많은 동물들에게도 권리가 없다고 주장하는 것과 마찬가지다.[42] 이러한 주장은 권리를 자연법에 의존하는 (권리를 인정받기 위해 어떤 특징을 날 때부터 갖고 있어야 한다는) 오류와 인간 유사성 접근법의 (이 존재가 권리를 부여받을 만큼 인간과 혹은 동물과 충분히 닮았는지를 따지는) 오류를 동시에 범한다. 앞서 논의했듯, 이 두 오류는 문제가 적지 않다. 다시 말하지만 권리는 어떤 존재가 소유한 성질이나 특징으로 결정되지 않는다.

그렇다면 무엇이 권리를 좌우할까? 딥러닝 로봇에게 권리를 부여해야 하는지 어떻게 알 수 있을까? 1장에서 설명한 권리를 떠올려 보자. 권리는 인간의 존엄성을 (또는 동물의 번성을) 향상시키기 위한 조건과 좋은 사회에 대한 정의에 근거하여, 약자가 (또는 그 대리인이) 강자에 대항하기 위한 거래적인 요구이다. 비록 로봇이 인간보다 어떤 면에서 훨씬 더 강력한 기능을 갖고 있을지라도, 로봇을 디자인하고 프로그래밍하고 배치하는 데 여전히 인간이 주도적인 역할을 한다는 점에서 (또한 더 많은 "상식"을 갖고 있다는 점에서) 적어도 당분간은 우리가 강자의 입장에 있다고 볼 수 있다. 한 가지 접근법은 윤리학자 웬들 월러치Wendell Wallach와 콜린 앨런Colin Allen이 자율 로봇이 도덕적 행위자인지 아닌지를 묻는 질문을 다루면서 택한 방법이다.

첫째, 도덕적 행위자인지 아닌지 여부가 한 존재의 권리를 보장하는 필요조건이 아님을 분명히 해 두자. 동물은 도덕적 행위자로 간주되지 않지만, 살펴본 바와 같이 동물에게는 몇 가지 권리를 부여해야 할 훌륭한 근거가 있다. 더욱 분명한 사실은 신생아와 유아, 심각한 인지 장애를 갖고 있는 사람, "형사상 정신이상자"로 분류되는 사람도 자신의 행동에 책임을 질 수 없다는 점에서 도덕적 행위자로 간주되지 않지만, 우리는 주저 없이 그들에게도 모든 권리가 있다고 말한다. 만일 아이가 나이를 먹어서 (또는 심각한 인지 장애나 형사상 정신이상이 회복되어) 도덕적 행위자가 된다면, 이들에게 권리가 있느냐는 질문에 대한 답은 자명해진다. 실제로 도덕적 행위에 대한 의지가 커짐에 따라 보장받는 권리의 수도 늘기 마련이다.

따라서 이론적으로 우리는 로봇을 도덕적 행위자로 간주하지 않더라도 일부 로봇에게 권리를 부여할 수 있다. 그런데 로봇은 우리가 도덕적 행위자로 결코 인정하지 않는 동물과 더 닮았을까? 아니면 성장하고 행동이 점점 더 고도화됨에 따라 도덕적 행위에 대한 의지가 (그리고 그에 따른 권리가) 커지는 아이와 더 닮았을까?

월러치와 앨런은 로봇이 진정한 도덕적 행위자인지 여부는 전혀 문제가 되지 않는다고 말한다. 왜냐하면 "인간에게는 도덕적 행위자와 꽤 비슷한 행동을 하는 (로)봇들이 필요하기 때문"이다.[43] 우리가 알기로, 주변 환경을 이해하고 그에 적응하여 프로그래머나 운영자의 의지와 상관없이 도덕적으로 심각한 결과를 초래할 수 있는 의사 결정을 독자적으로 내리는 로봇들이 이미 존재한다. 그런데 우리가 바보가 아닌 이상, 부분적인 (또는 모조품 같은!) 도덕적 행위자일지언정, 도덕적 기준을 최대한 따르는 로봇을 설계하길 원치 않을 이유는 없다. 유럽의회는 로봇 연구자와 공학자가 "인간의 최대 이익을 위해 행동하고 [그리고]… 기본적인 인권을 존중하는 존재들을 창조할 때" 준수해야 하는 일련의 윤리적 원칙들을 권고했다.[44] 연구자와 공학자가 원칙을 더 성실하게 따를수록 더 많은 로봇들이 도덕적 행위 의지를 갖고 있는 것처럼 보일 테고, 또 그럴수록 로봇에게 권리를 부여하고 싶은 마음도 커질 것이다.

만약 디자이너나 프로그래머가 로봇이 도덕적 규제를 따르고 인권을 준수하는지 전혀 신경 쓰지 않는다면 어떤 세상이 될지 상상해 보자. 제멋대로 보행자를 향해 돌진하는 자율 주행 자동차, (겉으로는 의도하지 않은 것처럼 보이지만) 인종차별에 동조하는 안면 인식 프로그램, 후반부에서 논의하겠지만 닥치는 대로 살상할 권한을 가진 자율형 무기.[45] 이것들 중 인간의 존엄성과 좋은 사회에 도움이 되는 것은 하나도 없다. 우리는 적어도 진위와 상관없이 일부 로봇들을 마치 도덕적 행위자인 것처럼, 그리고 그에 따라 모종의 권리를 갖는 것처럼 대해야 한다. 다시 말해서 로봇에게 부분적으로라도 행위에 대한 책임을 물으려면 적어도 몇 가지 기본적인 권리를 허용해야 한다. 이것이 유럽 의회가 로봇을 "전자 인격체"로 선언하게 된 배경이다.[46]

하지만 우리가 로봇에게 행위에 대해 유의미한 책임을 물을 수 있을까? 이 질문은 이 장의 후반부에서 다시 자세하게 다룰 것이다. 어린이와 길들여진 동물이 행동에 스스로 책임을 질 수 없는 것과 마찬가지로, 틀림없이 로봇도 자신의 행위에 대해 단독으로 책임을 질 수는 없다. 하지만 우리가 처벌이나 치료를 통해 못된 짓을 한 (유아기 이후의) 어린이를 "재교육"하고 지속적으로 위험한 행동을 보이는 동물에게 "안락사"라는 극단적인 방법을 동원하면서까지 부분적으로라도 스스로의 행동에 대해 책임을 지우는 것처럼, 로봇이 나쁜 행동을 하면 (아이의 부모나 동물의 보호자에 해당하는 디자이너나 프로그래머, 운영자뿐 아니라) 로봇에게도 최소한 어느 정도 책임을 물어 재프로그래밍이나 전원 차단 또는 완전 해체와 같은 방법을 통해 위험하고 파괴적인 행위를 무력화해야 한다.[47]

일부 사회적 로봇은 도덕적 행위자처럼 보일 수도 있고 또 도덕적 행위자처럼 행동할 수도 있다. 달리 말하면, 마치 로봇이 일종의 존엄성을 지닌 것처럼 보이고 그러한 존재처럼 행동한다는 의미이다. 어떤 상황에서 (가령 잘 관리되고 소스 코드에 대한 접근이 가능하다면) 로봇은 "번성"하기도 하고 어떤 상황에서는 (히치봇처럼) 녹슬고 파괴된다. 로봇을 존엄하게 대우하면 좋은 사회로 한 걸음 더 나아갈 수 있을까? 인공 두뇌를 연구하는 사이버네스틱cybernestics 전문가 케이트 달링Kate Darling은 로봇의 존엄성을 인정하지 않는다면, 좋은 사회의 가치도 심각하게 훼손될 수 있다고 말한다. 달링은 플리오스Pleos라는 이름의 아기 로봇으로 실험을 했다. 그녀는 실험 참가자들에게 플리오스를 건네주고 한동안 데리고 논 다음에 죽도록 때리라고 말했다. 많은 참가자들이 실험을 거부했고 심지어 어떤 참가자는 "고통에서 벗어날 수 있도록" 로봇의 배터리를 빼 버렸다. 달링은 학대 지시가 참가자들에게 연민을 불러일으켰다고 설명한다. 그리고 우리가 사회적 로봇을 의인화하는 경향을 갖고 있다는 점을 근거로, 그녀는 정식 권리까지는 아니더라도 로봇을 보호하지 않는다면 인류 공동체로서 우리 자신과 존엄성을 해칠 뿐 아니라 좋은 사회의 비전을 망칠 수 있다고 주장한다. 또한 인간이 잔인한 행위에 대해 둔감해지는 습성은 고양이에게나 플리오스에게나 똑같다고 말한다.[48]

　지금까지 설명한 견해들 중 어느 것도 사회적 로봇에게 전체론적이고 전통적인 의미의 "권리 보유자"라는 명칭을, 적어도 아직까지는 부여해 주지 못한다. 권리 보유자가 되려면 로봇은 지능과 기능만이 아니라 도덕적 선택에 대한 성찰, 명백한 고통, 연민, 이타심도 느껴야 하고 자신 또는 사랑하는 이의 임종을 두려워할 수준까지 진화해야 한다. 그 시점이 되면 인간도 로봇의 권리를 부정할 수 없을 것이다. (물론 그 시점이 되면 틀림없이 로봇이 자신의 권리를 요구할 테지만!) 그러나 그 시점에 도달하기 이전에 우리와 사회적 로봇의 관계를 둘러싼 사회적 생태계와 우리의 삶에 대한 참여, 상호 의존성과 좋은 사회를 위한 공헌 등을 고려한다면, 최소한 일부 사회적 로봇에게는 상황에 따라 권리의 언어를 허용할 수도 있다. 동물의 권리와 관련해서 살펴본 세 가지 뚜렷한 원칙이 이번에도 도움이 될 것이다.

앞 장에서 우리는 개미나 벼룩과 같은 동물에게까지 권리를 부여할 필요가 없음을 논의했다. 로봇에게도 이와 동일한 원칙이 적용된다.

원칙1. 모든 로봇에게 권리를 부여할 필요는 없다. 우선 딥러닝이 가능한 로봇만이 권리를 요구할 후보가 될 수 있다는 사실을 기억하자. 그중에서도 생명이 있는 존재와 비슷한 특징들을 보이거나 마치 스스로 도덕적 행위를 선택하는 것처럼 프로그래밍된 로봇만이 권리를 부여받을 수 있다. 자율 주행 자동차는 어느 범주에도 속하지 않는다. 환자와 상호작용을 하고 생명 징후를 모니터링하며, 약을 가져다주거나 환자의 기분을 살피고 환자가 몰래 흡연하려고 하면 "고자질"도 서슴지 않는 간호 로봇이라면 두말할 것 없이 권리를 부여받을 자격이 있을 것이다.

원칙2. 권리 요구 로봇들에게 모든 권리를 허용할 필요는 없다. 철학자 마크 코켈버그Mark Coeckelbergh는 전통적인 권리만큼 광범위하거나 확정적이지 않은 이른바 "가벼운 권리soft rights"를 일부 로봇에게 부여할 것을 제안했다.[49] 그 가벼운 권리가 무엇이 될지는 아직 결정되지 않았지만, (이를테면 우발적으로 파괴되지 않을 권리 정도는 허용되겠지만) 로봇의 권리에 종교의 자유를 포함시킬 가능성은 별로 없을 것이다! 만약에 딥러닝 신경망이 프로그래머가 설계하지 않았거나 예상하지 못한 시를 한 편 창작한다면, 이 시에 대한 저작권은 누구에게 있을까?[50] 인간과 동물의 권리와 달리, 로봇의 권리가 구체화되려면 꽤 오랜 시간이 걸리겠지만, 동물의 경우와 마찬가지로 로봇에게 어떠한 권리를 부여하든 그 권리는 반드시 로봇의 **주변 세계**, 즉 로봇이 경험하는 세상에 부합해야 할 것이다.[51]

원칙3. 권리가 요구되는 모든 상황에서 로봇과 인간에게 동일한 권리를 적용할 필요는 없다. 모두 알다시피 인권의 기본 틀은 엄연히 인간을 염두에 두고 만들어졌다. 따라서 로봇에게 전적으로 적용할 수 없고, 적용하더라도 대폭 수정해야 할 것이다. 하지만 몇 가지 난처한 상황을 예측해 볼 수는 있다. 로봇 시스템이 보상과 처벌을 디지털화한 프로그램에 따라 작동한다는 점으로 미루어, 언젠가는 알고리즘이 제공하는 미흡한 "보상"이 굴욕적이고 부당한 대우라고 항의하는 로봇도 나오지 않을까?[52] 생체공학 신체 기관에 대한 연구가 의족이나 의수 차원을 넘어 폭발적으로 발전하고 있는 점으로 미루어, 생체공학 신체 부위의 손상도 재산 손실이나 대인 상해로 간주할 날이 오지 않을까?[53] 신체나 뇌의 50퍼센트 이상을 생체공학 기관들로 대체 이식한 사람을 살해한다면 살인죄를 물어야 할까, 아니면 로봇 파손죄를 물어야 할까? 혹시 이전에 없던 새로운 죄명을 만들어야 할까? 한국의 로봇 윤리 헌장에 명시된 것처럼 로봇에게 "손상이나 파괴될 염려 없이 존재할" 권리가 있다면, 과연 우리에게 로봇의 "동의" 없이 전쟁터로 내보낼 권리가 있을까?

철학자 에릭 슈비츠게벨Eric Schwitzgebel과 마라 가르자Mara Garza는 "도덕적 측면에서 AI를 인간과 동일하게 고려해야 하는지 헷갈린다면, AI를 아예 생산하지 말아야 한다"고 주장한다.[54] 특이점이 도래하기 전에도 우리는, 우리와 확연히 다르면서도 또 몹시 비슷한 이 존재가 빠르게 진화하고 변화하는 것을 보면서 이들에게 권리의 개념을 적용할 방법들을 진지하게 고민할 것이다. 그러나 처음부터 로봇의 권리를 묵살한다면, 권리 운동에서 가장 위대한 혁명의 기회를 놓칠 수도 있다.

어쨌든 지금은 관련 문제로 돌아가서 로봇을 무기로 이용하는 경우를 논의해 보자. 로봇이 동물과 마찬가지로 도덕적 선택 의지가 없다면, 심지어 도덕적 기능을 모방할 수조차 없다면, 로봇은 적의 살상을 위한 최신 기술을 탑재한 기계에 지나지 않을 것이다. 따라서 이 기계의 배치와 사용에 대한 책임은 오롯이 명령권자의 몫이다. 그런데 만일 로봇이 어린이처럼 자율성을 갖는다면 또다시 문제가 몹시 복잡해진다. 지금까지 우리의 논의는 인간이 로봇에게 해를 끼칠 가능성에 초점을 맞추었다. 이제부터 질문의 방향을 돌려서 로봇이 우리에게 어떠한 위해를 가할 수 있는지 생각해 보자.

로봇으로 인한 최초의 인명 피해는 1979년 포드 자동차 회사Ford Motor의 주조 공장에서 발생했다. 로버트 윌리엄스Robert Williams라는 이름의 조립 라인 작업자와 산업용 로봇이 창고에서 부품을 회수하던 중, 윌리엄스가 로봇의 팔에 머리를 맞고 사망했다. 아이러니하게도 이 사고가 일어난 날은 카렐 차페크가 쓴 희곡《로숨의 유니버설 로봇》의 초연 기념일이었다. 배심원단은 회사 측이 로봇의 근접을 알리는 경보 장치를 포함하여 특정한 안전장치를 구비하지 않았다고 판단했고 윌리엄스의 가족에게 1000만 달러(약 120억 원)를 배상하라고 판결했다.[55] 그 로봇이 자율적으로 작동하는 로봇이었다면 법적 책임 문제는 상당히 복잡해졌을 것이다.

그 이후로 수많은 종류의 로봇 장치들이 생산되었다. 예를 들어 드론으로 더 잘 알려진 무인 항공기는 항공촬영, 수송, 수색 및 구조, 지도 제작, 농작물 모니터링, 국경 감시와 같은 용도로 사용되면서 오늘날 민간 항공기들을 위협하는 하늘의 흔한 풍경이 되었다.[56] 개발 초기 단계의 드론들은 거의 대부분 조종자의 통제를 따랐지만, 인간의 개입 없이 표적을 추적할 수 있는 2,499달러(약 300만 원)짜리 장비나 스스로 경로를 설정할 수 있는 플라잉 택시를 포함하여 현재의 드론들은 놀라운 수준의 자율성을 보여 준다.[57]

적어도 2002년 2월부터 미국 정부도 군사 목적으로 드론을 이용하고 있다. 당시 CIA는 오사마 빈 라덴을 제거할 목적으로 프레데터 드론을 배치하려 했다.[58] 그 후로 미국은 아프가니스탄, 파키스탄, 소말리아, 예멘과 같은 나라들에서 6,000건 이상의 드론 공격을 시도한 것으로 추산되며, 종종 민간인 사상자에 대한 적잖은 논쟁을 불러일으켰다.[59] 군에서 드론이 인기 있는 이유는 조종사가 위험을 감수하지 않고도 접근이 어려운 지역에 있는 표적을 겨냥할 수 있기 때문이다. 놀라운 점은 원격 살인이 조종사들로 하여금 행동의 결과에 둔감하게 만들 것이라는 비판과 달리, 실제 드론 조종사들도 재래식 무기를 사용한 동료 병사들과 마찬가지로 극도의 피로감과 외상 후 스트레스를 겪는 것처럼 보인다는 사실이다.[60] 대부분의 군사용 드론들은 민간 드론과 마찬가지로, 배치와 비행, 표적의 겨냥을 인간이 통제하는 "인더루프 in-the-loop" 시스템이다. 반면에 사드 미사일 요격 시스템Thaad antimissile system이나 한국의 비무장지대에 배치된 보초 로봇과 같은 무기들은 미사일이나 침입자를 스스로 탐지하지만 최종적인 공격 결정은 인간이 내려야 하므로 "온더루프on-the-loop" 시스템 또는 반자율 시스템으로 간주된다.[61]

하지만 인권과 관련하여 가장 많은 문제를 불러일으키는 것은 완전 자율형 (이른바 "아웃오브루프out-of-loop" 시스템) 무기가 실전에 사용될 가능성이다. 합법적 자율형 무기 시스템legal autonomous weapons system, LAWS으로도 불리는 이 무기들은 대부분이 로봇이라는 점에서 "킬러로봇"으로 더 많이 알려져 있다. 미국 국방부는 합법적 자율형 무기 시스템을 "일단 활성화되면 인간의 추가 개입 없이 표적을 선택하고 겨냥할 수 있는" 무기로 규정했다.[62] 국방부가 인공지능을 미래형 무기 개발 전략의 중심에 놓긴 했지만, 2016년에 국방부의 정책 기조를 설명하는 자리에서 전 국방부 차관 로버트 O. 워크Robert O. Work는 그런 시스템들은 인간의 기술력을 보강할 뿐 대체하지 않는다는 점을 강조하면서 시스템의 중심에는 "언제나 사람이 있을 것"이라고 장담했다.[63]

하지만 여전히 많은 사람들이 우려의 눈길을 거두지 못하고 있다. 유엔에 따르면 미국, 중국, 러시아, 이스라엘은 물론이고 이집트, 파키스탄, 사우디아라비아를 포함하여 적어도 30여 개국이 이미 반자율 무기를 개발하고 있다. 그중에서도 미국의 글래디에이터 전술무인지상무기Gladiator tactical unmanned ground vehicle처럼 다목적 공격 장비가 장착된 무기는 완전 자율 모드로 쉽게 업그레이드할 수 있다.[64] 공격하기 전에 표적의 상공을 저회한다고 해서 "저회하는 탄약"이라는 별명이 붙은 이스라엘의 하피Harpy는 완전 자율 모드로 작동이 가능하고 (그래서 "발사 후 망각형" 방식의 무기라고 부르며) 표적에게 "돌진"하여 폭발한다. 하피는 중국, 튀르키예, 한국과 인도에 판매되었다.[65] 2017년 12월 중국이 개최한 에어쇼에서 1,200여 대의 드론이 동시에 자율 비행하며 목화 꽃과 배 모양 대형을 즉석에서 연출했다. 중국은 이러한 기술을 군사적 용도로 사용할 수 있다는 사실을 감추지 않았다.[66]

2016년 미 공군 장성이자 합동참모본부 부의장이었던 폴 셀바Paul Selva는 표적과 공격 시점을 스스로 결정하는 완전 자율 로봇의 개발까지 10년이 남았다고 암시한 바 있다.[67] 이는 미국 합동전력사령부가 "무인 효과: 인간을 배제한다면Unmanned Effects: Taking the Human Out of the Loop"이라는 제목으로 발표한 2003년의 보고서와도 절묘하게 맞아떨어진다. 이 보고서는 미군이 2025년까지 "전술적인 수준에서 대부분 로봇화를 이룰 수 있을 것"이며, 여기에는 대형 무인 잠수함부터 곤충 크기의 나노봇에 이르는 거의 모든 것이 포함될 것이라고 전망했다.[68] 당시 셀바는 미국은 자율형 킬러로봇을 개발할 의도가 전혀 없다고 주장했다. 그리고 미군이 인간의 개입 없이 "통제하는 방법도 제대로 알지 못하는 일련의 로봇들을 인류 앞에 풀어 놓을 수도 있다"고 비난한 해군사관학교 윤리학 교수 조지 루카스George Lucas에게 "터무니없는 소리"라고 주의를 주었다.[69] 하지만 무기 개발의 역사를 고려하면, 특정한 상황이 벌어졌을 때 셀바가 권고한 제약들이 지켜질 수 있을지는 미지수다.

어찌 되었든 제1차 세계대전 이후로 잠수함이 민간 선박을 조준하는 것이 금지되었고, 이 금지 규정에 미국도 흔쾌히 동의했다. 하지만 일본의 진주만 공격 개시 여섯 시간 만에 미국은 일본의 민간 및 무역 선단에 대한 전면적인 잠수함 공격을 허가했다. 적국 또는 테러리스트 집단이 자율형 킬러로봇을 전투에 배치한다면 미국과 그 동맹국들이 유사한 대응을 하지 않을 수 있을까? 비록 지뢰나 실명 레이저, 산탄형 폭탄과 같은 일부 무기들은 국제적 조약에 따라 사용을 금지하는 데 성공했지만, 누누이 경험한 바에 따르면 개발 가능성이 있는 신무기는 결국에는 개발된다.[70] 설령 그 무기들이 신경가스처럼 적군뿐 아니라 개발 당사자에게도 위험하거나 또는 소련의 초능력과 염력 사용에 대한 미국의 대응처럼 쓸데없는 자원 낭비라는 사실이 밝혀지더라도 말이다.[71] 월러치와 앨런은 언젠가는 신문에서 "로봇 해방 혁명군Fuerzas Armadas Roboticas de Liberacion에게 대량 학살의 혐의를 묻는다"라는 제목의 기사를 읽게 될 날이 올지도 모른다고 생각한다.[72]

뛰어난 물리학자 고故 스티븐 호킹Stephen Hawking을 포함해 3,700여 명에 이르는 AI 연구자와 개발자 들이 "인간의 유의미한 통제를 벗어난 공격적인 자율형 무기" 금지를 촉구하는 공개 서한에 서명한 것도 같은 이유에서다. 서한은 그러한 무기들이 "내일의 칼리시니코프(미하일 칼리시니코프가 개발한 돌격 소총 AK-47을 일컫는다. AK-47은 제작과 작동법이 쉬워 공산국가를 비롯해 제3세계의 수많은 분쟁에 무기로 사용되고 있다―옮긴이)가 될 것"이고, "암살과 국가 불안, 인구 억제, 특정 민족 집단에 대한 선별적 살해와 같은 임무에 최적화될" 것이라고 주장한다.[73] 2012년 휴먼라이츠워치는 킬러로봇 중지 캠페인의 출범을 도왔고, 유럽 의회가 제안한 '로봇 공학 헌장Charter on Robotics'에는 "무기로 사용하기 위해 로봇을 개조하는 어떠한 행위도 금지"한다는 조항이 포함되어 있다.[74] 2018년 말에는 20개 이상의 국가들이 합법적 자율형 무기 시스템에 대한 국제적 금지를 촉구했다.[75]

많은 군사 지도자, 로봇 공학자, 인권 운동가 들이 소설 속 과학자 빅터 프랑켄슈타인이 자신이 만든 피조물이 악한이었다는 사실을 깨닫고 내뱉은 구슬픈 절규를 귀 기울여 듣는 것 같다. 메리 셸리가 본 프랑켄슈타인은 "나는 영원한 악을 만든 장본인이었고, 내가 창조한 그 괴물이 어떤 새로운 악행을 저지르지 않을까 날마다 가슴 졸이며 살았다".76 하지만 프랑켄슈타인의 괴물은 그렇다 쳐도, 킬러로봇의 경우는 사실 반대하기도 그리 간단치 않다.

만약 당신이 죄수이고 교도관을 선택할 수 있다면, 명확하게 기술된 위반 행위에 기계적으로 대응하고 중립적으로 처벌하는 로봇 교도관을 선택할까 아니면 기분이나 편견에 따라 변덕스럽게 행동하는 대신 이해나 자비를 구할 수도 있는 인간 교도관을 선택할까?

경찰과 군 지도자들이 로봇을 선호하는 까닭은 계산대로 일관성 있게 행동하기 때문이 아니라 감정에 따라 행동하는 인간의 변덕에 전혀 영향을 받지 않기 때문이다. 국방부 합동전력사령부의 고든 존슨 Gordon Johnson의 말마따나 "[기계는] 배고플 일이 없다. 두려움도 모른다. 명령을 잊는 법도 없다. 바로 옆 동료가 총에 맞아도 신경 쓰지 않는다".77 로봇은 효율의 극치이고, 행동하기 전에 모든 관련 정보를 아니면 적어도 최대한 많은 정보를 통합할 수 있다.

군사 이론가 카를 폰 클라우제비츠Carl von Clausewitz는 인간에게 살인을 기피하는 본능이 있고, 이 본능을 극복하기 위해서는 병사들에게 적군에 대한 증오심을 심어 주어야 한다는 사실을 간파했다.78 합법적 자율형 무기 시스템에는 살인 기피 본능도 없지만 적에 대한 증오심도 없다. (로봇은 우울증이나 외상 후 스트레스를 겪을 염려도 없지만, 앞에서 살펴본 바와 같이 드론 조종사들은 이런 질병을 앓을 수도 있다.) 일례로 미국에서 경찰이 아프리카계 미국인과 관련된 업무 수행에서 암묵적인 편견을 드러낸다는 인식이 보편적인 점을 감안하면(실제로 2015년에서 2017년까지 매년 경찰에 의해 목숨을 잃은 비무장 흑인의 비율이 백인이나 히스패닉보다 심각할 정도로 높았다), 오히려 편견에 휘둘리지 않고 정확하게 프로그래밍된 대로 법이 집행되기를 충분히 선호할 만하다.[79] 군 역사 전반에 걸쳐 아군의 포격과 파쇄성 수류탄 그리고 전쟁범죄로 인해 수많은 병사들이 목숨을 잃었다는 사실을 알고 있다면, 정확한 위치에 배치되고 동료를 적으로 오인하지 않아 아군에게 수류탄을 들고 돌진할 염려도 없을 뿐 아니라 증오심에 불타 다른 사람을 인간 이하로 취급하는 잔혹 행위도 하지도 않을 것처럼 보이는 로봇 전사에 대해서도 한 번쯤 생각해 볼 만할 것이다. 한 로봇 공학자의 말처럼, "[로봇은] 흥분해서 희번덕거리는 [적군의] 눈을 봐도 침착할 수 있다".[80] 그리고 만일 어떤 지휘관이 전쟁범죄를 저지르도록 로봇을 배치했다면, 누가 언제 어떤 명령을 내렸는지 (전쟁의 포화 속에는 좀처럼 확인하기 어려운 사실을) 정확하게 기록하고 저장하는 특기를 발휘하여 로봇 시스템이 책임자를 분명하게 가려낼 수 있을 것이다.

　로봇 전사의 세계라면 전쟁의 희생양이 젊은이가 아니라 기계에 불과하다는 사실 때문에 정부가 참전을 선언하기도 쉬울 것이 분명하다. 이는 킬러로봇을 불법화할지를 결정할 때 매우 중요하게 고려해야 할 사항이다. 하지만 합법적 자율형 무기 시스템의 실전 배치가 선택 가능한 옵션이라면, 국가들이 대량 학살을 막기 위한 인도주의적 개입을 주저하지 않으리라는 것 또한 사실이다. 유엔이 로봇 군대를 투입할 준비가 되었다면, 대의를 위해 위험을 무릅쓰고 파병해 줄 국가들의 결정을 기다릴 필요 없이 유엔에 위임된 임무를 훨씬 더 강력하게 수행할 수 있지 않을까?

경찰과 군의 지휘관들에게는 부하들을 돌볼 의무가 있고 불필요한 인명 손실을 막기 위해 최선을 다해야 한다. 앨프리드 테니슨 경Alfred, Lord Tennyson이 유명한 시("반 리그league, 반 리그, 반 리그 더 전진하라/ 죽음의 계곡을 향해 가는 600명의 기병")로 기렸던, 크림전쟁에서 영국 경기병 대가 수행한 악명 높은 임무는 지휘권자가 부대를 불필요한 위험에 노출시킨 수많은 예들 중 하나일 뿐이다. 철학자 브래들리 제이 스트로저Bradley Jay Strawser는 이렇게 말한다. "만일, 동일한 임무를 [자율형 드론이나 인간] 둘 다 완수할 수 있고, 드론이 인간 조종사를 더 효과적으로 보호한다면… 우리는 조종사를 불필요한 위험에 노출시키기 않기 위해 유인 항공기 대신 드론을 사용할 도덕적 의무가 있다."[81] 보다 극적으로 말해서 만일 전쟁터에 우리 아이들 대신 로봇을 보낼 수 있다면, 도덕적으로 어떻게 그것을 거부할 수 있을까? 어떤 좋은 사회가 이러한 선택을 마다할 것인가? "만일 내 나라가 전쟁에 휘말린다면 우리의 아들딸에게 나라를 지키게 할 것인가 아니면 자율형 AI 무기 시스템에게 맡기고 싶은가?"라는 질문에 응답자의 69퍼센트가 자율형 무기 시스템을 선택했다는 사실을 반박할 수 없는 이유다.[82]

그렇다면 합법적 자율형 무기 시스템을 금지하기보다 오히려 더 완벽하게 만들기 위해 노력해야 마땅하지 않을까? 이제 킬러로봇의 사용에 반대하는 주장들을 조목조목 살펴보기로 하자.

반론은 크게 네 범주로 나뉜다. 비평가들은 합법적 자율형 무기 시스템이 예측할 수 없고, 법적 경계도 불분명할뿐더러, 책임 추궁을 당하지도 않고, 인간의 존엄성을 침해할 수 있다고 말한다.

합법적 자율형 무기 시스템은 예측할 수 없다. 컴퓨터를 사용하다가 원인 모를 "오작동"을 경험했거나 구글 번역기의 형편없는 번역에 혀를 내둘러 봤다던가 또는 해킹 공격의 피해를 입었던 적이 있는 사람이라면 AI가 완벽하지 않다는 사실을 안다. 시스템은 프로그래머가 예측은 고사하고 때로는 이해조차 할 수 없는 방식으로 고장을 일으키고, 보안은 확실히 구멍이 뚫릴 수 있다. 2017년에 1억 4300만 명에 달하는 에퀴팩스Equifax 신용 보고 시스템 이용자들이 분통을 터뜨리며 깨달은 것처럼 말이다.[83]

이 문제는 딥러닝 신경망과 특히 더 관련이 깊다. 딥러닝 시스템은 데이터 분석과 패턴 찾기를 통해 학습한다. 이를테면 수천 장의 개 사진을 처리하면서 개를 식별하는 식이다. 그러나 우연이든 불법적 의도를 갖고 그랬든 데이터가 조금만 바뀌어도 착오가 생길 수 있다. 이를테면 실제로 B라는 사람을 기계가 A로 확신하는 식이다. 자율형 무기류에서 이러한 문제가 발생하면 대참사를 초래할 수 있다. 개발자의 의도와 상관없이 딥러닝 기계가 스스로 학습하고 행동하거나, 새로운 목표와 가치를 지향하도록 프로그램을 바꿀 수도 있다. 언젠가는 인간이 시스템의 전원을 끄지 못하게 할지도 모른다.[84]

생화학자이자 공상과학 소설가인 아이작 아시모프Isaac Asimov는 1950년에 발표한《아이 로봇I, Robot》에서 로봇으로부터 인간을 보호하기 위한 세 가지 원칙을 제안했다. 그중 제3원칙은 흥미롭게도 이 장

초반에 논의한 로봇의 권리 개념을 예언한 듯하다. (1) 로봇은 인간에게 상해를 입힐 수 없고, 행동하지 않음으로 인간이 상해를 입도록 내버려 두어서도 안 된다. (2) 로봇은 제1원칙에 위배되는 경우를 제외하고 인간이 지시한 모든 명령에 복종해야 한다. (3) 로봇은 제1원칙 또는 제2원칙과 충돌하지 않는 한, 자신의 존재를 지켜야 한다.[85] 현재 분명한 것은 제1원칙이 지금까지 유효한지와 상관없이 제2원칙은 이미 쓸모없어졌다는 사실이다. 왜냐하면 딥러닝 로봇은 애초에 "인간이 [그들에게] 지시한 명령"을 초월하도록 설계되었기 때문이다. 그러니 비평가들이 예측 불가능성 때문에 합법적 자율형 무기 시스템이 전투에 적합하지 않다고 우려하고, 유럽 의회가 로봇의 행동을 이해하고 통제하기 위해 로봇 프로그램을 알기 쉽게 설명해 달라고 (설명을 들을 권리를!) 요구하는 것도 당연한 일이다.[86]

합법적 자율형 무기 시스템이 아무래도 인간보다는 훨씬 더 예측 가능하다는 점을 제외하면, 모두가 합법적 자율형 무기 시스템에 대한 완벽한 반론처럼 보인다. 합법적 자율형 무기 시스템의 제한 여부를 결정할 때, 우리는 반드시 신뢰성 측면에서 인간 전투원과 비교하고, 적어도 인간 전투원만큼 신뢰할 만하다는 확신을 가질 수 있어야 한다.

합법적 자율형 무기 시스템은 법적 경계가 불분명하다. 1장에서 자세히 다루었듯, 소위 "교전 법규"로 불리는 국제인도법의 핵심은 전투원이 적군과 민간인을 구별해야 한다는 명령이다. 만일 합법적 자율형 무기 시스템이 이 원칙을 지킬 수 없다면 (또는 이 원칙을 지키도록 제작될 수 없다면) 일단은 불법 무기로 봐야 한다. 예를 들어 산탄형 폭탄은 2008년부터 사용이 금지되었는데, 이 폭탄이 폭발하면 넓은 지역에 걸쳐 수천 개의 "소형 폭탄"이 무작위로 떨어지면서 본래의 군사적 표적만이 아니라 민간인까지 해칠 수 있기 때문이다.[87]

여기에 더해 국제인도법은 전쟁 중 살인은 군사적으로 불가피한 경우로 한정하고, 민간인에 대한 모든 피해는 군사적으로 확보되는 이익에 비례해야 하며, 어떠한 폭력도 불필요한 고통을 유발해서는 안 된다고 규정한다.[88] 합법적 자율형 무기 시스템을 군사 상황에 배치한다면, 반드시 이러한 기준들을 충족하는 방식으로 프로그래밍되어야 한다. 로봇 공학자 로널드 아킨Ronald Arkin이 개발하고 있는 "책임 참모responsibility advisor"는 현장에서 지휘관이 로봇의 배치에 대한 합법성을 판단할 때 지침이 되는 프로그램이고, "윤리 감사ethical governor"는 합법적 자율형 무기 시스템이 윤리적 기준에 부합하는 행동을 실행하고 불법적 명령에는 저항하도록 제한하는 프로그램이다. 아킨은 "확신컨대, [로봇이] 인간 전투원보다 더욱 윤리적으로 임무를 수행할 수 있다"고 말한다.[89] 다른 사람들은 좀 더 회의적인 입장이다.

아킨이 말하는 프로그램들이 아직은 완성되지 않았을뿐더러, 로봇에 장착할 프로그램 선택은 차치하고 심지어 어떤 윤리 체계를 적용해야 할지 (칸트 철학인지 공리주의인지, 미덕의 윤리인지 돌봄의 윤리인지, 철학적 실용주의인지) 결정하는 것조차 합의를 보지 못했지만, 반드시 그 이유 때문만은 아니다. 사람이라면 옳은 일을 하려고 할 때 항상 신경 쓰는 '미묘한 차이'를 로봇 무기가 본질적으로 인식하지 못하기 때문이다. 스페인 내전을 다룬 책에서 조지 오웰George Orwell이 쓴 유명한 이야기를 들어 보면 쉽게 이해할 수 있다.

바로 그때 한 남자가… 참호에서 뛰쳐나와 흙벽을 따라 달려가는 게 한눈에 보였다. 그는 옷을 반만 걸치고 바지는 양손에 거머쥔 채 달리고 있었다. 나는 그를 쏘지 않았다. 사실 나의 사격 솜씨가 형편없기도 했거니와 100야드(약 90미터)나 떨어진 곳에서 달리는 사람을 명중할 것 같지도 않았다…. 하지만 내가 총을 쏘지 않은 또 다른 이유는 그의 세밀한 부분들 때문이었다. 나는 "파시스트"에게 총을 쏘기 위해 여기에 왔는데, 자기 바지를 들고 있는 그는 "파시스트"가 아니었다. 그는 나와 동종의 생물로 보였다. 자신과 닮은 누군가에게는 총을 쏘고 싶은 생각이 들지 않는다.[90]

밤에 양말을 서랍에 넣어두면 내일 아침에도 양말이 거기 있을지도 잘 모르는 로봇에게 그러한 종류의 판단을 내리도록 프로그래밍할 수 있을까? 로봇이 적의 항복 신호를 알아챌 수 있을까? 버려진 무기를 호기심에 집어 든 아이와 죽일 작정으로 무기를 든 적군을 구별할 수 있을까? 다른 모든 사람들이 교통 법규대로 행동한다면 자율 주행 자동차도 문제가 없겠지만, 프로그래머들이 가장 곤혹스러워하는 문제는 예측할 수 없는 인간의 운전에 유연하게 대응할 수 있는 프로그램을 만드는 일이다. 자율 주행 자동차가 맞닥뜨릴 수 있는 인간의 예측할 수 없는 운전은 전쟁에서 호기심에 찬 어린이의 예측 불가능한 놀이에 해당한다.[91]

경찰이 개입되는 상황에 합법적 자율형 무기 시스템을 이용하는 것은 훨씬 더 까다로울 수도 있다. 경찰의 폭력은 인간의 생명을 지키기 위한 최후의 수단일 때만 합법으로 인정되기 때문이다. 로봇을 심리 치료에 이용하고는 있지만, 로봇이 용의자를 말로 "제압"하거나 교착 상태를 해소하고 심문할 수 있을까? 위협적인 행동이 정신이상 때문인지 마약 때문인지 구별하고, 치명적인 방법보다는 제압을 통해 그런 행동을 누그러뜨릴 수 있을까? 과연 "현명한 판단"을 내리도록 로봇을 프로그래밍할 수 있을까?[92] 물론 경찰 중에도 이런 시험을 통과하지 못한 이들이 많지만, 군사적 상황이든 국내 상황이든 합법적 자율형 무기 시스템을 배치한다면, 인간보다 더 철저하거나 아니면 적어도 우리와 같은 수준에서 국제인도법이나 경찰 모범 지침을 준수하게 해야 할 것이다. 물론 인간도 이러한 기준들을 지키지 않으면 처벌받을 수 있다. 여기서부터 합법적 자율형 무기 시스템에 대한 세 번째 범주의 반론이 시작된다.

합법적 자율형 무기 시스템에는 책임을 물을 수 없다. 2013년 유엔 특별보고관 크리스토프 헤인스Christof Heyns는 로봇이 자신의 범죄에 대한 책임을 질 수 없다면, 로봇을 "사용하는 것을 비윤리적이고 불법적인 혐오스러운 무기 사용으로 간주해야 할 것이다"라고 말했다.[93] 자율형 킬러로봇이 국제인도법을 위반한다면 그 책임은 누구에게 있을까? 설계자, 제작자, 프로그래머, 로봇을 배치한 지휘권자, 배치와 사용을 승인한 상관, 처음 킬러로봇을 비축하기로 결정한 정부 관료에게? 아니면 로봇에게? 이 장 초반에 우리는 로봇에게 "나쁜 행동"에 대한 결과를 감당하게 할 방법을 살펴보았고, 그런 점에서 로봇이 감당할 "책임"은 부분적일 수밖에 없겠지만 교전 법규 위반에 대해서는 보다 강력한 조치가 필요하다고 논의했다.

합법적 자율형 무기 시스템이 저지른 범죄에 대한 책임을 질 두 후보군은 설계자와 프로그래머, 지휘관과 그 상관이다. 설계자와 프로그래머는 의도한 대로 작동하지 않는 로봇의 결함에 대해서는 당연히 책임을 져야 하지만 그 점은 차치하더라도, 담배의 경우처럼 이미 제조물 책임이라는 개념은 의도대로 정확하게 작동하는 제품의 해로운 결과로까지 확대되었다. 2014년 플로리다 법원은 흡연 사망자의 미망인에게 2300만 달러(약 276억 원)를 배상하라고 판결했다. 이후 R. J. 레이놀즈Reynolds 담배 회사를 상대로 한 부당 사망 소송에서는 조금 줄여서 1700만 달러(약 204억 원)를 판결했다.[94] 연방법이 총기 제조업체들을 비호하고 있음에도 불구하고, 2012년 코네티컷주 뉴타운 샌디훅Sandy Hook 초등학교에서 살해된 어린이들의 부모들은 총기 제조업체들의 마케팅이 폭력적인 범죄를 저지를 가능성이 있는 사람을 부추긴다고 주장하며 업체들을 상대로 소송을 진행하고 있다.[95] 따라서 킬러로봇이 저지른 위법 행위에 대해 설계자와 프로그래머가 일정 수준의 책임을 져야 할 상황이 일어나지 않으리라 장담할 수는 없다.[96]

하지만 책임의 무게가 더 큰 사람은 킬러로봇의 지휘관과 그 상관일 것이다. 휴먼라이츠워치는 지휘권자가 자율형 로봇이 저지를 미래의 행동을 모두 예측할 수 없다는, 어쨌든 그것이 자율의 의미라는 이유로 이들에게 지휘 책임을 물을 수 없다고 주장한다.[97] 그런데 개 주인이 자신의 개가 언제 으르렁거리고 언제 달려들어 물지 예측할 수 없듯이, 지휘관은 (역시 자율 행위자인) 인간 부대원들이 저지를 행동도 예측할 수 없다. 그럼에도 우리는 지휘관과 개 주인이 주의와 통제 의무를 다해야 한다는 점을 근거로 그들에게 책임을 부과한다. 지휘관이나 개 주인이 킬러로봇이나 개가 부당한 행동을 하지 않을 것이라 믿을 만한 충분한 근거를 갖고 있었다면? 그들이 져야 할 책임의 무게가 다소 줄어들 수는 있겠지만, 책임을 완전히 내려 놓을 수는 없다. 로봇과 개가 예측할 수 없는 행동을 하고 "실수"를 저지를 수 있다는 사실이 지휘관이나 개 주인의 면책 사유는 될 수 없다.

합법적 자율형 무기 시스템에 적용될 책임에 대한 법적 기준은 현재의 주류 해석을 뛰어넘어 더욱 정교해질 필요가 있지만, 여러 선택지들 중에서도 2018년 최초로 보행자를 사망에 이르게 한 무인 자동차의 사례를 따를 가능성이 커 보인다.[98] 자율 주행 차량 소유주가 무과실 책임 보험을 반드시 가입해야 하는 것처럼, 킬러로봇의 고용주도 자신의 장치가 범한 실책의 결과를 책임져야 할 것이다.

합법적 자율형 무기 시스템에 대한 이 모든 반론들은 가치의 경중을 떠나 모두 중요하게 고려해야 할 사안이다. 하지만 어쩌면 회의론과 두려움의 밑바탕에는 킬러로봇이 인간의 존엄성을 침해할 수 있기 때문에 (우리 두 저자가 정의한) 좋은 사회에 고용되어서는 안 된다는 생각이 깔려 있는지도 모른다. 그래서 다음 마지막 반론은 더욱 신중히 검토할 필요가 있다.

합법적 자율형 무기 시스템은 인간의 존엄성을 침해한다. 유명한 정치 철학자이자 전쟁 전문가인 마이클 월저는 "죽을 준비가 되어 있지 않으면 죽일 수 없다"고 말했다.[99] 그의 말이 사실이라면, 추측컨대 (확실히 망가질 수는 있지만) 죽지 않는 킬러로봇을 전쟁 도구로 쓰는 것은 규칙 위반일 것이다. 물론 미국에 있는 안전하고 편안한 지휘 본부에 앉아서 머나먼 곳에 치명적인 공격을 지시하는 드론 조종사도 처지는 비슷하다. 전쟁 전략가가 자국 병사들이 그 어떤 위험도 없이 전투를 수행할 방법을 궁리해 낼 수 있다면, 그것이 군인으로서 불명예스러운 일일까? 아니면 가능한 한 많은 사람, 특히 자기편 사람들의 생명을 지키기 위한 최고의 윤리적 의무를 실천하는 것일까? 경찰관이 위험한 상황에 투입되기 전에 방탄 장비로 전신 무장을 해서 목숨을 잃을 가능성을 차단하면, 비윤리적인 행동을 한 것일까?

어쩌면 월저가 한 말은 다른 비평가들이 합법적 자율형 무기 시스템에 대해 했던 말과 똑같은 의미인지도 모른다. 즉, 기계라는 본질로 인해 합법적 자율형 무기 시스템에 의한 죽음이 인간의 손에 당한 죽음보다 훨씬 더 비인간적이라고 말이다. 유엔 특별보고관 크리스토프 헤인스는 이 반론을 명쾌하게 정리한다.

사람의 생사를, 또는 불구의 몸이 되느냐 마느냐를 기계가 결정한다는 것이 극단적인 모욕이라는 주장이 꽤 오래전부터 제기되었다…. 알고리즘에 의한 죽음은, 완전하고 유일한 존재에 어울리는 운명을 맞았을 인간을 단순히 표적으로만 취급하기 때문이다. 냉혹하고 도덕성도 없으며 불사의 존재인 기계는 설령 인간보다 더 정확할지언정, 특정한 상황에 무력 사용 여부를 공정하게 판단할 수 없다.[100]

철학자 피터 아사로Peter Asaro는 로봇 무기 사용의 "중심"에는 언제나 인간이 있어야 한다고 주장한다. 아울러 그는 "살인이 의미가 있으려면 반드시 의도적이어야" 하나 로봇은 의도를 가질 능력이 없다고 말한다. "폭력을 사용하는 데 있어서 의도적이고 의미 있는 결정을 내리지 못한다면, 그 결과로 인한 죽음은 무의미하고 독단적이며 사망자의 존엄성을 심각하게 훼손한다."[10]

이러한 주장들이 감정적으로는 꽤 설득력 있지만, 논리적으로도 타당할까? 우선 특정한 표적을 선별하는 건 킬러로봇일지언정, 합법적 자율형 무기 시스템은 항상 인간들이 어떤 적을 전멸할 것이라는 분명한 의도에서 배치된다. 둘째, 개별적인 암살을 수행하도록 지시받은 드론의 경우를 제외하고, 대부분의 교전은 희생자가 "완전하고 유일한" 인간임을 염두에 두고 진행되지 않는다. 재래식 미사일과 그 미사일의 발사 권한을 가진 지휘관은 남자와 여자, 키 큰 사람과 작은 사람, 장군과 병사를 구별하지 않는다. 이들은 모두 "단순한 표적으로 취급" 될 뿐이다. 게다가 기계가 표적을 명중하는 데 "사람보다 훨씬 더 정확하다면" 그야말로 윤리적 교전이라는 대의를 위한 커다란 진보가 아닐까?

사실 이런 반론들보다 더욱 효과적인 것은 다음과 같은 단순한 질문이다. 과연 존엄한 죽음이 인간의 의도적 결정에 달려 있을까? 1979년 포드 자동차 주조 공장에서 일어난 로버트 윌리엄스의 죽음은 의도성이 결여된 로봇에 의한 사망이므로 자동적으로 품위 없고 무의미한 죽음인 걸까? 자동차 사고로 인한 죽음은? 뜻하지 않은 감전사는? 이러한 죽음도 의도치 않은 것이므로 모두 무의미한 죽음일까? 그렇다면 사형이나 제1급 살인은 어떤가? 둘 다 명백히 의도적인 죽음이지만, 그 사실이 두 죽음을 존엄하게 만들어 줄까? 정치학자 마이클 호로비츠Michael Horowitz는 이 문제를 다음과 같이 요약한다. "기계가 쏜 총에 맞아… 즉사하는 것이 사람이 내리치는 곤봉에 맞고 화형당하고 크루

즈미사일 공격을 당해 죽는 것보다 왜 꼭 나쁘다고 할까? 존엄성 논쟁은 감정적 공명은 일으키지만 전쟁을 낭만화할 수도 있다."[102]

합법적 자율형 무기 시스템에 대한 이상 네 가지 반론들은 반향을 일으키는 정도는 다르지만 현재로서… 킬러로봇의 위험성은 잠재된 장점들을 압도한다. 예측 불가능하고 오작동 가능성이 있는 한 킬러로봇은 법으로 금지해야 할 위험천만한 무기이다. 결국 우리가 킬러로봇의 행동에 대한 책임 소재를 가릴 수 있다고 해도, 또 설령 킬러로봇이 인간의 존엄성을 침해한다는 주장에 아무리 결함이 있다 할지라도, 국제인도법이나 경찰 모범 지침을 준수하고 인간처럼 섬세한 윤리적 판단을 내리도록 프로그래밍할 수 없다는 사실은 킬러로봇에 반대할 강력한 근거이다.[103] 따라서 가장 안전한 방법은 로봇 무기를 배치할 때 그 중추적 위치에는, 적어도 관리 감독의 자리에는 반드시 인간이 있는 것이다.

일부에서는 합법적 자율형 무기 시스템이 배치된다면, 가령 특정 주파수의 소리를 방출하여 사람을 무력화하되 죽이지는 않는 음향 장치와 같은 비살상 무기만 허용돼야 한다고 주장한다.[104] 건물 등의 재산이나 다른 합법적 자율형 무기 시스템을 겨냥할 때만 합법적 자율형 무기 시스템을 이용할 수 있는 정책을 수립할 수도 있다.

하지만 이 모든 것은 일시적인 해결책일지도 모른다. 합법적 자율형 무기 시스템의 사용 금지도 언젠가는 쓸모없어질 수 있다. 어느 한쪽에서 합법적 자율형 무기 시스템 개발에 성공한다면 다른 쪽에서는 틀림없이 이를 응용할 것이다. 하물며 한쪽에서 합법적 자율형 무기 시스템을 사용할 때는 말할 것도 없다. 무기의 역사에 비추어 보건대, 무기 개발에서 퇴보란 없다. 물론 그 이유 때문만은 아니다. 컴퓨터의 전반적인 프로세싱 능력이 2년마다 두 배가 된다는 무어의 법칙이 무색해질 수도 있다.[105] 미래의 어느 날 합법적 자율형 무기 시스템이 가장 강력한 반론마저 잠재우게 될지 그 누가 알겠는가? 절대로 그럴 일 없다고 섣부르게 단정하는 것은 어리석은 일인지도 모른다. 그 미래의 어느 날이 오더라도 우리는 좋은 사회를 유지하는 데 그러한 발전이 어떠한 의미를 갖는지 신중하게 고민해야 한다.

동물뿐 아니라 생각지도 못한 로봇에게까지 권리를 부여해야 한다는 개념이 독자들을 혼란스럽게 했다면, 다음에 논의할 주제는 잔잔한 물을 휘저어 소용돌이를 일으킬지도 모르겠다. 동물이라면 의식도 있고 번성에 대한 욕구도 있다. 딥러닝 로봇은 의식을 가진 것처럼 행동하고 윤리적 행위자처럼 보이기라도 한다. 동물과 로봇을 권리를 가진 좋은 사회의 명예 구성원으로 대우하는 것은, 그들에게는 어떨지 몰라도 최소한 우리 스스로의 존엄성은 높여 준다. 하지만 자연의 세계는 어떨까? 잡초에게 존엄성이 있을까? 강이 의식을 가질까? 바위에게 권리가 있을까?![106] 아니면 우리 모두⋯ 제정신이 아닌 걸까? 이제 논의의 초점을 자연에게 맞춰 보자.

8장

흐르고,
자라고,
번성하라

THE
COMING
GOOD
SOCIETY

이기적이고 자만심에 찬 우리는 동정심에 얼마나 인색한 피조물인가!
다른 모든 피조물의 권리에 어찌 이토록 무심한가!

_존 뮤어John Muir, 1867년

매사추세츠주 해안가에 있는 빌의 집 서재에서는 대서양이 한눈에
보인다. 그가 사는 4층짜리 아파트 건물 오른쪽으로는 마지막 빙하기
동안 빙하에 떠밀려 온 거대한 화강암 표석이 있다. 표면 틈새마다 지
의류를 비롯해 이름 모를 풀과 꽃을 보듬고 있는 이 거대한 암석은 아
파트 높이의 절반에 이른다. 이따금 바위 틈새를 기웃거리는 코요테나
여우, 흰올빼미도 볼 수 있다.

물고기들이 좋아할 영양분을 가득 채우고 아파트와 바다 사이를 메
우고 있는 너른 습지는 기후 환경을 조절하는 기능을 한다.1 만조와 달
의 때가 맞으면 습지는 거의 완전히 물에 잠겨 내륙 호수가 된다. 호수
의 물이 빠지면 백로와 왜가리가 보금자리로 돌아와 멀리 바다를 응시
하곤 한다. 아, 그리고 또, 도시가 인근에 있기 때문에 습지를 가로지르
며 난 도로도 하나 있다. 인간도 이 그림의 일부라는 뜻이다. 한번은 빌
이 해변을 거닐다가 〈스타워즈〉 시리즈에 등장했던 BB-8 로봇을 가

지고 노는 어린이를 본 적도 있다.

수시마는 인도에 머물 때 주로 도시에서 살았는데 창 너머로 언제나 동물들의 삶을 엿볼 수 있었다. 길 잃은 개들이 거리를 어슬렁거리고, 이따금 누군가의 결혼식을 위해 보석으로 장식한 가마를 얹은 코끼리와 낙타, 화려하게 장식한 흰 말이 지나갈 때도 있었다. 이 나무에서 저 나무로 이동하면서 행인들을 바라보는 원숭이들, 형형색색의 깃털을 가진 앵무새와 찌르레기, 윤기 나는 검은 빛깔의 까마귀 등등. 망고 나무와 인도보리수에는 새들이 둥지를 틀고, 주변을 온통 휘감고 자라는 거대한 바니안나무 그늘 아래에는 개들이 늘어져 쉬고 있었다. 아주 조그만 관목이나 덤불에도 작은 새와 온갖 곤충 들이 복작거렸다.

빌과 수시마의 창은 인간으로 시작해서 동물 그리고 어쩌면 (좀 더 최신 버전의) 로봇까지, 모든 권리 요구자를 한꺼번에 보여 주는 통로다. 그런데 바다, 습지, 나무와 관목, 식물을 보듬고 있는 바위는 어떨까? 아니면 여기에 동물까지 일원으로 포함하는 생태계는 어떨까? 이 모든 존재가 권리 보유자일 수도 있다는 것은 무슨 의미일까? 인간과 동물은 의식이 있을 뿐만 아니라 고통을 경험할 수 있는 생명체다. 딥러닝 신경망은 일종의 의식을 갖고 있고 윤리적 결과를 초래하는 행위에 이용될 수 있다. 하지만 바다가, 습지가, 바위가 이러한 특징들을 공유하고 있을까? 물론 이런 개념도 우리가 일본의 신도神道를 믿는 신자라면, 그래서 땅과 산과 심지어 바람도 인간의 기운과 비슷한 "정령"이라고 하는 신의 현시라고 믿는다면, 전혀 엉뚱한 소리로 들리지 않을 것이다.2 하와이 전설에서 인간은 토란의 일종인 타로의 자손으로 전해진다.3 아메리카 대륙의 많은 원주민 부족들이 땅과 바위와 물 그리고 바람을 생명이 있는 존재로 믿었다. 서구의 전반적인 시각과 달리, 이들은 아메리카 인디언 수Sioux족 존 파이어 레임 디어John Fire Lame Deer의 말처럼 땅과 바위와 물과 바람을 "생생히 살아 있는" 존재로 보았다.[4] 라틴아메리카와 뉴질랜드의 원주민들도 유사한 시각을 갖고 있는데, 나중에 살펴보겠지만 이들의 시각이 자연의 권리에 대한 인식이 발전하는 데 결정적인 영향을 미쳤다. 사실 자연의 권리는 전통적인 서양의 규범과 상반되는 시각으로 자연을 바라보는 것에서 출발한 셈인데, 권리가 본래 서구 문화에서 파생되었고 제국주의자들의 책략을 통해 나머지 세계에 강제로 주입한 현상이라는 일반적인 비판을 다시 시험대로 올려 놓는다. 식물상, 수권水圈 그리고 생태계에 권리를 부여하려는 노력이 법적으로 정당하다는 것을 증명하려면 우선 산업사회의 사고방식을 탈피하여, 재산과 소유의 개념이 아니라 공동 유대와 상호 의존 측면에서 이것들을 바라볼 필요가 있다. (오논다가Onondaga족의 추장 오렌 라이언스Oren Lyons는 [백인들이] 땅을 사고 싶다고 하자 "차라리 공기를 사겠다고 하지 그러시오"라고 말하며 껄껄 웃었다.)[5]

8장은 기후변화가 실재하고 생태계가 위험에 처해 있다는 가정을 전제로 한다. 우리는 이 가정을 반박할 생각이 없다. 혹시 이 가정을 반박하고 싶다면 이쯤에서 책을 덮길 바란다. 현재의 지구 온난화 추세라면 이번 세기 말까지 해수면은 약 120센티미터 상승하고, 그 여파로 주요 해안 지역이 쓸려 나가고, 몇몇 저지대 국가들은 지도에서 사라질 것이다.[6] 21세기 중반까지 생물 종의 약 50퍼센트가 멸종할 수도 있다.[7] 곤충학자들은 곤충 개체 수가 엄청나게 감소한 사실을 발견했다.[8] 2011년부터 매년 볼리비아에서만 로드아일랜드주 면적에 해당하는 토지가 삼림 벌채로 사라진다.[9] 그리고 매년 800만 톤의 플라스틱이 바다로 유입된다.[10] 통계가 들려주는 이야기는 우리의 정곡을 찌른다. 그린란드 동부의 순록은 해마다 봄이면 해안에서 내륙으로 이동하여 새끼를 낳는다. 어미와 새끼가 모두 풍부한 극지 식물을 주식으로 삼는데, 그린란드의 기후가 따뜻해지면서 이 식물들이 싹 트는 시기가 10년 전보다 26일 빨라졌다. 그 말은 곧 순록이 푸른 신록의 시절에 번번이 지각을 하고 점점 더 많은 새끼들이 굶주림에 죽어 가고 있다는 의미이다.[11] 이 장이 설득력 있는 까닭은 심각한 환경 악화가 지구상의 모든 생명을 위협하고 있다는 견해가 거의 전 세계적 여론이라는 사실 때문이다. 하지만 이 여론은 그 위협에 대해 어떤 조치를 취해야 하는지, 더욱 구체적으로는 인간 공동체와 자연계의 관계를 어떻게 정립해야 하는지를 논의하는 지점에서 힘을 잃고 무너진다. 이 장에서는 건강한 환경에 대한 인권을 포함하되 그것에 국한되지 않는 포괄적인 권리의 관점에서 이 문제를 생각해 볼 것이다. 포괄적 권리 자체는 비교적 논쟁의 여지가 없는 주장이다. 그런데 만약 우리가 식물이나 나무, 강이나 산과 같은 자연의 개별 요소들에게 권리 보유자가 될 자격을 주고 싶거나, 또는 권리를 보장해야 할 범위를 자연계 전체로 확대하고자 한다면 문제가 복잡해진다.

동물권 활동가들과 환경 운동가들의 의견이 때때로 충돌한다는 사실은 이미 언급한 바 있다. 미국의 선구적인 생태학자 알도 레오폴드 Aldo Leopold는 환경 운동가들의 관점을 군더더기 없이 명확하게 정리했다. 가장 큰 명성을 얻은 책《모래 군의 열두 달A Sand County Almanac》에서 레오폴드는 "생명 공동체의 완전성과 안정성 그리고 아름다움의 보전을 지향한다면 옳다. 그와 다른 것을 지향한다면 잘못된 것이다"라고 말했다.[12] 이 생태 시스템을 동물들이 급격한 개체 수 증가로 위협한다면, 그때 우리는 어떻게 할까?

권리 보유자들 사이의 갈등은 유별난 일도 아니지만, "생명 공동체"가, 더 정확히는 개체나 집단이 아닌 시스템으로서의 공동체가 합법적으로 권리를 요구할 수도 있다는 개념은… 아무래도 퍽 낯설다. 나무와 협곡은 의식적인 존재도 아닐뿐더러 생명 공동체라고 하기엔 어딘가 미흡한 것 같다. 물론 나무와 협곡이 자신의 행동에 대한 책임을 진다는 것은 상상하기도 어렵다. 과연 우리가 고인 물에 뜬 조류藻類에게 "존엄성"이 있다고 진지하게 말할 수 있을까? 인간과 동물은 생존을 위해 식물을 먹어야 하는데, 모든 인간과 동물에게 죽음을 선고하지 않는 이상 식물계의 "생명권"을 전폭적으로 보장해 줄 방법은 없다.

이번 장에서 탐구할 난제들의 면면이 다 이런 식이다. 모두가 실재하는 문제들이고 복잡하기 이를 데 없지만, 우리 두 저자는 자연계에도 "존엄"과 "번성"이라는 개념을 적용해야 한다는 사실을 증명해 보고자 한다. 아울러 좋은 사회를 만들기 위해서는 자연도 실제로 권리를 갖는다는 개념을 진심으로 수용하길 바란다. 우리가 "자연"이라고 부르는 것의 실체가 무엇인지 이제 좀 더 자세히 살펴보기로 하자.

"자연"은 사실 엄청난 단어다. 때로 자연이란 단어는 존재하는 모든 것, 모든 피조물, 그것들이 존재하는 공간 전체를 의미할 때 사용된다. 하지만 정확히 말하면 이는 올바른 사용이 아니다. 왜냐하면 존재하는 모든 것에는 종이 상자와 같이 "자연적"이라거나 자연의 일부로 간주하지 않는 수많은 물건들도 포함되기 때문이다. 게다가 행성과 은하, 우주 그리고 그 너머까지도 어쩌면 "자연"의 일부일 수 있지만, 보통은 지구상의 것으로 이 단어의 범위를 제한한다. 여기서는 지구상의 비제조 요소들로 자연을 한정하고자 한다. "비제조"가 중요한 까닭은, 특히 더 논란이 되고 있는 유전자 변형 식품을 포함하여 많은 제품들이 천연 물질을 원료로 만들어진다지만, 어쨌든 제조품과 "자연 상태" 그대로의 성분은 관습적으로 구별되기 때문이다.

"자연"이라는 단어는 "인간"과 대조하여 사용되기도 한다. Dictionary.com은 자연을 "인간이나 문명의 손이 닿지 않은 상태로 존재하는 자연 세계"와 동의어로 설명한다.[13] 하지만 인간도 동물과 함께 자연의 꽤 많은 부분을 차지하고 있다. 사실 생태역사학자 토머스 베리Thomas Berry와 같은 많은 관찰자들은 생태적 재앙은 인간이 스스로를 자연과 분리된 존재로, 자연보다 우월하고 자연과 구별되는 존재로 여긴 결과라고 믿는다. 베리는 이렇게 말한다. "[인간은] 지구에서 지구로 인해 태어난 존재…. 지구는 우리의 기원이고 양분이며, 스승이고 치유자이며, 완전체이다…. 인간과 지구는 서로에게 철저히 예속되어 있다."[14] 권리의 관점에서 이 말은 곧 자연에게 어떤 권리를 부여하든 인간과 동물의 권리를 반드시 고려해야 하고 그러지 않으면 권리들끼리 서로 충돌한다는 의미이다.

하지만 과연 자연의 개별적인 요소들이 아닌, 방대하기 이를 데 없는 전체로서의 자연에 권리를 부여하는 것이 맞을까? 우리가 "인권"이라고 말할 때는 인간 각자의 권리를 언급하는 것이기도 하고 장애인, 이민자, 여성 등과 같은 특정 집단의 권리를 언급하는 것이기도 하다.

간혹 "인류의 권리"라는 말을 사용할 경우도 있는데, 이때 "인류"는 다소 추상적인 개념으로 "인류"가 아니라 개별 인간 또는 특정 집단이 요구할 수 있는 모든 권리를 집합적으로 일컫기 위해 선험적 편의에서 사용하는 단어일 뿐이다.[15]

그렇다면 인간과 동물을 제외한 자연의 여러 요소들 가운데 개별적으로든 집단으로서든 권리 요구자가 될 수 있는 것에는 무엇이 있을까? 아마도 생명이 있는 식물과 나무가 제일 먼저 떠오를 것이다. 최근 몇 년 동안 식물의 놀라운 능력을 설명하는 도발적인 책들이 쏟아져 나왔다.

그중 가장 큰 논란을 일으킨 책은 스테파노 만쿠소Stefano Mancuso와 알레산드라 비올라Alessandra Viola가 공동 집필한 《매혹하는 식물의 뇌 Brilliant Green》였다. 이 책의 저자들은 인간 유사성 접근법을 바탕으로, 지구상 생물량의 99.7퍼센트를 차지하고 인간과 동물의 삶을 지탱해주는 식물이 뇌가 없음에도 불구하고 "문제 해결 능력"이라고 할 만한 독특한 지적 신호를 보낼 수 있다고 주장한다. 또한 식물은 최소한 (인간의 오감보다 훨씬 많은) 20개의 감각을 지니며, 동물들뿐 아니라 다른 식물과도 소통하여 서로에게 포식자의 출현을 경고하거나 동맹에게 지원을 요청하기도 한다. 친족을 알아보고 기억을 간직할 수도 있으며, 뿌리 끝으로는 흙 속을 탐험할 수 있다. 위험을 예측하고 좋아하는 영양분과 생육 환경을 찾기도 한다.[16]

만쿠소와 비올라는 이러한 특징들로도 식물이 단순히 수동적이고 활력 없는 존재가 아니라는 사실이 충분히 입증되지만, 식물은 지적인 존재로, 더 나아가 내적 자각이 아닌 주변 환경을 파악하는 감각으로서의 "의식"을 가진 존재로 간주되어야 한다고 주장한다.[17] 이들은 식물을 존엄하게 대우할 것을 명시한 2008년 스위스 법규를 인용하면서, "식물의 권리를 합법화하기 위한 첫걸음"이라고 말한다.[18] 독일의 삼림학자 페터 볼레벤Peter Wohlleben은 〈나무의 은밀한 삶: 무엇을 느끼고 어떻게 소통하나The Hidden Life of Trees: What They Feel, How They Communicate〉라는 제목의 다큐멘터리를 통해 나무의 많은 특징들을 보여 주는데, 만쿠소와 비올라가 식물에서 발견한 특징들과 유사하다. 볼레벤은 그중에서도 나무들이 토양균류를 통해 생태학자 수잰 시머드Suzanne Simard가 "우드 와이드 웹wood wide web"이라고 부른 방식으로 서로 소통한다는 사실을 중점적으로 설명한다.[19]

물론 식물학자들 사이에서도 "지적"이고 "의식"이 있다거나 "감정"을 가진 존재로 식물과 나무를 특징짓는 것을 두고 갑론을박이 계속되고 있지만, (사람이나 동물처럼 돌아다니며 움직이는) 이동 능력이 없고 (고정된 상태로 있어야 하는) 고착성 생물임에도 불구하고 식물이 자신과 주변 환경이 어떤 대우를 받느냐에 따라 번성하거나 말라비틀어질 수 있는 존재라는 데에는 이견이 없다. 동물에 관한 장에서 논의했듯, 설령 식물이 인간과 유사한 특징들을 보인다고 할지라도, 그러한 특징들이 식물에게 인간과 동등한 권리를 부여해야 할 근거는 아니다. 하지만 동물과 마찬가지로 식물도 번성의 이익에 관심을 갖는다는 사실은 적어도 식물이 권리를 부여받아야 할 후보인지 아닌지를 따져 볼 근거가 될 수는 있다.

그러면 자연의 다른 요소들, 이를테면 토양, 수역, 바위와 산, 좀 더 나아가 공기는 어떨까? 앞에서 언급했던 문화적 인식의 차이는 차치하고, 이러한 요소들이 "지능적"이고 "의식"이 있거나 살아 있음을 입증하는 과학적 증거를 찾기는 어려울 것이다. 그런데 적어도 몇몇 강의 경우에는 기업과 선박을 보유할 법적 권리를 부여받았다. 어떻게 그게 가능할까? 글쎄, 토양과 물 그리고 공기는 확실히 "이권"을 갖는 것으로 이해할 수도 있다. 다시 말해서 이것들의 상태는 주변 환경 속에서 다른 요소들과의 관계에 의해 영향을 받을 수 있다는 뜻이다. 풍요롭고 윤택할 수도 있고 척박하고 빈약할 수도 있다. 심지어 때로는 은유적으로 존엄성을 부여받을 수도 있다. 가령 심각하게 오염된 강을 보고 강의 존엄성이 실추되었다고 표현해도 전혀 어색하게 들리지 않는다.

그러나 이러한 자연의 요소들과 인간 또는 동물 사이에는 적어도 한 가지 뚜렷한 차이점이 있다. 인간과 동물은 개별적인 개체 또는 개체들의 집단으로 명확하게 설명이 가능하다. 하지만 토양 한 구획의 이권을 다른 구획의 이권과 어떻게 구별할까? 강기슭의 토양과 강 자체의 이권을 또는 증발로 생성된 공기와 증발 전 물의 이권을 무슨 수로 구별할까? 이것들은 생물 공동체를 이루고 있는 식물상 그리고 동물상과 (사실 인간을 포함하여) 함께 전체론적인 시스템을 구성하는 일원이다. 실제로 이러한 관계망이 우리가 일반적으로 이해하는 "생태계", 즉 공동의 이익을 위한 상호 의존적이고 탈위계적 집합이다.

따라서 "자연"이라는 단어는 각자의 번성을 위해 서로 의지하는 비제조 존재들의 거대한 관계망의 줄임말인 셈이다. 오스트레일리아의 과학자 이언 로Ian Lowe는 이와 관련해서 경이로운 예를 들려준다.

송로버섯과 〔유칼립투스〕 나무는 모두 토양에서 물과 미네랄을 흡수하기 때문에, 뿌리에 송로버섯이 자라고 있는 나무들은 버섯이 없는 나무들보다 물과 미네랄을 더 많이 흡수하고 더 잘 자란다. 송로버섯은 긴발쥐캥거루가 좋아하는 먹이인데, 송로버섯을 먹은 이 캥거루의 배설물은 나물들을 더욱 건강하게 만들어 준다. 긴발쥐캥거루, 송로버섯, 유칼립투스⋯ 이들은 모두 상호 의존적인 놀라운 망 안에서 서로 긴밀하게 연결되어 있다.[20]

이제 "자연"과 "인류"의 결정적인 차이점이 보인다. "인류"라는 단어와 달리, "자연"은 개별 단위의 집합을 염두에 두고 선험적 편의에서 사용하는 단어가 아니다. 총체적 건강 유지가 개별 단위의 건강과 밀접하게 관련된 전체론적 시스템을 일컫는 단어이다. 따라서 비록 관습적인 의미에서 강이나 토양과 같은 요소들은 "살아 있는" 것이 아니지만, 이 시스템 전체를 "생명 공동체"라고 부르는 것이 타당하다.

마틴 루서 킹 주니어는 "불의는 어느 곳에 있든 모든 곳의 정의를 위협한다"라는 감동적인 선언으로 도덕적 신념을 대신했지만, 글자 그대로 진실을 말한 것은 아니었다. 르완다나 수단에서 일어나는 대량학살이 로스앤젤레스나 자카르타에 사는 사람들의 양심을 일깨우고 인간의 잔혹한 행위에 대해 우려하게 할 수는 있지만 동일한 생명의 위협을 느끼지는 않는 게 현실이다. 인권침해는 침해당한 특정 집단들에게만 직접적인 영향을 미친다.

하지만 자연의 권리에 대한 침해는, 어떤 권리이든 간에 결국에는 인간, 동물, 나무, 식물, 토양, 강, 공기 할 것 없이 모든 이와 모든 것에 영향을 미친다. 식물이 지구 생물량의 99.7퍼센트를 차지하고 있음을 감안하면, 식물상의 대대적인 파괴는 살아 있는 모든 것에 끔찍한 결과를 초래할 것이다. 기후변화는 어느 곳에서 발생하든 글자 그대로 모든 곳에서 기후변화를 촉발한다.[21] 그러므로 자연이라는 총체에, 설령 그 안의 요소들 각각은 권리 보유자로서 자격이 없다고 해도 지구를 지탱하는 시스템으로서의 자연에 권리를 부여하는 것이 타당하다.[22]

석탄 채굴로 정상이 파괴된 수많은 산들을 예로 들어 보자. 우리는 이 산들이 스스로 권리를 가지느냐 아니냐를 놓고 논쟁을 벌일 수는 있지만, 산들이 사라지면서 산이 속했던 더 큰 생태계에 (산이 제공하는 서식지에 의존하던 식물과 동물에게) 영향을 미쳤다는 사실은 아무도 부정할 수 없다. 암석이 그 자체로 권리를 갖는다는 말은 못 해도, 암석이 더 큰 공동체의 한 부분이라는 말은 할 수 있다. (일례로 심해의 어떤 미생물군은 암석에 물이 닿았을 때 발생하는 수소를 호흡한다.)[23] 인공 심장판막을 생각해 보자. 인공 심장판막이 그 자체로 권리를 가진다고 주장할 사람은 없을 것이다. 그러나 일단 사람의 가슴에 삽입되면 이 인공 심장판막은 그것이 없으면 생명을 잃을 수 있는 인간이라는 더 큰 시스템의, 즉 한 사람의 몸의 중요한 구성 요소로서 권리를 갖게 된다.

따라서 "자연의 권리"는 자연을 구성하는 식물과 나무 그리고 어쩌면 일부 수역 등과 같은 몇 가지 요소들의 권리만이 아니라 이 요소들을 지탱하는 더 큰 총체의 권리를 의미할 수 있다. 중요한 질문은, 과연 이 권리들을 결정할 때 동물에 관한 장에서 언급한 "인간중심주의"에 따라 인간에게 이로운지를 따지는 게 맞는지 아니면 자연 그 자체의 유익을 근거로 해야 맞는지를 밝히는 것이다. 이 근본적인 질문을 지금부터 살펴보도록 하자.

2004년 빌은 국제 앰네스티 대표단을 이끌고 대량 학살이 벌어지고 있던 수단의 다르푸르로 향했다. 분쟁의 원인은 여러 가지가 있었지만 결정적인 한 가지 원인은 바로 기후변화였다. 기후변화로 풍요롭던 목초지가 급격하게 사막화되면서 토양 침식이 일어났다. 대부분 아프리카계 부족의 일원이었던 정착 농부들은 수 세대에 걸쳐 땅을 일구고 작물을 재배했고, 대부분 아랍계 부족의 일원이었던 유목민들도 같은 지역에서 아무런 충돌 없이 전통적으로 가축을 방목하며 살고 있었다. 그런데 목초지가 황폐해지고 생산성이 떨어지기 시작하자 농부들이 자기 땅에 대한 접근을 막으려고 했고, 결과적으로 유목민은 생계가 위협받는 상황에 처했다.[24] 수단 중앙 정부를 등에 업은 유목민들은 ("말을 탄 소총병"이라는 뜻의) 민병대 잔자위드를 결성하고 조직적으로 농촌 마을을 공격하고 학살을 시작했다. 아프리카계와 아랍계의 부족주의자들이 본래부터 서로에게 적대감을 갖고 있었던 것은 아니었다. 오히려 이 두 부족은 외모와 문화가 아주 비슷해서, 여러 부족들이 춤추고 공연하는 축제에 참석한 빌이 지역 경찰서장에게 어떤 쪽이 어느 부족인지 물어 봤지만 서장도 구분하지 못할 정도였다. 그보다는 국가의 정치 지도자들이 열악해지는 환경을 빌미로 부족끼리 서로 반목하게 부추겼다고 봐야 한다.

생태계 파괴는 인권 보호에도 막대한 부정적 영향을 미칠 수 있다. 이것은 인간의 생존이 환경에 좌우될 수 있다는 존재론적 사실과 더불어, (비록 미국은 아니지만) 전 세계 대다수 국가들이 국가나 지역적 차원에서 건강한 환경에 대한 권리를 인정하는 이유이기도 하다.[25] 2017년 아일랜드 고등법원은 "환경을 위한 권리는… 인간의 존엄성과 시민의 안녕과 일맥상통하고… 모든 인권을 실현하기 위한 핵심 조건이다"라고 판결했다.[26] 같은 해 미국의 한 연방법원 판사는 지속 가능한 환경을 위한 권리는 헌법에 규정된 권리라고 선언했다.[27] 그리고 2018년 미주 인권재판소는 건강한 환경에 대한 기본 권리를 인정하고, "인권 보호의 의무는 한 국가의 국경선 안에 머물지 않는다"는 점을 들어 각 정부가 국경을 초월하여 환경적 재앙의 결과를 해결해야 한다고 선언했다.[28]

그래서 생명과 건강에 대한 권리처럼, 이미 기존의 권리들에 대한 이해가 환경문제에 적용해도 될 만큼 "무르익었음"에도 불구하고 아직까지 자연의 권리가 범세계적인 차원에서 채택되지 않았다는 사실이 실로 놀랍다.[29] 심지어 국제형사재판소도 이제는 소송의 범위를 환경 파괴를 초래하는 범죄로 확대했다.[30] 하지만 어떠한 권리의 필요조건으로 또 다른 권리를 고려해야 할 경우 후자 역시 권리로 인정해야 한다는 보편적 원칙에 비추어 보면, 건강한 환경에 대해서 단독으로 인정된 포괄적 권리가 없다는 사실은 어처구니없다. 예컨대 세계인권선언 제23조에 명시된 것처럼 "모든 사람이 일할 권리, 자유롭게 직업을 선택할 권리"를 갖는데 그 권리가 교육에 대한 접근을 전제로 해야 한다면, 그 사실만으로도 교육받을 권리도 보장하는 것이 마땅하다. 물론 세계인권선언에도 (제26조) 그렇게 명시되어 있다. 생명과 식량 그리고 건강에 대한 인권이 건강한 거주 환경에 좌우된다면, 인간에게는 그러한 환경을 누릴 권리도 있어야 한다. 우리 두 저자는 이러한 권리들도 결국에는 국제적 인권 체제에 통합될 것이라고 예상한다. 그렇게 되면 더없이 좋은 일이지만, 인간의 이해 측면에서만 이 문제를 다루다가는 인간을 기준으로 자연의 경중을 따지는 서구의 전통적 사고방식에 또다시 얽매이게 된다.

"생육하고 번성하여 땅에 충만하라. 땅을 정복하라. 바다의 물고기와 하늘의 새와 땅에 움직이는 모든 생물을 다스리라"는 창세기 1장 28절에 적힌 신의 명령부터, 인간과 땅을 본질적으로 소유주와 재산의 관계로 (영국의 유명한 판사 윌리엄 블랙스톤경Sir William Blackstone의 말마따나 인간이 "이 세상 나머지 것들에 대해… 유일하고 전제적인 지배권"을 갖는다고) 이해하는 관습법에 이르기까지, 일반적으로 인간은 자연계를 도구로 다뤄 왔다. 혹자가 말한 것처럼 지금까지 자연의 요소들은 "교감할 주체"가 아니라 "이용할 대상"으로만 인식되었다.[31]

이러한 관점이 권리와 만났을 때의 문제점은 번성을 위한 자연의 이권이, 말하자면 꽃이나 나무, 강이나 흙의 "존엄성"이 인간의 이권과 일치할 때만 바람직하고 보호할 가치가 있는 것으로 본다는 점이다. 물론 자연의 이권, 존엄성, 권리는 사실상 인간이 관심을 가질 때에만 실현될 수 있다. 신생아나 인지 장애를 가진 사람, 동물 그리고 로봇처럼, 자연도 이익을 대변할 중개자가 필요한, 철학적 용어로 "도덕적 행위 무능력자"이다. 하지만 번성과 균형을 위해 보호가 필요한 자연과 생태계의 관점은 자신의 행복과 번영을 지키기 위해 행동하는 인간의 관점과 사뭇 다를 것이다. 우리가 호수에서 헤엄치고 싶거나 초원의 야생화를 보고 싶을 때만 호수와 초원을 맑고 푸르게 유지할 방법을 궁리한다면, 인간의 필요와 관련이 없을 때 호수와 초원은 어떻게 될까? 이러한 전략은 금세 시들어 버릴 인간의 자비와 얄팍한 잇속에 자연을 떠맡기는 셈이다. 그보다는 자연에게 무엇이 필요한지 알기 위해 노력하는 게 더 낫지 않을까? 아니면 자연의 이권과 그에 따른 권리의 문제를 결정할 때 적어도 자연을 고려해 보는 것은 어떨까?

자연에 대한 이런 시각이 정말 이상할까? 그저 자기 이름을 남길 요량으로 나무줄기를 깊게 파고 있는 아이를 보고 유감스러운 마음이 들었다면, 팬 자국이 혹시 다른 사람을 다치게 할 수 있기 때문일까, 아니면 나무의 생존을 더욱 어렵게 할 것을 알기 때문일까? 만일 어떤 강에 독성 화학물질을 계속 버렸는데 그 강이 인간의 생활권과 너무 멀어서 우리에게 아무런 영향을 미치지 않는다면, 폐기 행위를 계속 허용해도 될까? 채굴로 인해 정상이 깎여 나간 산을 보면서 눈살을 찌푸렸다면, 우리의 미적 감각을 훼손했기 때문일까 아니면 산에 대한 일종의 모욕처럼 보이기 때문일까? 우주에서 찍은 놀라운 지구의 사진을 보면서 우리 행성에 애정이 느껴지고 보호하고 싶은 마음이 들었다면, 그곳에 우리 인간이 존재하기 때문일까 아니면 광막한 어둠의 바다를 위태롭게 떠다니는 연약한 푸른 점처럼 보이기 때문일까?

몇몇 종교와 토착 전통이 신봉하는 자연이 "살아 있다"는 개념을 믿든 말든, 인간을 위한 쓸모와 상관없이 (또는 적어도 그 쓸모에 더해) 자연이 이권과 가치 그리고 "존엄성"을 지닌다는 개념은 서구 사상에서도 전혀 새로운 것이 아니다. 이 개념의 지적 발전사를 잠시 살펴보기로 하자.

아시시의 성 프란체스코Saint Francis of Assisi(1182~1226)는 아무래도 창세기 1장 28절이 적힌 메모를 신에게서 받지 못한 것처럼 보인다. 자연을 "정복"한다든가 "모든 생물을" 다스릴 궁리는커녕 그는 지렁이나 웜뱃에서 남자와 여자까지 모든 피조물이 신의 현현으로서 동등한 가치를 지닌다고 생각했다. 심지어 영적 평등주의를 더욱 급진적으로 확장하여 '태양의 찬가Canticle of the Sun'라는 시에서는 태양과 바람과 불을 "형제"라고 불렀고 달과 별과 물을 "누이"라고 불렀다. 그에게 지구는 "어머니 지구"였다.[32]

초기 기독교 역사에서 프란체스코의 견해는 확실히 소수 의견에 지나지 않았지만, 서구의 철학자들에게 호응을 얻지 못한 것은 아니었다. 그의 견해는 종종 "범신론"이라는 이름으로 불리며, 만물의 근원이자 공통 원소의 자리에 신 대신 물을 앉힌 그리스 철학자 밀레투스의 탈레스Thales(기원전 624~526)부터, 모든 자연적 존재나 대상을 신의 일부이자 단편으로 보고 이 세상에는 더 우월한 것도 더 열등한 것도 없으며 모두 신성한 유기적 총체를 이루는 부분들이라고 주장한 바뤼흐 스피노자Baruch Spinoza(1632~1677)에 이르는 추종자를 낳았다. 이어서 찰스 다윈Charles Darwin(1809~1882)은 비록 범신론자는 아니었지만, 한 세기 반에 걸친 진화 반대론자들의 열정으로도 구출할 수 없을 만큼 자연 공동체 안에 인간을 가차 없이 끼워 넣었다.

인간의 쓸모와 상관없이 자연이 가치를 지닐 수 있다는 개념을 미국의 상황에 맞게 최초로 소개한 사람은 박물학자 존 뮤어(1838~1914)였다. 뮤어의 돌연한 깨달음에 관한 이야기는 거의 전설과 같다. 독립전쟁에 참전하기를 꺼렸던 뮤어는 징집을 피해 캐나다의 황무지로 도피했다. 어느 날 야생 난초 한 송이를 발견한 그는 "그 옆에 앉아서 기쁨의 눈물을 흘렸다"고 고백한다. 환경 역사학자 로드릭 내시Roderick Nash는 그 장면을 다음과 같이 묘사한다.

뮤어는 자신의 감정이 야생 난초가 인간사와 일말의 관련도 없다는 사실에서 비롯되었음을 깨달았다. 뮤어와의 우연한 만남이 아니었어도, 야생 난초는 자라고 꽃 피고 아무도 모르게 죽었을 것이다. 자연은… 가장 먼저 스스로를 위해 그리고 창조자를 위해 존재해야 한다. 모든 것에 가치가 있다.[33]

후일 뮤어는 이러한 관점을 좀 더 구체적으로 설명한다. 그는 "방울뱀이 무엇에 유익할까?"라고 묻고 "스스로에게 유익하다"고 대답한다. 그리고 이어서 "또한 우리가 방울뱀이 가진 생명의 몫을 부러워할 필요가 없다"고 덧붙였다.[34]

이러한 뮤어의 태도는 20세기에 접어들면서 "보존conservation" 운동으로 알려지기 시작한 입장과는 극명한 대조를 이루었다. "보존"이라는 개념을 처음 도입한 이는 야외 스포츠 애호가였던 시어도어 루스벨트가 미국 삼림청의 초대 청장으로 임명한 기퍼드 핀촛Gifford Pinchot (1865~1946)이었다. 바야흐로 개혁의 시대에 "보존"은, 인간을 위한 천연자원 공급원으로서의 자연을 관리하고 보호하는 것을 의미했다.

자연에 대한 실용주의적 접근법은 20세기 동안 꽤 오래 각광을 받았다. 이 접근법은 레이첼 카슨Rachel Carson(1907~1964)의 선구적 연구와 1962년에 출간되어 살충제의 위험을 폭로한 걸작《침묵의 봄Silent

Spring》에 힘입어 환경 파괴가 인류에 끼치는 피해를 깨닫는 수준으로 발전한다.[35] 이어서 1970년에는 지구의 날Earth Day의 창시자이자 위스콘신주 상원의원이었던 게일로드 넬슨Gaylord Nelson이 "적절한 환경에 대한 권리"를 인정하기 위해 제안한 미국 헌법 수정안으로 구체화되었다.[36] 그리고 1982년에는 유일하게 반대표를 던진 미국을 제외하고, 111표의 찬성을 얻어 환경에 대한 유엔의 최초 성명서 '세계자연헌장World Charter for Nature'이 채택되기에 이른다. 자연에 대한 인간의 의무를 명시한 이 헌장은 아래의 전제를 근거로 삼고 있다.

> 인류는 자연의 일부이고, 생명은 에너지와 양분의 공급을 책임지는 자연계의 중단 없는 기능에 좌우된다…. 자연으로부터의 지속적 혜택은… 중요한 생태학적 과정에 달려 있다…. 자연계의 파괴는… 문명의 경제, 사회 그리고 정치의 기반을 허물어뜨리며… [그리고] 희소 자원을 둘러싼 경쟁은 충돌을 야기할 수 있다.[37]

짧은 한 단락의 글이 자연계에 대한 또 다른 입장의 등장을 예고했다. "생명이 있는 모든 것은 고유하고"라고 쓰였고 "인간을 위한 가치와 상관없이 존중해야 마땅하고"로 읽힌 단락이었다. 이 짧은 감상은 알도 레오폴드(1887~1948)가 몇 년 전에 철학적 용어로 공식화하고 법학 교수 크리스토퍼 스톤이 법률 용어로 다듬은 것이었다.

"생태학의 아버지"로 불리는 미국의 저명한 삼림학자 레오폴드는 자신의 위대한 저작《모래 군의 열두 달》출간을 보지 못하고 사망했다. 그는 1949년 옥스퍼드대학교 출판사에서 책이 출판되기 일주일

전 이웃 농장에 난 불을 끄다가 심장마비로 눈을 감았다. 《모래 군의 열두 달》은 책을 홍보할 저자가 없음에도 불구하고 미국 학계에서 가장 뛰어나고 영향력 있는 작품이 되었다. 이 책은 이 장에서 자연으로 묘사하는 모든 것을 포함하는 뜻으로 레오폴드가 이름 붙인 "대지 윤리Land Ethic"를 집중적으로 다룬다. 존 뮤어의 사상을 길잡이 삼고 있는 이 책에서 레오폴드는 인간이나 동물뿐 아니라 식물, 토양, 물에게도 생존을 지속할 "생물 권리"를 보장해야 한다고 주장했다. 그는 이들 모두가 지구라는 하나의 유기체를 구성하는 요소라고 말한다. 레오폴드는 "우리가 대지를[자연을] 남용하는" 이유를 이렇게 설명한다. "우리가 소유한 원자재로 여기기 때문이다. 대지를 우리가 속한 하나의 공동체라고 생각한다면, 애정과 존경심을 갖고 이용하게 될 것이다."[38] "이용"이라는 단어의 뜻 그대로, 레오폴드는 식량이나 식수 또는 집을 짓기 위한 목재 같은 자연의 자원을 활용하지 않으면 인간은 살 수 없다는 사실을 인정한다. 중요한 것은 "생물 공동체 본연의 완전성과 안정성 그리고 아름다움"을, 달리 말하면 자연계와 그 생태계의 이권과 존엄성을 존중하는 마음으로 이용해야 한다는 것이다.

자성적 목소리가 담긴 짧은 에세이 '산처럼 생각하기Thinking like a Mountain'에서 레오폴드는 인간이 산의 균형과 안정성을 존중하지 않았을 때 무슨 일이 벌어지는지 일화를 통해 보여 준다. 늑대 사냥에 합류했다가 "그때 나는 젊었고 총을 쏴 보고 싶어 손가락이 근질거렸다"고 이유를 설명하지만 막상 총에 맞은 늑대에게 달려갔을 때 그는 "늑대의 눈에서 강렬한 초록빛 기운이 사라지는 모습"을 보고 충격에 휩싸였다. 그가 알기로 늑대는 사슴의 포식자일 뿐이고, 산에는 늑대보다 사슴이 많을수록 더 좋을 것 같았다. 레오폴드는 "초록빛 눈에 생기가 사라지는 모습을 본 뒤로 나는 늑대뿐 아니라 산도 그러한 광경을 달가워하지 않으리라는 생각이 들었다. 그 후로 나는 국가가 늑대를 근절해 버린 뒤의 산의 모습을 보며 살았다"고 설명한다.

> 나는 늑대가 사라진 산의 얼굴을 수없이 봤다. 남향의 비탈들은 사슴들이 낸 새로운 길들로 미로처럼 주름져 있었다. 사슴들이 먹을 수 있는 모든 관목과 묘목이⋯ 씨가 말라 가고 있었다. 식용 나무들의 이파리도 사슴 키 높이까지는 모조리 뜯겨 나갔다. 그런 산은 마치 누군가에게 신에게 새 가위를 주고 오로지 가지치기만 시킨 것 같았다⋯. 지금 나는 사슴 무리가 늑대로 인한 죽음의 공포를 갖고 산 것처럼 산도 사슴으로 인한 죽음의 공포 속에 살고 있다는 생각을 떨칠 수가 없다.[39]

물론 정말로 산이 생각을 하진 않겠지만, 우리 인간은 "산처럼" 생각할 수 있다. 우리는 산의 이권과 존엄성에 대해 생각할 수 있고, 늑대는 원래 나쁘고 양은 착한 게 아니라 결국 중요한 것은 자연이라는 시스템 그 자체의 완전성과 안정성 그리고 아름다움이라는 사실을 깨달을 수 있다.

하지만 이런 관점의 변화가 언어유희로 머물고 실질적인 결과로 이어지지 못하면 무슨 소용이 있을까? 미국의 법학자 크리스토퍼 스톤은 1972년《서던 캘리포니아 로 리뷰Southern California Law Review》에 "나무가 자격을 가져야 할까? 자연의 요소들을 위한 합법적 권리를 향해"라는 제목으로 기고한 논평에서 바로 그 대책을 제안했다.[40] 월트 디즈니 Walt Disney사는 카웨아강Kaweah River 상류의 시에라네바다Sierra Nevada 산맥의 미개지에 대규모 스키 리조트를 건설할 계획을 갖고 있었다. 대표적인 환경 운동 단체인 시에라 클럽Sierra Club은 디즈니의 계획을 저지하기 위해 소송을 제기했지만, 법원은 시에라 클럽에 자격이 없다고 판결했다. 다시 말해 시에라 클럽은 소송과 충분한 관련이 없거나 또는 소송을 제기할 만한 유감스러운 행위로 인해 입은 직접적 피해가 없다는 의미였다. 이 판결은 대법원에 항소되었고, 스톤은 당시로서는 전례가 없는 개념을 법정에 도입하기 위해 논평을 발표했다. 시에라 클럽은 법적 자격이 없을지라도, "숲, 바다, 강 그리고 환경 속에서 "자연의 요소"로 불리는, 사실상… 총체로서 자연 환경의 모든 것"에게 법적 자격을 보장해야 한다는 개념이었다. "기업… 국가, 부동산, 어린이, 무능력자, 지방자치체나 대학"이 그 자체가 아닌 다른 누군가를 대변인으로 갖는 것처럼, 자연도 "보호자"를 가질 수 있다는 것이다.

스톤은 자신의 주장이 "절대로 나무를 베어서는 안 된다"는 의미도 아닐뿐더러, 그런 주장은 어린이에게 투표권을 허락해야 한다는 말이나 다름없는 어리석은 발상이라고 분명하게 밝혔다. 하지만 그는 자연의 요소들도 틀림없이 상처를 입을 수 있고 그러한 상처가 보호자에게 전달될 수 있다고 주장하면서 자신이 경험담을 덧붙였다. "나는 나의 잔디가 물을 원한다는 (또는 필요로 한다는) 사실을… 잎사귀와 흙의 마른 정도로 판단할 수 있다." 또한 그는 자연도 배상의 수혜자가 될 수도 있다고 설명하면서 복구를 위한 신탁 기금 형식의 배상 제도를 제안했다. 이러한 특징들을 감안하면, 인간의 이권과는 전혀 관계없이

자연과 그 요소들에게 권리를 가질 자격을 허락해야 한다.[41]

법원의 대다수가 여기에 동의하지 않았지만, 환경 운동에 앞장서던 대법관 윌리엄 O. 더글러스William O. Douglas는 반대 의견서에서 "계곡, 고산 초원, 강, 호수, 강어귀, 해변, 산마루, 숲, 습지, 심지어 신기술과 현대적 생활 방식으로 인해 파괴적 압박감을 느끼는 공기"로까지 자격을 확장할 것을 주장했다. 그는 다음과 같은 감동적인 말로 반대 의견을 갈무리했다. "생명이 없는 것들의 목소리를 잠재워서는 안 된다."[42]

지난 반세기 동안 그 목소리는 다양하고 광범위한 맥락에서 들려왔다. 1968년에 발행된 《지구 백과Whole Earth Catalog》 초판에는 먼 우주에서 지구를 찍은 사진 한 장이 실렸다. 지구가 실제로 어떻게 보이는지, 상상이 아닌 실물 그대로의 모습이 최초로 공개된 것이다. 1973년에는 노르웨이의 철학자 아르네 네스Arne Naess가 여전히 생각의 중심에 인간을 놓고 있는 생태학과 구별하여 "심층생태학" 운동을 일으켰고, 자연의 가치는 "인간의 쓸모를 위한 비인간 세계의 유용성과 상관없다"고 주장했다.[43] 화학자 제임스 러브록James Lovelock이 제안한 논쟁적인 이론인 "가이아 가설Gaia Hypothesis"은 유기물질과 무기물질이 함께 진화하여 자기 조절이 가능한 살아 있는 하나의 초유기체를 형성했다고 가정한다.[44] 토머스 베리는 지구의 모든 구성 요소들이 세 가지 기본 권리를 요구할 수 있다고 주장했다. "존재할 권리, 서식지에 대한 권리, 그리고 지구 공동체의 끊임없는 재생 과정에서 각자의 역할을 수행할 권리"가 그것이다.[45] 환경 법률가 코맥 컬리넌Cormac Cullinan이 시작한 "야생의 법Wild Law" 운동은 인간을 포함하여 임의의 한 종의

이익보다 전체로서의 지구 공동체에 특권이 있다는 법리를 지지하는 운동이다.[46]

그러나 이 모든 이론적 업적들보다 더욱 중요한 것은 자연의 권리를 법적 제도 안에 성문화하기 위한 운동이었다. 자연의 요소들을 보호할 방법을 궁리하는 사람들에게 지식과 법률적 지원을 제공하는 비영리 단체인 지역사회환경법률보호기금Community Environmental Legal Defense Fund, CELDF의 부단한 노력 덕분에 자연의 권리는 펜실베이니아 동부의 작은 마을에서 뉴질랜드의 왕거누이강Whanganui River에 이르기까지 세계 곳곳에서 법으로 제정되었다.

자연의 권리가 법의 형태로 처음 등장한 것은 펜실베이니아 동부에 있는 인구 7,000명의 타마쿠아 자치구Tamaqua Borough가 2006년에 채택한 자치구 조례였다. 당시 이 마을은 하수 침전물을 광산 갱도 안에 버리는 문제를 두고 갈등을 빚고 있었다. 지역사회환경법률보호기금의 지원을 받아 초안을 잡은 자치구 조례에는 건강한 환경에 대한 인간의 권리를 지지하는 한편 "자연 공동체와 생태계도… [자신의] 시민권을 행사할 의도가 있는 '인격체'가 된다"고 선언하고 있다. 그리고 이 권리가 침해될 경우 자치구의 모든 주민에게 소송을 제기할 자격을 승인했다.[47] 뒤를 이어서 산타모니카, 캘리포니아, 피츠버그, 펜실베이니아를 포함한 여러 마을과 도시 들이 자연의 권리를 인정하는 법안을 속속 채택했다.

자연의 권리를 국가 차원에서 법적으로 인정한 최초의 사례는 에콰도르가 새로운 헌법을 제정한 2008년으로 거슬러 올라간다. 에콰도르는 지구상에서 생물학적 다양성이 가장 높은 국가이다. 야수니 국립공

원Yasuni National Park에 있는 나무 한 그루에만 96종의 난초와 브로멜리아드 그리고 45종의 개미가 살고 있다.[48] 하지만 이 나라의 광산 자원도 채굴 기업들의 구미를 당길 만큼 매력적이다. 토착 원주민 공동체들이 단결하여 대규모 석유, 가스, 광산, 벌목 기업 들과 맞서고 있는 에콰도르는 환경 운동가들이 보기에 세계 어느 곳보다 가장 먼저 자연의 권리를 성문화할 이상적인 장소였다.

"잘 살기" 또는 "조화로운 공존"이라는 의미의 토착 개념 **수막 카우사이**sumac kawsay에 바탕을 둔 에콰도르 공화국 헌법 제71조는 "자연 또는 파차마마[어머니 지구]는… 그 생명 주기와 구조, 기능, 진화 과정을 온전히 존중받고 이를 존속, 유지, 재생할 권리를 갖는다"고 선언한다.[49] 비록 시행까지는 평탄치 않았지만, 자연의 권리와 관련된 헌법 조항은 불법 상어 포획에 대한 형사소송에 적용되어 빌카밤바강Vilcabamba River을 변호하고, 생물 다양성 보존을 위한 새로운 보호 구역으로 지정하는 데 성공했다.[50]

에콰도르 헌법이 채택되고 2년 뒤에 볼리비아도 어머니 지구의 권리에 관한 법안을 통과시켰다. 수막 카우사이 개념에 기반을 두었다는 점은 비슷하지만 볼리비아의 법안은 파차마마의 권리를 더욱 자세하게 명시한다. 이 법안에서 어머니 지구는 살아 있는 시스템으로서, 완전성을 유지할 권리, 생존을 위협하는 유전자 조작으로부터 자유롭게 그에 속한 존재의 다양성을 보존할 권리, 양질의 물과 공기에 대한 접근성을 유지할 권리, 시스템의 균형을 유지할 권리, 인간 활동에 의해 부정적 영향을 받을 경우 다시 균형을 회복할 권리, 오염되지 않은 상태를 유지할 권리를 갖는 존재로 정의된다.[51]

이 두 경우는 전체로서의 자연에 대한 가장 포괄적인 권리를 인정한 법안이지만, 추가적으로 자연에 속한 요소들의 권리를 인정한 사례들도 있다. 2013년 뉴질랜드 정부는 이 세상 모든 것이 연결되어 있고 영혼이 깃들어 있다고 믿는 마오리Maori족의 세계관에 부응하여, 투호에 Tuhoe족의 전통적 고향이자 국립공원으로 지정되었던 테우레웨라Te Urewera 지역에 대한 인간의 소유권을 금지하는 데 동의했고, 그 지역 자체가 소유권과 그에 상응하는 일련의 권리들을 갖는다고 인정했다.[52] 4년 뒤에는 왕거누이강을 사람과 같이 "권리, 의무 및 책임"을 갖는 법 인격체로 지정했다.[53] 이로써 왕거누이강은 그 강바닥에 대한 소유권을 갖게 되었다. 같은 해에 인도의 우타라칸드Uttarakhand주 고등법원은 갠지스Ganges와 야무나Yamuna River강을 "살아 있는 존재"로 판결했다. 하지만 이 판결은 후에 인도 대법원에서 기각되었다.[54]

정확한 권리 요구 지점에 대해서 아직 서술되지 않은 로봇과 달리, 어머니 지구에 귀속된 권리는 상당히 구체적으로 기술되었는데, 그 대표적인 예가 "어머니 지구의 권리에 대한 보편 선언Universal Declaration of Rights of Mother Earth"이다. 2010년 100여 개의 국가에서 정부와 시민사회 단체를 대표하는 3만여 명의 사람들이 모인 "기후변화와 어머니 지구의 권리에 대한 세계인민회의World People's Congress on Climate Change and the Rights of Mother Earth"에서 채택된 선언은 볼리비아 헌법에 명시된 권리에 더해 "[어머니 지구의] 생태 수용력 재생 권리"와… "인간에 의한 고문 또는 잔인한 대우를 받지 않을 권리"를 인정했다.[55] 하지만 구체적으로 명시되었다고 자연의 권리라는 개념이 단순하다는 의미는 아니다.

볼리비아 헌법이 통과된 직후에 캐나다의 정치 평론가 렉스 머피Rex Murphy는 실망과 놀라움을 노골적으로 드러냈다. 그는 달변가답게 "법의 의미가… 바뀌었단 말이죠?"라는 질문과 함께 이렇게 설명했다. "피를 빨아먹는 진드기, 유황을 내뿜는 화산 구멍, 끈질기게 안 죽는 바퀴벌레, 메마른 사막 황무지, 극지방의 을씨년스럽고 황량한 대기… 이런 것들이 모두 권리를 갖는다는 뜻이랍니다."[56] 정치적으로 보수적인 색채를 띠는 비영리 단체 디스커버리 인스티튜트Discovery Institute의 웨슬리 스미스Wesley Smith는 "인간 복지가 위험에 처할 가능성은 이제 더 이상 한계가 없는 것처럼 보인다"고 일갈했다. "한 농부가 가족을 좀 더 잘 부양하기 위해 습지의 물을 빼서 경작하기 좋은 땅으로 만든다고 치자. 그런데 이제 습지도 농부와 동일한 권리를 가지게 되었다는 말 아닌가. 어디 그뿐인가. 습지에 사는 모기, 뱀, 조류, 쥐, 거미, 나무와 물고기까지 말이다."[57]

한편 이러한 반대 의견들은 반박하기가 쉽다. 동물과 로봇에 관한 장에서 논의했던 것처럼, 우리는 자연의 모든 요소들에 권리를 부여할 필요도, 또 각각의 요소들에 동일한 권리를 부여할 필요도 없으며, 인간에게 부여하는 것과 똑같은 권리를 부여할 필요는 더더욱 없다. 진드기는 권리를 부여받을 가치가 아예 없거니와 있다고 해도 숲의 권리를 이길 수 없다. 어떠한 경우가 됐든 비인간 존재가 갖는 모든 권리는 최소한 인간의 권리와 균형을 이루어야 한다. 게다가 자연의 요소들이 (유황을 내뿜는 화산 구멍처럼) 우리에게 피해를 입히고도 스스로의 행동에 책임을 질 수 없다는 사실이 그들의 권리를 반대할 근거는 아니다. 살인을 저지른 범죄자조차 공정한 재판을 받을 권리를 보장받는다는 사실을 생각하자. 또한 우리는 실수로 집에 불을 낸 어린이에게서 투옥되지 않을 권리를 박탈하지도 않는다.

무엇보다 자연의 권리는 진드기나 유황 구멍처럼 개별적 요소들만을 위한 것이 아니라 상호 의존적인 시스템으로서의 생물 공동체에 적용되는 권리이다. 이것은 스미스의 반론을 완전히 다른 관점에서 보여준다. "인간 복지가 위험에 처할" 가능성은 습지의 물을 빼 낼 권리를 농부에게 허락하지 않을 때보다 자연 자체가 파괴될 때 더욱 극대화될 것이다.

그러나 의도가 있든 없든, 머피와 스미스는 자연의 권리가 야기할 수 있는 몇 가지 곤란한 문제를 지적했다. 그중 하나는 자연이라는 세계가 갈등의 연속이고, 그것이 당연한 "일상"이라는 점이다. 자연적으로 흐르는 강물이 산을 깎아 협곡을 만드는 경우를 예로 들어 보자. 이때 강물은 산의 모양을 바꾸고 본래의 웅장함에 변화를 가져올 수 있다. 그러면 여기서 우리가 보호해야 할 권리는 강의 권리일까, 아니면 산의 권리일까? 식물의 경우에도 유사한 문제가 벌어진다. 바람이나 새의 배설물을 통해 새로운 종자가 유입되어 토착종 식물을 위협한다면, 토착종을 보호해야 할까, 아니면 침입종의 권리를 보호해야 할까? 새나 바람의 권리는? 산불이 나서 숲이 타들어 가고 있다면 활활 타오르는 불의 권리를 보호해야 할까, 숲의 존재할 권리를 보호해야 할까? 수백만 년 동안 인간의 개입 없이 많은 종들이 멸종했다. 과연 현재 지구 상에 존재하는 모든 종을 멸종에서 구하기 위해 자원을 사용하는 것이 합리적일까, 아니면 생물 공동체의 자연스러운 리듬에 따라 어느 정도는 멸종하도록 내버려 두어야 할까? 토머스 베리가 말한 생존할 권리와 서식지에 대한 권리는 무성하게 번성할 초원의 (존재할) 권리와 풀을 뜯어 먹을 소들의 (서식지를 향유할) 권리와도 충돌할 수 있다. 우리는 호랑이의 먹이가 호랑이를 상대로 권리를 요구하지 않듯, 자연의 요소들이 서로를 상대로 권리를 요구하지 않는다는 사실에 기꺼이 만족해야 한다. 가장 우선시해야 할 점은 시스템 자체의 균형을 유지하는 것이다.

그런데 여기서 또 다른 난관이 시작된다. 인간이 자연계의 '자연스러운' 리듬에 간섭하지 않음으로써 강이 흘러가는 방향을 강제로 바꾸거나 산 정상을 폭파하지도 말고, 인간을 위해 침입종 식물을 들여놓지 않으면서 그 균형을 존중해야 한다는 말은 누구나 할 수 있다. 하지만 인간과 동물 역시 자연의 일부이다. 가령 식량에 대한 권리가 실현되기 위해서는 식물과 같은 자연의 또 다른 요소의 생존권이 불가피하게 희생되어야 한다. 인간과 달리 자연의 요소들은 확실히 불가침의 생존권을 갖지 않는다. 그러지 않는다면 인간은 가꾸던 텃밭을 본래의 자연 상태로 되돌려 놓아야 하고, 정수 처리 시스템으로 동물의 배설물을 처리해서도 안 되며, 우리가 사는 집도 오로지 합성 물질로만 지어야 할 것이다.

어떤 것이 됐든 자연의 권리는 반드시 그 시스템 안의 다른 피조물들의 권리를 고려하고 보완하는 것이어야 한다. 다시 말하지만, 이것이 바로 시스템의 개별 요소들보다 시스템 자체의 권리가 우선하는 이유이다. 하지만 우선순위를 결정하는 문제가 마냥 쉬운 것은 아니다. 식물의 유전자를 변형해서 식량 공급을 40퍼센트에서 50퍼센트가량 증가시킬 수 있다면, 그것이 일부 과학자들의 주장처럼 인간의 배고픔을 해소하기 위해 "유전적 구조의 변경과 파괴로부터 자유로울" 어머니 지구의 권리를 무시하는 것일까?[58] 권리 요구자들 사이의 다른 갈등과 마찬가지로, 이 문제에 대해서도 권리 판결 기관들이 답을 찾아야 할 것이다.

기준이 될 만한 원칙을 제시하자면, 과도한 온실가스 배출의 경우처럼 자연적 과정에 영향을 미치는 인간의 개입이 전체 시스템을 붕괴시킬 만큼 위협적인지를 따지거나, 아니면 반대로 식량권 같은 인간의 기본적인 권리를 지원하기 위해 생물 공동체 중 극히 일부의 이권만을 침해하는 선에서 자연의 권리를 제한하는 것인지를 따지는 것이다. 물론 여기서 인권은 반드시 기본적인 것이어야 한다. 천연두 바이러스가 자연의 한 요소임에는 틀림없지만, 인간의 건강권을 증대하는 이익을 위해서 (연구 목적으로 남겨 둔 통제된 소량의 바이러스만 제외하고) 바이러스를 완전히 섬멸하는 것은 정당하다. 그에 반해 알베르트 슈바이처Albert Schweitzer는 인간이 "꽃 한 송이도 꺾어서는 안 된다"고 주장했고, 철학자 폴 W. 테일러Paul W. Taylor도 정상 참작이 가능한 상황이 아니라면 인간이 "야생화를 꺾는 행위는… 사람을 죽이는 것과… 다를 바가 없는 나쁜 행위"라고 주장했다.[59] 테일러의 관점이 극단적인 것은 분명하고 우리 저자들 역시 누구 못지않게 꽃병에 담긴 꽃을 좋아하지만, 아름다움을 추구하는 것이 기본적인 인권은 아니다. 어쨌든 들판에 나가면 얼마든지 볼 수 있는 꽃을 단지 인간의 즐거움을 위해 무자비하게 파괴하는 행위는 적어도 우리를 멈칫하게 한다.[60]

그런데 이 꽃들이 또는 꽃이 속한 생태계가 진정으로 무엇을 원하는지는 누가 결정할까? 이 질문은 단순히 초목이 자격을 갖느냐가 아니라 누가 초목의 이익을 대변하느냐의 문제이다. 왜 채굴 회사가 아니라 환경 운동 단체들이어야 할까? 꽃들이 꺾이는 걸 싫어하는지 또는 산이 편평하게 깎이는 걸 원치 않는지 우리가 어떻게 알까?

언뜻 보면 이 질문은 자연에게도 보호자의 도움을 받아서 행사할 수 있는 권리가 있다는 개념을 완전히 폐기시킬 반문처럼 보인다. 동물은 물론이고 적어도 완전한 자율성을 갖추기 전의 로봇도 이와 비슷한 반문을 받는다. 하지만 그 점에서라면 어린이와 인지 장애자, 혼수상태의 환자도 처지가 같다. 그럼에도 우리는 조금도 주저 않고 그들의 권리 행사에 대해 보호자가 내린 결정을 인정한다. 이 결정의 바탕에는, 보호자가 필요한 사람도 여전히 인간으로서의 역량을 지니기 때문에 존엄한 삶을 살 수 있고, 아울러 그들의 역량을 가로막는 것은 좋은 사회에 대한 정의를 위태롭게 만든다는 합의가 있다. 동물의 경우도 마찬가지로, 인간은 동물의 습성에 근거하여 그들의 번성을 촉진하는 것과 위축시키는 것이 무엇인지를 판단한다.

자연의 요소들과 시스템 자체에 모두 번성이라는 개념을 또는 은유적으로 존엄성이라는 개념을 동일하게 적용하는 것은 그다지 큰 비약이 아니다. 독성 물질로 오염된 강이 번성할 수 있을까? 산이 더 이상 산의 모습이 아닌데도 번성할 수 있을까? 균형이 깨질 위험에 처했는데도 생태계 전체가 번성할 수 있을까? 이러한 관점으로 번성의 이익을 대변할 사람이 바로 자연의 보호자다.

살기 적합한 세상에 대한 인간의 권리를 행사하기 위해서든, 자연과 그 요소들도 고유한 권리를 부여받아야 한다는 신념 때문이든, 환경을 보호하려는 우리의 노력은 어쩌면 전략적 결정인지도 모른다. 정치적인 측면에서 보면 확실히 후자보다 전자에 마음이 더 끌린다. 법원과 최소한 서구의 유권자들은 강과 나무와 산이 번성할 권리를 지키기 위해 소송을 할 수 있어야 한다는 개념보다는 인간의 이익과 존엄성과 역량을 충분히 실현하기 위해서는 건강한 생태계가 전제되어야 한다는 개념을 훨씬 더 쉽게 이해할 것이다.

하지만 이 책을 통해 주장하고자 하는 바는, 권리는 거래적이고 인간이 다른 존재들과 맺는 관계, 특히 강자에 대한 약자의 관계에 바탕을 둔다는 점이다. 아울러 이처럼 약한 존재를 위한 권리 부여는 결국 우리가 좋은 사회의 필수 덕목으로 어떤 존엄성과 번성을 염두에 두느냐에 좌우된다는 것이다.

우리가 쓰다 버린 판지 상자에 (이 상자의 재료가 된 나무가 아니라) 권리를 부여하는 것은 얼토당토않다. 인간이 강자로서든 그 반대로서든 판지 상자와 의미 있는 관계를 맺고 있다는 것도 말이 되지 않는다. 판지 상자가 "이권"이나 존엄성을 갖는다고 말할 수도 없을뿐더러 판지 상자를 찢거나 불태우는 것이 번성할 권리를 침해한다고 말할 수 없다. 물론 판지 상자 제작을 금지하면 나쁜 사회라는 말도 이치에 안 맞는다. 이 세상에는 권리를 갖는다는 주장이 무의미한 존재가 수없이 많다.

하지만 인간은 자연과 또 그 안의 요소들, 특히 살아 있는 존재들과 분명히 깊은 관계를 맺고 있다. 우리는 자연에게 우리의 힘을 (비록 폭풍우나 태풍, 가뭄 등만 보더라도 인간이 이기는 일은 별로 없지만) 행사하려고 한다. 자연은 번성하거나 황폐해질 수 있다. 그리고 총체적이고 유

기적인 자연의 "완전성, 안정성 그리고 아름다움"이 좋은 사회의 특징
이 될 수 있다는 생각도 불합리하다고 할 수 없다. 이 모든 이유에서 자
연에게는 "권리 보유자"라는 명칭이 마땅한지도 모른다.

동물이나 로봇의 경우도 그렇지만, 자연을 정당한 권리 양수 주체로
인정할 수 있는 까닭은 자연이 인간과 똑같이 닮아서가 아니다. 인간
이 자연과 관계를 맺고 있고, 사실상 기후변화로 인해 우리의 거주 환
경이 위협받는다는 점에서 이 관계는 사실 더욱더 절박해지고 있으며,
자연이 요구하는 관심과 보살핌이 바로 권리를 요구하는 신호이기 때
문이다. 지구상에서 인간이 모조리 사라진다면, 권리라는 개념 자체도
인간이 고안한 것이므로 사라질 테지만, 지구는 온전한 모습 그대로
남을 것이다. 그러나 우리가 여기 이곳에 있는 한 좋은 사회를 이룩하
는 데 필요한 조건들을 명심하고, 그와 동시에 지구와 우리의 관계에
서 요구되는 조건들을 존중하는 태도로 지구를 대해야 할 것이다.

▌ 나오며 ▌

이 책에서 다룬 주제들로는 권리를 요구하는 모든 영역이나 수년 내에 변화가 예상되는 권리들을 모두 다 살펴볼 수는 없다. 다만 권리가 유동적으로 변할 수 있는 몇 가지 영역만 더 살펴보기로 하자.

"여성과 아이 들이 항상 가장 먼저 피해를 입습니다." 2016년 수시마가 하버드대학교 케네디 스쿨의 카 인권 정책 연구소에서 만난 야지디Yazidis족 젊은 여성이자 인신매매 생존자인 나디아 무라드Nadia Murad의 말이다. 나디아는 고향인 이라크 신자르Sinjar주를 떠나리라고는 꿈에도 생각 못 했다. 하지만 그녀가 말했다시피 "인생은 사람들을 제멋대로 이끈다". 2014년 8월 15일에 인생은 그녀를 이슬람국가Islamic State, ISIS 조직원의 손에 넘겨 버렸다. 그녀의 "소박한 꿈과 소망은" 산산이 부서졌고, 그녀는 그들의 노예가 되었다. "나의 영혼과 나의 몸 그리고 나의 감정들은 [강제로] 점령당했고… 겉모습은 인간이지만 결코 인간이 아닌 사람들에게 착취되었다"고 밝혔다. 그녀와 나이가 비슷한 많은 소녀들이 반복적으로 강간당하는 동안 그녀의 직계가족과 친척들은 모두 살해되었다.

야지디족은 기독교, 이슬람교, 조로아스터교에서 파생된 혼합 신앙을 믿으며 주로 이라크 신자르 지방에서 박해받고 살아 온 소수 종교 집단이다. 극단주의 단체들은 이단자 또는 악마를 섬긴다는 비난과 함께 수천 명의 야지디족 남자들을 살해했다. 여자와 아이 들은 납치되고 강간당하고 감금되었다. 가까스로 탈출한 나디아는 독일에서 난민이 되었다. 나디아는 전쟁, 무력 충돌, 탄압, 폭력 그 밖의 여러 격변을 피해 세계 곳곳에서 강제로 도피한 6500만 명이 넘는 난민 중 한 명이었다.

나디아는 1951년 난민협약(본래 명칭은 난민의 지위에 관한 협약 Convention Relating to the Status of Refugees으로 보통 난민협약이라고 부른다―옮긴이)이 지정한 유형(전쟁과 폭력, 인종과 종교, 국적과 정치적 견해 또는 특정 사회단체의 회원이라는 이유로 "박해받는다는 증거가 충분한 공포"를 피해 자신의 국가에서 강제로 도피한)의 난민이다. 협약에 따르면 난민은 반드시 보호받아야 하고, 생명과 기본적인 안전을 위협받을 수 있는 본국으로 강제 송환되어서는 안 된다. 이를 **농르풀망**nonrefoulement 원칙이라고 부르는데, 미국을 포함하여 많은 난민 "수용" 국가들이 무시할 때가 많지만, 박해받을 위험이 있는 국가로 난민을 송환해서는 안 된다는 이 원칙은 국제법에도 명시되어 있다.[1] 전 세계에 나디아와 같은 처지에 있는 난민은 2250여 만 명에 이르고 그중 절반 이상이 18세 미만이다.

상황은 점점 더 나빠지고 있지만 현재 수준의 난민협약에는 어떤 희망도 걸 수 없는 또 다른 집단이 있다.

태평양의 저지대 섬나라 키리바시Kiribati는 세계에서 기후변화에 매우 취약한 국가 중 하나다. 2014년 5월, 키리바시에 거주하던 37세의 이오안 테이티오타Ioane Teitiota는 난민협약에 따라 뉴질랜드로부터 난민 지위를 얻으려고 시도한 최초의 기후변화 난민이 되었다. 뉴질랜드 항소법원은 그의 난민 지위 신청이 "근본적으로 잘못된" 것으로 "[유엔 난민] 협약을 억지로 끼워 맞추려는 시도"라고 규정했다. 이어서 그의 주장이 받아들여질 경우 "중단기적인 경제적 박탈이나 긴급한 자연재해에 직면한 수백만 명의 사람들이 순식간에 난민협약에 의거한 보호 대상자가 될 것"이라고 판결했다.[2]

그로부터 3개월 뒤, 하와이와 오스트레일리아 사이에 암초와 산호초로 이루어진 약 26제곱킬로미터의 작은 섬나라 투발루Tuvalu의 한 가족도 해수면 상승으로 인해 삶이 위협받자 난민 신청 소송을 제기했고 뉴질랜드 정부로부터 합법적인 체류자로 인정받았다. 이 가족의 변호인단은 "기후변화와 인구 과잉으로 인해 본국에서의 삶이 불안정"해졌다고 주장했다. 하지만 난민협약으로 잘 알려진 1951년 난민의 지위에 관한 협약은 기후변화를 난민 보호를 위한 정당한 근거로 인정하지 않기 때문에, 변호인단은 가족의 유대감을 소중히 여기는 뉴질랜드의 전통적 가치관에 강력하게 호소했다.[3]

환경이 취약한 지역의 주민들에게 기후변화가 더 큰 영향을 미치고 있음이 명백해짐에 따라 난민협약이 규정한 조건이 실정에 맞지 않는다는 사실도 더욱 뚜렷하게 드러날 것이다. 지진과 해일처럼 갑작스러운 재난뿐 아니라 가뭄처럼 서서히 진행되는 기후성 위기로 바누아투에서 필리핀, 소말리아에서 아이티에 이르기까지 전 세계 수백만 명이 강제 이주의 대열에 떠밀리고 있다. 한편 모든 것이 너무 풍요로운데도 불구하고 세계는 지금 적어도 네 지역에서 대기근을 겪고 있다. 남수단, 예멘, 북나이지리아, 소말리아가 그곳이다. 유엔은 지난 10년 동안 기후 관련 재해로 인해 매년 2100만 명이 강제로 이주해야 했고, 40년 안에 10억 명 이상이 같은 처지에 놓일 것이라고 추산했다.[4] 게다가 수단의 다르푸르 경우처럼, 기후변화는 세계의 많은 분쟁 지역에서 "위협 승수"가 되어 다양한 문제들을 악화시킬 수 있다.[5]

제2차 세계대전 이후 수백만 명의 사람들이 국가 간 갈등으로 고향을 떠나고 전쟁과 박해의 공포로부터 도망치던 1951년에 체결된 난민 협약이 명시한 "난민"의 정의는 기후변화로 인해 전쟁보다 훨씬 더 많은 난민이 발생할 머지않은 미래에는 더 이상 쓸모가 없어질 것이다. 버락 오바마 대통령은 이 사실을 은연중에 인정했다. 2015년 파리에서 개최된 기후변화 회의 개회사에서 그는 "물에 가라앉는 국가들, 버려진 도시들, 아무것도 자라지 않는 들판, 새로운 갈등을 조장하는 정치적 분열, 그리고 자신의 나라가 아닌 안전한 국가를 찾기 위해 물밀듯 불어나는 필사적인 사람들"을 언급했다.[6] 결국에는 난민의 지위를 얻기 위한 근거가 나디아처럼 강자로부터 관습적인 박해를 받은 개인을 넘어, 기후변화로 인한 "자연의" 가차 없는 공격을 받아 황폐해진 공동체 전체로 확대되어야 할 것이다. 이러한 환경 재해에 인간이 끼친 영향을 감안하면 국가들이 그 피해자에게 보호받을 자격을 주는 것은 당연해 보인다.

고델리에바 드 트루아예Godelieva De Troyer는 63세의 벨기에 여성으로, 생애 대부분을 심각한 우울증에 시달렸다. 심리 치료를 40년 넘게 받았으나 결국 연인과 헤어졌고 두 자녀와도 등을 돌리고 살았으며 손주들과 만날 수도 없었다. 네덜란드어로 "삶의 희망"이라는 뜻의 **레븐셔**

스펙티프leven perspectief를 상실한 삶이었다.

"죽을 권리", 다시 말해 정부가 승인한 방법의 도움을 받아 죽을 수 있는 권리는 최소 7개 국가에서 말기 질환을 앓고 있는 사람에게 법적으로 인정된다.7 벨기에의 경우 이러한 지원의 허용 범위에 "심리·사회적 장애 외 극심하고 치료 불가능한 정신적 고통"도 포함한다. 이 규정에 따라, 고넬리에바는 법이 정한 수의 의사들에게 자신의 감정적 고통이 결코 치유될 수 없음을 인정받았다. 그리고 2012년 4월 20일 자녀들에게 알리지 않은 채로, 의사들은 그녀가 생을 마감하는 데 사용할 약물을 제공했다.8

많은 정신 건강 전문가들이 고넬리에바가 겪은 종류의 우울증도 약리학적 방법들을 포함한 적절한 치료를 통해 개선될 수 있다고 주장한다. 그러나 분명한 사실은 신체적 건강 악화가 감정적 쇠락보다 진단과 예측이 훨씬 더 쉽다는 점이다. 의심할 여지없이 바로 그 이유 때문에 죽음에 대한 의료 지원을 허용하는 대부분의 사법 권역이 죽음이 임박한 사람으로 허용 범위를 제한한다. 하지만 네덜란드와 스위스는 벨기에의 진보적 논리마저도 훌쩍 뛰어넘는다. 이들 두 나라는 죽을 권리를 더 확대하여 오스트레일리아 태생인 104세 과학자 데이비드 구달David Goodall과 같은 사람에게도 인정해 주었다. 죽음이 임박하지 않았지만 신체적으로 확연히 노쇠해진 데이비드 구달은 오스트레일리아 방송 진행자에게 이렇게 말했다. "나이를 [이렇게] 먹은 게 깊이 후회됩니다…. 저는 죽고 싶습니다. 죽는 건 별로 슬프지 않아요. 정말 슬픈 건 [자기 삶을 스스로 마감하지 못하게] 방해받는 겁니다."9 이 말은 데이비드 구달에게만이 아니라 설령 건강하더라도 스스로 충분히 살

만큼 살았다고 느끼고 떠날 준비가 된 사람이라면 누구에게나 적용된다. "이성적 자살"이라고 일컫는 이러한 결정은 아직 많은 논란을 일으키고 있지만, 생명 윤리를 연구하는 헤이스팅스 센터Hastings Center와 같은 유명한 연구소나 《미국 노인의학회지Journal of the American Geriatrics Society》와 같은 유수의 저널들이 주의 깊게 다루는 주제이기도 하다.[10]

이성적 자살을 허용하는 법과 정책이 더 널리 채택되고 실제로 안락사나 임종 지원을 받을 권리가 제정된다면, 본래 생명을 보호하고 자유를 확대하기 위해 설계된 인권은 생의 마감까지로 그 영역을 연장하는 진짜 혁명을 겪을 것이다. 반면에 생명 선택권, 특히 몸과 관련된 선택을 주장하는 것만이 존엄성의 표상이라고 믿는다면, 그러한 권리가 어떻게 거부되는지 알기 어려울 것이다.

남북전쟁 이후 몇 년 동안 미국은 남과 북 어느 곳 할 것 없이 유급 노동의 기회가 거의 없었고 실업자들은 보수를 받을 수 있는 직업이나 자선 지원금을 찾아 길을 나섰다. 뉴잉글랜드의 작은 마을 주민들은 "부랑자"로 불리는 사람들이 문을 두드리거나 더욱 심하게는 텃밭 작물을 훔치는 데 지쳐 있었다. 주민들은 "부랑자의 집"을 지어서 떠돌이들이 마을을 떠날 때까지 머물게 하자고 마을 관계자들을 설득했다. 오늘날에도 몇 채가 박물관으로 남아 있는 이 부랑자의 집은 교도소의 독방과 거의 다르지 않았다. 노골적으로 도둑 취급은 하지 않았지만 많은 이들이 실업자를 초범으로 간주했다. 20세기에 들어서면서 경제적 기회가 늘어나고 공공 지원을 받을 가능성이 높아지면서 부랑자의 집은 점차 모습을 감추었지만, 가난한 사람과 노숙자 들이 그렇게 된 것은 순전히 자업자득이고, 이들은 통제가 필요한 위험한 하층민이라는 인식은 수 세기 동안 미국 문화의 일부였다.

1969년 공화당 대통령 리처드 닉슨은 남북전쟁 직후에 시행되었더라면 부랑자의 집을 쓸모없게 만들었을지도 모를 법률을 제정할지 진지하게 고민했다. 닉슨은 왜 모든 시민에게, 처한 상황이나 고용 상태와 상관없이 기본적인 소득을 보장해 주지 않는지 의문을 품었다.[11] 결국 닉슨은 뜻을 접어야 했지만, 기본소득 개념은 전 세계적으로 점점 더 인기를 얻고 있다. 미국의 경우 2018년에 실시한 설문 조사에서 응답자의 48퍼센트가 이 개념에 찬성했다.[12] 캐나다, 케냐, 인도, 핀란드 등 여러 국가가 기본소득 제도 도입을 고려하고 있다. 기브다이렉틀리 GiveDirectly와 같은 프로그램을 통해 개발도상국가들이 개인이 원하는 곳에 쓸 수 있도록 급여 형태로 지급하는 현금은 빈곤율을 줄이는 역할을 할 가능성이 보인다.[13] 언젠가는 세계인권선언이 (제25조에 규정한) "건강과 복지의 실현에… 적합한 삶의 표준"이라고 명명한 보편적 권리가 최소 기본소득을 보장받을 권리를 통해 더욱더 구체적이고 든든하게 뒷받침되리라는 것도 마냥 뜬구름 잡는 소리는 아닐 것이다.

이 책에서 자세히 다룬 권리 영역들 외에도, 위에서 살펴본 권리의 세 영역을 비롯해 많은 권리가 앞으로 수십 년 안에 발전하거나 혁명을 통해 바뀔 가능성이 크다. 거의 매주 한 국가의 법정에서도 새로운 판결이 나오고, 여기저기서 풀뿌리 운동들이 새롭게 신고식을 하며, 기존 권리의 재해석·제한·확장 또는 새로운 권리를 제안하는 입법자와 인권 단체 들도 있다.

그중 일부는 대중적 지지를 얻기도 했지만 권리 요구자 간의 갈등을 표면화하기도 했다. 일례로 유럽의 5개국이 테러로부터 안전할 대중의 권리를 보호한다는 명목으로 공공장소에서의 베일 착용을 금지하기로 결정했는데, 무슬림 여성들의 표현과 종교의 자유를 침해한다는 이유로 국제 앰네스티로부터 제재를 받았다.[14] 일부 무슬림 여성 단체들도 베일 착용에 반대하고 있지만, 앰네스티는 "모든 여성에게 자기만족을 위해 꾸밀 자유와 자신의 정체성이나 신념을 표현하는 옷을 입을 자유가 있다"고 말했다.[15]

쟁점이 되고 있는 또 하나의 권리 문제는 덴마크와 아이슬란드를 비롯해 여러 국가들이 제안한 소년의 할례 금지와 관련된 것이다. 일부에서는 이 관습이 신체를 완전하게 보전할 권리나 고문받지 않을 권리를 침해한다고 주장한다. 그리고 어떠한 경우든 이 관습을 금지하는 결정은 건강할 권리를 확장하는 시도라고 말한다.[16] 물론 할례를 시행하는 종교 단체들은 할례 금지가 종교의 자유를 침해한다고 주장한다.[17]

또 다른 현안은 태아의 권리와 태아의 법 "인격체" 자격 획득을 위한 싸움으로, 미국의 2004년 태아폭력피해자법Unborn Victims of Violence Act에도 반영된 바 있다. 이 법안에 따르면 자궁 안에 있는 태아에 대한 상해 또는 살해 행위도 60여 개의 연방 폭력 범죄 중 한 가지를 범한 것에 해당하므로 그 자체로 범죄가 된다. 지지자들은 이 법안뿐만 아니라 이와 비슷한 노력들이 새로운 집단에게 시민권을 확대하는 행동이라고, 우리가 자주 쓰는 말을 빌리자면 그야말로 '혁명'이 될 수도 있다고 생각한다. 비록 임신 중지는 이 법안이 적용되는 범죄 목록에서 배제되지만, 임신 중지 옹호자들의 눈에는 태아에게 법 인격체 자격을 부여하는 것이 여성의 건강권을 침해하는 것으로 보일 수밖에 없다.[18]

이에 더해 성 노동의 비범죄화도 생각해 볼 만하다. 최소 15개 이상의 국가들이 이미 이 법안을 시행하고 있고, 국제 앰네스티도 2016년에 차별받지 않을 권리에서 표현의 자유와 건강권까지 많은 권리를 인용하면서 성매매의 범죄화는 이러한 권리들을 위반하는 것이라고 주장했다.[19] 하지만 많은 여성 인권 단체들과 노예 반대론자들 그리고 인신매매 피해자들은 성 노동은 자율적 선택이 아니라 강제적 결정이라고 주장하면서 비범죄화에 반대한다.[20] 반면 중국계 미국인 성 노동자 잉큐Yin Q는 "생계를 위한 신체의 자율성과 자유야말로 미국적 방식이다"라고 주장했다. "페미니스트들이여, 나를 부끄럽게 여기지 말라. 자유주의자들이여, 나를 도울 필요 없다. 동성애자의 자존심으로 나를 무시하지 말라."[21]

그밖에도 앞으로는 어떻게 될지 아무도 모르지만, 현재로서는 큰 호응을 얻지 못하는 여러 가지 제안들이나 법원의 결정들도 있다. 몇 가지만 살펴보기로 하자.

- 2016년 이탈리아 대법원은 소량의 식품 절도의 경우 도둑이 노숙자나 굶주린 자라면 범죄로 인정되지 않을 수 있다고 판결했다. 달리 말하면 먹을 권리가 재산에 대한 권리에 우선한다는 것이다.[22]
- 2017년 인도 대법원은 공직 후보자가 종교, 신분, 공동체, 언어

등을 근거로 유권자에게 표를 호소할 수 없다고 판결했다. "정체성 정치"를 불법화함으로써 자유롭게 투표할 권리를 보호하기 위한 이러한 노력을 표현의 자유를 짓밟을 수 있는 위험한 조치로 보는 시각도 있다.[23]

- 교육을 받을 권리는 세계인권선언 제26조에도 명시되었지만, **적절한** 교육을 받을 권리도 있어야 할까? 미시건주 디트로이트에서 한 그룹의 학생들이 공립학교 졸업생들 가운데 상당수가 기능적 문맹자라는 사실을 이유로 주를 상대로 소송을 제기했다. 법원은 **적절한** 교육을 받을 권리와 기존의 교육을 받을 권리가 투표소에 자유롭게 접근할 권리와 투표권처럼, 전자가 없으면 후자는 본질적으로 무의미해지는 관계에 있음을 인정했지만 이 소송은 기각됐다.[24]

- 프랑스 정부는 "연결을 끊을 권리"를 확정함으로써 노동권을 확대했다. 이로써 노동자는 근무시간 외에 업무 관련 문자와 이메일을 무시해도 될 권리를 갖게 되었다.[25]

- 반면에 스웨덴의 한 지방 공무원은 이른바 "연결할" 권리를 제안했는데, 지방 공무원들이 집에 가서 섹스를 할 수 있게 매주 한 시간의 유급 휴식 시간을 가질 권리를 보장해 달라는 것이었다.[26] 이 권리는 아직 채택되지 않았지만, 스웨덴 노동법원은 2018년에 한 무슬림 여성에게 잠정적 고용주의 악수를 종교적 이유에서 거절해도 고용 차별을 겪지 않을 권리를 보장한다고 판결했다.[27]

처음에는 당황스러울 만큼 낯설게 보일지 몰라도, 대부분의 문화권에서 망자에게 몇몇 권리를 부여한다. 비록 어떠한 인권 조약에도 성문화되진 않았지만, 재산의 처분과 관련해서 고인의 유지를 존중해야 할 의무도 있고, 일본에는 사망한 지 몇 년이 지나도 망자에게 음식을 바치는 관습이 존재한다.[28] 또한 이 책에서 앞으로 권리를 보유할 수도 있는 존재들에 대해서도 고려하고 있다는 점을 감안하면, 우주의 별들 중 거주 가능한 행성들을 거느린 20퍼센트의 별들에서 찾아올지도 모를 외계의 존재가 권리의 후보자가 아니라고 단정할 수는 없다. 하지만 만일 외계의 문명이 우리에게 비우호적이라는 사실이 밝혀진다면, 그 문명들에게 원조 차원에서 함부로 손을 내밀었다가 인류 멸망이라는 봉변을 당할 수 있으므로, 지구의 모든 거주자가 그러한 원조를 할지 말지를 결정하는 데 참여할 권리를 제정해야 할 것이다.[29]

독자들이 우주로 너무 멀리 날아가기 전에, 이 책의 출발점이었던 기본적인 한 가지 질문을 다시 꺼내 보자. 가장 확고하게 자리 잡은 언론의 자유에서 인종차별로부터 자유로울 권리, 민주적 가치에 대한 이민자의 권리와 같은 인권들마저 선동가와 국수주의자 또는 극보수파와 신나치 세력으로부터 위협받고 있다면, 동물이나 로봇 또는 자연과 같은 비인간 존재들을 위한 논의는 말할 것도 없고 추가할 권리를 고민하는 데에 에너지를 쏟는 것이 과연 이치에 맞을까? 더 근본적으로 권리라는 체계 전체가 그 자체의 한계와 실패로 위험에 처한다면?

인권 운동에 대해 종종 쓴 소리를 해 왔던 정치 분석가 데이비드 리프David Rieff는 인권의 토대가 되는 법 제도 기저에 깔려 있는 가정에 의문을 제기한다. 다시 말해 어디선가 인권이 새로 구축되면 전 세계의 악당들이… 눈에 불을 켜고 오류가 없는지 또는 적어도 자기들의 인권에 불리한 점은 없는지 찾을 테지만, 어림없는 소리라고 가정한다는 것이다. 역사의 필연성에 기댄 이러한 가정을 "인권 운동을 지지하는 사람이라면 도덕적 평온이라 부를 테고 회의론자라면 교만이라고 부를 것"이라고 리프는 말한다. 그는 "인권 운동의 미래를 보장받으려면 방어에 주력해야 한다… 적어도 지금은 [기본적인] 도덕적 관심사[들]의 범위를 마냥 확장할 수 있을 것처럼 섣부르게 행동해서는 안 된다"고 주장한다.[30]

훌륭한 법사학자 새뮤얼 모인Samuel Moyn은 《충분하지 않다: 불평등한 세계를 넘어서는 인권Not Enough: Human Rights in an Unequal World》에서 인권 운동이 내세우는 "지구적 정의"라는 이상을 높이 평가하지만, 경제적 불평등을 적극적으로 공격하지 않는다면 그 이상은 결코 실현되지 않을 것이라고 주장한다. 또한 신자유주의 자본가의 도구까지는 아니더라도, "인권 규범은 기준이 미흡했고, 인권 운동가들에게는 신중한 재분배 정책들을 지지할 의지가 없었다"고 말한다. 그 결과 법과 인권 운동 "모두 자본가의 승리를 저지하지 못했을 뿐만 아니라 나머지의 빈곤에도 대처하지 못했으며… 이 실패로 포퓰리즘이 성행하고 권리가 남용될 길을 터준 꼴이 되었다"고 모인은 결론짓는다.[31] 분명한 것은 인권 운동이 또 다른 대의를 채택하기에 앞서 경제적 평등을 실현하기 위한 기본적 권리를 먼저 옹호해야만 한다는 것이다.

두 견해 모두 진지하게 성찰하고 응답해야 할 엄숙한 비판이다. 우리 두 저자는 인권 운동이 완벽하다고 가정하지 않는다. 어떠한 권리가 다른 권리보다 더 중요하고 존엄성과 좋은 사회 건설에 보다 결정적 요인이기 때문에 권리 운동가들이 에너지와 시간을 어디에 쓸지 결정할 때 반드시 우선적으로 고려해야 한다는 리프와 모인의 주장도 일견 타당하다. 어떤 권리가 그런 고려 대상인지를 결정하는 것은 쉽지 않겠지만, 경제적 평등을 실현할 권리를 토대로 다른 많은 권리들이 실현될 수 있다는 사실은 분명하다. 우리 두 저자는 리프가 선택한 "적어도 지금은"이라는 수식어에 주목했고, 그 부분에서 약간의 연민을 느꼈다.

하지만 리프와 모인이 펼친 주장의 한 가지 문제점은 "가장 중요한" 권리라고 할지라도 그중 상당수가 새로이 제정되거나 수정된 권리를 승인한다는 전제를 바탕으로 한다는 점이다. 가령 사회보장권과 같은 경제적 권리는 이미 성문화되었지만, 위에서 언급된 권리는, 더 정확히는 기본 연간 소득에 대한 권리는 모인이 말하는 "재분배 정책"에 필요한 중요한 권리임에도 불구하고 아직 법적 권리로 인정받지 못하고 있다.[32] 우리가 모든 요인을 알고 더 나아가 우리의 기본적인 권리들을 줄 세울 순서를 알고 있다고 믿으며 만족해야 할까? 만일 크리스퍼를 이용해 위험한 방식으로 미래 세대를 본질적으로 개조하는 데 성공한다면, 자율형 무기로 인해 전쟁이 아이들 장난처럼 쉬워진다면, 인간이 자연의 권리를 무시해서 일어난 자연재해와 난민의 범위를 확대하지 않아서 발생한 인명 피해로 인해 지구상의 인구가 심각한 수준으로 감소한다면, 그때 가서 언론의 자유나 공정한 재판을 받을 권리, 또는 경제적 평등에 대한 권리가 무슨 유익이 될까? 새것과 옛것을 막론하고, 많은 권리들은 마치 빵과 효모처럼 서로 떼려야 뗄 수 없을 만큼 긴밀히 연결되어 있다.

인간이든 다른 어떤 현명한 존재가 됐든 권리 규범이 없는 세상, 또는 그 권리 규범의 범위가 극히 제한적인 세상의 모습을 상상해 보는 것도 좋은 방법이다. 경제와 교육의 측면에서 특권을 누리고 있는 시카고대학교의 법학 교수 에릭 포즈너의 입장에서는 "인권 조약이 사람들의 복지를 증진시켰다는 증거는 거의 없다…. 인권법은 그것이 품었던 유토피아적 야망을 이루지 못했고, 그랬기 때문에 폐기되어야 한다"고 쉽게 말할 수 있다.[33] 그러나 포즈너가 경멸하든 말든 유엔 인권 감독관이 정기적으로 조사하고 인권 조약에 따라 고문하지 말라고 교도관들에게 주의를 주었기 때문에 오늘까지 겨우 살아남은 수단의 한 젊은 수감자에게 포즈너의 견해를 들려줄 수 있을까? 또는 남편과 상관없이 경제적으로 홀로 설 수 있는 여성의 권리라는 것이 존재한다는 사실을 알고 네팔의 시장에서 이제 막 소박하게 장사를 시작한 젊은 여성에게는 말할 수 있을까?

 "새로운" 권리의 경우에도 이와 아주 똑같은 문제가 발생한다. 권리가 발전하거나 변하지 않는 세상에서 산다면 어떨까? 우리는 어떠한 권리가 새롭게 "도덕적 관심"을 끌 정도로 중요한지 결정하는 일을 데이비드 리프나 그와 비슷한 누군가가 해 주기를 정말 원하는가? 자살을 고민하는 트랜스젠더 청소년에게 성 전환 권리가 새로운 권리로서 우선순위를 차지할 만큼 도덕적 관심을 끌지 못한다고 말해야 할까? 부패한 정부가 의료 지원 물자를 제 주머니에 쑤셔 넣는 바람에 아이를 잃은 가족에게 그 정도 절망감 때문에 우리가 부패로부터 자유로운 사회에서 살 권리를 확립하는 데 에너지를 쏟을 수는 없다고 말할 수 있을까?

총체적 권리 개념을 떠받치는 자유민주주의 체계는 포즈너의 "유토피아적 야망"에 토대를 두지 않는다. 비록 새롭게 깎은 바위에도 결함이 있다는 사실을 알지만 그럼에도 조금씩 쪼아 나가면 거칠고 잔혹한 모서리들이 서서히 다듬어지리라는 우리의 신념, 그것이 바로 자유민주주의 체계의 토대이다. 에세이스트 애덤 고프닉Adam Gopnik은 말한다. "그렇게 쪼아 나간 결과가 그저… 지금 우리 사회와 비슷하게 결함이 있는 또 다른 사회에 불과하겠지만, 시간이 지나면서 야만성은 줄어들 것이다."[34] 마치 역사가 멈춘 것인 양, 모든 기본적인 도덕적 관심사가 이미 다 밝혀진 것인 양, 그리고 심지어 완전한 경제적 평등처럼 고귀한 명령일지라도 좋은 사회로 가는 열쇠를 단 하나의 보편적 명령에서 찾을 수 있는 것인 양, 우리 스스로를 기만할 수 없다.

세일럼 마녀재판의 판사였던 새뮤얼 수얼Samuel Sewall은 재판이 끝나고 5년이 지나서야 뼈저린 교훈을 얻었다. 보스턴 남부 교회의 우물가에 서서 목사가 읽어 준 자신의 고백서를 듣던 중, 마법을 이유로 유죄를 판결한다는 가정 자체가 "중대한 실수"임을 깨달은 것이다. 그는 신과 교회에 모인 신도들에게 용서를 빌었으며, 세일럼 재판에서 유죄 판결을 받은 이들 중 세 명이 유색인종이었음을 잊지 않고 1700년 뉴잉글랜드에서 최초의 노예제도 반대 소책자 《팔려 간 요셉The Selling of Joseph》을 썼다.[35] 수얼에게는 역사도 멈추지 않았고, 도덕적 관심도 (지금 우리 방식으로 말하면 권리에 대한 이해도) 멈추지 않았다. 세일럼에 "좋은 사회"를 이룩했다는 확신을 가진 지 얼마 되지 않아 그는 자신의 방식에서 오류를 보았고, 그 과정에서 어떠한 사회가 "좋은"이라는 호칭을 얻으려면 반드시 필요한, 노예제 폐지라는 새로운 조건을 발견했다.

코스타스 두지나스Costas Douzinas의 말 속에 이 책의 전제가 있다. "권리는 사람에게 귀속된 것이 아니다. 권리가 사람을 만든다." 그리고 여기에 우리 두 저자는 권리가 "좋은 사회"도 만든다고 덧붙인다.[36] 사람이나 사회나 유동적인 존재이기 때문에 그 안에서 창조된 모든 것은 언제나 변하기 마련이다. 물론 권리들도 마찬가지다. 어떠한 권리들은 변함없이 유지될 수도 있고, 바뀌거나 완전히 새롭게 탄생하는 권리들도 있을 것이다. 이 모든 권리들이 똑같이 중요하거나 가치가 동일하진 않겠지만, 시간이라는 시련을 통해 검증되기 전까지는 어떤 권리가 더 중요하고 가치 있을지 모를 때가 더 많을 것이다. 우리가 할 수 있는 일이 있다면, 소수의 독선적 지식인들이 우리의 권리를 멋대로 선택하고 어떤 권리가 정말 중요한지 가르치려 드는 것을 허락하지 않는 것이다. 그렇게 하지 못한다면 권리가 인류 전체가 아닌 서구 엘리트 집단의 전유물이라는 개념을 굳혀 주는 꼴이 되고 말 것이다.

법학자 퍼트리샤 윌리엄스Patricia Williams는 훨씬 더 좋은 방법을 제안한다. 권리를 제한해야 한다는 사람들, 또는 권리를 폐기해야 한다는 포즈너 같은 사람들을 향해 그녀는 이렇게 말한다.

권리를 완전히 폐기한다는 것은, 억압받은 자의 정신 속 깊이 살아 있어서 상실했을 때 엄청난 충격과 저항을 불러올 상징을 폐기하는 것이다. 폐기하기보다, 사회는 그들에게 권리를 주어야 한다. 노예에게 권리를 줌으로써 권리를 물화物化의 속박에서 해방하자. 나무에게도, 소에게도, 역사에도 권리를 주자. 강과 바위에게도 권리를 주자. 사회의 모든 것들과 불가촉천민에게 사생활과 존엄성을 지키고 자기주장을 할 권리를 주자. 그들에게 공간을 주고 존중하자. 이 나라에서 가장 억압받는 자의 정신 속에 권리라는 신화의 불꽃이 타올라 활력이 넘치게 하고, 무기력한 객체로 만들었던 수의를 벗겨 내자. 그래야 황금이 우리 손에 있다는 말 대신 우리에게는 어둠에서도 황금처럼 빛나는 특별한 정신이 있다고 말할 수 있을 것이다.[37]

이 책은 바로 그 특별한 정신을 가두고 있던 틀을 깨뜨리기 위한 노력이었다. 단순히 황금을 소유하고 싶은지 아니면 황금처럼 빛나는 특별한 정신을 신념으로 받아들일지. 선택은 당신에게 달려 있다.

들어가며

1 David Brooks, "Bonnon vs. Trump" New York Times 2017. 1. 10.

2 비인간 존재로의 권리 확장을 옹호하는 글에서 유명한 생물학자 파울 에를리히Paul Ehrlich와 아내 에를리히Anne Ehrlich는 인간의 돌봄 영역이 다음과 같이 확장되고 있다고 설명한다. "가족 또는 이웃 집단에 한정되었던 관심이… 윤리적 행위를 할 것으로 기대되는 범주로 확대되고 있다. 먼저 부족 사회 전체가 포함되었고 도시와 주 그리고 더 최근에는 국가로까지 확대되었다. [20세기부터는] 관심의 범주가 모든 인류를 포함하도록 확대되었다." J. Baird Callicott, In Defense of the Land Ethic: Essays in Environmental Philosophy (Albany, NY: SUNY Press, 1989), 150.

3 Kathryn Sikink, Evidence for Hope: Making Human Rights Work in the 21st Century (Princeton, NJ: Princeton University Press, 2017).

4 Christopher Stone, "Should Trees Have Standing? Toward Legal Rights for Natural Objects" Southern California Law Review 45 (1972): 453.

5 "Investigation into April 2011 Friendly-Fire Incident," Internet Archive, uploaded October 24, 2013, https://archive.org/stream/295339-newredacted-roi/295339newredactedroi_djvu.txt.

6 Scott Shane, "Drone Strikes Reveal Uncomfortable Truth: U.S. Is Often Unsure about Who Will Die," New York Tmes, April 23, 2015; "Summary of Information Regarding U.S. Counter-Terrorism Strikes Outside Areas of Active Hostilities", Office of the Director of National Intelligence, July, 1, 2016, https://www.dni.

gov/files/documents/Newsroom/Press%20Release/DNI+Release+on+CT+Strikes
+Outside+Areas+of+Active+Hostilities.PDF; Micah Zenko, "Do Not Believe the
U.S. Government's Official Numbers on Drone Strike Civilian Casualties," Foreign
Policy, July 5, 2016, http://foreignpolicy.com/2016/07/05/do-notbelie-
vethe-u-sgovernmentofficialnumberson-dronestrikeciviliancasualties/.

7 Matthew Rosenberg and John Markoff, "At Heart of U.S. Strategy, Weapons
That Can Think," New York Times, October 26, 2016.

8 Allison Washington, "Girl, Disrupted: How My Body Betrayed Me," Medium,
January 21, 2017, https://medium.com/athenatalks/iigirldisruptedhowmybodybet
rayedme73e65c3ec766.

9 Allison Washington, "Cured," Medium, January 18, 2017, https://medium.
comathenatalks/curedc49713f39c7e.

10 James C. McKinley, "Arguing in Court Whether 2 Chimps Have the Right to
'Bodily Liberty,'" New York Times, May 27, 2015.

11 Aristotle, Politics, Book VI, Chapter16.
한국어판:《정치학》, 아리스토텔레스 지음, 천병희 옮김, 숲, 2009.

12 Susan Quinn, Eleanor and Hick: The Love Affair That Shaped a First Lady
(New York: Penguin Press, 2016).

13 인류 역사에 동성애 단체 혹은 조직이 공식적으로 알려진 바가 없다는 의미는
아니다. 존 보즈웰John Boswell, The Marriage of Likeness: Same-Sex Unions in
Premodern Europe (New York: Vintage Books, 1994), 제임스 닐James Neill, The
Origins and Role of SameSex Relations in Human Societies (Jefferson, NC:
McFarland, 2009)와 같은 책에도 분명히 밝히고 있듯이, 오히려 꽤 많다. 하지만
동성 간 결혼은 342년 기독교 황제였던 콘스탄티우스 2세와 콘스탄스에 의해 불
법이 되었다. "남성이 소위 [사내답지 못한 남자를] '여자' 배필로 삼고 그 '여자'에
게 남자 역할을 하길 바란다면, 섹스가 자리를 잃고, 모르느니만 못한 범죄이며,
금성의 모양이 바뀌고, 사랑을 찾을 수 없으므로, 우리는 법에게 나설 것을 명하

고, 정의에게 복수의 칼로 무장할 것을 명하노라. 그리하여 지금이나 미래에 이러한 불명예스러운 사람이 반드시 유죄 판결을 받아 정교한 처벌을 받도록 할 것이다." (테오도시우스 법전Theodosian Code 9.7.3) 그리고 적어도 서양에서 교회나 국가가 동성 간 결혼을 인정한 사례는 그 후 천 년 동안 거의 없었다.

14 "#7: First Gay Rights Group in the U.S. (1924)," Blue Sky Originals, Chicago Tribune, November 19, 2013, http://www.chicagotribune.com/bluesky/originals/chi-top-20-countdown-innovation-07-bsi-htmlstory.html.

15 Will Roscoe, "Mattachine: Radical Roots of the Gay Movement," FoundSF, accessed April 2019, http://www.foundsf.org/index.php?title=Mattachine:_Radical_Roots_of_the_Gay_Movement.

16 One, Inc. v. Olesen, 355 U.S. 371 (1958).

17 Obergefell v. Hodges, 135 S. Ct. 2584 (2015).

18 Carla Denly, "LGBT Rights and Protections Are Scarce in Constitutions around the World, UCLA Study Finds," UCLA Newsroom, June 27, 2016, http://newsroom.ucla.edu/releases/lgbtrightsandprotectionsarescarceinconstitutionsaround-theworulduclastudyfinds.

19 그 연회 참석자 중 빌의 견해에 동의한 유일한 사람은 시러큐스대학교의 법학 교수 데이비드 크레인David Crane이었다. 그는 시에라리온에서 열린 국제 전범 재판에서 수석 검사를 역임하면서 인권법이 실제로 어떻게 집행되는지 두 눈으로 확인한 사람이었다.

20 "Freedom in the World 2018: Democracy in Crisis," Freedom House, accessed Decembe 4, 2019, https://freedomhous.org/report/freedomworld/freedomworld2018.

21 이와 관련해서 주목할 만하고 어쩌면 가장 큰 논쟁을 일으킨 저술은 하버드대학교의 심리학 교수 스티븐 핑커Steven Pinker의 The Better Angels of Our Nature: Why Violence Has Declined (New York: Viking, 2011)일 것이다.
한국어판:《우리 본성의 선한 천사-인간은 폭력성과 어떻게 싸워 왔는가》, 스티

브 핑커 지음, 김명남 옮김, 사이언스북스. 2014.

22 스티븐 홉굿Stephen Hopgood, The Endtimes of Human Rights (Ithaca, NY: Cornell University Press, 2013); 에릭 포즈너Eric Posner, The Twilight of Human Rights Law (New York: Oxford University Press, 2014).

23 Marina Lostal, "The ICC Convicts Al Mahdi for the Destruction of Cultural Heritage in Mali," Global Policy Forum, October 19, 2016, https://www.globalpolicy.org/home/52882the-iccconvictsalmahdiforthedestructionof-cultural-heritageinmali-.html.

24 John Vidal and Owen Bowcott, "ICC Widens Remit to Include Environmental Destruction Cases," Guardian, September 15, 2016, https://www.theguardian.com/global/2016/sep/15/hague-court-widens-remit-to-include-environmental-destruction-cases.

25 Office of the High Commissioner for Human Rights, "Core Human Rights in the Two Covenants," Global Alliance of National Human Rights Institutes, September 2013, http://nhri.ohchr.org/EN/IHRS/TreatyBodies/Page%20Documents/Core%20Human%20Rights.pdf.

26 "Britain's Strong, New £5 Note Isn't Completely MeatFree," New York Times, December 1, 2016.

27 "Nebraska," Dumb Laws (website), 2019, http://www.dumblaws.com/random-laws.

28 "The Core International Human Rights Instruments and Their Monitoring Bodies," Office of the High Commissioner for Human Rights, 2019, http://www.ohchr.org/EN/ProfessionalInterest/Pages/CoreInstruments.aspx. 세계인권선언을 구성하고 있는 이른바 국제 권리 장전이라 불리는 시민적 및 정치적 권리에 관한 국제 규약과 경제적, 사회적 및 문화적 권리에 관한 국제 규약 외에도 인종차별, 여성, 고문과 잔혹 행위, 비인간적이고 굴욕적인 대우, 아동, 이주 노동자 보호, 강제 실종, 장애인과 관련된 핵심 권리들을 살펴볼 수 있다.

29 이 글을 쓰는 현재 브렉시트Brexit(영국의 유럽연합 탈퇴)가 유럽 인권재판소와 영국의 관계에 어떠한 영향을 미치는지에 대해서는 명확하게 밝혀진 바가 없다.

30 Atkins v. Virginia, 536 U.S. 304 (2002); Roper v. Simmons, 543 U.S. 551 (2005).

31 다국적 활동 조직들이 인권의 변화에 미치는 영향에 대해서는 다음을 참고한다. Margaret Keck and Kathryn Sikkink, Activists beyond Borders (Ithaca, NY: Cornell University Press, 1998).

32 "Where Do Human Rights Begin?," Facing History and Ourselves, 2019, https://www.facinghistory.org./universaldeclaratiohumanrights/wheredohumanrightsbegin.

33 Public Facilities Privacy and Security Act, H.B. 2, General Assembly of North Carolina 2016 Extra Session 2, http://www.ncleg.net/session/2015e2/bills/house/pdf/h2v4.pdf.

34 Mark Scott, "Google Fined in France over 'Right to Be Forgotten,'" New York Times, March 25, 2016.

35 Margaret Talbot, "Taking Trolls to Court," New Yorker, December 5, 2016.

36 Nick Wingfield, Mike Isaac, and Katie Benner, "Google and Facebook Take Aim at Fake News Sites," New York Times, November 14, 2016.

37 Mike Isaac, "For Facebook, Censorship Tool Could Reopen a Door to China," New York Times, November 23, 2016.

38 Maud Newton, "America's Ancestry Craze," Harper's Magazine, June 2014, 33.

39 Diana Brazzell, "Who Owns Your Genes?," HuffPost, October 27, 2015, http://www.huffingtonpost.com/footnotewhoownsyourgenes_b_8392556.html.

40 Michael Ignatieff, "Revolutionary Dreams," New York Times Book Review, May 22, 2016, 24.

1장 권리는 왜 변하는가?

1 Aristotle, Rhetoric, Book 1, Chapter 15.

한국어판:《아리스토텔레스 수사학》, 아리스토텔레스 지음, 박문재 옮김, 현대지성, 2020.

2 Page DuBois, Torture and Truth (London: Routledge, 1991).

3 Jacques Maritain, Introduction to Human Rights: Comments and Interpretations (New York: Allan Wingate, 1949), 9.

4 창세기 1:26.

5 마태복음 25:35-40.

6 슈라Surah 15:28-29.

7 "Major Religions of the World Ranked by Number of Adherents," Adherents .com, 최종 업데이트 2014.

http://www.adherents.comReligionsByAdherents.html.

8 Tom Heneghan, " 'No Religion' Third World Group after Christians, Muslims," Reuters, December 18, 2012, https://www.reuters.com/article/usreligionworld/ noreligion-thirdworldgroupafterchristians-muslimsidUSBRE8BH-0KG20121218.

9 Richard Rorty, "Human Rights, Rationality, and Sentimentality," in On Human Rights, ed. Stephen Shute and Susan Hurley (New York: Basic Books, 1993), 115.

10 Hugo Grotius, Prolegomena to On Laws of War and Peace, in The Human Rights Reader, ed. Micheline R. Ishay (New York: Routledge, 1997), 73.

11 Thomas Hobbes, The Leviathan, in The Human Rights Reader, 84.

12 Richard Dawkins, The Selfish Gene (Oxford: Oxford University Press, 1976)를 통해서 널리 알려졌다.

한국어판:《이기적 유전자》, 리처드 도킨스 지음, 홍영남 · 이상임 옮김, 을유문화사, 2018.

13 Herbert Gintis, "Human Rights: An Evolutionary Perspective," in

Understanding Social Action, Promoting Human Rights, ed. Ryan Goodman, Derek Jinks, and Andrew K. Woods (Oxford: Oxford University Press, 2012).

14 Francis Fukuyama, "Natural Rights and Human History," The National Interest, Summer 2001.

15 Thomas Jefferson, Notes on the State of Virginia (Philadelphia: Prichard and Hall, 1788), Query XIV, https://docsouth.unc.edu/southli/jefferson/jefferson.html.

16 David Boucher, The Limits of Ethics in International Relations: Natural Law, Natural Rights and Human Rights in Transition (Oxford: Oxford University Press, 2009), 333.

17 Francis Fukuyama, "Natural Rights and Human History," 소위 자연법으로 보이려면 식량이나 물, 은신처에 대한 요구가 되어야 하지만, 이러한 경제적 권리들이 후쿠야마와 같은 보수주의자들이 가장 무시하기 쉬운 권리라는 점은 아이러니하다.

18 Catherine A. MacKinnon, "Crimes of War, Crimes of Peace," in On Human Rights, 97.

19 Robin Fox, "Human Nature and Human Rights," National Interest, Winter 2000-2001.

20 Fukuyama, "Natural Rights and Human History."

21 Carlo Rovelli, Seven Brief Lessons on Physics (New York: Riverhead Books, 2016), 67.

한국어판:《모든 순간의 물리학》, 카를로 로벨리 지음, 김현주 옮김, 쌤앤파커스, 2016.

22 John Rawls, The Law of Peoples (Cambridge, MA: Harvard University Press, 1999), 50

한국어판:《만민법》, 존 롤스, 장동진 외 2인 옮김, 동명사, 2017.

23 Martha Nussbaum, Creating Capabilities: The Human Development Approach (Cambridge, MA: Harvard University Press, 2011), 31.

한국어판: 《역량의 창조-인간다운 삶에는 무엇이 필요한가》, 마사 누스바움 지음, 한상연 옮김, 돌베개, 2015.

24 Richard Rorty, "Solidarity," in Contingency, Irony and Solidarity (New York: Cambridge University Press, 1989).

한국어판: 《우연성, 아이러니, 연대》, 리처드 로티 지음, 김동식 · 이유선 옮김, 사월의책, 2020.

25 Charles Murray and Richard J. Herrnstein, The Bell Curve: Intelligence and Class Structure in American Life (New York: The Free Press, 1994).

26 한국어판: 《역량의 창조》, 마사 누스바움 지음.

27 Kathryn Sikkink, conversation with authors, December 2, 2016.

28 민간인 보호 조치가 갈수록 더 자주 위반된다는 사실은 몇 가지 예로도 충분히 증명된다. 제1차 세계대전 사상자 중 민간인의 비율이 15퍼센트였던 데에 반해, 한국전쟁의 민간인 사상자는 84퍼센트였고 베트남전쟁에서는 90퍼센트에 육박했으며 이 기록은 르완다 대량 학살에서 또다시 깨졌다. ("Impact of Armed Conflict on Children," UNICEF, accessed March 19, 2019, https://www.unicef.org/graca/patterns.htm).

29 Michael Walzer, Just and Unjust Wars (New York: Basic Books, 1977), 131.

30 Michael Walzer, Just and Unjust Wars. 195.

31 "Translated Excerpts from the Taliban Code of Conduct," CNN, July 30, 2009, http://edition.cnn.com/2009/WORLD/asiapcf/07/30/taliban.code.excerpt/index.html?iref=24hours.

32 Colm McKeogh, Innocent Civilians: The Morality of Killing in War (New York: Palgrave Macmillan, 2002), 23-24.

33 켈트족은 적의 진영에서 음유 시인은 살려 두었는데, 누군가는 살아서 자기들의 승리를 남기게 하기 위해서였다!

34 Richard Shelly Hartigan, Civilian Victims in War: A Political History (New Brunswick, NJ: Transaction Publishers, 2010), 112.

35 전쟁의 표적에서 여성이 자주 제외되었던 이유에 대해서는 학자들 사이에서 도 의견이 분분하다. 제임스 존슨James T. Johnson은 간혹 군사 임무에 종사했던 여 성도 있지만 일반적으로 여성은 무기를 들기도 어려울 만큼 연약하다고 간주되 었고 따라서 "여자의 일"로 역할이 제한되었다는 전통적인 견해를 고수한다. (JamesT. Johnson, "The Meaning of Non-combatant Immunity in the Just War/Limited War Tradition," Journal of the American Academy of Religion 39, no.2 [June 1971]: 151- 170). 헬렌 킨셀라Helen Kinsella의 의견은 또 다르다. 중세 시대에는 무장할 만큼 힘 이 세지 않더라도 어린이와 노인을 모두 잠정적인 적으로 간주했다. 어린이는 교 활하고 노인은 지혜로운 조언을 할 수 있다는 이유에서였다. 여성이 배제된 이유 는 젠더에 근거한 상투적인 관념 때문이었다. (Helen Kinsella, The Image before the Weapon: A Critical History of the Distinction between Combatant and Civilian [Ithaca, NY: Cornell University Press, 2011]).

36 James Turner Johnson, Just War Tradition and the Restraint of War (Princeton, NJ: Princeton University Press, 1981), 121-171. See also Frederick H. Russell, The Just War in the Middle Ages (Cambridge, MA: Cambridge University Press, 1975), 16- 27.

37 Colm McKeogh, "Civilian Immunity in War: From Augustine to Vattel," in Civilian Immunity in War, ed. Igor Primoratz (Oxford: Oxford University Press, 2007), 68-72.

38 McKeogh, Innocent Civilians, 116.

39 Johnson, "The Meaning of Noncombatant Immunity," 153.

40 Hartigan, Civilian Victims in War, 111.

41 Francis Lieber, Instructions for the Government of Armies of the United States in the Field, originally issued as "General Orders No.100" (1863; repr., Washington, DC: Government Printing Office, 1898), Article 37, http://avalon.law.yale.edu/19th_ century/lieber.asp.

42 The Hague, "Convention (II) with Respect to the Laws and Customs of War on

Land," July 29, 1899, 32 Stat.1803, Treaty Series 403, Article 46, http://avalon.
law.yale.edu/19th_century/hague02.asp.

43 International Committee of the Red Cross, "The Geneva Conventions of 1949
and Their Additional Protocols," October 29, 2010, https://www.icrc.org/eng/
warandlaw/treatiescustomarylaw/genevaconventions/overview-genevaconven-
tions.htm.

44 American Red Cross, "Summary of the Geneva Conventions of 1949 and Their
Additional Protocols," April 2011, https://www.redcross.org/images/MEDIA_
CustomProductCatalog/m3640104_IHL_SummaryGenevaConv.pdf.

45 Zhu Li-Sun, "Traditional Asian Approaches—The Chinese View," Australian
Year Book of International Law 40 (1980).

46 "10 Islamic Rules of War," 100 Good Deeds, November 20, 2012,
http://1000gooddeeds.com/2012/11/20/10-islamic-rules-of-war/.

47 International Committee of the Red Cross, Protocols Additional to the Geneva
Conventions of 12 August 1949 (Geneva: International Committee of the Red Cross,
2010).
https://www.icrc.org/eng/assets/files/other/icrc_002_0321.pdf.

48 "St. Maximilian," Catholic Online, 2019, http://www.catholic.org/saints/saint.
php?saint_id=5018.

49 McKeogh, Innocent Civilians, 19 – 22.

50 Hartigan, Civilian Victims in War, 55 – 77.

51 Rick Beard, "The Lieber Codes," New York Times Opinionator (blog), April 24,
2013, https://opinionator.blogs.nytimes.com/2013/04/24/the-lieber-codes/;
McKeogh, Innocent Civilians, 124; The Hague, Convention(IV) Respecting the
Laws and Customs of War on Land, October18, 1907, 36 Stat. 2277, Treaty Series
539, Article 23. http://avalon.law.yale.edu/20th_century/hague04.asp; Walzer,
Just and Unjust Wars, 253 – 254. 독일이 1940년 영국 코벤트리Coventry를 습격한

뒤, 영국의 폭격기들은 시민을 공포에 떨게 하고 독일군의 사기를 꺾기 위해 군사시설이든 산업 시설이든 가리지 말고 "[독일] 도시의 심장부를 겨냥하라"는 지시를 받았다. 독일 시민의 3분의 1을 노숙자로 만든다는 목표로 노동자 거주 지역이 최우선적인 표적이 되었다.

52 International Campaign to Ban Landmines, "The Treaty," 2019, http://www.icbl.org/en-gb/the-treaty.aspx.

53 International Committee of the Red Cross, Geneva Convention (IV) Relative to the Protection of Civilian Persons in Time of War, August12, 1949, Article 27, International Committee of the Red Cross Treaties, State Parties, and Commentaries database, https://ihl-databases.icrc.org/applic/ihl/ihl.nsf/Article.xsp?action=openDocument&documentId=FFCB180D4E99CB26C12563CD005 1BBD9; Lindsey Crider, "Rape as a War Crime and Crime against Humanity: The Effect of Rape in Bosnia-Herzegovina and Rwanda on International Law," prepared for the Alabama Political Science Association Conference, Auburn University, Auburn, Alabama, March 30 - 31, 2012, p. 2, http://www.cla.auburn.edu/alapsa/assets/file/4ccrider.pdf.

54 Beverly Allen, Rape Warfare: The Hidden Genocide in Bosnia-Herzegovina and Croatia (Minneapolis: University of Minnesota Press, 1996), 457.

55 Caroline Kennedy-Pipe and Penny Stanley, "Rape in War: Lessons of the Balkan Conflicts in the 1990s," in The Kosovo Tragedy, ed. Ken Booth (Portland, OR: Frank Cass, 2000), 67 - 83.

56 Human Rights Watch, Shattered Lives: Sexual Violence during the Rwandan Genocide and Its Aftermath (Washington, DC: Human Rights Watch, 1996), https://www.hrw.org/reports/1996/Rwanda.htm.

57 David Russell, "Statistics," Survivors Fund, October 19, 2009, http://survivors-fund.org.uk/resources/rwandan-history/statistics/.

58 Johnson, Just War Tradition, 150.

59 National Association of the Deaf v. Netflix, Inc., 869 F. Supp. 2d 196 (D. Mass., 2012).

60 Sankalan Baidya, "Viśpálā—The Legendary Warrior Queen from Rig Veda," Facts Legend, June 20, 2015, http://factslegend.org/vispala-the-legendary-warrior-queen-from-rig-veda/.

61 Edwin Black, "The Horrifying American Roots of Nazi Eugenics," History News Network, September 2003, http://historynewsnetwork.org/article/1796.

62 Carol Poore, Disability in Twentieth-Century German Culture (Ann Arbor: University of Michigan Press, 2007), 277.

63 Richard K. Scotch, "Politics and Policy in the History of the Disability Rights Movement," Milbank Quarterly 67, no. 2 (1989): 380 – 400.

64 미국의 장애인 운동에 대한 포괄적인 역사는 다음을 참고한다. Doris Zames Fleischcher and Freida Zames, The Disability Rights Movement: From Charity to Confrontation (Philadelphia: Temple University Press, 2001) and Jacqueline Vaughn Switzer, Disabled Rights: American Policy and the Fight for Equality (Washington, DC: Georgetown University Press, 2003).

65 Swantje Köbsell, "Toward Self-Determination and Equalization: A Short History of the German Disability Rights Movement," Disability Studies Quarterly 26, no. 2 (2006), http://dsq-sds.org/article/view/692/869; "Union of the Physically Impaired against Segregation," Encyclopaedia Britannica, accessed March 19, 2019, https://www.britannica.com/topic/Union-of-the-Physically-Impaired-Against-Segregation.

66 Martand Jha, "The History of India's Disability Rights Movement," The Diplomat, December 21, 2016, http://thediplomat.com/2016/12/the-history-of-indias-disability-rights-movement/.

67 Melissa Denchak, "Flint Water Crisis: Everything You Need to Know," Natural Resources Defense Council, November 8, 2018, https://www.nrdc.org/stories/

flint-water-crisis-everything-you-need-know.

2장 핑크와 블루를 넘어서

1 Will Oremus, "Here Are All the Different Genders You Can Be on Facebook," Slate, February 13, 2014, http://www.slate.com/blogs/future_tense/2014/02/13/facebook_custom_gender_options_here_are_all_56_custom_options.html.

2 Maya Salam, "Mattel, Maker of Barbie, Debuts Gender-Neutral Dolls," New York Times, September 25, 2019, https://www.nytimes.com/2019/09/25/arts/mattel-gender-neutral-dolls.html.

3 Martha Nussbaum, Creating Capabilities: The Human Development Approach (Cambridge, MA: Harvard University Press, 2011), 31.
한국어판:《역량의 창조》, 마사 누스바움 지음.

4. 이 장에서는 "치료사"나 심리 상담사를 통해 성적 지향을 바꾸려는 전환 치료에 대해서는 다루지 않는다. 왜냐하면 그러한 치료들이 대부분 신빙성이 없기 때문이다. '수감자 처우에 관한 최소한의 유엔 기준 규칙UN Standard Minimum Rules for the Treatment of Prisoners'에도 LGBTI 수감자를 정확하게 언급하진 않았지만, 몸수색, 감금, 의료 처치 등과 관련하여 LGBTI 수감자의 치료에 대해서도 깊게 다루지 않는다. (수감자 처우에 관한 유엔 기준 규칙은 아래의 웹사이트에서 확인할 수 있다. https://www.penalreform.org/resource/standard-minimum-rules-treatment-prisoner-smr/). 간성 운동선수들에 대한 논의도 다루지 않는다. (see, e.g., Jeré Longman, "Understanding the Controversy over Caster Semenya," New York Times, August 18, 2016). 아울러 섹슈얼리티에 대한 권리가 있는지 또는 있어야 하는지와 같은 논의도 다자간 연애와 같은 문제로까지 범위가 확장될 수 있으므로 이 장에서는 다루지 않을 것이다. ("성적 시민권sexual citizenship"에 대한 자세하고 탁월한 설명은 다음을 참고한다. International Council on Human Rights Policy, Sexuality and Human Rights: Discussion Paper [Versoix, Switzerland: International Council on Human Rights Policy, 2009], http://www.ichrp.org/files/reports/47/137_web.pdf).

5 International Lesbian, Gay, Bisexual, Trans and Intersex Association, "IGLA Releases Global Research of Attitudes toward LGBTI People," May 17, 2016, http://ilga.org/global-survey-attitudes-lgbti-riwi-logo/.

6 "성적 선호Sexual preference"는 "성적 지향sexual orientation"과 구별되며, 한 개인이 선호하는 특정한 유형의 성적 만족감을 일컫는다.

7 "queer"의 축약어 "Q"가 "LGBTI"에 추가되기도 한다. 샘 킬러먼Sam Killermann은 "queer"를 "비규범적 젠더 정체성을 가졌거나 그러한 정치적 배경을 가진 사람을 포함하여 이성애자로 구별되지 않는 모든 사람을 일컫는 포괄적인 용어"라고 설명한다. "Comprehensive List of LGBTQ+ Vocabulary Definitions," accessed March 20, 2019, http://itspronouncedmetrosexual.com/2013/01/a-comprehensive-list-of-lgbtq-term-definitions/#sthash.7R3WWsVF.dpbs.

8 Katy Steinmetz, Time, March 27, 2017. Kate Bornstein's 1994 coming-of-age story Gender Outlaw: On Men, Women and the Rest of Us (New York: Vintage Books), reissued in 2016, has been credited by Jennifer Finney Boylan with "populariz[ing] the idea that gender isn't a binary" ("The Best Draft of the Self," New York Times Book Review, June 18, 2017). 이후로 전환과 젠더 유동성을 경험한 개인의 회고록이 봇물을 이루었다. 대표작은 피니 보일런Finney Boylan이 자신의 이야기를 담은 She's Not There: A Life in Two Genders (New York: Broadway Books, 2003)이다.

9 Anne Fausto-Sterling, Sex /Gender: Biology in a Social World (Abingdon, U.K.: Routledge, 2012), 13.

10 Ian Buruma, "The 'Indescribable Fragrance' of Youths," New York Review of Books, May 11, 2017. 이와 같은 젠더-변환 정체성은 앞서 언급한 인도의 히즈라부터 아메리카 원주민 문화에서 남성과 여성의 시각으로 세상을 볼 수 있고 그에 맞게 의상을 바꿔 입었던 "두 정신"을 가진 사람 그리고 20세기 체코에서 마리에 체르미노바Marie Cerminova로 태어나 남성 지배적인 예술계에서 성공하기 위해 자신의 여성성을 단호하게 거부했던 예술가 토옌Toyen에 이르기까지 인류 역사 전

반에 공통적으로 등장한다. (Karla Tonine Huebner, "Eroticism, Identity, and Cultural Context: Toyen and the Prague Avant-Garde" [PhD diss, University of Pittsburgh, 2009]. http://d-scholarship.pitt.edu/10323/).

11 Raillan Brooks, "'He,' 'She,' 'They' and Us," New York Times, April 5, 2017.

12 16조는 "남자와 여자는… 결혼을 하고 가정을 이룰 권리를 갖는다. 이들은 동등한 권리를 갖는다"고 명시한다. 선언서 작성자들의 생각도 그랬는지 알 수는 없지만, 어쨌든 세계인권선언에서도 "성별이나… 지위 등 어떠한 차별도 없이" 모든 권리를 보장한다고 선언하고 있으며 활동가들도 종종 "성별"과 "지위 등"에 모든 젠더 정체성과 성적 지향이 포함된다고 주장하고 있다.

13 Convention on the Elimination of All Forms of Discrimination against Women, Article 2C, New York, 18 December 1979, United Nations Treaty Series, vol. 1249, p. 13, https://treaties.un.org/doc/Treaties/1981/09/19810903%2005-18%20AM/Ch_IV_8p.pdf.

14 Council of Europe, "France: Judges Reject Same-Sex Marriage Human Rights Complaint," June 10, 2016, http://www.humanrightseurope.org/2016/06/france-judges-reject-same-sex-marriage-human-rights-complaint/.

15 "Who Can Adopt?," RainbowKids Adoption and Child Welfare Advocacy, last updated 2014, http://www.rainbowkids.com/adoption/who-can-adopt.

16 "What Is Gender-Based Violence?," European Institute for Gender Equality, 2019, http://eige.europa.eu/gender-based-violence/what-is-gender-based-violence. 그리고 로스앤젤레스 법학전문대학원 교수이자 공정 구금 국제 연대Just Detention International의 상임 이사를 역임했던 라라 스템플Lara Stemple은 주로 구금이나 전쟁 상황에서 "강간을 당한 경험이 있는 남성이 전 세계적으로 3퍼센트임"에도 불구하고 "젠더 기반 폭력"은 이들을 고려하지 않는다고 주장했다. ("Male Rape and Human Rights," Hastings Law Journal 60, no. 605 [2009]).

17 See, for example, U.N. Office of the High Commissioner of Human Rights, "Born Free and Equal: Sexual Orientation and Gender Identity in International

Human Rights Law" (New York and Geneva: United Nations, 2012).

18 Siobhan Fenton, "LGBT Relationships Are Illegal in 74 Countries, Research Finds," The Independent, May 17, 2016, http://www.independent.co.uk/news/world/gay-lesbian-bisexual-relationships-illegal-in-74-countries-a7033666.html.

19 Ekaterina Sokirianskaia, "Chechnya's Anti-gay Pogrom," New York Times, May 3, 2017.

20 Omar G. Encarnacion, "The Global Backlash against Gay Rights," Foreign Affairs, May 2, 2017.

21 United Nations Development Programme, "Discussion Paper on Transgender Health and Human Rights" (New York: 2013), 9, http://www.undp.org/content/undp/en/home/librarypage/hiv-aids/discussion-paper-on-transgender-health—human-rights.html.

22 Human Rights Campaign, "Violence against the Transgender Community in 2016," accessed March 20, 2019, http://www.hrc.org/resources/violence-against-the-transgender-community-in-2016; and see Jamai Lewis, "The Thrill and Fear of 'Hey, Beautiful,'" New York Times, July 1, 2017. 웨스트버지니아주를 포함한 일부 주에서는 여전히 성적 지향에 근거한 폭력을 증오 범죄에 포함시키지 않는다. ("Anti-gay Attacks Not Covered by West Virginia Hate Crime Law, Court Rues," New York Times, May 13, 2017).

23 United Nations OHCHR, "Born Free and Equal."

24 Pew Research Center, "Support for Same-Sex Marriage Grows, Even among Groups That Had Been Skeptical," June 26, 2017, http://www.people-press.org/2017/06/26/support-for-same-sex-marriage-grows-even-among-groups-that-had-been-skeptical/.

25 Julie Ray, "Reflections on the 'Trouble in Little Rock,' Part II," Gallup, March 4, 2003, http://news.gallup.com/poll/7900/reflections-trouble-little-rock-part.

aspx.

26 Martin Luther King Jr., "Letter from a Birmingham Jail," April16, 1963, https://www.africa.upenn.edu/Articles_Gen/Letter_Birmingham.html.

27 Theresa Papademetriou, "European Court of Human Rights: Decision on Gay Marriage in Italy," Global Legal Monitor, Library of Congress, September 4, 2015, http://www.loc.gov/law/foreign-news/article/european-court-of-human-rights-decision-on-gay-marriage-in-italy/.

28 Claire Poppelwell-Scevak, "The European Court of Human Rights and Same-Sex Marriage: The Consensus Approach" (master's thesis, 260 notes to pages 64 – 66 University of Oslo, 2016), http://www.jus.uio.no/pluricourts/english/publications/2016/2016-09-23-poppelwell-thesis.html.

29 Pew Research Center, "Same Sex-Marriage around the World," October 28, 2019, https://www.pewforum.org/fact-sheet/gay-marriage-around-the-world/.

30 Pew Research Center, "Gay Marriage around the World," last updated June 30, 2017, http://www.pewforum.org/2017/06/30/gay-marriage-around-the-world-2013/.

31 "Russia's Putin Signs Anti-U.S. Adoption Bill," CNN, December 28, 2012, http://www.cnn.com/2012/12/28/world/europe/russia-us-adoptions/index.html.

32 "Surveillance," International Federation of Fertility Societies, accessed March 20, 2019, http://www.iffs-reproduction.org/?page=Surveillance.

33 부모 중 한 사람 또는 두 사람이 트랜스젠더이거나 간성인 경우, 또는 모든 젠더나 성적 지향에서 한 사람이 대리모를 원하는 경우에 대해서는 말할 것도 없다.

34 Mollie Reilly, "Same-Sex Couples Can Now Adopt Children in All 50 Sates," HuffPost, March 31, 2016, http://www.huffingtonpost.com/entry/mississippi-same-sex-adoption_us_56fdb1a3e4b083f5c607567f. 일부 주에서는 동성애 커플의 입양 금지법의 파기에 대해 종교적으로 반대하는 입양 기관들을 허가하고 있

어서 '두 번째 부모 입양'이 마냥 쉽지만은 않다. (Elizabeth A. Harris, "Same-Sex Parents Still Face Legal Complications," New York Times, June 20, 2017). 젠더 문제 전문 기관인 로스앤젤레스 법학전문대학원 산하 윌리엄스 연구소Williams Institute가 조사한 바에 따르면, 2015년 현재 미국에서 동성애 커플이 양육하는 아동은 약 21만 명에 이른다. 그중 5만 8000여 명은 입양 아동이거나 수양 자녀였다. ("700,000 Americans Are Married to a Same-Sex Spouse, Married Same-Sex Couples More Likely to Raise Adopted, Foster Children and Are More Economically Secure, New Reports Show," Williams Institute, March5, 2015, https://williamsinstitute.law.ucla.edu/press/press-releases/married-same-sex-couples-more-likely-to-raise-adopted-foster-children-and-have-more-economic-resources-new-reports-show/).

35 "LGBT Adoption," Wikipedia, last updated April 24, 2019, https://en.wikipedia.org/wiki/LGBT_adoption.

36 "Countries That Allow for International Adoptions by LGBT Prospective Parents," Next Family, August 18, 2016, http://thenextfamily.com/2016/08/countries-that-allow-for-international-adoptions-by-lgbt-prospective-parents/.

37 Ananyo Bhattacharya, "Human-Rights Court Orders World's Last IVF Ban to Be Lifted," Nature News Blog, December 28, 2012, http://blogs.nature.com/news/2012/12/human-rights-court-orders-worlds-last-ivf-ban-to-be-lifted.html.

38 International Federation of Fertility Societies, "IFFS Surveillance 2016," Global Reproductive Health 1, no. 1 (September 2016): 1 – 143.

39 National LGBT Health Education Center, "Pathways to Parenthood for LGBT People" (Boston: Fenway Institute, 2016), https://www.lgbthealtheducation.org/wp-content/uploads/Pathways-to-Parenthood-for-LGBT-People.pdf; Dov Fox and I. Glenn Cohen, "It's Time for the U.S. to Cover IVF (for Gays and Lesbians Too)," HuffPost, March 18, 2013, http://www.huffingtonpost.com/dov-fox/it-is-timefor-the-us-to-_b_2900323.html.

40 Frank Browning, The Fate of Gender: Nature, Nurture and the Human Future (New York: Bloomsbury USA, 2016), 152-153.

41 Liz Bishop and Bebe Loff, "Making Surrogacy Legal Would Violate Children's Rights," The Conversation, August 20, 2014, http://theconversation.com/making-surrogacy-legal-would-violate-childrens-rights-30716.

42 Ronli Sifris, "Commercial Surrogacy and the Human Right to Autonomy," Journal of Law and Medicine 23, no. 2 (2015): 365-377.

43 See Caitlyn Jenner, The Secrets of My Life (New York: Grand Central Publishing, 2017) and Matthew Shaer, "Becoming Chelsea Manning," New York Times Magazine, June 18, 2017. 이보다 앞서 뮤지션 채즈 보노Chaz Bono, 테니스 스타였던 러네이 리처즈Renee Richards, 여행가 얀 모리스Jan Morris와 같은 유명인이 성 전환 수술을 받았다. 크리스틴 조겐슨Christine Jorgenson은 미국에서 최초로 성 전환 수술을 받은 사람으로 1951년에 덴마크에서 수술을 받았다.

44 Amanda Michelle Steiner, "Tony Award Winners 2014—Full List," Hollywood Life, June 8, 2014, http://hollywoodlife.com/2014/06/08/tony-award-winners-2014-tonys-winner-list/.

45 "The Transgender Tipping Point," Time, June 9, 2014.

46 "The Gender Revolution," National Geographic, January 2017.

47 Alyson Krueger, "Transgender Models Find a Home," New York Times, March 4, 2017.

48 Motoko Rich, "Japanese Transgender Politician Is Showing 'I Exist Here,'" New York Times, May 19, 2017.

49 Carol Lynn Martin and Diane N. Ruble, "Patterns of Gender Development," Annual Review of Psychology 61 (2010): 353-381.

50 "Varied Views of Gender," New York Times, January 24, 2017.

51 흥미롭게도 미국의 걸스카우트 정책은 "가족과 학교 및 공동체로부터 소녀로

인정받고 소녀로서의 문화적 삶을 영위한 아동이라면, 걸스카우트는 그러한 아동에게 정서 및 신체적으로 안전한 환경을 제공할 수 있는 조직"이라고 설명한다. (Daniel Victor, "Transgender Boy Is Told to Leave the Cub Scouts," New York Times, December 30, 2016).

52 Sophie Lewis, "World Health Organization Removes 'Gender Identity Disorder' from List of Mental Illnesses," CBS News, May 29, 2019, https://www.cbsnews.com/news/world-health-organization-removes-gender-dysphoria-from-list-of-mental-illnesses/.

53 "Varied Views."

54 Degner and Nomanni, "Pathologization."

55 Jack Turban, "How Doctors Help Transgender Kids Thrive," New York Times, April 8, 2017.

56 Ann P. Haas, Philip L. Rodgers, and Jody L. Herman, Suicide Attempts among Transgender and Gender Non-conforming Adults: Findings of the National Transgender Discrimination Survey (Los Angeles: Williams Institute, 2014), https://williamsinstitute.law.ucla.edu/wp-content/uploads/AFSP-Williams-Suicide-Report-Final.pdf.

57 Ross Toro, "How Gender Reassignment Surgery Works (Infographic)," Live Science, August 26, 2013, https://www.livescience.com/39170how-gender-reassignment-surgery-works-infographic.html.

58 Neela Ghoshal and Kyle Knight, "Rights in Transition: Making Legal Recognition for Transgender People a Global Priority," in World Report 2016 (New York: Human Rights Watch, 2016), https://www.hrw.org/world-report/2016/rights-in-transition.

59 M. Dru Levasseur, "Gender Identity Defines Sex: Updating the Law to Reflect Modern Medical Science Is Key to Transgender Rights," Vermont Law Review 39, no. 4 (2015): 943 – 1004.

60 Holly Young, "Trans Rights: Meet the Face of Nepal's Progressive 'Third Gender' Movement," Guardian, February 12, 2016, https://www.theguardian. com/global-development-professionals-network/2016/feb/12/trans-rights-meet-the-face-of-nepals-progressive-third-gender-movement.

61 S. J. Langer, "Our Body Project: From Mourning to Creating the Transgender Body," International Journal of Transgenderism 15, no. 2 (2014): 66–75.

62 Young, "Trans Rights."

63 Andy Newman, "Male? Female? Or 'X'? Drive for a Third Choice on Government Forms," New York Times, September 27, 2018.

64 Kristian Foden-Vencil, "The Medical Pros and Cons of Suppressing Puberty in Transgender Teens," Oregon Public Broadcasting, March 26, 2015, http://www. opb.org/news/article/the-medical-pros-and-cons-of-suppressing-puberty-in-transgender-teens/.

65 "Varied Views."

66 데이비드 라이머의 이야기는 존 콜라핀토 John Colapinto의 책 As Nature Made Him: The Boy Who Was Raised as a Girl (New York: Harper's, 2000)에 실려 있다. 한국어판:《미안해 데이빗》, 존 콜라핀토 지음, 김주성 · 현숙경 옮김, 도서출판 사람, 2022.

67 Leonard Sax, "How Common Is Intersex? A Response to Anne Fausto-Sterling," Journal of Sex Research 39, no. 3 (2002): 174–178. 최근에 밝혀진 바에 따르면 "미국 기갑부대 창시자"로 자주 거론되는 카시미르 폴라스키 Casimir Pulaski 도 간성이었을 것으로 추측된다. (see Sarah Mervosh, "Casimir Pulaski, Polish Hero of the Revolutionary War, Was Most Likely Intersex, Researchers Say," New York Times, April 7, 2019).

68 Anne Tamar-Mattis, "Exceptions to the Rule: Curing the Law's Failure to Protect Intersex Infants," Berkeley Journal of Gender, Law & Justice 21 (2006): 59–110.

69 Sylvan Fraser, "Constructing the Female Body: Using Female Genital Mutilation Law to Address Genital-Normalizing Surgery on Intersex Children in the United States," International Journal of Human Rights in Healthcare 9, no. 1 (2016): 66 –72.

70 Council of Europe Commissioner for Human Rights, Human Rights and Intersex People: Issue Paper (Strasbourg, France: Council of Europe, 2015), https://book.coe.int/eur/en/commissioner-for-human-rights/6683-pdf-human-rights-and-intersex-people.html.

71 Council of Europe, Human Rights and Intersex People, 37; Melissa Eddy, "Not Male or Female? Germans Can Now Choose 'Diverse,'" New York Times, December 14, 2018.

72 Morgan Carpenter, "UN Special Rapporteur on Torture Calls for an End to Coerced and Involuntary Genital-Normalising Surgeries," Intersex Human Rights Australia, February 7, 2013,

https://oii.org.au/21687/coerced-normalizing-treatment-torture/.

73 저자 슐츠와 휴먼라이츠워치의 카일 나이트Kyle Knight와의 대화 May 22, 2017; Council of Europe, Human Rights and Intersex People.

74 Charlotte Greenfield, "Should We 'Fix' Intersex Children?," Atlantic Monthly, July 8, 2014.

75 저자 슐츠와 유스투스 아이스펠트와의 대화, June 28, 2017; Meka Beresford, "Sweden to Offer $26,000 Compensation to Trans People Who Were Legally Forced into Sterilisation," PinkNews, March 26, 2017,

http://www.pinknews.co.uk/2017/03/26/sweden-to-offer-26000-compensation-to-trans-people-who-were-legally-forced-into-sterilisation/.

76 Heath Fogg Davis, Beyond Trans: Does Gender Matter? (New York: New York University Press, 2017).

77 Spencer Kornhaber, "RuPaul Gets Political," The Atlantic, June 2017.

78 Quoted in Leopoldine Core, "Risk and Reward," New York Times Book Review, May 7, 2017.

79 Anna Merlan, "Trans-Excluding Michigan Womyn's Music Festival to End This Year," Jezebel, April 22, 2015, http://jezebel.com/trans-excluding-michigan-womyns-music-festival-to-end-t-1699412910.

80 Susan Cox, "Coming Out as 'Non-binary' Throws Other Women under the Bus," Feminist Current (blog), August10, 2016, http://www.feministcurrent.com/2016/08/10/coming-non-binary-throws-women-bus/.

81 Cathy Perifimos, "The Changing Faces of Women's Colleges: Striking a Balance between Transgender Rights and Women's Colleges' Right to Exclude," Cardozo Journal of Law & Gender 15 (2008): 141 –721.

82 Author Schulz conversations with Kathy Kaufmann, Wellesley trustee (April 3, 2017), and professors Charlene Galarneau (May 8, 2017) and Catia Confortini (May 10, 2017).

83 "Mission and Gender Policy," Wellesley College, accessed March 20, 2019, http://www.wellesley.edu/news/gender-policy#fyK2UkOZeHffUR7b.97.

84 Convention on the Rights of the Child, Article 7, New York, 20 November 1989, United Nations Treaty Series, vol. 1577, p. 3, https://treaties.un.org/doc/Treaties/1990/09/19900902%2003-14%20AM/Ch_IV_11p.pdf.

85 "Victims of Sexual Violence: Statistics," Rape, Abuse and Incest National Network, 2019, https://www.rainn.org/statistics/victims-sexual-violence.

86 Toonen v. Australia, Communication No. 488/1992, U.N. Doc CCPR/C/ 50/ D/488/1992 (1994), http://hrlibrary.umn.edu/undocs/html/vws488.htm.

87 1991년에 국제젠더교육재단International Foundation for Gender Education의 회보에 "젠더 권리 장전Gender Bill of Rights"을 제정하자는 제안이 실렸다. 그로부터 5년 뒤에 열린 트랜스젠더 법과 고용 정책에 관한 국제 컨퍼런스International Conference on Transgender Law and Employment Policy에서 "국제 젠더 권리 장전International Bill of Gender

Rights"이 채택되었다. 다른 무엇보다 이 권리 장전에는 "염색체상의 성별, 생식기, 출생 성별이나 초기 젠더 역할과 상관없이" 모든 사람이 자신의 젠더 정체성을 정의할 권리를 지닌다고 명시되어 있다. 혼인 계약 및 임신, 출산, 입양을 할 수 있는 권리와 "미용, 화학, 수술과 같은 처치를 통해 [자신의 신체를] 변경하여 스스로 정의한 젠더 정체성을 표현할 권리"를 갖는다고 밝히고 있다. 이 컨퍼런스에 모인 사람 대부분이 미국의 법률가, 교육자, 활동가 들이었기 때문에 그 파급력은 크지 않았다. (see "History of the International Bill of Gender Rights," International Bill of Gender Rights, Transgender Legal, last updated January 21, 2001, http://www.transgenderlegal.com/ibgr.htm).

88 젠더 소수자와 관련된 권리에 대한 국제적 수준의 포괄적 성명이 처음 채택되면서 이를 비롯한 다른 여러 조치들이 힘을 얻었다. 25개 국가의 인권 전문가들이 인도네시아의 도시 욕야카르타에 모여서 발표한 성명서 욕야카르타 원칙 Yogyakarta Principles은 차별과 관련된 많은 문제들을 다루었지만 동성 간 결혼을 포함하여 이 장에서 논의한 대부분의 문제들에 대해서는 명확한 언급이 없다. ("Principle 24: The Right to Found a Family," ARC International, http://www.yogyakartaprinciples.org/principle-24).

89 "Argentina Gender Identity Law," Country Information, Transgender Europe, September 12, 2013, http://tgeu.org/argentina-gender-identity-law/.

90 "Human Rights Victory! European Court of Human Rights Ends Forced Sterilisation," Transgender Europe, April 6, 2017, http://tgeu.org/echr_end-sterilisation/.

91 반기문 유엔 사무총장이 유엔 직원을 위한 건강보험 혜택을 게이와 레즈비언의 배우자까지 확대했을 때조차도 논쟁이 일었다. (see Reid Standish, "U.N. Extends Marriage Benefits to Gay Employees," Foreign Policy, July 8, 2014, http://foreignpolicy.com/2014/07/08/u-n-extends-marriage-benefits-to-gay-employees/).

92 United Nations OHCHR, "Born Free and Equal," 10.

93 Annette Gorden-Reed, "Sally Hemings, Thomas Jefferson and the Ways We

Talk about Our Past," New York Times Book Review, September 24, 2017.

94 Ben Hubbard, "Saudi Arabia Agrees to Let Women Drive," New York Times, September 26, 2017.

95 Quoted in Jonathan Mirsky, "The True Story of Izzy," New York Review of Books, September 24, 2009.

3장 첨단 기술 시대의 사생활

1 American Civil Liberties Union, "Surveillance under the Patriot Act," accessed April 2, 2019, https://www.aclu.org/issues/national-security/privacy-and-surveillance/surveillance-under-patriot-act.

2 Natasha Singer, "Mapping, and Sharing, the Consumer Genome," New York Times, June 16, 2012.

3 Singer, "Consumer Genome."

4 "What We Do," Acxiom, accessed April 2, 2019, https://www.acxiom.com/what-we-do/consumer-segmentation-personicx/.

5 Samuel D. Warren and Louis D. Brandeis, "The Right to Privacy," Harvard Law Review 4, no. 5 (1890): 193–220.

6 Nina Totenberg, "Supreme Court Hears Case on Cell Phone Location Information," National Public Radio, November 29, 2017, https://www.npr.org/2017/11/29/567313569/supreme-court-hears-case-on-cell-phone-location-information.

7 Adam Liptak, "In Ruling on Cellphone Location Data, Supreme Court Makes Statement on Digital Privacy," New York Times, June 22, 2018, https://www.nytimes.com/2018/06/22/us/politics/supreme-court-warrants-cell-phone-privacy.html.

8 Carpenter v. United States, 585 U.S., No. 16-402 (June 22, 2018).

9 Alana Semuels, "Tracking Workers' Every Move Can Boost Productivity—and

Stress," LA Times, April 8, 2013.

10 American Association for the Advancement of Science, "What Are Geospatial Technologies," accessed April 2, 2019, https://www.aaas.org/content/what-are-geospatial-technologies.

11 Monte Reel, "Secret Cameras Record Baltimore's Every Move from Above," Bloomberg Businessweek, August 23, 2016.

12 Reel, "Secret Cameras."

13 Jefferson Graham and Laura Schulte, "Wisconsin Workers Embedded with Microchips," USA Today, August 1, 2017.

14 "FDA Approves Pill with Digital Tracking Device You Swallow," CNN, November 15, 2017.

15 Alessandro Acquisiti, "Why Privacy Matters," filmed June 2013 at TEDGlobal, https://www.ted.com/talks/alessandro_acquisti_why_privacy_matters.

16 Alvaro Bedoya, "Who Owns Your Face?," USA Today, March 24, 2017.

17 Shweta Banerjee, "Aadhaar: Digital Inclusion and Public Services in India," World Development Report 2016, World Bank, 2, http://pubdocs.worldbank.org/en/655801461250682317/WDR16-BP-Aadhaar-Paper-Banerjee.pdf.

18 Banerjee, "Aadhaar," 4.

19 The Constitution of India, Art. 21, 26 January 1950, available at: https://www.india.gov.in/my-government/constitution-india/constitution-india-full-text; Julie McCarthy, "Indian Supreme Court Declares Privacy a Fundamental Right," National Public Radio, August 24, 2017, https://www.npr.org/sections/thetwo-way/2017/08/24/545963181/indian-supreme-court-declares-privacy-a-fundamental-right.

20 Manveena Suri, "Aadhaar: India Supreme Court Upholds Controversial Biometric Database," CNN, September 26, 2018, https://www.cnn.com/2018/09/26/asia/india-aadhaar-ruling-intl/index.html.

21 Vidhi Doshi, "India's Top Court Upholds World's Largest Biometric ID Program, within Limits," Washington Post, September 26, 2018.

22 "Aadhaar Not Mandatory for Opening Bank Account," Business Insider India, June 13, 2019.

23 Michelle FlorCruz, "China to Use Big Data to Rate Citizens in New Social Credit System," Business Insider, April 28, 2015, http://www.businessinsider.com/china-to-use-big-data-to-rate-citizens-in-new-social-credit-system-2015-4.

24 Rogier Creemers, "Planning Outline for the Construction of a Social Credit System," China Copyright and Media (blog), April 25, 2015, https://chinacopyrightandmedia.wordpress.com/2014/06/14/planning-outline-for-the-construction-of-a-social-credit-system-2014-2020/.

25 "China to Bar People with Bad Social Credit from Planes, Trains," Reuters, March 16, 2018, https://www.reuters.com/article/us-china-credit/china-to-bar-people-with-bad-social-credit-from-planes-trains-idUSKCN1GS10S.

26 Jack Karsten and Darrel M. West, "China's Social Credit System Spreads to More Daily Transactions," TechTank (blog), Brookings, June 18, 2018, https://www.brookings.edu/blog/techtank/2018/06/18/chinas-social-credit-system-spreads-to-more-daily-transactions/.

27 "The New Way Police Are Surveilling You: Calculating Your Threat Score," Washington Post, January 10, 2016.

28 Keith Kirkpatrick, "Battling Algorithmic Bias," Communications of the ACM 59, no. 10 (October 2016): 16-17.

29 Kirkpatrick, "Battling Algorithmic Bias."

30 Clare Garvie and Jonathan Frankle, "Facial Recognition Software Might Have a Racial Bias Problem," The Atlantic, April 7, 2016.

31 Center for Constitutional Rights, "Hassan v. City of New York," last modified

April 5, 2018, https://ccrjustice.org/home/what-we-do/our-cases/hassan-v-city-new-york.

32 Kirk Semple, "Missing Mexican Students Suffered a Night of 'Terror,' Investigators Say," New York Times, April 24, 2016.

33 John Scott-Railton et al., "Reckless Redux: Senior Mexican Legislators and Politicians Targeted with NSO Spyware," Citizen Lab, June 29, 2017, https://citizenlab.ca/2017/06/more-mexican-nso-targets/.

34 Ryan Devereaux, "Three Years after 43 Students Disappeared in Mexico, a New Visualization Reveals the Cracks in the Government's Story," Intercept, September 7, 2017, https://theintercept.com/2017/09/07/three-years-after-43-students-disappeared-in-mexico-a-new-visualization-reveals-the-cracks-in-the-governments-story/.

35 Scott-Railton et al., "Reckless Redux."

36 Ryan Gallagher and Nicky Hager, "Private Eyes," Intercept, October 23, 2016, https://theintercept.com/2016/10/23/endace-mass-surveillance-gchq-governments/.

37 Gallagher and Hager, "Private Eyes."

38 Darren Schreiber et al., "Red Brain, Blue Brain: Evaluative Processes Differ in Democrats and Republicans," PLoS ONE 8, no. 2 (2013): E52970.

39 Adam L. Penenberg, "NeuroFocus Uses Neuromarketing to Hack Your Brain," Fast Company, August 8, 2011, https://www.fastcompany.com/1769238/neurofocus-uses-neuromarketing-hack-your-brain.

40 Marcello Ienca and Roberto Andorno, "Towards New Human Rights in the Age of Neuroscience and Neurotechnology," Life Sciences, Society and Policy 13, no. 1 (2017): 1–27.

41 "'Right to Be Forgotten' Online Could Spread," New York Times, August 5, 2015.

42 "Right to Be Forgotten."

43 "Privacy Expert Argues 'Algorithmic Transparency' Is Crucial for Online Freedoms at UNESCO Knowledge Café," UNESCO, December 4, 2015, https:// en.unesco.org/news/privacy-expert-argues-algorithmic-transparency-crucial-online-freedoms-unesco-knowledge-cafe.

44 These capabilities are drawn from Martha C. Nussbaum, "Capabilities and Human Rights," Fordham Law Review 66, no 2 (1997): 288.

45 Nussbaum, "Capabilities and Human Rights," 287.

4장 아담과 이브, 크리스퍼와 시프

1 "The Discovery of DNA," yourgenome, Public Engagement and Wellcome Genome Campus, updated February 26, 2018, https://www.yourgenome.org/ stories/the-discovery-of-dna.

2 Heidi Chial, "DNA Sequencing Technologies Key to the Human Genome Project," Nature Education 1, no. 1 (2008): 219.

3 More information on DNA can be found at "Genetics Home Reference," U.S. National Library of Medicine, last updated November 26, 2019, https://ghr.nlm. nih.gov/ and John Archibald, Genomics: A Very Short Introduction (Oxford: Oxford University Press, 2018).

4 Michelle McNamara, I'll Be Gone in the Dark: One Woman's Obsessive Search for the Golden State Killer (New York: Harper Collins, 2018), 141.
한국어판:《어둠 속으로 사라진 골든 스테이트 킬러》, 미셸 맥나마라 지음, 유소영 옮김, 알마, 2020.

5 Avi Selk, "The Most Disturbing Parts of the 171-Page Warrant for the Golden State Killer Suspect," Washington Post, June 2, 2018.

6 GEDmatch, accessed March 25, 2019, https://www.gedmatch.com.

7 Jamie Ducharme, "Investigators Collected the Suspected Golden State Killer's

DNA While He Shopped at Hobby Lobby," Time, June 2, 2018.

8 Ian Cobain, "Killer Breakthrough—The Day DNA Evidence First Nailed a Murderer," Guardian, June 7, 2016, https://www.theguardian.com/uk-news/2016/jun/07/killer-dna-evidence-genetic-prfiling-criminal-investigation.

9 Tracey Maclin, "Government Analysis of Shed DNA Is a Search under the Fourth Amendment," Texas Tech Law Review 48 (2015): 287 – 505.

10 Maureen S. Dorney, "Moore v. the Regents of the University of California: Balancing the Need for Biotechnology Innovation against the Right of Informed Consent," Berkeley Technology Law Journal 5, no. 2 (1990): 333 – 369.

11 Francisco Goldman, "Children of the Dirty War," New Yorker, March 19, 2012.

12 Erin Blakemore, "Argentinian Mothers Are Using DNA to Track Down Stolen Children," Smart News, Smithsonian, September 3, 2015, https://www.smithsonianmag.com/smart-news/argentinian-grandmothers-are-using-dna-track-down-stolen-children-180956486/.

13 Noa Vaisman, "Relational Human Rights: Shed-DNA and the Identification of the Living Disappeared in Argentina," Journal of Law and Society 41, no. 3 (2014): 391.

14 Maryland v. King, 569 U.S. 435 (2013).

15 The Innocence Project, accessed November 18, 2019, https://www.innocenceproject.org/. DNA 프로파일링이 범죄 사건을 해결하는 데 도움은 될 수 있지만, DNA가 언제나 결정적인 증거인 것은 아니며 법의학적 분석이 잘못된 판결로 이어질 위험도 있다. Nicola Davis, DNA in the Dock: How Flawed Techniques Send Innocent People to Prison," Guardian, October 2, 2017, https://www.theguardian.com/science/2017/oct/02/dna-in-the-dock-how-flawed-techniques-send-innocent-people-to-prison; Sense About Science, Making Sense of Forensic Genetics (London: Sense About Science, 2017), https://senseaboutscience.org/wp-content/uploads/2017/01/making-sense-of-forensic-

genetics.pdf.

16 Forensic Genetics Policy Initiative, "Establishing Best Practices for Forensic DNA Databases," September 2017, http://dnapolicyinitiative.org/wp-content/uploads/2017/08/BestPractice-Report-plus-cover-final.pdf.

17 Kristine Barlow-Stewartand and Leslie Burnett, "Ethical Considerations in the Use of DNA for the Diagnosis of Diseases," Clinical Biochemist Reviews 27, no. 1 (2006): 53 –61.

18 "Kuwait: Court Strikes Down Draconian DNA Law," Human Rights Watch, October 15, 2017, https://www.hrw.org/news/2017/10/17/kuwait-court-strikes-down-draconian-dna-law.

19 Federal DNA Collection, Electronic Frontier Foundation, accessed March 25, 2019, https://www.eff.org/cases/federal-dna-collection.

20 Michael Specter, "The Gene Hackers," New Yorker, November 16, 2015.

21 "Brave New World Quotes," Goodreads, accessed March 25, 2019, https://www.goodreads.com/work/quotes/3204877-brave-new-world.

22 Antonio Regalado, "China's CRISPR Twins May Have Had Their Brains Inadvertently Enhanced," MIT Technology Review, February 21, 2019, https://www.technologyreview.com/s/612997/the-crispr-twins-had-their-brains-altered/.

23 Ian Sample, "Genetically Modified Babies Given the Go Ahead by UK Ethics Body," Guardian, July 17, 2018, https://www.theguardian.com/science/2018/jul/17/genetically-modified-babies-given-go-ahead-by-uk-ethics-body.

24 Daniel Fernandez, "Can the Northern White Rhino Be Brought Back rom the Brink of Extinction?," Smithsonian Magazine, June 2018, https://www.smithsonianmag.com/science-nature/northern-white-rhino-brought-back-brink-extinction-180969000/.

25 Ciara Nugent, "What It Was Like to Grow Up as the World's First Test-Tube

Baby," Time, July 25, 2018.

26 Tamar Lewin, "Babies from Skin Cells? Prospect Is Unsettling to Some Experts," New York Times, May 16, 2017.

27 Carl Zimmer, "A New Form of Stem-Cell Engineering Raises Ethical Questions," New York Times, March 21, 2017.

28 John Aach et al., "Addressing the Ethical Issues Raised by Synthetic Human Entities with Embryo-Like Features," eLife 6 (2017): e20674.

29 Aach et al., "Addressing the Ethical Issues."

30 Sharon Begley, "In a Lab Pushing the Boundaries of Biology, an Embedded Ethicist Keeps Scientists in Check," Stat, February 23, 2017, https://www.statnews.com/2017/02/23/bioethics-harvard-george-church/.

31 Aach et al., "Addressing the Ethical Issues."

32 Antonio Regalado, "Artificial Human Embryos Are Coming, and No One Knows How to Handle Them," MIT Technology Review, September 19, 2017, https://www.technologyreview.com/s/608173/artificial-human-embryos-are-coming-and-no-one-knows-how-to-handle-them/.

33 Merriam-Webster, s.v. "chimera (n.)," accessed March 25, 2019, https://www.merriam-webster.com/dictionary/chimera.

34 Kara Rogers, "Chimera: Genetics," Encyclopedia Britannica, accessed March 25, 2019, https://www.britannica.com/science/chimera-genetics.

35 David Robson, "The Birth of Half-Human, Half-Animal Chimeras," BBC Earth, January 5, 2017, http://www.bbc.com/earth/story/20170104-the-birth-of-the-human-animal-chimeras.

36 International Covenant on Economic, Social and Cultural Rights, opened for signature December 16, 1966, United Nations Office of the High Commissioner for Human Rights, accessed March 25, 2019, https://www.ohchr.org/en/professionalinterest/pages/cescr.aspx.

37 Francesco Francioni, "Genetic Resources, Biotechnology and Human Rights: The International Legal Framework," in Francesco Francioni, Biotechnologies and International Human Rights (Portland, OR: Hart Publishing, 2007), 7.

38 "WHO Expert Advisory Committee on Developing Global Standards for Governance and Oversight of Human Gene Editing," World Health Organization, accessed June 18, 2019, https://www.who.int/ethics/topics/gene-editing/call-for-members/en/.

39 "WHO Expert Advisory Committee."

40 Sheila Jasanoff and Benjamin Hurlbut, "A Global Observatory for Gene Editing," Nature 555 (2018): 435-437.

41 Jasanoff and Hurlburt, "A Global Observatory."

42 Office of the High Commissioner for Human Rights and World Health Organization, "The Right to Health," June 2008, https://www.who.int/gender-equity-rights/knowledge/right-to-health-factsheet/en/.

5장 인권을 위협하는 부정부패

1 "What Is Corruption?," Transparency International, accessed May 21, 2019, https://www.transparency.org/what-is-corruption.

2 International Council on Human Rights Policy and Transparency International, Corruption and Human Rights: Making the Connection (Versoix, Switzerland: International Council on Human Rights Policy, 2009), http://www.ichrp.org/files/reports/40/131_web.pdf; Ray Fisman and Miriam Golden, Corruption: What Everyone Needs to Know (New York: Oxford University Press, 2017), 242.

3 "What Is Grand Corruption and How Can We Stop It?," Transparency International, September 21, 2016, https://www.transparency.org/news/feature/what_is_grand_corruption_and_how_can_we_stop_it.

4 Karen Dawisha, Putin's Kleptocracy: Who Owns Russia? (New York: Doubleday,

2014).

5 "What Is Corruption?"

6 Fisman and Golden, Corruption, 135.

7 "Combatting Corruption," World Bank, last updated October 4, 2018, http://www.worldbank.org/en/topic/governance/brief/anti-corruption.

8 Jake Bernstein, Secrecy World: Inside the Panama Papers Investigation of Illicit Money Networks and the Global Elite (New York, Henry Holt, 2017), 3−4.

9 "Corruption Perceptions Index 2016," Transparency International, January 25, 2017, https://www.transparency.org/news/feature/corruption_perceptions_index_2016.

10 Brook Larmer, "Corrupt Leaders Are Falling around the World. Will It Boost Economies?," New York Times, May 2, 2018.

11 Fisman and Golden, Corruption, 3.

12 Michael T. Rock, "Corruption and Democracy," Journal of Development Studies 45, no. 1 (2009): 55−75.

13 Shaul Salvi, "Behavioral Economics: Corruption Corrupts," Nature 531, no. 7595 (March 24, 2016): 456−457.

14 Dan Ariely, "Experiment 1: The Price of a Bribe," Dan Ariely (website), 2019, http://danariely.com/research/learn/the-price-of-a-bribe/.

15 "The Water Crisis," Water.org, 2019, https://water.org/our-impact/water-crisis/.

16 Kenneth Odiwour, "In Africa, Corruption Dirties the Water," IRIN, March 14, 2013, http://www.thenewhumanitarian.org/analysis/2013/03/14/africa-corruption-dirties-water.

17 "Water," United Nations, accessed May 21, 2019, http://www.un.org/en/sections/issues-depth/water/.

18 Finn Heinrich, "Corruption and Inequality: How Populists Mislead People,"

Transparency International, January 25, 2017, https://www.transparency.org/news/feature/corruption_and_inequality_how_populists_mislead_people.

19 Facundo Alvaredo et al., World Inequality Report 2018 (Paris: World Inequality Lab, 2018), 11, 14.

20 Siddharth Kara, Modern Slavery: A Global Perspective (New York: Columbia University Press, 2017).

21 Meirion Jones and Caroline Hawley, "UK Government Promoted Useless 'Bomb Detectors,'" BBC Newsnight, January 27, 2011, http://news.bbc.co.uk/2/hi/programmes/newsnight/9377875.stm.

22 Fisman and Golden, Corruption, 4.

23 Josh Cohen, "Why Is Ukraine Attacking Anti-corruption Activists?," Newsweek, October 14, 2017, http://www.newsweek.com/why-ukraine-attacking-anti-corruption-activists-684602.

24 "Honduras Arrests 'Mastermind' behind Berta Caceres' Murder," Al Jazeera, March 3, 2018, https://www.aljazeera.com/news/2018/03/honduras-arrests-mastermind-berta-caceres-murder-180303085808456.html.

25 Global Witness, Honduras: The Deadliest Place to Defend the Planet (London: Global Witness, January 2017), 5, https://www.globalwitness.org/ru/campaigns/environmental-activists/honduras-deadliest-country-world-environmental-activism/.

26 Alexei Navalny, "Секретная дача Дмитрия Медведева [Dmitry Medvedev's secret cottage]," video footage published September 15, 2016, https://www.youtube.com/watch?time_continue=118&v=nMVJxTcU8Kg.

27 I Paid a Bribe (website), accessed May 21, 2019, https://ipaidabribe.com.

28 "Loss to Pakistan Economy Due to Corruption," I Paid a Bribe (website), http://www.ipaidbribe.pk/home/graph., accessed December 11, 2019.

29 Alberto Alesina and George-Marios Angeletos, "Corruption, Inequality and

Fairness," (Working Paper 11399, National Bureau of Economic Research, Cambridge, MA, June 2005), http://www.nber.org/papers/w11399.pdf.

30 "Ebola Victims Sue Sierra Leone Government over Mismanaged Funds," Reuters, December 15, 2017, https://www.reuters.com/article/us-health-ebola-leone/ebola-victims-sue-sierra-leone-government-over-mismanaged-funds-idUSKBN1E92NE.

31 "Ebola: Mapping the Outbreak," BBC News, January 14, 2016.

32 Ruth Maclean, "Red Cross 'Outraged' over Pilfering of Ebola Aid," Guardian, November 3, 2017, https://www.theguardian.com/global-development/2017/nov/03/red-cross-outraged-over-pilfering-of-ebola-aid-millions-by-its-own-staff.

33 "IFRC Statement on Fraud in Ebola Operations," International Federation of Red Cross and Red Crescent Societies, October 20, 2017, http://media.ifrc.org/ifrc/ifrc-statement-fraud-ebola-operations/.

34 Joshua Berlinger, "Duterte Tells Rights Investigators 'Don't F* with Me' in Speech," CNN, March 2, 2018, https://www.cnn.com/2018/03/02/asia/duterte-philippines-un-probe-intl/index.html.

35 "Russia: Government versus Rights Groups," Human Rights Watch, March 6, 2018, https://www.hrw.org/russia-government-against-rights-groups-battle-chronicle.

36 "What Is Corruption?"

37 United Nations General Assembly, Universal Declaration of Human Rights, 217 A (III) (Paris, 1948), Article 25.

38 "Exposed: Child Labour behind Smart Phone and Electric Car Batteries," Amnesty International, January 19, 2016, https://www.amnesty.org/en/latest/news/2016/01/child-labour-behind-smart-phone-and-electric-car-batteries/.

39 Chrysantus Ayangafac and James Wakiaga, "Governance of Natural Resources in Africa: Why Some Countries Fail to Negotiate Fair Contracts" (working paper, United Nations Development Program, Ethiopia, January 2014).

40 "Nigeria Facts and Figures," Organization of Petroleum Exporting Countries, 2018, http://www.opec.org/opec_web/en/about_us/167.htm.

41 "Haiti Earthquake Fast Facts," CNN, December 20, 2017, https://www.cnn.com/2013/12/12/world/haiti-earthquake-fast-facts/index.html.

42 Nicholas Ambraseys and Roger Bilham, "Corruption Kills," Nature 469, no. 7329 (2011): 153 – 155.

43 "Extent of Corruption around the World Tied to Earthquake Fatalities," CU Boulder Today, University of Colorado, Boulder, January 12, 2011, https://www.colorado.edu/today/2011/01/12/extent-corruption-countries-around-world-tied-earthquake-fatalities.

44 Stephanie Chen, "Pennsylvania Rocked by 'Jailing Kids for Cash' Scandal," CNN, February 24, 2009, https://www.cnn.com/2009/CRIME/02/23/pennsylvania.corrupt.judges/.

45 "'American Dream Is Rapidly Becoming American Illusion,' Warns UN Rights Expert on Poverty," U.N. Office of the High Commissioner for Human Rights, December 15, 2017, https://www.ohchr.org/EN/NewsEvents/Pages/DisplayNews.aspx?NewsID=22546&LangID=E.

46 Matthew Murray and Andrew Spalding, Freedom from Official Corruption as a Human Right (Washington, DC: Brookings Institution, 2015).

6장 동물이 가르쳐 주는 동물의 권리

1 Joyce Tischler, founder of the Animal Legal Defense Fund, conversation with coauthor Schulz, August 23, 2017.

2 Human Rights Watch, Blood, Sweat, and Fear: Workers' Rights in U.S. Meat and Poultry Plants (New York: Human Rights Watch, 2004), https://www.hrw.org/

report/2005/01/24/blood-sweat-and-fear/workers-rights-us-meat-and-poultry-plants.

3 Quoted in Sue Donaldson and Will Kymlicka, Zoopolis: A Political Theory of Animal Rights (Oxford: Oxford University Press, 2011), 21.

4 Cynthia Hodges, "The Link: Cruelty to Animals and Violence towards People," Michigan State University College of Law, Animal Legal & Historical Center, 2008, https://www.animallaw.info/article/link-cruelty-animals-and-violence-towards-people.

5 C. M. Clark, "Deep in the Volcano," New York Review of Books, April 7, 2016, 60.

6 John Lanchester, "How Civilization Started," New Yorker, September 18, 2017, 26.

7 고린도전서 9–10.

8 Aristotle, Politics, Book I, Chapter 8.
한국어판:《정치학》, 아리스토텔레스 지음.

9 Rene Descartes, Letter to the Marquess of Newcastle, November 23, 1646, in The Philosophical Writings of Descartes: Volume III, The Correspondence, trans. John Cottingham, Robert Stoothoff, Dugald Murdoch, Anthony Kenny (Cambridge: Cambridge University Press, 1984), 302.

10 Immanuel Kant, Lecture on Ethics (New York: Harper and Row, 1963), 239.

11 Frans de Waal, Are We Smart Enough to Know How Smart Animals Are? (New York: W. W. Norton, 2016), 268.
한국어판:《동물의 생각에 관한 생각-우리는 동물이 얼마나 똑똑한지 알 만큼 충분히 똑똑한가?》, 프란스 드 발 지음, 이충호 옮김, 세종서적, 2017.

12 Roger Panaman, "Jeremy Bentham and Animal Rights," chap. 7 in How to Do Animal Rights (e-book, first published 2008), http://www.animalethics.org.uk/bentham.html.

13 Saf Shaikh, "Japanese Symbolic Animals and Their Meanings," The Japanese Shop (blog), August 14, 2018, https://www.thejapaneseshop.co.uk/blog/japanese-symbolic-animals-meanings/.

14 Roderick Nash, The Rights of Nature: A History of Environmental Ethics (Madison: University of Wisconsin Press, 1989), 18.

15 철학자 메리 미즐리Mary Midgley는 유럽 최초의 동물 실험 반대 단체는 프랑스의 생리학자 클로드 베르나르Claude Bernard의 부인과 딸이 설립했다고 말한다. 두 사람이 외출했다가 집에 돌아와 보니 클로드가 가족이 키우던 개를 해부하고 있었던 것이다! (Mary Midgley, Animals and Why They Matter [New York: Penguin Books, 1983], 28). 미시건 주립대학교의 법학과 교수 데이비스 파브르David Favre는 자신의 제안이 채택되지 않으리란 사실을 알고 있었지만 "동물 복지를 위한 국제 조약International Treaty for Animal Welfare"의 초안을 완성했다. (Favre, "An International Treaty for Animal Welfare," Animal Law 18 no. 2 [2012]: 237 – 280).

16 "Inhumane Practices on Factory Farms," Animal Welfare Institute, 2018, https://awionline.org/content/inhumane-practices-factory-farms.

17 William Cummings, "Airlines Ban Hunters' Big-Game 'Trophies' after Uproar over Cecil the Lion," USA Today, August 3, 2015, https://www.usatoday.com/story/travel/flights/todayinthesky/2015/08/03/american-airlines-animal-trophy-ban/31090331/.

18 Christopher Mele, "Ringling Bros. and Barnum & Bailey Circus to End Its 146-Year Run," New York Times, January 14, 2017. 태양의 서커스가 모든 공연에서 동물을 제외하는 데 성공했다는 점은 관객들이 인간의 공연이나 곡예만을 지지한다고 주장하는 것으로 볼 수도 있다.

19 Megan Specia and Gaia Pianigiani, "Italian Gets Paid Leave for Sick Dog," New York Times, October 13, 2017.

20 American Pet Products Association, 2017 – 2018 National Pet Owners Survey (Greenwich, CT, 2018).

21 Gary Francione, Animals as Persons (New York: Columbia University Press, 2008), 26.

22 "Vegetarianism in America," Vegetarian Times, May 10, 2017, https://www. vegetariantimes.com/uncategorized/vegetarianism-in-america.

23 애완동물이나 도우미 동물을 재산으로 간주하는 대부분의 법원들은 죽음 보상 기준에 적합한 경우에 한해 대체 동물을 구매하는 데 드는 비용은 지불하지만, 많은 동물과 그 보호자 들 사이에 감정적으로 꽤 깊은 유대가 있다는 사실에도 불구하고 판결에는 감정적 상처를 포함하지 않는다.

24 James Gorman, "Do Bees Know Nothing?," New York Times, June 7, 2018.

25 Rebecca Rifkin, "In U.S., More Say Animals Should Have Same Rights as People," Gallup, May 18, 2015, http://news.gallup.com/poll/183275/say-animals-rights-people.aspx.

26 "Client, Kiko (Chimpanzee)," Nonhuman Rights Project, accessed May 4, 2019, https://www.nonhumanrights.org/client-kiko/. 키코의 소유주는 현재 자신의 집에서 영장류 보호소Primate Sancturay라는 이름의 비영리 협회를 운영한다고 주장하고 있다.

27 동정심이 많은 한 판사는 이렇게 말했다. "법적 권리를 침팬지에게까지 확대하려는 노력은… 이해가 되고, 언젠가는 그 노력이 결실을 맺을 수도 있다. 하지만 법원은 변화를 받아들이는 데 느리다." 이어서 판사는 동성 간 성행위를 처벌했던 텍사스주의 일명 소도미 법을 파기시킨 앤서니 케네디Anthony Kennedy 미국 대법관의 '로런스 대 텍사스Lawrence vs Texas'의 한 구절을 인용했다. "시대는 특정한 진실을 보지 못하게 우리 눈을 가릴 수 있다. 한때는 반드시 필요하고 적절하다고 여겼던 법이 사실은 억압이었음을 여러 시대가 지나서야 비로소 깨닫게 될 수도 있다." 이 책의 논제를 이보다 더 명쾌하게 설명하는 문장은 없을 것이다! ("Clients, Hercules and Leo [Chimpanzees]," Nonhuman Rights Project, accessed May 4, 2019, https://www.nonhumanrights.org/hercules-leo/); Stephen Wise, conversation with coauthor Schulz, September 2, 2017.

28 Gabriel Samuels, "Chimpanzees Have Rights, Says Argentine Judge as She Orders Cecilia Be Released from Zoo," Independent, November 7, 2016, http://www.independent.co.uk/news/world/americas/argentina-judge-says-chimpanzee-poor-conditions-has-rights-and-should-be-freed-from-zoo-a7402606.html. 2017년 아르헨티나의 또 다른 법원은 산드라Sandra라는 이름의 오랑우탄을 비인간 인격체로 인정하고 부에노스아이레스 동물원에서 보호 구역으로 풀어 줄 것을 명령했다.

29 "Chucho, el oso de anteojos que triunfó en la Corte Suprema de Justicia," Semana, July 27, 2017, http://www.semana.com/nacion/articulo/chucho-el-oso-que-gano-un-habeas-corpus-en-la-corte-suprema-de-justicia/534034.

30 Burwell v. Hobby Lobby Stores, Inc., 134 S. Ct. 2751 (2014).

31 Carl Safina, Beyond Words: What Animals Think and Feel (New York: Henry Holt, 2015), 21

한국어판:《소리와 몸짓-동물은 어떻게 생각과 감정을 표현하는가》, 칼 사피나 지음, 김병화 옮김, 돌베개, 2017. ; anthropologist Barbara Smuts quoted in Donaldson and Kymlicka, Zoopolis, 25.

32 Paola Cavalieri, The Animal Question: Why Nonhuman Animals Deserve Human Rights (New York: Oxford University Press, 2001), 78.

33 Peter Godfrey-Smith, Other Minds: The Octopus, the Sea, and the Deep Origin of Consciousness (New York: Farrar, Straus and Giroux, 2016), 94.

한국어판:《아더 마인즈-문어, 바다, 그리고 의식의 기원》, 피터 고프리스미스 지음, 김수빈 옮김, 이김, 2019.

34 Jonathan Balcombe, What a Fish Knows: The Inner Lives of Our Underwater Cousins (New York: Farrar, Straus and Giroux, 2016), 81-82.

한국어판:《물고기는 알고 있다-물속에 사는 우리 사촌들의 사생활》, 조너선 밸컴 지음, 양병찬 옮김, 에이도스, 2017. 물고기는 경험적 우울도 안다. 참고, "Can Fish Get Depressed? Seriously," New York Times, October 24, 2017.

35 Balcombe, What a Fish Knows, 83.

한국어판:《물고기는 알고 있다》, 조너선 밸컴 지음.

36 "Apes vs. Toddlers," Science Update, American Association for the Advancement of Science, podcast transcript, October 5, 2007, http://sciencenetlinks.com/science-news/science-updates/apes-vs-toddlers/. 지능을 측정하는 한 가지 방법은 몸의 크기에 대한 뇌의 크기를 따지는 것이다. 이를 대뇌화지수encephalization quotient라고 부른다. 인간은 7.0, 돌고래는 4.2, 침팬지는 2.3이다. (Balcombe, What a Fish Knows, 173

한국어판:《물고기는 알고 있다》조너선 밸컴 지음.

37 Godfrey-Smith, Other Minds, 64.

한국어판:《아더 마인즈》, 피터 고프리스미스 지음.

38 Godfrey-Smith, Other Minds, 55-64.

한국어판:《아더 마인즈》, 피터 고프리스미스 지음.

39 Kenneth Oakley, Man the Tool-Maker (London: British Museum, 1972).

40 Diana Reiss, The Dolphin in the Mirror: Exploring Dolphin Minds and Saving Dolphin Lives (Boston: Houghton Mifflin Harcourt, 2011), 192-194.

41 Cited in Jon Mooallem, "Wildly Intelligent," New York Times Book Review, May 1, 2016, quoting from Jennifer Ackerman, The Genius of Birds (New York: Penguin, 2016).

한국어판:《새들의 천재성》, 제니퍼 애커먼 지음, 김소정 옮김, 까치, 2017.

42 Safina, Beyond Words, 67-68.

한국어판:《소리와 몸짓》, 칼 사피나 지음.

43 Reiss, The Dolphin, 204.

44 Sam Roberts, "William J. L. Sladen, 96, Expert on Penguin Libidos," New York Times, June 19, 2017.

45 Carl Zimmer, "Death Lessons over Dinner," New York Times, October 6, 2015.

46 Megan Cross, "Mother Cow Proves Animals Love, Think and Act," Global

Animal, April 13, 2012, https://www.globalanimal.org/2012/04/13/cow-proves-animals-love-think-and-act/.

47 Emily Underwood, "Rats Forsake Chocolate to Save a Drowning Companion," Science, May 12, 2015, http://www.sciencemag.org/news/2015/05/rats-forsake-chocolate-save-drowning-companion.

48 Philip Low, "The Cambridge Declaration on Consciousness," June 7, 2012, http://fcmconference.org/img/CambridgeDeclarationOnConsciousness.pdf. 이 선언문은 "두뇌 새겉질의 부재가 한 개체의 감정적 경험을 가로막는 것은 아니다. 수렴 증거는 비인간 동물들이 의도적 행위를 할 수 있는 능력과 더불어 신경해부학, 신경화학, 신경생리학적인 의식의 토대를 갖고 있음을 가리킨다"고 말한다. 흥미롭게도 이 선언문에서 "인간과 거의 유사한 의식"을 가진 동물의 예로 아프리카회색앵무를 특정했다.

49 Noam Chomsky, "On the Myth of Ape Language," interview by Matt Aames Cucchiaro, 2007 – 2008, transcript of email correspondence, accessed May 5, 2019, https://chomsky.info/2007___/.

50 Ferris Jabbr, "Can Prairie Dogs Talk?," New York Times Magazine, May 12, 2017.

51 "The Sounds of Language," The Why Files (website), ed. Terry Devitt, University of Wisconsin-Madison, https://whyfiles.org/058language/ape_talk.html. 한 동물 운동가의 말을 빌면, "동물은 목소리가 없는 게 아니다. 우리가 동물을 이해하지 못할 수도 있지만, 그것이 동물에게 목소리가 없다는 의미는 아니다".(Rebecca Angle, conversation with coauthor Schulz, September 12, 2017).

52 Peter Singer, Animal Liberation (New York: Harper Collins, 2009). 한국어판:《동물 해방》, 피터 싱어 지음, 김성한 옮김, 연암서가, 2012.

53 Singer, Animal Liberation, 63. 한국어판:《동물 해방》, 피터 싱어 지음.

54 Singer, Animal Liberation, 103.

한국어판:《동물 해방》, 피터 싱어 지음.

55 그러나 최근의 연구에서 꿀벌은 자각을 하고 "느낄" 수 있는 것처럼 보인다. (James Gorman, "Do Honeybees Feel? Scientists Are Entertaining the Idea," New York Times, April 19, 2016).

56 실제로 공리주의자로서 싱어는 어쨌든 권리의 관점에서 언급하지 않는다.

57 Tom Regan, The Case for Animal Rights (Berkeley: University of California Press, 1983), 243. 자신의 이론의 토대를 자연법에 두고 있기 때문에 리건은 "특정한 개체를 동등한 내재적 가치를 지닌 것으로 보는 관점을 전제로 한다"고 (p. 247), 즉 증명할 수 있는 사실이 아니라 이론적 가정이라고 인정할 수밖에 없다.

58 Donaldson and Kymlicka, Zoopolis. For a shorter explanation of the theory, see Adriano Mannino, "Will Kymlicka on Animal Denizens and Foreigners in the Wilderness—Interview Part 2," GBS Switzerland, December11, 2014, http://gbs-switzerland.org/blog/will-kymlicka-on-animal-denizens-and-foreigners-in-the-wilderness-interview-part-2-2/.

59 Emanuella Grinberg, "In Gorilla's Death, Critics Blame Mother, Cincinnati Zoo," CNN, May 30, 2016, http://www.cnn.com/2016/05/29/us/cincinnati-zoo-gorilla-shot/index.html. See also "After Frenzied Criticism, No Charges for Mother of Boy Who Slipped into Gorilla Pen," New York Times, June 7, 2016.

60 동물원 측은 완벽에 가깝게 세심한 부모라도 때로는 아이들을 시야에서 놓칠 수 있고, 진정제 총을 쏘았다고 해도 기대하는 만큼 신속하게 효과를 발휘하지 못했을 것이라고 말했다.

61 Sonali K. Doke and Shashikant C. Dhawale, "Alternatives to Animal Testing," Saudi Pharmaceutical Journal 23, no. 3 (2015): 223 – 229.

62《뉴요커》의 한 만평은 빗자루와 쓰레받기를 들고 있는 곰 부인 옆에서 게으른 곰 남편이 안락의자에 앉아 손에는 맥주를 들고 입에는 담배를 문 채 텔레비전을 보고 있는 모습을 그렸다. 곰 부인은 이렇게 말한다. "동물의 권리는 됐고요, 동물의 책임에 대해서 더 듣고 싶어요." (New Yorker, July 16, 1990, 34).

63 하지만 캐롤 애덤스Carol Adams는 동물 중 6퍼센트에서 20퍼센트만이 포식자라는 사실을 강조했다. (Carol Adams, conversation with coauthor Schulz, September 7, 2017).

64 Francione, Animals as Persons, 65 – 66.

65 Martha C. Nussbaum, "Beyond 'Compassion and Humanity': Justice for Nonhuman Animals," in Animal Rights: Current Debates and New Directions, ed. Cass Sunstein and Martha Nussbaum (Oxford: Oxford University Press, 2012), 299 – 320.

66 David J. Wolfson and Mariann Sullivan, "Foxes in the Hen House: Animals, Agribusiness, and the Law: A Modern American Fable," in Sunstein and Nussbaum, Animal Rights, 207.

67 Wolfson and Sullivan, "Foxes in the Hen House," 209.

68 "미국에서 동물을 이용하는 모든 실험실은 동물실험윤리위원회IACUC (Institutional Animal Care and Use Committee)와 같은 내부 심사 위원회를 지명하여 실험을 감독하도록 해야 한다." (Kathy Rudy, Loving Animals: Toward a New Animal Advocacy [Minneapolis: University of Minnesota Press, 2011], 154). '생명과학의 동물 사용에 대한 세계 대안 회의World Congress on Alternatives to the Use of Animals in the Life Sciences'는 동물 실험에 대한 3R 접근 방식을 도입할 것을 촉구했다. (1) 대체replacement: 가능하다면 동물을 다른 메커니즘으로 대체한다. (2) 축소reduction: 실험에 사용되는 동물의 수를 줄인다. (3) 개선refinement: 동물에게 가해지는 고통과 위험을 최소화한다. ("The Three R's," accessed May 5, 2019, https://norecopa.no/alternatives/the-three-rs).

69 See, for example, Josephine Donovan, "Attention to Suffering: Sympathy as a Basis for Ethical Treatment of Animals," in The Feminist Care Tradition in Animal Ethics: A Reader, ed. Josephine Donovan and Carol J. Adams (New York: Columbia University Press, 2007), 174 – 197.

70 Tony Milligan, Animal Ethics (London: Routledge, 2015), 126.

71 Edward Group, "9 Health Benefits of a Vegetarian Diet," Global Healing Center, September 30, 2015, https://www.globalhealingcenter.com/natural-health/9-health-benefits-of-a-vegetarian-diet/; "Meat and the Environment," People for the Ethical Treatment of Animals, accessed May 5, 2019, https://www.peta.org/issues/animals-used-for-food/meat-environment/; "Lactose Intolerance," Genetics Home Reference, U.S. National Library of Medicine, accessed May 5, 2019, https://ghr.nlm.nih.gov/condition/lactose-intolerance; "Food," Impossible Foods Inc., accessed May 5, 2019, https://www.impossiblefoods.com/burger/; Clean Meat, accessed May 5, 2019, http://cleanmeat.com; Bruce Friedrich, executive director of Good Food Institute, conversation with coauthor Schulz, August 31, 2017.

72 "Do You Believe Animals Deserve Basic Legal Rights? Stand with Us against Animal Cruelty," Animal Legal Defense Fund, accessed May 5, 2019, https://act.aldf.org/page/5515/petition/1?locale=en-US.

73 New Yorker, September 4, 2017, 51.

74 Margaret Gates, "Answers: What Exactly Is an 'Obligate Carnivore?," Feline Nutrition Foundation, April 23, 2019, http://feline-nutrition.org/answers/answers-what-exactly-is-an-obligate-carnivore.

75 Donaldson and Kymlicka, Zoopolis, 150 – 151.

76 Michael Pollan, The Omnivore's Dilemma (New York: Penguin, 2006), 326. 한국어판:《잡식동물의 딜레마》, 마이클 폴란 지음, 조윤정 옮김, 다른세상, 2008.

77 Miguel de Unamuno, Tragic Sense of Life (New York: Dover, 1954).

78 Balcombe, What a Fish Knows, 19. 한국어판:《물고기는 알고 있다》, 조너선 밸컴 지음.

79 Donaldson and Kymlicka, Zoopolis, 36.

80 Jim Robbins, "Animals Are Losing Their Vagility, or Ability to Roam Freely," New York Times, February 19, 2018.

81 Tischler conversation.

82 Pollan, Omnivore's Dilemma, 324.

한국어판: 《잡식동물의 딜레마》, 마이클 폴란 지음.

See also Matt Simon, "To Save an Endangered Fox, Humans Turned Its Home into a War Zone," Wired, August 14, 2016, https://www.wired.com/2016/08/save-endangered-fox-humans-turned-home-war-zone/.

83 Gerardo Ceballos, Paul R. Ehrlich, and Rodolfo Dirzo, "Biological Annihilation via the Ongoing Sixth Mass Extinction Signaled by Vertebrate Population Losses and Declines," Proceedings of the National Academy of Sciences of the United States of America 114, no. 30 (July 2017): E6089 – E6096, https://www.pnas.org/content/114/30/E6089; Laura Goldman, "10 Animals That Have Gone Extinct in the Last 100 Years," Care2, September 30, 2018, https://www.care2.com/causes/10-animals-that-have-gone-extinct-in-the-last-100-years.html.

84 Tia Ghose, "Artificial Ear Grown on Rat's Back," Live Science, July 31, 2013, https://www.livescience.com/38577-artificial-ear-created.html.

85 Nicholas Wade, "New Prospects for Growing Human Replacement Organs in Animals," New York Times, January 26, 2017.

86 Gina Kolata, "N.I.H. May Fund Human-Animal Stem Cell Research," New York Times, August 4, 2016.

87 "ALDF Opens New Frontier for Animal Personhood as Scientists Create Human-Animal Chimeras," Animal Legal Defense Fund, May 15, 2015, http://aldf.org/blog/aldf-opens-new-frontier-for-animal-personhood-as-scientists-create-human-animal/.

88 동물원의 일부 동물들이 신경증적 행동을 보이면 사육사들은 "동물이 좋아하는 맛"을 입힌 프로작Prozac으로 신속하게 관리해 왔다. See David Sharfenberg, "Did Humans Drive This Polar Bear Insane?," Boston Globe, July 13, 2018.

89 Ross Andersen, "Welcome to Pleistocene Park," The Atlantic, April 2017.

90 Adams conversation.

91 사실 이 대목의 역설은 그 회원 역시 반려견을 기르고 있었고, 동물을 사랑하며 동물을 학대하는 영화를 보면서 눈물을 흘렸다고 시인했다는 점이다. 그러나 2017년 9월 슐츠와 나눈 대화에서 캐롤 애덤스는 이렇게 말했다. "인간은 동물에게 너무 큰 관심을 갖기를 두려워합니다. 왜냐하면 [그 동물들에게] 가해졌던 모든 고통이 견딜 수 없이 슬퍼지기 때문입니다."

92 "Loren Eiseley Quotes," AZ Quotes, accessed May 5, 2019, http://www.azquotes.com/quote/472521.

7장 로봇, 무기, 그리고 전쟁

위너는 생명이 있는 존재와 로봇의 관계를 설명하기 위해 "인공두뇌학cybernetics" 이라는 단어를 만들었다. Quoted in Robert Fuller, "Ducking Death; Surviving Superannuation," Berrett-Koehler Publishers Blog, February 27, 2015, https://www.bkconnection.com/bkblog/robert-fuller/ducking-death-surviving-superannuation.

1 Richard Yonck, Heart of the Machine: Our Future in a World of Artificial Emotional Intelligence (New York: Arcade, 2017), 194–195.

2 또 다른 장점은 솔라나의 얼굴이 질리면 마음에 드는 다른 섹스봇의 얼굴로 바꿀 수 있다는 점이다. (Zeynep Yenisey, "This Ultra-realistic New Sex Robot Not Only Has a Personality, She's Also Customizable," Maxim, January 12, 2018, https://www.maxim.com/gear/new-customizable-sex-doll-2018–1).

3 Rob Waugh, "Male Sex Robots with Unstoppable Bionic Penises Are Coming This Year," Metro, January 8, 2018, http://metro.co.uk/2018/01/08/male-sex-robots-unstoppable-bionic-penises-coming-year-7213306/.

4 "Love, Android Style: Sexy and Confusing," New York Times, January 20, 2019

5 Des Shoe, "Do Androids Dream of Being Featured in Portrait Competitions?,"

New York Times, September 6, 2017.

6 일례로 2018년에 한 일본 남성은 홀로그램과 결혼했다. Emiko Jozuka, "Beyond Dimensions: The Man Who Married a Hologram," CNN, December 29, 2019, https://www.cnn.com/2018/12/28/health/rise-of-digisexuals-intl/index.html.

7 Joy Buolamwini, "The Hidden Dangers of Facial Analysis," New York Times, June 22, 2018.

8 See "The Toronto Declaration: Protecting the Rights to Equality and Non-discrimination in Machine Learning Systems," Access Now, May 16, 2018, https://www.accessnow.org/the-toronto-declaration-protecting-the-rights-to-equality-and-non-discrimination-in-machine-learning-systems/.

9 Sherif Elsayed-Ali, "Why Embracing Human Rights Will Ensure AI Works for All," World Economic Forum, April 13, 2018, https://www.weforum.org/agenda/2018/04/why-embracing-human-rights-will-ensure-AI-works-for-all/.

10 Ava Kofman, "Suspicious Minds," Harper's Magazine, June 2018; "Asilomar AI Principles," Future of Life Institute, 2017, https://futureoflife.org/ai-principles/.

11 Todd Haselton, "Elon Musk: I'm About to Announce a 'Neuralink' Product That Connects Your Brain to Computers," CNBC, September 7, 2018, https://www.cnbc.com/2018/09/07/elon-musk-discusses-neurolink-on-joe-rogan-podcast.html.

12 Tad Friend, "How Frightened Should We Be of AI?," New Yorker, May 7, 2018.

13 Kate Darling, "Extending Legal Protection to Social Robots," IEEE Spectrum, September 10, 2012, https://spectrum.ieee.org/automaton/robotics/artificial-intelligence/extending-legal-protection-to-social-robots.

14 Joel Garreau, "Bots on the Ground," Washington Post, May 6, 2007.

15 Darling, "Extending Legal Protection."

16 심지어 인간과 형태가 전혀 다르지만 공격의 대상이 될 수도 있다. 운전자가

없는 차에 대한 공격 목격담. (Simon Romero, "Wielding Rocks and Knives, Arizonans Attack Self-Driving Cars," New York Times, December 31, 2018).

17 Norri Kageki, "An Uncanny Mind: Masahiro Mori on the Uncanny Valley and Beyond," IIEE Spectrum, June 12, 2012, https://spectrum.ieee.org/automaton/robotics/humanoids/an-uncanny-mind-masahiro-mori-on-the-uncanny-valley.

18 Todd Leopold, "HitchBOT, the Hitchhiking Robot, Gets Beheaded in Philadelphia," CNN, August 4, 2015, https://www.cnn.com/2015/08/03/us/hitchbot-robot-beheaded-philadelphia-feat/index.html.

19 스웨덴 국민의 80퍼센트는 로봇에 대해 긍정적으로 평가하는 반면에 미국 국민의 72퍼센트는 로봇이 지배할 미래를 두려워한다. (Peter S. Goodman, "The Robots Are Coming, and Sweden Is Fine," New York Times, December 27, 2017).

20 차페크 희극의 번역본은 다음 웹사이트에서 볼 수 있다. http://preprints.readingroo.ms/RUR/rur.pdf, 번역 폴 셀버Paul Selver와 나이젤 플레이페어Nigel Playfair.

21 Peter Apps, "The Next Super Weapon Could Be Biological," Reuters, April 19, 2017, https://www.reuters.com/article/us-biological-weaons-commentary-idUSKBN17L1SZ.

22 Kenneth Roth, "Must It Always Be Wartime?," New York Review of Books, March 9, 2017.

23 Joseph Needham, Mathematics and the Sciences of the Heavens and the Earth (Taipei, Taiwan: Caves Books, 1986), 2:53.

24 "Ada Lovelace Wrote the First Computer Program," Fact/Myth, September 7, 2018, http://factmyth.com/factoids/ada-lovelace-wrote-the-first-computer-program/.

25 P. W. Singer, Wired for War: The Robotics Revolution and Conflict in the Twenty-First Century (New York: Penguin, 200), 53.

한국어판:《하이테크 전쟁-로봇 혁명과 21세기 전투》, 피터 싱어 지음, 권영근 옮김, 지안출판사, 2011.

26 Goodman, "The Robots Are Coming."

27 "About Us," DeepMind, accessed June 6, 2019, https://deepmind.com/about/.

28 "Machine Vision Algorithm Learns to Recognize Hidden Facial Expressions," MIT Technology Review, November 13, 2015, https://www.technologyreview.com/s/543501/machine-vision-algorithm-learns-to-recognize-hidden-facial-expressions/; Chelsea Gohd, "AI-Powered Google Clips Camera Decides When to Take a Photo So You Don't Have To," Futurism, video, October 8, 2017, https://futurism.com/ai-powered-google-clips-camera/.

29 Friend, "How Frightened Should We Be?"

30 Cade Metz, "Paul Allen Wants to Teach Machines Common Sense," New York Times, February 28, 2018.

31 A. M. Turing, "Computing Machinery and Intelligence," Mind 59, no. 236 (1950), https://www.abelard.org/turpap/turpap.php.

32 "Ray Kurzweil: Singularity Will Arrive by 2045," Futurism, September 25, 2017, https://futurism.com/videos/ray-kurzweil-singularity-will-arrive-by-2045/.

33 James Vincent, "Elon Musk Says We Need to Regulate AI before It Becomes a Danger to Humanity," The Verge, July 17, 2017, https://www.theverge.com/2017/7/17/15980954/elon-musk-ai-regulation-existential-threat.

34 Singer, Wired for War, 403.

한국어판:《하이테크 전쟁》, 피터 싱어 지음.

35 Chris Field, "South Korean Robot Ethics Charter 2012," Enlightenment of an Anchorwoman (blog), accessed June 6, 2019, https://akikok012um1.wordpress.com/south-korean-robot-ethics-charter-2012/.

36 Cleve R. Wootson Jr., "Saudi Arabia, Which Denies Women Equal Rights,

Makes a Robot a Citizen," Washington Post, October 29, 2017.

37 Alex Hern, "Give Robots 'Personhood' Status, EU Committee Argues," Guardian, January 12, 2017, https://www.theguardian.com/technology/2017/jan/12/give-robots-personhood-status-eu-committee-argues.

38 Neil M. Richards and William D. Smart, "How Should the Law Think about Robots?," in Robot Law, ed. Ryan Calo, A. Michael Froomkin, and Ian Kerr (Cheltenham, U.K.: Edward Elgar, 2016), 18.

39 Joanna J. Bryson, "Robots Should Be Slaves," in Close Engagements with Artificial Companions, ed. Yorick Wilks (Amsterdam, Netherlands: John Benjamins, 2010), 63 – 74.

40 동물의 권리에 대해 설명한 6장을 참고한다.

41 인간도 다른 인간이 지각이 있는 존재라는 사실을 분명하게 증명하지 못한다. 다만 지각이 있고 또 그렇게 보인다고 말할 수 있을 뿐이다.

42 비록 어떤 이가 더 이상 고통을 느낄 수 없는 영구적 식물인간이 되어 생명권을 보장하라고 주장할 수는 없다고 해도, 여전히 그는 고문당하거나 버림받지 않을 것이다.

43 Wendell Wallach and Colin Allen, Moral Machines: Teaching Robots Right from Wrong, (New York: Oxford University Press, 2009), chap. 12.

44 European Parliament, European Parliament Resolution of 16 February 2017 with Recommendation to the Commission on Civil Law Rules on Robotics, P8_TA(2017)0051, http://www.europarl.europa.eu/sides288/getDoc.do?pubRef=-//EP//TEXT+TA+P8-TA-2017-0051+0+DOC+XML+V0//EN.

45 Steve Lohr, "Facial Recognition Is Accurate, If You're a White Guy," New York Times, February 9, 2018. 기계 학습은 유색인종을 범죄 연루 가능성이 더 높은 부류로 식별하거나 지적장애를 가진 사람을 고용 대상에서 배제하는 등 여러 형태의 차별에 가담했다. See Global Future Council on Human Rights 2016 – 2018, "How to Prevent Discriminatory Outcomes in Machine Learning" (white paper,

World Economic Forum, March 2018), https://www.weforum.org/whitepapers/
how-to-prevent-discriminatory-outcomes-in-machine-learning.

46 하지만 약 280여 명의 로봇 공학자와 윤리학자 들은 의회의 조치가 "공상과
학"에 근거했다는 사실을 밝힌 서한에 서명했다. "Open Letter to the European
Commission Artificial Intelligence and Robotics," accessed June 6, 2019, http://
www.robotics-openletter.eu/.

47 John P. Sullins, "When Is a Robot a Moral Agent?," International Review of
Information Ethics 6 (2006): 23 – 30, http://www.realtechsupport.org/UB/WBR/
texts/Sullins_RobotMoralAgent_2006.pdf.

48 로봇 학대에 어떻게 대처해야 하느냐는 문제는 사회학자들의 실험에만 국한
되지 않는다. 웬들 월러치가 2015년에 쓴 글에 따르면, "몇 년 전, 말하는 로봇 인
형 제조업체는 아이가 인형을 학대할 경우 인형이 어떤 말을 해야 할지 고민했
다…. 사례들을 분석하고 법률가와 상의한 끝에 업체 측에서는 인형이 아무런 말
과 행동을 하지 않는 것으로 결론을 내렸다." (Wendell Wallach, A Dangerous Master:
How to Keep Technology from Slipping beyond Our Control [New York: Basic Books,
2015], 224).

49 Mark Coeckelbergh, "Robot Rights? Towards a Social-Relational Justification
of Moral Consideration," Ethics and Information Technology 12, no. 3 (2010):
209 – 221. 더 정확히 말하면 코켈버그는 "가벼운 권리"라는 용어 자체가 갖는
의미보다 로봇의 권리에 대한 관계적 접근법을 더 선호한다.

50 Rachel Withers, "A Monkey Can't Hold Copyright. But What about a Robot?,"
Slate, May 3, 2018, https://slate.com/technology/2018/05/artificial-intelligence-
may-soon-have-more-rights-than-animals-in-the-u-s.html.

51 미래학자 조지 드보르스키George Dvorsky는 로봇의 권리로서 소스 코드에 자유
롭고 충분하게 접속할 수 있는 권리를 포함하여 스스로를 복사하거나 복사하지
않을 권리, 내부의 정신 상태를 드러내지 않을 권리를 제안했다. (George Dvorsky,
"When Will Robots Deserve Human Rights?," Institute for Ethics and Emerging

Technologies, July 6, 2017, https://ieet.org/index.php/IEET2/more/Dvorsky20170706).

52 Analee Newitz, "Robots Need Civil Rights, Too," Boston Globe, September 8, 2017.

53 기업이 (인간의 몸 안에 물리적으로 삽입된 장치가 아닌) 이동 보조 장치의 손상이 재산이 아니라 사람에 대한 손상이라는 데에 동의한 사례가 적어도 한 번 있었다. (Linda McDonald Glenn, "Case Study: Ethical and Legal Issues in Human Machine Mergers [Or the Cyborgs Cometh]," Annals of Health Law—ASLME Special Edition 21 [2012]: 175 – 180).

54 Eric Schwitzgebel and Maria Garza, "Designing AI with Rights, Consciousness, Self-Respect, and Freedom," Department of Philosophy, University of California at Riverside, February 15, 2018, http://www.faculty.ucr.edu/~eschwitz/SchwitzPapers/AIRights2-180215.pdf.

55 David Cravets, "Jan. 25, 1979: Robot Kills Human," Wired, January 25, 2010, https://www.wired.com/2010/01/0125robot-kills-worker/.

56 Divya Joshi, "Exploring the Latest Drone Technology for Commercial, Industrial and Military Drone Uses," Business Insider, July 13, 2017, http://www.businessinsider.com/drone-technology-uses-2017-7.

57 Cade Metz, "Good News: Drone Technology Is Getting Cheaper. That's Also Bad News," New York Times, February 20, 2018; Andrew Ross Sorkin, "Larry Page's Flying Taxis, Now Exiting Stealth Mode," New York Times, March 12, 2018.

58 John Sifton, "A Brief History of Drones," Nation, February 7, 2012.

59 "Drone Warfare," Bureau of Investigative Journalism, accessed June 6, 2019, https://www.thebureauinvestigates.com/projects/drone-war.

60 "그 사람들 얼굴도 볼 수 있습니다." CIA의 한 드론 조종사는 말한다. "그들이 자녀와 부인과 함께 놀고 있는 모습도 봅니다… 공격을 한 뒤, 시신들을 집 안으로 옮기는 모습을 봅니다. 여인들이 눈물을 흘리며 애통해하는 모습도 봅니다.

플레이스테이션 게임이 아닙니다. 현실입니다." Quoted in Rosa Brooks, How Everything Became War and the Military Became Everything: Tales from the Pentagon (New York: Simon and Schuster, 2016), 110. See also Eyal Press, "The Wounds of the Drone War," New York Times Magazine, June 13, 2018.

61 Amitai Etzioni and Oren Etzioni, "Pros and Cons of Autonomous Weapons Systems," Military Review (May-June 2017): 72 – 81.

62 United States Department of Defense, "DoD Directive 300.09: Autonomy in Weapon Systems," November 21, 2012, https://www.hsdl.org/?abstract&-did=726163.

63 Matthew Rosenberg and John Markoff, "At Heart of U.S. Strategy, Weapons That Can Think," New York Times, October 26, 2016.

64 Izumi Nakamitsu et al., United Nations Office for Disarmament Affairs (UNODA) Occasional Papers 30, November 2017: Perspectives on Lethal Autonomous Weapon Systems (New York: United Nations, 2017); Frank Slijper, Where to Draw the Line: Increasing Autonomy in Weapon Systems—Technology and Trends (Utrecht, Netherlands: PAX, 2017), https://www.paxforpeace.nl/publications/all-publications/where-to-draw-the-line.

65 Tamir Eshel, "IAI Introduces New Loitering Weapons for Antiradiation, Precision Strike," Defense Update, February 15, 2016, https://defense-update.com/20160215_loitering-weapons.html.

66 Jeffrey Lin and P. W. Singer, "China Is Making 1,000-UAV Drone Swarms Now," Popular Science, January 8, 2018, https://www.popsci.com/china-drone-swarms.

67 Rosenberg and Markoff, "At Heart."

68 Gordon Johnson, Unmanned Effects (UFX): Taking the Human Out of the Loop, Rapid Assessment Process (RAP) Report #03 – 10, (Norfolk, VA: United States Joint Forces Command, September 2003), https://www.hsdl.org/?abstract&did=705224.

69 Ryan Browne, "US General Warns of Out-of-Control Killer Robots," CNN, July 18, 2017, https://www.cnn.com/2017/07/18/politics/paul-selva-gary-peters-autonomous-weapons-killer-robots/index.html; George Lucas, "Engineering, Ethics and Industry: The Moral Challenges of Lethal Autonomy," in Killing by Remote Control: The Ethics of an Unmanned Military, ed. Bradley Jay Strawser (Oxford: Oxford University Press, 2013), 217.

70 유엔의 보고서에 따르면 신무기를 불법화하는 데 실패한 사례는 "12세기 유럽의 석궁 금지에서 20세기 초 도시에 대한 공중 공격 금지에 이르기까지" 역사 전반에서 나타난다. (Izumi Nakamitsu et al., UNODA Occasional Papers).

71 See Anne Jacobsen, Phenomena: The Secret History of the US Government's Investigation into Extrasensory Perception and Psychokinesis (New York: Little, Brown, 2017).

72 "Robotic Armed Forces of Liberation" (Wallach and Allen, Moral Machines).

73 "Autonomous Weapons: An Open Letter from AI and Robotics Researchers" (presented at the International Joint Conference on Artificial Intelligence, Buenos Aires, July 28, 2015), https://futureoflife.org/open-letter-autonomous-weapons/.

74 "About Us," Campaign to Stop Killer Robots, accessed June 6, 2019, https://www.stopkillerrobots.org/about/#about; European Parliament, Resolution of 16 February 2017.

75 Bonnie Docherty, "We're Running Out of Time to Stop Killer Robot Weapons," Guardian, April 11, 2018, https://www.theguardian.com/commentisfree/2018/apr/11/killer-robot-weapons-autonomous-ai-warfare-un.

76 Mary Shelley, Frankenstein (1818), chap. 9,
한국어판:《프랑켄슈타인》, 메리 셸리 지음, 김선형 옮김, 문학동네, 2012.
https://boutell.com/frankenstein/chapter9.html.

77 Singer, Wired for War, 63.
한국어판:《하이테크 전쟁》, 피터 싱어 지음.

78 Gary Wills, "What Is a Just War?," New York Review of Books, November 18, 2004.

79 Todd Beer, "Police Killing of Blacks: Data for 2015, 2016, 2017, and First Half of 2018," Sociology Toolbox (Blog), Society Pages, August 24, 2018, https://thesocietypages.org/toolbox/police-killing-of-blacks/.

80 Singer, Wired for War, 394.

한국어판:《하이테크 전쟁》, 피터 싱어 지음.

81 Strawser, Killing by Remote Control, 17.

82 Sherif Elsayed-Ali, "Why Embracing Human Rights."

83 Tara Siegel Bernard et al., "Equifax Says Cyberattack May Have Affected 143 Million in U.S.," New York Times, September 7, 2017.

84 Cade Metz, "Teaching A.I. Systems to Behave Themselves," New York Times, August 13, 2017.

85 Isaac Asimov, I, Robot (New York: Bantam Books, 1950).

한국어판:《아이, 로봇》, 아이작 아시모프 지음, 김옥수 옮김, 우리교육, 2008.

86 European Parliament, Resolution of 16 February 2017.

87 산탄형 폭탄에서 떨어진 불발탄이 매설 지뢰와 마찬가지로 전쟁이 끝난 후에도 오랜 기간 동안 무고한 민간인의 생명을 위협할 수 있다는 사실은 말할 것도 없다.

88 "Basic Principles of IHL," Global International Humanitarian Law Centre of Diakonia, accessed May 22, 2019, https://www.diakonia.se/en/ihl/the-law/international-humanitarian-law-1/introduction-to-ihl/principles-of-international-law/.

89 Quoted in Armin Krishnan, Killer Robots: Legality and Ethicality of Autonomous Weapons (Burlington, VT: Ashgate, 2009), 105.

90 George Orwell, "Looking Back on the Spanish War," New Road (1943), http://www.george-orwell.org/Looking_Back_On_The_Spanish_War/0.html.

91 Daisuke Wakabayashi, "Self-Driving Uber Car Kills Pedestrian in Arizona, Where Robots Roam," New York Times, March 19, 2018.

92 Human Rights Watch and International Human Rights Clinic, Shaking the Foundations: Human Rights Implications of Killer Robots (New York: Human Rights Watch, 2014), https://www.hrw.org/report/2014/05/12/shaking-foundations/human-rights-implications-killer-robots.

93 U.N. General Assembly, Report of the Special Rapporteur on Extrajudicial, Summary or Arbitrary Executions, Christof Heyns, Human Rights Council, 23rd session, A/HRC/23/47 (April 9, 2013), http://www.ohchr.org/Documents/HRBodies/HRCouncil/RegularSession/Session23/A-HRC-23-47_en.pdf.

94 Kathleen Michon, "Tobacco Litigation: History and Recent Developments," Nolo, accessed May 22, 2019, https://www.nolo.com/legal-encyclopedia/tobacco-litigation-history-and-development-32202.html.

95 Rick Rojas and Kristen Hussey, "Sandy Hook Massacre: Remington and Other Gun Companies Lose Major Ruling over Liability," New York Times, March 14, 2019.

96 See Nehal Bhuta and Stavro-Evdokimos Pantazopoulos, "Autonomy and Uncertainty: Increasingly Autonomous Weapons Systems and the International Legal Regulation of Risk," in Autonomous Weapons Systems: Laws, Ethics, Policy, ed. Nehal Bhuta et al. (Cambridge: Cambridge University Press, 2016), 154–158.

97 Human Rights Watch and International Human Rights Clinic, Shaking the Foundations.

98 Daisuke Wakabayashi, "Self-Driving."

99 Michael Walzer, Arguing about War (New Haven, CT: Yale University Press, 2004), 101.
한국어판:《전쟁과 정의》, 마이클 왈저 지음, 유홍림 외 옮김, 인간사랑, 2009.

100 Christof Heyns, "Autonomous Weapons Systems: Living a Dignified Life and

Dying a Dignified Death," in Autonomous Weapons Systems, ed. Bhuta et. al.,
10 – 11.

101 Peter Asaro, "Jus nascendi, Robotic Weapons and the Martens Clause," in
Robot Law, ed. Ryan Calo, Michael Froomkin, and Ian Kerr (Cheltenham, U.K.:
Edward Elgar, 2016): 367 – 386.

102 Michael C. Horowitz, "The Ethics and Morality of Robotic Warfare: Assessing
the Debate over Autonomous Weapons," Daedalus 145, no. 4 (Fall 2016): 32.

103 1977년 제네바협약 제2추가의정서의 마르텐스 조항Martens Clause of the 1977
Additional Protocol II to the Geneva Convention은 법률에 의해 구체적으로 금지되지 않은
행위라 할지라도 인도주의 원칙을 위반하고 대중의 양심을 거스를 경우에는 허
용되지 않을 수 있다고 명시한다. 많은 이들이 마르텐스 조항을 지키기 위해 자
율형 무기에 대한 유의미한 수준의 인간의 통제를 유지할 필요가 있다고 주장한
다. (Peter Asaro, "Chapter14: Jus nascendi, robotic weapons, and the Martens Clause," in
Robot Law, ed. Ryan Calo, A. Michael Froomkin, and Ian Kerr (Northampton, MA:
Edward Elgar Publishing, 2016, http://www.peterasaro.org/writing/Asaro%20Jus%20
Nascendi%20PROOF.pdf).

104 Singer, Wired for War, 83.
한국어판:《하이테크 전쟁》, 피터 싱어 지음. 펜타곤Pentagon은 섬광 효과를 내는
탄약, 비실명 레이저, 차폐 연기 시스템 그리고 고무 탄알을 방출하는 수류탄 등
다양한 종류의 비살상 무기를 이미 개발했거나 개발 중에 있다. See U.S.
Department of Defense, Non-Lethal Weapons (NLW) Reference Book (Quantico,
VA: Joint Non-Lethal Weapons Directorate, 2012), https://www.supremecourt.gov/
opinions/URLs_Cited/OT2015/14-10078/14-10078-3.pdf.

105 "Moore's Law," Encyclopaedia Britannica, accessed December 6, 2019,
https://www.britannica.com/technology/Moores-law.

106 일부 동물의 권리 운동가들과 마찬가지로 로봇의 권리를 옹호하는 스웨덴
철학자 닉 보스트룸Nick Bostrum과 AI 연구자 엘리저 유드코프스키Eliezer Yudkowsky

는 자연계가 권리를 갖는다는 사실을 잘 받아들이지 못한다. 그들은 이렇게 말한다. "바위에게는 도덕적 자격이 없다. 우리는 바위에 대해 걱정하는 마음 없이 그냥 원하면 바위를 부수어 가루로 만들 수도 있고, 다른 용도로 사용할 수도 있다." (Nick Bostrom and Eliezer Yudkowsky, "The Ethics of Artificial Intelligence," draft for Cambridge Handbook of Artificial Intelligence, eds. William Ramsey and Keith Frankish [Cambridge University Press, 2011], https://nickbostrom.com/ethics/artificial-intelligence.pdf).

8장 흐르고, 자라고, 번성하라

1 "Why Are Wetlands Important?," United States Environmental Protection Agency, last updated June 13, 2018, https://www.epa.gov/wetlands/why-are-wetlands-important.

2 "Kami," Religions, BBC, last updated September 4, 2009, http://www.bbc.co.uk/religion/religions/shinto/beliefs/kami_1.shtml.

3 "Taro," HawaiiHistory.org, accessed May 30, 2019, http://www.hawaiihistory.org/index.cfm?fuseaction=ig.page&PageID=533.

4 Quoted in Richard Erdoes, Lame Deer: Seeker of Visions (New York: Simon and Schuster, 1976), 101.
한국어판:《무엇 하나 소중하지 않은 것이 없다》, 존 파이어 레임디어 · 리처드 얼도즈 지음, 정도윤 옮김, 아름드리미디어, 2004.

5 Barry Lopez, "The Leadership Imperative: An Interview with Oren Lyons" Orion, January/February 2007, https://orionmagazine.org/article/the-leadership-imperative/.

6 "Infographic: Sea Level Rise and Global Warming," Union of Concerned Scientists, 2014, https://www.ucsusa.org/global_warming/science_and_impacts/impacts/infographic-sea-level-rise-global-warming.html#.WwMVTEgvzcs.

7 "The Extinction Crisis," Center for Biological Diversity, accessed May 30, 2019,

http://www.biologicaldiversity.org/programs/biodiversity/elements_of_
biodiversity/extinction_crisis/.

8 Brooke Jarvis, "The Insect Apocalypse Is Here," New York Times Magazine,
December 2, 2018.

9 Hikoro Tabuchi, Claire Rigby, and Jeremy White, "Amazon Deforestation, Once
Tamed, Comes Roaring Back," New York Times, February 24, 2017.

10 "Getting Serious about Overfishing," Economist, May 27, 2017.

11 Livia Albeck-Ripka and Brad Plumer, "5 Plants and Animals Utterly Confused
by Climate Change," New York Times, April 4, 2018.

12 Aldo Leopold, A Sand County Almanac (New York: Oxford University Press,
1949), 224 – 225.

한국어판:《모래 군의 열두 달》, 알도 레오폴드 지음, 송명규 옮김, 따님, 2000.

13 Dictionary.com, s.v. "nature," accessed June 4, 2019, http://www.dictionary.
com/browse/nature.

14 Thomas Berry, The Sacred Universe (New York: Columbia University Press, 2009),
69.

15 "Universal Human Rights Instruments," United Nations Office of the High
Commissioner of Human Rights, accessed May 30, 2019, http://www.ohchr.org/
EN/ProfessionalInterest/Pages/UniversalHumanRightsInstruments.aspx.

16 Stefano Mancuso and Alessandra Viola, Brilliant Green: The Surprising History
and Science of Plant Intelligence (Washington, DC: Island Press, 2015).

한국어판:《매혹하는 식물의 뇌-식물의 지능과 감각의 비밀을 풀다》, 스테파노
만쿠소 · 알레산드라 비올라 지음, 양병찬 옮김, 행성B, 2016.

17 Michael Pollan, "The Intelligent Plant," New Yorker, December 23 and 30,
2013, 101. 동물에 관한 장에서 "무언가를 느끼는 것" 또는 "집에 누군가 있음"을
감지하는 것으로 설명한 의식의 "정의"를 식물들이 충족하느냐 아니냐는 또 다
른 문제다. 하지만 만쿠소와 비올라는 식물이 이동하지 못하고 "의식하는" 과정

이 오래 걸리고 인간의 눈에 즉각적으로 드러나지 않는다는 사실 때문에 식물이 이 논의에서 배제되어야 하는 것은 아니라고 주장한다.

18 Mancuso and Viola, Brilliant Green, 158.

한국어판:《매혹하는 식물의 뇌》, 스테파노 만쿠소 · 알레산드라 비올라 지음.

19 Peter Wohllenben, The Hidden Life of Trees: What They Feel, How They Communicate (Vancouver, Canada: Greystone Books, 2015).

한국어판:《나무수업》, 피터 볼레벤 지음, 장혜경 옮김, 위즈덤하우스, 2016.

20 Quoted in David Suzuki, The Sacred Balance: Rediscovering Our Place in Nature (Vancouver, Canada: Greystone Books, 1997), 16.

21 유명한 생물학자 윌슨E. O. Wilson이 지구의 50퍼센트는 귀중한 생물자원으로 인간이 개발하지 못하도록 남겨 두자고 제안한 것도 그런 이유에서다. ("In 'Half Earth,' E. O. Wilson Calls for a Grand Retreat," New York Times, March 1, 2016).

22 Recall Henry David Thoreau's famous words: "In wildness is the preservation of the world" (Henry David Thoreau, "Walking," Atlantic Monthly, June 1862, available at https://www.theatlantic.com/magazine/archive/1862/06/walking/304674/).

23 JoAnna Klein, "Deep Beneath Your Feet, They Live in the Octillions," New York Times, December 19, 2018.

24 Harald Welzer, "Darfur: The First Climate War," Audubon, July 12, 2012, https://www.audubon.org/news/darfur-first-climate-war.

25 건강한 환경에 있을 때 어린이의 경우 폭력성이 감소하고 성인의 경우 불안감이 감소한다는 명백한 증거들이 있다. (Ming Kuo, "Aggression and Violence in the Inner City," Environment and Behavior 33, no. 4 [July 2001]: 543-571; James Hamblin, "The Nature Cure," Atlantic, October 2015).

26 Karen Savage, "Ireland Recognizes Constitutional Right to a Safe Climate and Environment," Climate Liability News, December 11, 2017, https://www.climateliabilitynews.org/2017/12/11/ireland-constitutional-right-climate-environment-fie/.

27 Randy Marse Jr., "Oregon Federal Court Issues Remarkable Decision Finding Constitutional Right to Stable Climate," Energy Law Blog, January 31, 2017, https://www.theenergylawblog.com/2017/01/articles/environmental/oregon-federal-court-issues-remarkable-decision-finding-constitutional-right-to-stable-climate/.

28 Ucilia Wang, "International Court Ruling: A Safe Climate Is a Human Right," Climate Liability News, February 13, 2018, https://www.climateliabilitynews.org/2018/02/13/inter-american-climate-rights-colombia/.

29 United Nations Office of the High Commissioner for Human Rights, "UN Expert Calls for Global Recognition of the Right to Safe and Healthy Environment," March 5, 2018, http://www.ohchr.org/EN/NewsEvents/Pages/DisplayNews.aspx?NewsID=22755&LangID=E. "무르익음"의 가장 포괄적인 예는 안전하고 깨끗하고 건강하고 지속 가능한 환경을 누리는 것과 관련한 인권 책임에 대한 유엔 특별보고관이 공식적으로 명시한 "인권과 환경에 대한 주요 원칙"일 것이다. (Office of the United Nations High Commissioner for Human Rights, "Framework Principles on Human Rights and the Environment (2018)," accessed May 30, 2019, http://www.ohchr.org/EN/Issues/Environment/SREnvironment/Pages/FrameworkPrinciplesReport.aspx).

30 John Vidal and Owen Bowcott, "ICC Widens Remit to Include Environmental Destruction Cases," Guardian, September 15, 2016, https://www.theguardian.com/global/2016/sep/15/hague-court-widens-remit-to-include-environmental-destruction-cases.

31 Cory Doctorow, "Sole and Despotic Dominion," Locus, November 2, 2016, http://locusmag.com/2016/11/cory-doctorow-sole-and-despotic-dominion/; Peter Burdon, "Wild Law: The Philosophy of Earth Jurisprudence," Alternative Law Journal 35, no. 2 (2010): 62 – 65.

32 "Canticle of Brother Sun and Sister Moon of St. Francis of Assisi," Catholic

Online, accessed May 30, 2019, https://www.catholic.org/prayers/prayer.php?p=183.

33 Roderick Frazier Nash, The Rights of Nature: A History of Environmental Ethics (Madison: University of Wisconsin Press, 1989), 39.

34 John Muir, Our National Parks (Boston: Houghton Mifflin, 1901), 57 – 58.

35 Rachel C. Carson, Silent Spring (Boston: Houghton Mifflin, 1962).
한국어판:《침묵의 봄》, 레이첼 카슨 지음, 김은령 옮김, 에코리브르, 2011.

36 "Nelson's Environmental Agenda," Gaylord Nelson and Earth Day (website), Nelson Institute for Environmental Studies, University of Wisconsin Madison, accessed May 30, 2019, http://www .nelsonearthday.net/collection/redefining-environmentalagenda.php.

37 Harold W. Wood Jr., "The United Nations World Charter for Nature: The Developing Nations' Initiative to Establish Protections for the Environment," Ecology Law Quarterly 12, no. 4 (September 1985): 977 – 996. 이 헌장은 2000년에 "지구 헌장The Earth Charter"으로 개정되었다. 본래 유네스코와 합동으로 시작했지만 이후 약 6,000개에 이르는 정부와 조직 들의 독자적 노력이 더해지면서 인간이 지구에 대해 져야 할 16개의 책임으로 구체화되었다.
("The Earth Charter," Earth Charter Initiative, March 2000, accessed May 30, 2019, http://earthcharter.org/discover/the-earth-charter/).

38 Leopold, A Sand County Almanac, viii.
한국어판:《모래 군의 열두 달》, 알도 레오폴드 지음.

39 Aldo Leopold, "Thinking like a Mountain," in A Sand County Almanac and Sketches Here and There (New York: Oxford University Press, 1987).
한국어판:《모래 군의 열두 달》, 알도 레오폴드 지음.
https://nctc.fws.gov/resources/knowledge-resources/wildread/thinking-like-a-mountain.pdf.

40 Christopher Stone, "Should Trees Have Standing? Toward Legal Rights for

Natural Objects," Southern California Law Review 45 (1972): 450–501.

41 사실 자연의 법적 권리를 옹호한 사람은 스톤이 처음이 아니다. 최초라는 명예는 1964년에 법교육 저널Journal of Legal Education 17에 "짐승과 나무의 권리와 책임The Rights and Duties of Beasts and Trees: A Law Teacher's Essay for Landscape Architects"이라는 제목의 논평을 실었던 펜실베이니아대학교의 법학과 교수 클래런스 로런스Clarence Lawrence에게 있다. 하지만 세상의 모든 관심은 스톤의 에세이에 쏠렸다.

42 "William O. Douglas's Dissent in Sierra Club v. Morton (1972)," on Ken Pennington's website, accessed May 31, 2019, http:// legalhistorysources.com/ Law508/DouglasDissent.htm.

43 Arne Naess and George Sessions, "The Deep Ecology Platform" (1984), Foundation for Deep Ecology, accessed May 31, 2019, http://www.deepecology. org/platform.htm.

44 "Overview," GaiaTheory.org, Entrepreneurial Earth, accessed May 31, 2019, http://www.gaiatheory.org/overview/.

45 "Thomas Berry's Ten Principles of Jurisprudence," Global Alliance for the Rights of Nature, accessed May 31, 2019, http://therightsofnature.org/thomas-berrys-ten-principles-of-jurisprudence/.

46 Cormac Cullinan, Wild Law: A Manifesto for Earth Justice (Devon, U.K.: Green Books, 2011), 7.
한국어판: 《야생의 법-지구법 선언》, 코막 컬리넌 지음, 박태현 옮김, 로도스, 2016.

47 Mihuea Tanasescu, Environment, Political Representation and the Challenge of Rights (New York: Palgrave MacMillan, 2016), 108–109.

48 David R. Boyd, The Rights of Nature: A Legal Revolution That Could Save the World (Toronto: ECW, 2017), 165.
한국어판: 《자연의 권리-세계의 운명이 걸린 법률 혁명》, 데이비드 보이드 지음, 이지원 옮김, 교유서가, 2020.

49 Constitution of the Republic of Ecuador (2008), Political Database of the Americas, Center for Latin American Studies, Georgetown University, last updated January 31, 2011, http://pdba.georgetown.edu/Constitutions/Ecuador/english08. html.

50 Boyd, The Rights of Nature, 177ff.
한국어판:《자연의 권리》, 데이비드 보이드 지음.

51 Ley de Derechos de la Madre Tierra [Law of the rights of Mother Earth] (December 2010), World Future Fund, accessed May 31, 2019, http://www.worldfuturefund. org/Projects/Indicators/motherearthbolivia.html.

52 "New Zealand," Earth Law Center, August 16, 2016, https://www. earthlawcenter.org/international-law/2016/8/new-zealand.

53 Eleanor Ainge Roy, "New Zealand River Granted Same Legal Rights as Human Beings," Guardian, March 16, 2017, https://www.theguardian.com/world/2017/ mar/16/new-zealand-river-granted-same-legal-rights-as-human-being.

54 "India's Ganges and Yamuna Rivers Are 'Not Living Entities,'" BBC News, July 7, 2017.

55 "Universal Declaration of Rights of Mother Earth," World People's Conference on Climate Change and the Rights of Mother Earth, April 22, 2010, https:// therightsofnature.org/universal-declaration/.

56 Boyd, The Rights of Nature, 221 – 222.
한국어판:《자연의 권리》, 데이비드 보이드 지음.

57 Wesley J. Smith, "Why We Call Them Human Rights," Weekly Standard, November 24, 2008, https://www.weeklystandard.com/wesley-j-smith/why-we- call-them-em-human-em-rights.

58 Justin Gillis, "With an Eye on Hunger, Scientists See Promise in Genetic Tinkering of Plants," New York Times, November 17, 2016.

59 Cited in Nash, The Rights of Nature, 155.

한국어판: 《자연의 권리》, 데이비드 보이드 지음.

60 Albert Schweitzer, Out of My Life and Thought: An Autobiography (Baltimore: Johns Hopkins Press, 1933), 254.

한국어판: 《나의 생애와 사상》, 알베르트 슈바이처 지음, 천병희 옮김, 문예출판사, 1999.

철학자 메리 워녹Mary Warnock은 자연에게 권리를 부여하자는 크리스토퍼 스톤의 주장에 반대했다. 그녀는 [자신의] 정원의 [따가운] 쐐기풀이 비록 나비와 다른 곤충들에게 훌륭한 보금자리가 되어주고 "쐐기풀을 뽑아 버리는 것이 환경에 안좋은 영향을 미친다고 해도, 보기 싫고 침략적이고 따가워서 제일 싫어하는 잡초이기 때문에 다 뽑아 버릴 것"이라고 주장했다. (Mary Warnock, "Should Trees Have Standing?," in Should Trees Have Standing? 40 Years On, ed. Anna Grear [Cheltenham, U.K.: Edward Elgar, 2012], 65). 물론 워녹도 잡초를 죽이는 것은 화초를 지키고 보존하기 위함이고, 곤충들에게 매력적이고 환경에도 유익한 화초들은 꺾지 않는다는 데에 동의한다. 아마도 성가신 쐐기풀을 제거하는 것에 대한 그녀 나름의 방어적 논리일 것이다!

나오며

1 Office of the United Nations High Commissioner for Refugees, "The 1951 Refugee Convention," accessed December 4, 2019. http://www.unhcr.org/en-us/1951-refugee-convention.html.

2 Kathy Marks, "World's First 'Climate Change Refugee' Has Appeal Rejected as New Zealand Rules Ioane Teitiota Must Return to South Pacific Island Nation of Kiribati," Independent, May 12, 2014, https://www.independent.co.uk/news/world/australasia/world-s-first-climate-change-refugee-has-appeal-rejected-as-new-zealand-rules-ioane-teitiota-must-9358547.html.

3 Greg Harman, "Has the Great Climate Migration Already Begun?," Guardian, September 15, 2014, https://www.theguardian.com/vital-signs/2014/sep/15/

climate-change-refugees-un-storms-natural-disasters-sea-levels-environment.

4 United Nations High Commissioner for Refugees (UNHCR), "Frequently Asked Questions on Climate Change and Disaster Displacement," November 6, 2016, http://www.unhcr.org/en-us/news/latest/2016/11/581f52dc4/frequently-asked-questions-climate-change-disaster-displacement.html; Cristina Cattaneo, "How Does Climate Change Affect Migration?," World Economic Forum, November 23, 2015, https://www.weforum.org/agenda/2015/11/how-does-climate-change-affect-migration/.

5 UNHCR, "Frequently Asked Questions."

6 President Barack Obama, remarks at the First Session of COP21 (Le Bourget, Paris, France, November 30, 2015), https://obamawhitehouse.archives.gov/the-press-office/2015/11/30/remarks-president-obama-first-session-cop21.

7 2016년 현재 벨기에, 캐나다, 콜롬비아, 룩셈부르크를 포함해 네덜란드, 스위스와 미국의 몇몇 주가 여기에 포함된다.

8 Rachel Aviv, "The Death Treatment," New Yorker, June 22, 2015.

9 Yonette Joseph, "Why David Goodall, 104, Renowned Australian Scientist, Wants to Die," New York Times, May 3, 2018.

10 Paula Span, "A Debate over 'Rational Suicide,'" New York Times, August 31, 2018. See also Robert E. McCue and Meera Balasubramaniam, eds., Rational Suicide in the Elderly: Clinical, Ethical and Sociocultural Aspects (New York: Springer, 2017).

11 Rutger Bregman, "Nixon's Basic Income Plan," Jacobin, May 2016, https://www.jacobinmag.com/2016/05/richard-nixon-ubi-basic-income-welfare/.

12 Annie Nova, "More Americans Now Support a Universal Basic Income," CNBC, February 26, 2018, https://www.cnbc.com/2018/02/26/roughly-half-of-americans-now-support-universal-basic-income.html.

13 Charlie Wood, "Guaranteed Paycheck: Does a 'Basic Income' Encourage

Laziness?," Christian Science Monitor, March 1, 2017, https://www.csmonitor.com/World/2017/0301/Guaranteed-paycheck-Does-a-basic-income-encourage-laziness.

14 Rebecca Tan, "From France to Denmark, Bans on Full-Face Muslim Veils Are Spreading across Europe," Washington Post, August 16, 2018.

15 Martin Selsoe Sorensen and Megan Specia, "Denmark's Ban on Muslim Face Veil Is Met with Protest," New York Times, August 1, 2018.

16 Martin Selsoe Sorensen, "Denmark Talks (Reluctantly) about a Ban on Circumcising Boys," New York Times, June 2, 2018.

17 Christina Caron, "Bill Banning Circumcision in Iceland Alarms Religious Groups," New York Times, February 28, 2018.

18 Ruth Graham, "For Pregnant Women, Two Sets of Rights in One Body," Boston Globe, February 16, 2014.

19 Rohit Bhattacharya, "15 Countries around the World That Have Legalized Prostitution," ScoopWhoop, June 26, 2015, https://www.scoopwhoop.com/inothernews/countries-with-legal-prostitution/; Amnesty International, "Amnesty International Policy on State Obligations to Respect, Protect and Fulfil [sic] the Human Rights of Sex Workers," POL 30/4062/2016, May 26, 2016, https://www.amnesty.org/download/Documents/POL3040622016ENGLISH.PDF.

20 "The Truth about Decriminalizing Prostitution," Week, June 6, 2018, http://www.theweek.co.uk/fact-check/94086/the-truth-about-decriminalising-prostitution.

21 Emily Wit, "After the Closure of Backpage, Increasingly Vulnerable Sex Workers Are Demanding Their Rights," New Yorker, June 8, 2018.

22 Gaia Pianigiani and Sewell Chan, "Can the Homeless and Hungry Steal Food? Maybe, an Italian Court Says," New York Times, May 4, 2016.

23 Ellen Barry, "India's Top Court Bars Campaigns Based on Identity Politics," New York Times, January 2, 2017.

24 Jacey Fortin, "'Access to Literacy' Is Not a Constitutional Right, Judge in Detroit Rules," New York Times, July 4, 2018.

25 David Z. Morris, "New French Law Bars Work Email after Hours," Fortune, January 1, 2017, http://fortune.com/2017/01/01/french-right-to-disconnect-law/.

26 Dan Bilefsky and Christina Anderson, "A Paid Hour a Week for Sex? Swedish Town Considers It," New York Times, February 23, 2017.

27 Christina Anderson, "Muslim Job Applicant Who Refused Handshake Wins Discrimination Case in Sweden," New York Times, August 16, 2018.

28 Kirsten Rabe Smolensky, "Rights of the Dead," Hofstra Law Review 37, no. 763 (2009): 763 – 803. See also Pico Iyer, "The Humanity We Can't Relinquish," New York Times, August 11, 2018.

29 Steven Johnson, "Greetings, E.T. (Please Don't Murder Us)," New York Times Magazine, June 28, 2017.

30 David Rieff, "The End of Human Rights?," Foreign Policy, April 9, 2018.

31 Samuel Moyn, "Human Rights Are Not Enough," Nation, March 16, 2018, https://www.thenation.com/article/human-rights-are-not-enough/.

32 Alex May, "Basic Income: A Human Rights Approach," openDemocracy, November 7, 2017, https://neweconomics.opendemocracy.net/basic-income-human-rights-approach/.

33 Eric A. Posner, "Against Human Rights," Harper's, October 2014.

34 Adam Gopnik, "What Can We Learn from Utopians of the Past?," New Yorker, July 23, 2018.

35 Wendy Warren, New England Bound: Slavery and Colonization in Early America (New York: Liveright, 2016), 8.

36 C. K. Douzinas, The End of Human Rights: Critical Legal Theory at the Turn of the Century (Oxford: Hart Publishing, 2000), 152.

37 Patricia Williams, The Alchemy of Race and Rights (Cambridge, MA: Harvard University Press, 1992), 165.

감사의 말

　책을 공동 집필할 기회와 장소를 제공해 준 하버드대학교 케네디 스쿨의 카 인권 정책 연구소에 특별한 감사를 전한다. 연구소의 교수진과 동료들 그리고 학생들, 학내뿐 아니라 여러 곳에서 전문적 정보와 피드백을 주고, 우리의 초고를 먼저 읽고 교훈적이며 지적인 지원을 아끼지 않았던 모든 이에게 감사한다. 우리가 이전에 몸담았던 국제 앰네스티, 유니테리언 보편주의 봉사 위원회Unitarian Universalist Service Committee, 정의와 인권을 위한 로버트 케네디 센터Robert F. Kennedy Center for Justice and Human Rights, 포드 재단, 열린 사회 재단Open Society Foundation 뿐만 아니라 세계 도처에서 활동하는 풀뿌리 운동가들도 우리 지식의 원천이었다. 우리가 그처럼 활기차고 생동감 넘치는 인권 공동체의 일원이라는 점을 고맙게 생각한다.

　특별히 케네디 스쿨의 교수 마티아스 리스Mathias Risse와 캐스린 시킹크, 카 인권 정책 연구소의 선임 연구원 에릭 블루먼슨Eric Blumenson, 스티븐 리빙스턴Strven Livingston, 혼 알베르토 모라Hon. Alberto Mora의 제안과 피드백에 고마움을 전한다. 하버드 인권 토론회의 회원들, 카 인권 정책 연구소의 연구팀은 이 책의 각 장들을 구상하기 위해 2년에 걸쳐 우리와 머리를 맞대어 주었다.

우리에게 전문적 지식과 영감을 나누어 준 많은 사람들에게도 감사를 드린다. 캐롤 애덤스, 레베카 앵글Rebecca Angle, 루이스 로베르토 바로소Luís Roberto Barroso, 재클린 바바Jacqueline Bhabha, 카티아 콘포르티니Catia Confortini, 마니샤 다칼Manisha Dhakal, 유스투스 아이스펠트, 론 엔절Ron Engel, 스테파니 페리어Stephanie Farrior, 데이비드 파브르, 빌 프레릭Bill Frelick, 에이드리엔 프릭Adrienne Frick, 브루스 프리드리히Bruce Friedrich, 샬린 갈라르노Charlene Galarneau, 크리스 그린Chris Green, 데이비드 군켈David Gunkel, 사라 귄터Sarah Gunther, 마이클 헤플린Michael Heflin, 캐시 헤슬러Kathy Hessler, 데버라 휴스 핼릿Deborah Hughes Hallett, 퍼트리샤 일링워스Patricia Illingworth, 더그 존슨Doug Johnson, 사라 캇챠니스Sara Katsanis, 재커리 카우프만Zachary Kaufman, 캐시 코프먼Kathy Kaufmann, 카일 나이트, 비베크 크리슈나무르티Vivek Krishnamurthy, 매슈 리브먼Matthew Liebman, 이안틴 룬쇼프Jeantine Lunshof, 팀 매카시Tim McCarthy, 앰버 몰튼Amber Moulton, 바버라 뉴얼Barbara Newell, 세레나 파레크Serena Parekh, 푸옹 팜Phuong Pham, 세라 피커링Sarah Pickering, 마크 로텐버그, 레나토 사바니디Renato Sabbadini, 존 사턱John Shattuck, 샬릴 셰티Salil Shetty, 레오나르도 소아레스 다 쿤나 데카스티요Leonardo Soares da Cunha de Castilho, 킴 스탤우드Kim Stallwood, 조이스 티슐러Joyce Tischler, 패트릭 빈크Patrick Vinck, 스티븐 와이즈, 그리고 마크 울프.

지난 3년 간 우리에게 소중한 도움을 준 맷 키팅Matt Keating, 톰 오브라이언Tom O'Bryan, 질리언 래퍼티Jillian Rafferty, 그리고 어맨다 왓슨Amanda Watson을 포함한 연구 지원팀에게도 감사를 전한다. 어맨다는 인용문을 교차 점검하고 원고를 추려 제출하는 데 결정적인 역할을 담당했다. 카 인권 정책 연구소의 직원 재나 브라운Jana Brown, 질리언 다니엘스Gillian Daniels, 캐런 맥케이브Karen McCabe, 니메샤 페레라Nimesha Perera는 2년이 넘는 기간 동안 우리의 연구팀을 꾸리고 지원하는 데 노력을 아끼지 않았다. 케네디 스쿨과 발레리 바이스 도서관 및 연구 서비스에서 연구와 정보 자료를 지원한 모요 토코Moyo Thoko와 그녀가 이끄는 팀에도 감사한다.

출판사의 편집자 토머스 레비언Tomas LeBien과 그의 후임 제임스 브란트James Brandt 덕분에 책의 수준이 한결 더 높아졌다. 이 책을 처음 구상했을 때부터 책의 비전을 이해해 준 토머스에게 특별한 감사를 전한다. 익명으로 이 책을 검토하고 솔직하고 사려 깊은 의견을 제안해 준 세 분께도 감사드린다. 물론 이러한 모든 지원과 도움에도 불구하고 우리가 택한 주제는 논란을 일으킬 수 있으며 이 책 역시 미흡한 점투성이다. 이에 대한 책임은 전적으로 우리에게 있다.

조사하고 글을 쓰고 편집하는 동안 인내와 멋진 유머로 함께해 준 수시마의 남편 트로이Troy와 두 자녀 라일라Laila와 알란Alaan, 그리고 빌의 아내 베스Beth에게도 고마움을 전한다. 마지막으로 수시마와 유년기를 함께 보낸 두 자매, 빌에게 늘 배우는 삶의 모델이 되어 주신 부모님께 무한한 감사를 전한다.

세상의 모든 권리 이야기

초판 1쇄 인쇄일 2022년 8월 20일
초판 1쇄 발행일 2022년 8월 25일

지은이 윌리엄 F. 슐츠·수시마 라만
옮긴이 김학영

발행인 윤호권
사업총괄 정유한

편집 엄초롱 **디자인** 박지은 **마케팅** 윤아림
발행처 ㈜시공사 **주소** 서울시 성동구 상원1길 22, 6-8층(우편번호 04779)
대표전화 02-3486-6877 **팩스(주문)** 02-585-1755
홈페이지 www.sigongsa.com / www.sigongjunior.com

글 ⓒ 윌리엄 F. 슐츠·수시마 라만, 2022

ISBN 979-11-6925-124-2 03330

*시공사는 시공간을 넘는 무한한 콘텐츠 세상을 만듭니다.
*시공사는 더 나은 내일을 함께 만들 여러분의 소중한 의견을 기다립니다.
*잘못 만들어진 책은 구입하신 곳에서 바꾸어 드립니다.